Zwingli lesen

T V Z

Peter Opitz, Ernst Saxer (Hg.)

Zwingli lesen

Zentrale Texte des Zürcher Reformators in heutigem Deutsch

Unter Mitwirkung von Judith Engeler

TVZ

Theologischer Verlag Zürich

Gedruckt mit freundlicher Unterstützung der Evangelisch-reformierten Landeskirche des Kantons Zürich.

Der Theologische Verlag Zürich wird vom Bundesamt für Kultur mit einem Strukturbeitrag für die Jahre 2016–2018 unterstützt.

Bibliografische Information der Deutschen Nationalbibliothek

Die Deutsche Nationalbibliothek verzeichnet diese Publikation in der Deutschen Nationalbibliografie; detaillierte bibliografische Daten sind im Internet über http://dnb.dnb.de abrufbar.

Umschlaggestaltung
Simone Ackermann, Zürich
Unter Verwendung einer Illustration von Daniel Lienhard

Illustrationen aus der Reformationschronik von Bullinger/Thomann, Zentralbibliothek Zürich, Handschriftenabteilung: Ms B 316

Druck
ROSCH-BUCH, Scheßlitz

ISBN 978-3-290-17910-6
© 2018 Theologischer Verlag Zürich
www.tvz-verlag.ch

Alle Rechte vorbehalten

Inhalt

- 7 Vorwort: Zur Auswahl der Texte
- 9 Huldrych Zwingli: Überblick über sein Wirken
- 17 Das Pestlied (ca. 1520)
- 23 Brief an Myconius (24. Juli 1520)
- 31 Die Klarheit und Gewissheit des Wortes Gottes (September 1522)
- 75 Die Erste Zürcher Disputation (29. Januar 1523)
- 103 Brief an Thomas Wyttenbach (15. Juni 1523)
- 111 Göttliche und menschliche Gerechtigkeit (Juli 1523)
- 147 Eine freundschaftliche und ernste Ermahnung an die Eidgenossen (Mai 1524)
- 157 Brief an Johannes Frosch (16. Juni 1524)
- 163 Brief an Franz Lambert und die anderen Brüder in Strassburg (16. Dezember 1524)
- 177 Brief an Michael Wüst in Oberglatt (10. April 1526)
- 181 Brief an Krautwald, Schwenckfeld und die Brüder in Schlesien (17. April 1526)
- 187 Brief an Comander und Baling in Chur (1. März 1527)
- 191 Brief an Konrad Sam in Ulm (1. September 1527)
- 195 Die beiden Berner Predigten (Januar 1528)
- 253 Brief an Joachim Vadian in St. Gallen (20. Oktober 1529)
- 259 Brief an Bürgermeister und Rat zu Memmingen (10. Oktober 1530)
- 265 Erklärung des christlichen Glaubens (1531) (Auszug)
- 287 Briefe aus dem Kappeler Feldlager (11. und 16. Juni 1529)
- 297 «Herr, nun selbst den Wagen halt!» – Liedtext (1525/1529)
- 299 Abkürzungen / Bildnachweis
- 301 Sachregister
- 308 Einführende Literatur in Zwinglis Wirken und Denken

Vorwort: Zur Auswahl der Texte

Ziel der vorliegenden Auswahl von Texten Zwinglis in heutigem Deutsch ist es, in einem einzigen, übersichtlichen Band einen Einblick in Zwinglis Denken zu geben. Dabei sollten nicht nur möglichst alle wichtigen Themenkreise zur Sprache kommen, die Texte sollten auch die gesamte Spanne von Zwinglis Wirken als Reformator exemplarisch dokumentieren. Wir haben dabei dankbar auf Vorarbeiten zurückgreifen können. Texte, die in der 1995 erschienenen vierbändigen Ausgabe «Huldrych Zwingli Schriften» (ZS) enthalten sind, werden leicht überarbeitet in den dort gebotenen deutschen Übersetzungen wiedergegeben. Auch die von den jeweiligen Übersetzern stammenden Erläuterungen wurden zu einem grossen Teil, ebenfalls in leicht überarbeiteter Form, in die Anmerkungen integriert. Die vorliegende Auswahl will die ZS nicht ersetzen und verweist gelegentlich auf sie. Auch für die meisten der hier präsentierten Briefe liegen ältere Übersetzungen vor. Sie bedurften einer gründlichen sprachlichen Überarbeitung, die unter Berücksichtigung des lateinischen Urtexts erfolgte.

Dem Zweck des Bands entsprechend wurde insgesamt dem Kriterium der Verständlichkeit für eine heutige Leserschaft ohne theologische Vorbildung Priorität eingeräumt. Allerdings: Zwingli war nicht nur ein volkstümlich formulierender Redner, er war zugleich theologisch wie philosophisch hochgebildet und in verschiedenste Diskurse seiner uns in manchem fremden Zeit verwickelt. Je nach Adressaten und Umständen verwendete er unterschiedliche Stile; sie reichen von umgangssprachlichen Formulierungen in frühneuhochdeutschen Schriften an ein breiteres Publikum über theologische Fachsprache im Diskurs bis zu elaboriertem Humanistenlatein mit zahlreichen Anspielungen, die nur von entsprechend Gebildeten verstanden wurden. Es ist nicht das Ziel des vorliegenden Bands, alle entsprechenden Spuren zu tilgen.

Alle Texte sind mit einer Einführung versehen, die in knapper Form über den konkreten Kontext, den Anlass und die Adressaten informiert und auf inhaltliche Pointen hinweist. Vorangestellt ist ein kurzer Überblick über Zwinglis Wirken, der der Einordnung der Texte in den biografischen Gesamtzusammenhang dienen soll.

Peter Opitz / Ernst Saxer

Peter Opitz
Huldrych Zwingli: Überblick über sein Wirken

Ulrich (er selber nannte sich Huldrych) Zwingli wurde am 1. Januar 1484 in Wildhaus in der Ostschweiz geboren. Obwohl Wildhaus Untertanengebiet des Klosters St. Gallen war, pflegte man dort eine Tradition der Selbstverwaltung und enge Beziehungen zu den benachbarten eidgenössischen Orten. Als «Landammann» besass sein Vater lokalen politischen Einfluss. Die Selbstverständlichkeit, mit der sich Zwingli für das öffentliche politische Leben in der Eidgenossenschaft mitverantwortlich fühlte, war ihm bereits in die Wiege gelegt.

Nach der Lateinschule wurde Zwingli zunächst nach Bern und dann an die Universität Wien geschickt. Von 1502 bis 1506 studierte er an der Basler Universität, wo er nach der Magisterprüfung 1506 noch ein Semester Theologie belegte. Anschliessend wirkte er zehn Jahre lang an einer Pfarrstelle in Glarus in der Innerschweiz. Von 1516 bis 1518 war er als für das Volk zuständiger Seelsorger (Leutpriester) im Wallfahrtsort Einsiedeln tätig. Während dieser Zeit bildete er sich unablässig durch eifriges Selbststudium weiter. Zunehmend wandte er sich dabei der humanistischen Bewegung zu, die eine Erneuerung der Christenheit aus den Quellen der griechischen und römischen Antike anstrebte. Bald stand er im Austausch mit anderen Schweizer Humanisten seiner Generation. Neben der Lektüre antiker Schriftsteller und Kirchenväter rückte noch in der Zeit in Glarus immer stärker die Bibel selbst ins Zentrum seiner Aufmerksamkeit. Dass Zwingli sich dabei nicht mit der traditionellen lateinischen Übersetzung der Bibel (Vulgata) begnügen mochte, sondern das Studium der biblischen Sprachen betrieb, verstand sich von selbst. So begrüsste er, dass auch Erasmus die griechischen Texte des Neuen Testaments 1516 neu übersetzt in einer griechisch-lateinischen Edition herausgab. Von Erasmus, dem Zwingli 1515 persönlich begegnet war, hatte er auch gelernt, dass die weithin empfundene notwendige Erneuerung des Christentums nur durch eine Orientierung an Christus selbst, wie ihn die biblischen Schriften bezeugen, gelingen würde. Entschieden konsequenter und vernehmlicher als der gelehrte Humanistenfürst machte er diese Einsicht zum Inhalt seiner Verkündigung. Stärker als bei Erasmus rückten dabei auch die Paulusbriefe und somit die paulinische Christologie ins Zentrum, dann aber auch das Johannesevangelium, gelesen vor dem Hintergrund der Schriften Augustins. Zwingli hatte schon früh, noch während seines Basler Studiums, durch seinen Lehrer Thomas Wyttenbach [→ Brief an Wyttenbach] wichtige theologische Impulse erhalten. Dieser hatte den Ablasshandel als Ausdruck kirchlich verwalteter religiöser Werkfrömmigkeit kritisiert und demgegenüber auf das bereits vollbrachte Versöhnungswerk von Christus am Kreuz hingewiesen. Auch wenn Kritik an den kirchlichen Missständen wie Ablasshandel, Missbrauch kirchlicher Exkommunikationsgewalt, Immoralität des Klerus und religiöse Heuchelei nicht unüblich war, so verschränkten und verdichteten sich in Zwinglis Denken die verschiedenen Impulse: Er kam zur Überzeugung, dass eine grundlegende Reformation der sich christlich nennenden Eidgenossenschaft notwendig war, und zwar durch eine Rückorientierung am «Evangelium» und an dessen befreiender, aber auch gesellschaftsgestaltender Macht.

Mit der Kritik am Söldnerwesen (Reislaufen) und an den dazu abgeschlossenen Soldbündnisverträgen der Eidgenossenschaft mit fremden Mächten wie dem Papst oder dem König von Frankreich griff Zwingli ein gesellschaftlich verankertes Übel mit weitreichenden, die «christliche» Gemeinschaft zersetzenden Folgen öffentlich an. Besonders für die Führungsschichten der verschiedenen Orte war es ein einträgliches Geschäft und entsprechend stark war der Widerstand besonders aus den Innerschweizer Orten [→ Eine freundschaftliche und ernste Ermahnung der Eidgenossen].

Dass Zwingli mit seinen religiösen und politischen Ansichten nicht ganz allein dastand, belegt seine Wahl zum Leutpriester ans Zürcher Grossmünster durch die dortigen Chorherren, die am 11. Dezember 1518 erfolgte. Programmatisch trat er sein Verkündigungsamt am 1. Januar 1519 an: er legte seiner Predigt nicht mehr den Text des Sonntagsevangeliums des Kirchenjahres zugrunde, sondern begann mit der Darstellung der «Geschichte des Erlösers Christus» anhand einer fortlaufenden Auslegung des Matthäusevangeliums. Er verstand sich als prophetischer Ausleger des göttlichen Worts, dem er die Kraft zuschrieb, Mensch und Gesellschaft zu verändern.

Huldrych Zwingli: Überblick über sein Wirken

Huldrych Zwingli wird 1519 an das Grossmünsterstift berufen und beginnt, die Evangelien zu predigen

Eine Pesterkrankung 1519 bestärkte ihn in der Überzeugung, sein Leben als «Gefäss» oder «Werkzeug» Gottes in den kompromisslosen Dienst der Verkündigung des göttlichen Worts zu stellen. Die Exkommunikation Luthers durch den Papst (angekündigt am 15. Juni 1520, vollzogen am 3. Januar 1521) und die am 8. Mai 1521 vom Kaiser verfügte Reichsacht machte alle Anhänger der Reformationsbewegung zu Ketzern. Wer sich weiter offen zu ihr bekannte, begab sich in Lebensgefahr [→ Pestlied; → Brief an Myconius].

Die eigentliche kirchlich-institutionelle Reformation erfolgte im Zeitraum zwischen dem Frühjahr 1522 und dem Frühjahr 1525. Dabei waren Zwinglis Impulse entscheidend, aber nicht ohne ein dafür empfängliches Klima denkbar. Über einen wachsenden, allerdings in sich vielgestaltigen Anhängerkreis hinaus standen einflussreiche politische und kirchliche Persönlichkeiten und Kreise zumindest im Grundsatz hinter seinem Wirken.

Eine Reihe von Verstössen in Zürich gegen das kirchliche Fastengebot im Frühjahr 1522 ist wohl als Folge seiner Predigttätigkeit anzusehen. Besonderes Aufsehen erregte das «Wurstessen» beim Buchdrucker Froschauer. Zwingli rechtfertigte es mit einer Predigt über «die freie Wahl der Speisen», die anschliessend gedruckt wurde. Weitere Schriften folgten. Grundlegend ist diejenige über die Kraft des göttlichen Worts, der eine Predigt im Frauenkloster Oetenbach zugrunde liegt [→ Die Klarheit und Gewissheit des Wortes Gottes].

Angesichts der zunehmenden Wellen, die diese Kontroversen schlugen, bei gleichzeitiger Passivität der kirchlichen Instanzen, berief der Rat auf den 29. Januar 1523 eine Disputation in das Zürcher Rathaus ein, an der Zwingli öffentlich über seine Lehre Rechenschaft ablegen sollte [→ Die Erste Zürcher Disputation]. Über 200 Ratsherren und 400 Geistliche, zudem eine Viererdelegation des Bischofs von Konstanz in Beobachtermission, waren anwesend. Angesichts der vom Rat gesetzten Bedingung, dass allein die göttliche Schrift als Massstab zu gelten habe, war die Entscheidung zugunsten Zwinglis, der seine Lehre in 67 Thesen gefasst hatte, rasch gefallen. Diese 67 Thesen sind ein erstes Programm einer Neugestaltung des christlichen Gemeinwesens. Ausgehend vom Zentrums der christlichen Botschaft, dem Versöhnungswerk Gottes in Jesus Christus, schlägt Zwingli umfassende Schritte einer «Reformation» der Kirche vor.

Zwingli hat seine Thesen anschliessend zu einem umfangreichen Buch mit dem Titel «Auslegung und Begründung der Schlussreden» (1523) ausgearbeitet. Nach einer zweiten Disputation vom Oktober 1523 kam es in einem Zeitraum von eineinhalb Jahren, durch Ratsbeschlüsse legitimiert und gelenkt, zur Abschaffung der Heiligenverehrung, zur geordneten Beseitigung kultischer Bilder und zur Neuordnung des Gottesdiensts einschliesslich einer «reformierten» Abendmahlsfeier auf der Grundlage einer Liturgie Zwinglis (Ostern 1525) [→ Erklärung des christlichen Glaubens]. Parallel zur schrittweisen Aufhebung der Klöster und zur Umwandlung des Grossmünsterstifts wurde das Kirchengut nun durch den Rat verwaltet und im Rahmen einer neugeschaffenen Armenordnung (1525) und zur Förderung der Schulen eingesetzt. Mit der Einrichtung des Ehegerichts wurde die bischöfliche Ehegerichtssprechung ersetzt. Die zentrale Stellung der Bibel und ihrer Auslegung für die Zürcher Reformation wird deutlich durch die Einrichtung des «Lectoriums», bekannt unter dem Namen «Prophezei». Ab 1525 fanden fünfmal wöchentlich im Chor des Grossmünsters öffentliche Bibelauslegungen statt, die von Gelehrten in den biblischen Sprachen gemeinsam bestritten wurden und in eine öffentliche Predigt mündeten. Die ebenfalls von Zwingli angeregte Einrichtung hatte Symbolcharakter: sie ersetzte den lateinischen mönchischen Chorgesang durch die «prophetische» Wortverkündigung in der Volkssprache, aber basierend auf den biblischen Ursprachen, mit dem Ziel, den Einzelnen und die (christliche) Gesellschaft «nach Gottes Wort» umzugestalten. Die erste vollständige deutsche Bibelübersetzung der Reformationszeit war Frucht dieser Einrichtung. Dementsprechend entstand sie, ungeachtet der führenden Stellung Zwinglis, aber für sein Verständnis von Reformation nicht untypisch, als Gemeinschaftswerk (1529/1531). Zahlreiche Bibeldrucke und Bibelkommentare folgten.

Innere und äussere Konflikte blieben nicht aus. Im Inneren war es der Konflikt mit dem aufkommenden Täufertum, das in den ersten Jahren allerdings eine sehr heterogene Bewegung war, in der religiös-enthusiastische, separatistische und revolutionäre Gedanken begegneten. Die Lehre und Überzeugung der Täufer, dass ein Christ kein politisches Amt bekleiden und keinen Eid schwören dürfe, stellte die Grundlage und das Selbstverständnis der christlich-politischen Gemeinschaft infrage und konnte in den Augen der Obrigkeit wohl nur als politischer Aufruhr verstanden werden. Nachdem verschiedene Gespräche zwischen Täufervertretern und Zwingli erfolglos verlaufen waren und Täuferführer ihre Aktivitäten trotz Landesverweisen und Gefängnisstrafen weiterführten, verschärfte die Obrigkeit ihre Strafandrohungen für wiederholtes Übertreten des Verbots der Erwachsenentaufe schrittweise. Schliesslich wurde am Zürcher Täuferführer Felix Manz ein Exempel statuiert. Er wurde wegen Meineids und wiederholtem Ungehorsam gegen die obrigkeitlichen Erlasse am 5. Januar 1527 in der Limmat ertränkt. Es war die Anwendung einer für derartige Delikte üblichen Strafform auf ein neues Phänomen in Zeiten des religiös-politischen Umbruchs. Rechtssprechung lag nicht in Zwinglis Kompetenz. Deutlich ist allerdings, dass Zwingli, der eine Reformation des christlich-politischen Gemeinwesens nach wahrhaft christlichen Massstäben, nicht aber eine Revolution gegen die politische Obrigkeit mit ungewissem Ausgang anstrebte, die rasante Ausbreitung der Täuferbewegung auf Zürcher Herrschaftsgebiet und anderswo zunehmend als Gefahr für die Reformationsbewegung, ja für die politische Ordnung überhaupt ansah. Die christlich-dünkelhafte Absonderung von der bürgerlichen Gemeinschaft bedrohte für ihn den Zusammenhalt und Frieden des christlich-politischen Gemeinwesens [→ Brief an Lambert; → Brief an Wüst;→ Brief an Sam].

Zeitgleich mit der Täuferbewegung und nicht immer klar von ihr zu unterscheiden machte sich die Bauernschaft mit Forderungen bemerkbar. Im Namen des Evangeliums forderte sie mehr kommunale Selbstbestimmung und die Abschaffung von Zinsen und traditionellen rechtlichen Abhängigkeiten. Im Unterschied zum Deutschen Reich, wo 1525 die Bauernbewegung mit militärischer Gewalt unterdrückt wurde, gelang es den Zürcher Räten, durch ein relativ geringes Entgegenkommen Blutvergiessen zu vermeiden. Zwingli sah manche der Bauernforderungen als berechtigt an. Er hatte vergeblich ein grösseres Entgegenkommen vorgeschlagen und plädierte generell für die Ausrichtung auch der sozialen und wirtschaftlichen Strukturen an der «göttlichen Gerechtigkeit». Zugleich beharrte er aber auf der Notwendigkeit einer davon zu unterscheidenden «menschlichen Gerechtigkeit», die stets der politischen und ökonomischen Realität Rechnung zu tragen und die geltende Rechtsordnung zu respektieren habe [→ Göttliche und menschliche Gerechtigkeit]

Die zwinglische Reformation vollzog sich parallel zu den durch Luthers Auftreten angestossenen Vorgängen im Deutschen Reich. Zwingli hat den Wittenberger Reformator zunächst als einen ebenfalls auf dem Boden des göttlichen Worts stehenden Kirchenkritiker wahrgenommen und dessen Wirken als dasjenige eines von Gott auf den Plan geführten Bundesgenossen und Propheten begrüsst. Auch theologische Impulse des Wittenbergers hat Zwingli rezipiert und in eigener Weise verarbeitet. In Zwinglis Augen hatte sich Luther zu wenig entschlossen von der römischen Sakramentsfrömmigkeit gelöst. Auch Luthers Zurückhaltung im Blick auf konkrete kirchliche Reformschritte trug zur Entfremdung bei. Gegenüber Luther, der seine reformatorische Theologie im Ringen mit der monastisch-spätmittelalterlichen Buss- und Sakramentsfrömmgkeit entwickelte, was auch seine spätere Abendmahlstheologie bleibend prägte, besass der humanistisch geprägte Zwingli ein freieres Verhältnis zu den traditionellen kirchlichen «Gnadenmitteln» [→ Brief an Wyttenbach]. Dies erlaubte ihm, mit grösserer innerer Distanz über Sinn und Unsinn kirchlicher Bräuche, einschliesslich der Messe, und über verschiedene Auslegungsmöglichkeiten der Abendmahlstexte zu diskutieren. Die ihn leitende Grundunterscheidung war stets diejenige zwischen wahrem Gottesdienst, dessen Kriterien allein in den biblischen Schriften zu suchen waren, und Götzendienst nach Massgabe der (kirchlichen) Menschentraditionen. Immer wieder zitierte er Matthäus 15,9: «was sie an Lehren vortragen, sind Satzungen von Menschen.» Seinem Verständnis von Gottes freier Zuwendung und Kraft widersprach es, menschliche, auch kirchliche Riten oder Gegenstände (etwa die Abendmahlselemente Brot und Wein) als notwendige «Transportmittel» der göttlichen Gnade zu behaupten. Diesen Gedanken fand er nicht nur in der römischen Tradition, sondern auch in Luthers Abendmahlslehre seit 1524. Demgegenüber galt es für ihn festzuhalten: Das Heil wird durch Gottes Geist *allein* gewirkt und *allein* im vertrauenden Glauben empfangen [→ Brief an Krautwald].

Am Marburger Religionsgespräch mit Luther im Oktober 1529 machte Zwingli die bittere Erfahrung, dass der Wittenberger Reformator keinerlei Abweichung von seiner eigenen Interpretation der Abendmahlstexte als christlich legitim zu tolerieren bereit war und sein Angebot einer brüderlichen Anerkennung trotz theologischer Unterschiede – in der Schweizer-Oberdeutschen Reformation ein alltägliches Phänomen – zurückwies. Wie die Wittenberger Delegation, so war auch Zwingli überzeugt, nicht nur die besseren theologischen Argumente, sondern auch den Sieg im Streitgespräch errungen zu haben [→ Brief an Vadian]. Unabhängig davon versuchte Zwingli in seinen späten Schriften, auch dem von Luther so betonten Gabecharakter des Abendmahls stärker als bis anhin gerecht zu werden, ohne die Basis seines Sakramentsverständnisses zu verlassen [→ Erklärung des christlichen Glaubens].

Im eidgenössischen und oberdeutschen Raum konnte Zwingli in den Jahren nach 1525 einige politische Erfolge verbuchen. So schlossen sich verschiedene eidgenössische Orte der Reformation Zürcher Spielart an. Dazu gehörten die Städte St. Gallen, Schaffhausen und Basel, aber auch Biel, Konstanz und Mülhausen. Ein entscheidender Durchbruch war die Hinwendung des politisch und militärisch gewichtigen Berns zur Reformation 1528 [→ Die beiden Berner Predigten]. Die Ausstrahlung der zwinglischen Reformation erstreckte sich über die Eidgenossenschaft und die umliegenden Gebieten hinaus bis in die Niederlande und weiter. Auch in manchen Städten im Deutschen Reich hatte sie ihre Anhänger [→ Brief an Frosch; → Brief an Krautwald, → Brief an Lambert; → Brief an Sam; → Brief an den Rat zu Memmingen]. Aufgrund der von Luther abweichenden Abendmahlsauffassung wurde der «Zwinglianismus» allerdings in den 1530er-Jahren durch Luther und den Anhängern der Wittenberger Reformation bekämpft und aus den meisten deutschen Fürstentümern verbannt.

Mit der Ausbreitung der Reformation vertiefte sich auch die innereidgenössische Spaltung. Sie erfolgte im Horizont der zunehmend ernsthafter werdenden Bestrebungen durch Kaiser und Papst, die Reformationsbewegung mit militärischer Gewalt auszurotten. 1529 standen dem protestantischen Bündnis des «Christlichen Burgrechts» die «altgläubigen» Orte der Eidgenossenschaft (Uri, Schwyz, Unterwalden, Zug, Luzern, dazu die Städte Freiburg und Solothurn) im Verbund mit dem österreichischen König Ferdinand als «Christliche Vereinigung» gegenüber. Die innerschweizer Orte verweigerten sich konsequent Zwinglis Hauptanliegen, das Evangeliums auf ihrem Gebiet frei verkündigen zu können. Gewaltsame Zwischenfälle gab es vor allem in den von mehreren eidgenössischen Orten gleichzeitig oder abwechselnd regierten und nun konfessionell umstrittenen «Gemeinen Herrschaften», in denen sich viele Gemeinden der Reformation zugewandt hatten, die angesichts der drohenden Zwangsrekatholisierung durch die Innerschweizer Orte Zürich als Schutzmacht um Hilfe baten. Gegenseitige Provokationen, Brüche traditionellen Rechts und Hinrichtungen von Protestanten durch «altgläubige» Orte verstärkten die Spannungen. Ein Krieg schien zunehmend unvermeidlich und Zwingli selbst entwarf Feldzugspläne. Nachdem der Erste Kappelerkrieg 1529 unblutig und mit politischen Vorteilen für die protestantische Seite ausgegangen war, kam es im Zweiten Kappelerkrieg am 11. Oktober 1531 zu einer Schlacht, in der die Zürcher, zahlenmässig in der Minderheit, geschlagen wurden und Zwingli den Tod fand. Von einem zunehmend bedrohlicher agierenden feindlichen Bündnis umgeben und innereidgenössisch durch die «altgläubigen» Orte blockiert, hatte Zwingli zuletzt nur noch einen militärischen Befreiungsschlag als Ausweg gesehen [→ Briefe aus dem Kappeler Feldlager; → «Herr, nun selbst den Wagen halt!»].

Das Pestlied (ca. 1520)

EINFÜHRUNG

Die Pestwelle von 1519 war eine der schlimmsten jener Zeit. Sie raubte der Stadt Zürich einen Drittel der Bevölkerung von etwa 7000 Einwohnern. Zwingli kehrte beim Ausbruch der Krankheit im August von einer Kur in Pfäfers nach Zürich zurück, um als Leutpriester seiner Gemeinde beizustehen. Mitte September wurde er selbst todkrank und litt noch mindestens ein Jahr an den Folgen der Seuche.

Das «Pestlied» ist ein einmaliges Zeugnis von Zwinglis Frömmigkeit. Es kann aber nicht als direkter Ausdruck des Krankheitserlebnisses verstanden werden. Viele Gedanken stimmen fast wörtlich mit dem Brief an Myconius vom 24. Juli 1520 überein. Dies ist der Hauptgrund, dass das «Pestlied» auf Mitte 1520 datiert und es als rückblickende Verarbeitung einer Krise verstanden wird. Worin besteht diese nun aber? Das Lied ist nicht als Dokument einer Angst vor dem Tod oder vor der Sünde und deren Strafe zu verstehen. Zwingli glaubte an die Gnade Gottes und fürchtete den Tod nicht. Es ist aber ebenso wenig Ausdruck einer Wende zum reformatorischen Verständnis von Glaubensgerechtigkeit im paulinischen Sinn oder zur Reformation überhaupt, wie oft gesagt wird. Zwingli erwähnt seine Erkrankung nie in diesem Zusammenhang. Die Krise zeigt sich vielmehr als tödliche Anfechtung des Reformationswerks, das zunächst in der humanistischen Hoffnung auf eine Erneuerung von Kirche und Christenheit begonnen worden war. Der bedrohlich wachsende kirchliche Widerstand – die Bannandrohungsbulle gegen Luther erfolgte im Juni 1520 – führte bei Zwingli zur Erkenntnis der antichristlichen Macht des Papstes. Dies war die eigentliche teuflische Anfechtung (→Brief an Myconius). Für Zwingli konzentrierte sie sich auf die Frage nach seiner persönlichen Macht oder Ohnmacht in diesem Kampf. Er

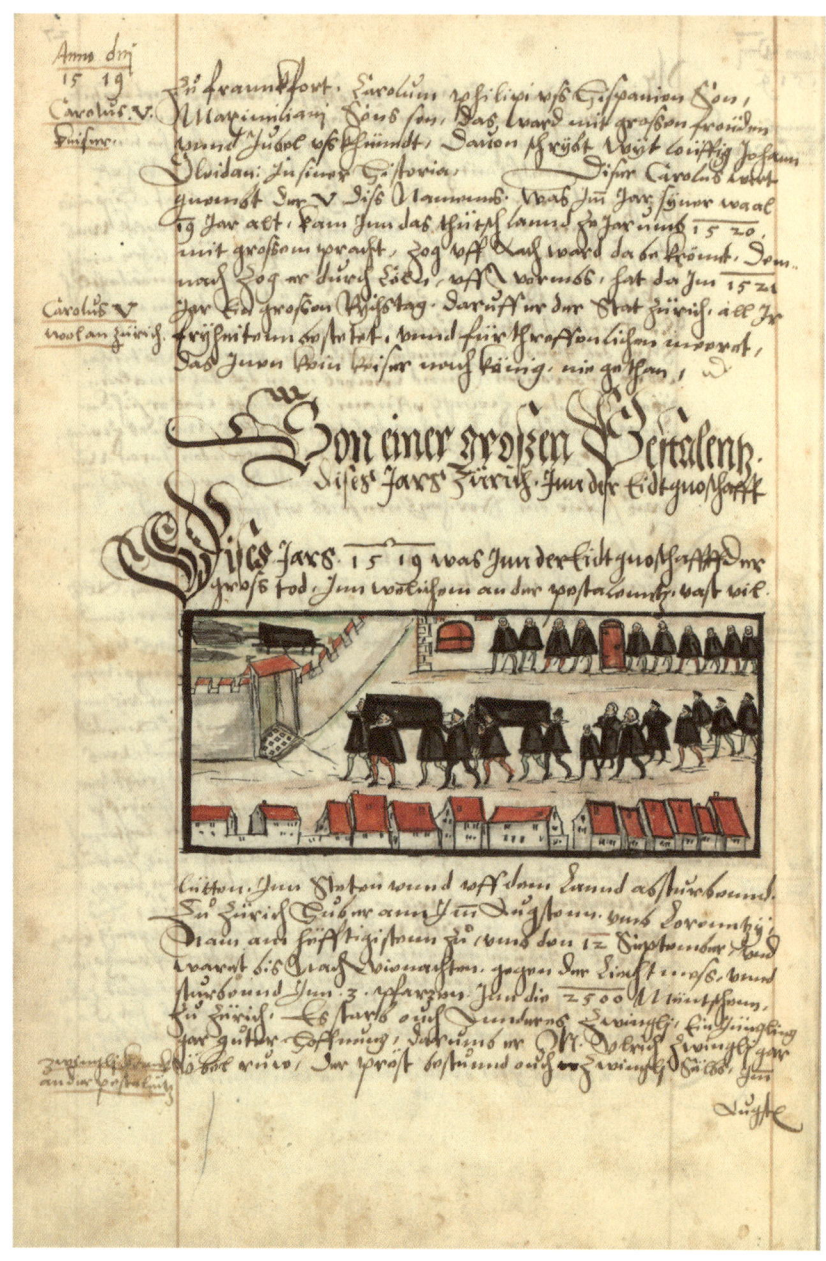

In Zürich sterben 1519 viele Leute an der Pest

erlebte dies im direkten Angriff der Pest als Krankheit, hinter der die «Pest» (so eine unveröffentlicht gebliebene Kampfschrift Zwinglis von 1519) des katholischen Kirchenwesens steht. Wir bezeichnen die hier von Zwingli erlebte und geschilderte Krise darum als «Berufungskrise». Zwingli fragte sich, ob die Pest ihn überwinden und damit sein reformatorisches Handeln aus Gottes Sicht als falsch erweisen kann oder ob er ein wahres «Geschirr» (Werkzeug) Gottes sei. Die Genesung sah er als dessen Bestätigung. Sie brachte ihm aber zugleich die Gewissheit, dass bei Christus und nicht bei ihm selbst die letzte Macht und die Verantwortung für den Ausgang des Streits um Gottes Sache liegt.

TEXT
Gebetslied in der Pest

Ein christlicher Gesang von Huldrych Zwingli, als er von der Pest angegriffen wurde.

Hilf, Herr Gott hilf
in dieser Not!
Mir scheint, der Tod
stehe an der Tür;
Christus, stell dich entgegen ihm,
denn du hast ihn überwunden.
Zu dir schreie ich.
Ist es dein Wille,
so zieh heraus den Pfeil,
der mich verdirbt,
der nicht eine Stunde lässt
mich haben Ruh und Rast.
   Willst du denn doch
   mich haben tot
   inmitten meiner Tage,
   so willige ich gerne ein.
   Tu, wie du willst;
   nichts halte ich für unannehmbar.
   Dein Gefäss bin ich;
   stelle es wieder her oder zerbrich es.

Denn, wenn du
meinen Geist wegnimmst
von dieser Erde,
tust du es, damit er nicht schlechter werde
oder anderen Menschen nicht
ihre rechtschaffene Lebensführung beschmutze.

Steh bei, Herr Gott, steh bei!
Die Krankheit wird schlimmer,
Schmerz und Beengung erfassen
meine Seele und meinen Leib.
Darum komm
zu mir, einzige Hilfe, mit der Gnade,
die gewiss von den Fesseln löst
jeden, der
sein herzliches Verlangen
und seine Hoffnung setzt
auf dich, und dem darum gleichgültig sind
Gewinn und Verlust in diesem Leben.
    Nun ist es zuende;
    meine Zunge ist stumm,
    vermag kein Wort mehr zu sagen;
    meine Sinne sind alle verdorrt.
    Darum ist es Zeit,
    dass du meinen Kampf
    fortan führst,
    denn ich bin nicht
    so stark, dass ich
    wirksam
    Widerstand leisten könnte
    dem Fallstrick und frechen Zugriff des Teufels.
    Jedoch wird meine Seele
    dir treu bleiben, wie immer er auch wüte.

Gesund, Herr Gott, gesund!
Mir scheint, ich kehre
unversehrt wieder zurück.
Ja, wenn du der Ansicht bist,

Das Pestlied (ca. 1520)

dass der Sünde Glut
mich auf Erden nicht mehr beherrschen wird,
so muss mein Mund
dein Lob und deine Lehre
verkünden mehr
als je zuvor,
wie es immer möglich ist,
unbefangen ohne jede Arglist.
  Wiewohl ich
  die Strafe des Todes
  einmal werde erleiden müssen
  – vermutlich mit grösserer Qual,
  als es jetzt
  geschehen wäre; besser [werde ich dann sterben],
  da ich ohnehin
  schon fast gestorben bin –
  so will ich doch
  Widerstand und Gewalt
  in dieser Welt
  ohne Furcht ertragen um späten Lohn
  mit deiner Hilfe,
  du, ohne den nichts vollkommen sein kann.

Edition des Originaltexts (frühneuhochdeutsch): Z I, Nr. 5, 62–69
Deutscher Text: ZS I, 7–11 (übersetzt von Thomas Brunnschweiler)

Bearbeitet von Ernst Saxer

Brief an Myconius (24. Juli 1520)

EINFÜHRUNG

Oswald Myconius (1488–1552), eigentlich Geisshüsler, stammte aus Luzern. Er studierte ab 1510 in Basel und war 1516 Schulmeister am Stift Grossmünster in Zürich, wo er sich mit Erfolg für Zwinglis Wahl einsetzte. Ab 1519 war er in Luzern als Lehrer und Schulgründer tätig, musste 1522 aber wegen seines Glaubens die Stadt verlassen. Zunächst wurde er Leo Juds Nachfolger in Einsiedeln und kam dann 1524 als Schulmeister ans Fraumünster in Zürich. 1532 wurde er der Nachfolger von Johannes Oekolampad in Basel. Myconius blieb einer der treuesten Freunde Zwinglis und schrieb kurz nach Zwinglis Tod dessen erste Biografie.

Der Brief zeigt deutlich die Vertiefung des Sendungsbewusstseins von Zwingli. Aus einem Humanisten, der zuversichtlich hoffte, durch Belehrung die Christenheit bessern zu können, war ein leidensbereiter Nachfolger und Zeuge Christi geworden. Zwingli war überzeugt, dazu berufen zu sein. Dazu gehörte auch die Gewissheit, dass die Wahrheit des Evangeliums nicht durch Feindschaft und äusseren Misserfolg zunichte gemacht oder widerlegt werden kann. Der Brief ist damit auch Interpretationsgrundlage für das «Pestlied» Zwinglis.

TEXT
Zwingli an Oswald Myconius

Huldrych Zwingli an seinen Myconius.

Sei gegrüsst! Liebster Myconius, Du bist also in Angst und Sorge, wenn Du in die nahe Zukunft blickst. Ja, es geht jetzt wirklich alles drunter und drüber. Alles ist derart in Unordnung geraten, dass die alte Ordnung kaum mehr zu erkennen ist. Es herrscht überall eine solche Verwirrung, dass niemand mehr eine Meinung öffentlich äussern kann, ohne dass irgendjemand das Gegenteil oder Abweichendes behauptet. Und mag auch jemand mit einem weitsichtigen Blick Hoffnung fassen, so doch nur auch mit Furcht verbunden. Alle, die die erhellende Kraft der humanistischen Bildung lieben, hoffen zwar, dass die Zeiten der Bildung wiederkehren, in denen offenbar noch die meisten gelehrt gewesen sind. Aber diese Hoffnung wird auf der andern Seite zunichte gemacht durch die hartnäckige Unwissenheit, um nicht zu sagen Unverschämtheit vieler. Diese Leute wollen lieber alle Missstände dulden, bevor sie eine Spur Gelehrsamkeit und Bildung zulassen, weil sonst die Makel ihrer Unwissenheit zum Vorschein kommen könnten. Ihr Helfer ist Mars[1], der stete Feind der Unbesiegbaren.[2] Ebenso ist jetzt eine nicht geringe Hoffnung auf eine Renaissance Christi und des Evangeliums erwacht. Viele gute und gelehrte Männer steuern jetzt ja mit Rudern und Segeln, wie man sagt, darauf zu, um die Saat zur Reife und Frucht zu bringen. Aber diese Hoffnung wird geschwächt, wenn man das Unkraut sieht, das der Feind darunter gesät hat, als die Leute schliefen [vgl. Mt 13,25] und nicht auf der Hut waren. Ja es hat schon tiefer hinab Wurzel getrieben. So ist zu befürchten, dass das Unkraut bereits mit den Wurzeln des Weizens bereits zu sehr verwachsen ist, als dass dieser ohne Gefahr wieder davon gesäubert werden könnte. Wie soll man also da verfahren, fragst Du?

Höre, wozu Christus rät: «Lasst beides miteinander wachsen bis zur Ernte», und zur Zeit der Ernte wird beides getrennt werden [Mt 13,30]. Auf diese Weise, mein kluger Myconius, muss auch das Gold durch das Feuer und das Silber von den Schlacken gereinigt werden [vgl. 1Kor 3,12–15]. So hat Christus zu den Aposteln gesagt: «In der Welt habt ihr Angst» [Joh 16,33], und ein andermal: «Und ihr werdet gehasst werden von allen um meines Namens wil-

---

1 D. h. die Gewalt, denn Mars ist der römische Kriegsgott.
2 Gemeint ist: Athene, die Göttin der Weisheit.

len.» [Mk 13,13], und: «ja, es kommt sogar die Stunde, da jeder, der euch tötet, Gott einen Dienst zu erweisen meint.» [Joh 16,2] – Die Kinder Israels durften zwar schliesslich in dem Land wohnen, das ihnen einst verheissen worden war. Aber sie sind die Philister nie los geworden. Die Philister liessen sie nicht in Ruhe, verführten sie, die Götzen zu verehren und die Gebote Gottes zu verletzen, und machten aus den Israeliten Heiden. So wird es uns Christen nie an Leuten fehlen, die Christus in uns verfolgen, auch wenn sie noch so grossspurig im Namen Christi selbst daherkommen. Denn ein Christ ist nur, wer das als Zeichen hat, womit Christus die Seinen gekennzeichnet hat. Er hat gesagt: «Wenn ihr tut, was ich euch geboten habe, wird daran wie an einem Merkzeichen jedermann erkennen, dass ihr meine Jünger seid.» [vgl. Joh 13,35; 14,21] Du wirst sofort merken, dass dieses Zeichen Christi denen fehlt, die dem menschlichen Gesetz mehr gehorchen als dem göttlichen und seine Gebote ihren eigenen hintanstellen. Wenn Du also von ihnen belästigt wirst, kannst Du Dir sagen: Das sind die Stechmücken Ägyptens [vgl. Ex 8,12f.], das sind die Kanaaniter, die Peressiter, die Amoriter, die Hetiter, die Jebusiter [vgl. Dtn 7,1], die Dich auf ihre Seite hinüberziehen möchten. Aber im Kampf gegen sie ist Dir die Krone verheissen [vgl. Offb 2,10]. Das Leben des Menschen auf Erden ist ein Kriegsdienst. Wer am Siegesruhm teilhaben will, muss, mit den Waffen des Paulus ausgerüstet [vgl. Eph 6,11–17], entschlossen kämpfen; und die Welt, die sich wie ein Goliat hoch aufrichtet, mit drei Kieselsteinen niederstrecken [vgl. 1Sam 17].

Und wenn Du einwendest: Was sollen wir denn die lehren, die unserer Obhut anvertraut sind? Wir sehen ja, dass doch alle Liebesmüh umsonst ist, da niemand oder nur ganz wenige dem Evangelium oder der apostolischen Lehre gehorchen? Dann antworte ich: Diese kostbare Perle wird von der grossen Menge verschmäht, nicht beachtet und glänzt doch in ihrer ganz besonderen Schönheit. Umso mehr musst Du Dich bemühen, sie möglichst vielen zu zeigen, damit sie sie lieb gewinnen, alles verkaufen und sie erwerben [vgl. Mt 13,44–46]. Hat nicht Christus von viererlei Samen gesprochen, von denen nur einer auf guten Boden gefallen ist [Mt 13,3–8]? Hat er nicht versichert, er sei gekommen, um ein Feuer auf der Erde zu entfachen, das alles erfassen soll [vgl. Lk 12,49]? Wie könnten wir dieses Feuer besser verstehen, wenn nicht als Standhaftigkeit in allen Nöten, die uns befiehlt, selbst die Eltern, wenn sie uns zum Abfall vom Glauben verleiten wollen, zu hassen und auch den Bruder, der uns dem Tode überliefert, zu ertragen [vgl. Lk 14,26; Mt 5,44]? Ist nicht dies das Feuer, das eines jeden Werk offenbar macht [vgl. 1Kor 3,13] und zeigt, ob er für die Ehre der Welt in den Kampf zieht oder für die Ehre Christi? Kämpft er für jene, so wird er den Stoppeln gleichen, die in Rauch aufgehen, sobald sie das Feuer der Prüfung ergreift. Und mit dem Feuer vergeht auch die Erinnerung an sie. Kämpft er aber für die Ehre Christi, so wird er als ein kluger Hausvater sein Haus auf den Felsen bauen, der Christus ist und im Feuer nicht versengt wird. So werden alle, die auf diesen Felsen gebaut sind und für die Ehre Christi und nicht für ihre eigene kämpfen, in Ewigkeit unversehrt bleiben [vgl. Mt 7,24f.]. Weder Tod noch Leben noch Schwert und was der Apostel sonst aufzählt, können sie von seiner Liebe scheiden [vgl. Röm 8,35–39]. Das sind eben die, die Christus ermahnt, dem gleichen Sieg nachzueifern wie er, wenn er sagt: «Seid getrost, ich habe die Welt überwunden.» [Joh 16,33] Was heisst das: «Ich habe die Welt überwunden»? Habe ich sie etwa deswegen auch schon überwunden? Allerdings, in ihm haben wir überwunden, weil er überwunden hat; aber nur in ihm überwinden wir. Denn wir sind nicht imstande, aus uns selber an so etwas auch nur zu denken. Darum sagte der, der wahrhaftig ist: «Seid getrost!», als wollte er sagen: «Wenn ihr alle Zuversicht auf mich werft, werdet auch ihr überwinden, gleich wie ich überwunden habe; deswegen seid getrost!» All dies ist gesagt, um den zu ermuntern, der schon läuft und eilt, um für Christus möglichst viele Soldaten anzuwerben, die dann einmal tapfer für ihn kämpfen sollen; und es ist gesagt, damit diese Soldaten immer mehr Mut bekommen, damit sie je weniger die Flucht ergreifen, umso grausamer die Verfolgung herrscht.

Denn auch das will ich Dir offen sagen: Ich glaube, wie die Kirche durch Blut zum Leben kam, so kann sie auch nur durch Blut erneuert werden, auf keinem andern Weg. Lehre Du darum den Deinen immer Christus. Je mehr Unwissenheit Du in seiner Kirche entstehen siehst, um so mehr Leute rüste dazu aus, wie Herkules den Kot von immer mehr Stieren auszumisten,[3] ohne sich aufhalten zu lassen oder dessen überdrüssig zu werden, wenn auch ganze Schwärme von Ungeziefer sie umschwirren. Und natürlich dürfen sie in dieser Welt keinen Lohn erwarten und sich nichts daraus machen, wenn sie den Menschen ganz und gar missfallen. Sie sollen sich nur still sagen: Wenn ich den Menschen gefallen wollte, so wäre ich nicht Christi Knecht [vgl. Gal 1,10]. Oder um alles zusammenzufassen: «Selig, die verfolgt sind um der Gerechtigkeit willen – ihnen gehört das Himmelreich.» [Mt 5,10] Niemals wird sich die Welt mit Christus vertragen. Auch jene Belohnung durch Christus ist unter Verfolgungen verheissen. Er schickte die Seinen wie Schafe mitten unter

---

3 Herkules ist der römische Schutzgott, zurückgehend auf den griechischen Heroen und Gott Herakles, dessen Ausmisten des Stalls des Augias eine seiner zwölf Taten war.

die Wölfe [vgl. Mt 10,16]. So sieh, mein Bruder, auf welchem Weg Du hoffen kannst, ein Schaf Christi zu sein: Du bist dann dessen gewiss, wenn Du für die Ehre Christi alles tust und leidest, wenn Dir deswegen die ruchlose Horde der Wölfe mit dem Tode droht, mit den Zähnen knirscht und mit den Krallen Dich zerfleischt.

Für Luthers Leben fürchte ich wenig, für seine Seele gar nicht, auch wenn er vom Bannstrahl jenes Jupiter[4] getroffen werden sollte. Ich verachte den Kirchenbann zwar nicht; aber ich glaube, dass eine solche Verdammung mehr den Leib als die Seele trifft, zumindest dann, wenn sie ungerechterweise erfolgt. Ob man aber mit Luther gerecht oder ungerecht umgeht, steht nicht an uns zu entscheiden. Du weisst aber schon, welcher Ansicht ich bin. Ich will in diesen Tagen zum päpstlichen Kommissar Guilelmus[5] gehen. Sobald er wieder wie neulich das Gespräch darauf bringt, will ich ihm raten, den Papst zu ermahnen, den Bann nicht auszusprechen, denn dies läge wohl in dessen eigenstem Interesse. Wird er nämlich ausgesprochen, so sehe ich jetzt schon voraus, wie die Deutschen nicht nur den Bann, sondern zugleich auch den Papst verachten werden. Du aber sei guten Mutes: Nie wird es unserer stürmischen Zeit an Männern fehlen, die Christus getreulich lehren und die ihr Leben gern für ihn aufopfern wollen. Mag dann auch ihr Name nach diesem Leben bei den Menschen in den Schmutz gezogen werden, wenn es nach alter Gewohnheit heisst: Er ist ein Ketzer gewesen, ein Verführer, ein Spitzbube. Wer so redet, für den sind eben gerade die wahrhaftigen Menschen Verführer. Was mich betrifft, so bin ich längst auf alles Böse von allen, Geistlichen und Laien, gefasst. Ich bitte Christus inständig nur, dass er mir eines verleihe, nämlich alles mit einem mannhaften Herzen zu tragen. Er möge mich, sein Geschirr, zerbrechen oder stark machen, wie es ihm gefällt [vgl. Röm 9,20f.]. Werde ich einmal mit dem Bann belegt, so will ich an Hilarius[6] denken, den gelehrten und heiligen Mann, der aus Frankreich nach Afrika ausgewiesen wurde, und an Lucius[7], der von seinem Sitz in Rom verjagt wurde und dann doch wieder hochgeehrt heimge-

---

4   Jupiter ist Himmelsgott der Römer, als Iuppiter Fulgur der Blitzeschleuderer, hier Bezeichnung für Papst Leo X.

5   Guilelmus a Falconibus hatte 1519 in der Schweiz die päpstlichen Pensionen auszuzahlen, die auch Zwingli, seit 1518 päpstlicher Akoluthenkaplan, bezog. 1520 hat Zwingli sie gekündigt.

6   Hilarius von Poitiers, der grosse Vertreter der nicänischen Orthodoxie im Westen, wurde 356 für einige Jahre nach Kleinasien verbannt (nicht nach Afrika, wie Zwingli meint).

7   Lucius I. Bischof von Rom, wurde 253 für kurze Zeit verbannt.

kehrt ist. Ich kann mich mit ihnen nie vergleichen, aber trösten würde ich mich dann mit ihnen. Sie sind viel besser gewesen als wir und haben trotzdem so viel Unverdientes erdulden müssen. Und wenn ich mich vielleicht doch rühmen dürfte, so würde ich mich darüber freuen, dass ich wegen Christus Schmach zu erleiden habe. Doch wer zu stehen meint, der sehe zu, dass er nicht falle [vgl. 1Kor 10,12]! Von Luther habe ich jetzt fast nichts mehr gelesen. Aber was ich bisher von ihm gesehen habe, das stimmt meines Erachtens mit der evangelischen Lehre überein. Vielleicht erinnerst Du Dich noch, aus welchem Grunde vor allem ich ihn empfohlen habe, nämlich weil er seine Behauptungen mit schwerwiegenden Zeugnissen erhärtet.

Wenn Du Dich erkundigst, was «oikonomia» heisse, so hätte umgekehrt eher ich Dich fragen können. Doch damit Du nicht meinst, ich wolle Dir nicht zu Diensten sein, will ich Dir sagen, was mir auf den ersten Blick und zufällig dazu einfällt. Ich habe eben die Rhetorik Melanchthons[8] noch nie von A bis Z gelesen. So muss ich um Nachsicht bitten, wenn ich etwas Falsches sagen sollte. Melanchthon hat vor der Behandlung dieses Begriffs von der feinen, mittleren und gewöhnlichen Ausdrucksweise gesprochen. Daraufhin will er offenbar ein paar Merkmale anführen, an denen man jede dieser drei Arten erkennen kann, und zwar nicht etwa nur anhand der Form der Rede, sondern ebenso von deren Gegenstand her. Denn er glaubt, die alten Schriftsteller seien so sorgfältig abwägend zu Werke gegangen, dass sie sich bemühten, ein feines Thema nicht im gewöhnlichen Stil oder in einer matten Sprache zu beschreiben. Ebenso seien sie niemals so gedankenlos gewesen, dass sie in einem erhabenen Stil und mit hochfahrender Rede über etwas Gewöhnliches gesprochen und es so darin erstickt hätten, statt es in einfachen Worten zu erklären. Darum glaube ich, «oikonomia», das sonst «Verwaltung» bedeutet, ist hier gebraucht für «Eigentümlichkeit», «Anpassung», «Angleichung», sodass er mit «oikonomia» hier meint «Anpassung der Form an den Inhalt». Wer in der Redekunst weniger geübt ist, kann dann wenigstens den Stil am Inhalt erkennen, an den der Stil von den Autoren angepasst wurde. – Ich bin entschlossen, mich in den nächsten Tagen wieder dem Hebräischen zu widmen; denn wenn Christus will, möchte ich im kommenden Dezember und in der nächsten Fastenzeit mit einigen Anfängern die Psalmen lesen. Richte darum Xilotektus[9] aus, er solle mir bis in einem Monat Reuchlins «Anfangsgründe» zurückschicken. Nachdem

---

8   Die Rhetorik Melanchthons war 1519 in Basel erschienen.
9   Johannes Xilotektus (Zimmermann) (1490–1526), Kanonikus in Luzern, gehörte wie Myconius und Zwingli zum Schweizer Humanistenkreis.

Utinger[10] zur Kur nach Baden verreist ist, weiss ich nicht, ob ich zur Primiz[11] kommen kann. Doch lasse ich Xilotektus, den Organisten, und all die Deinen herzlich grüssen.

Ich muss Dich für das Durcheinander in diesem Brief um Nachsicht bitten. Es ist nämlich um mein Haus herum so lärmig geworden, dass ich manchmal kaum mehr weiss, wo mir der Kopf steht. Ich frage mich sogar, ob ich nicht anderswohin, irgendwohin in die weite Welt, ziehen soll, wenn ich hier nicht ungestörter schreiben und studieren kann. Doch behalte das für Dich!

Leb wohl in Christo!

Zürich, am Tag vor Jakobus, des Zebedäus Sohn, [24. Juli] 1520.

Edition des Originaltexts (lateinisch): Z VII, Nr. 151, 341–345
Deutscher Text: F 1, Nr. 33, 99–108 (übersetzt von Oskar Farner), kritisch überarbeitet

Bearbeitet von Ernst Saxer

10   Heinrich Utinger, Chorherr in Zürich, war ausschlaggebend an Zwinglis Wahl beteiligt und gehörte später zu seinen treusten Anhängern.
11   Primiz nennt man die erste von einem neu geweihten Priester gefeierte Messe. An welche Feier Zwingli hier konkret denkt, ist unbekannt.

Die Klarheit und Gewissheit des Wortes Gottes (September 1522)

EINFÜHRUNG

Zwinglis Schrift über die Klarheit, die Kraft und die Untrüglichkeit des göttlichen Worts geht auf eine Predigt zurück, die er im Dominikanerinnenkloster Oetenbach gehalten hatte. Über die Umstände gibt Zwingli einleitend selbst einige Auskünfte. Durch seine Predigten gewann Zwingli jedoch nicht nur Anhänger; auch seine Gegnerschaft formierte sich zunehmend. Dabei spielten die städtischen Bettelorden, die im 13. Jahrhundert entstanden waren, eine wichtige Rolle: Die Franziskaner, die Dominikaner und die Augustiner-Eremiten. Nachdem sich Zwingli mit seiner Predigt über die «freie Wahl der Speisen» im Frühjahr 1522 auf die Seite der Fastenbrecher gestellt hatte, war die Lage angespannt. Im Juli 1522 hielt sich der aus Avignon stammende Augustinermönch Franz Lambert in Zürich auf und forderte Zwingli zu einem Streitgespräch über die Heiligenverehrung heraus, das am 16. Juli stattfand. Lambert schloss sich schliesslich der reformatorischen Bewegung an und wirkte nach einer Zeit in Wittenberg als Reformator in Strassburg (→ Brief an Franz Lampert und die anderen Brüder in Strassburg, Dezember 1524). Ein zweites Streitgespräch fand am 21. Juli unter Aufsicht einer Delegation des Rates statt. Zwingli erwähnt als Gegner Mönche aus dem Augustiner-Eremitenorden und dem Dominikanerorden. Aus dem Streit über die Heiligenverehrung und der Fürbitte der Heiligen bei Gott für die Menschen ergab sich die Frage nach dem Kriterium des christlichen Glaubens von selbst. Zwingli erhielt dabei Rückendeckung vom Rat: dieser wies ihn an, weiterhin «das Evangelium» zu predigen, und dies allein anhand der biblischen Schriften. Da dem Dominikanerorden die Seelsorge im Oetenbachkloster oblag, hatte die über sechzig aus Zürcher Oberschichtfamilien stammenden Ordensschwestern noch keine reformatorische Predigt erreicht. Vom Rat dazu aufgefordert, predigte Zwingli schliesslich auch vor ihnen. Thema war die Grundlage seines gesamten reformatorischen Denkens und Wirkens, «das Fundament, auf dem alles aufgebaut werden soll»: Das Wort Gottes. Alle biblischen Schriften geben Zeugnis von der Lebendigkeit und Wirksamkeit dieses göttlichen Worts, und der Mensch ist von Gott dazu geschaffen, es zu hören – so der Inhalt von Zwinglis Predigt. Wenn der Zürcher Reformator die Bibel zur Grundlage und zum Ausgangspunkt seines Denkens erklärt, dann hat er mehr als eine schriftliche Sammlung von göttlichen Vorschriften oder von Erzählungen vergangener Ereignisse im Blick. Die biblischen Texte sind für ihn der Ort, an dem die Kraft und Zuverlässigkeit des göttlichen Worts vielfältig bezeugt ist und, das ist entscheidend, an dem der von sich aus redende, freie christliche Gott heute vernehmbar spricht, Menschen anredet und zum Glauben einlädt. Dies war Zwinglis Grunderfahrung und deshalb war die freie «Predigt des Evangeliums» in Form einer Auslegung von Bibeltexten für ihn zentral – aber auch die intensive Beschäftigung mit den biblischen Texten in den Ursprachen. Zwingli sprach öfter vom «Geist-Wort» das in der Bibel zu suchen ist. Entsprechend ist die Entdeckung des lebendigen Gottesworts in der Bibel der Schlüssel zu seinem Denken als Reformator. Im Kern ist das göttliche Wort aber Jesus Christus in Person, der Menschen zu sich und damit zu Gott ruft. Zwinglis Leitwort auf den Titelblättern seiner gedruckten Schriften bringt dies zum Ausdruck. Es ist das Christuswort aus Matthäus 11,28: «Kommet zu mir alle, die arbeiten und beladen sind, ich will Euch Ruhe geben!» «Allein die Bibel» zur Grundlage des Glaubens zu machen und «allein Christus» zu verkünden waren für ihn zwei Seiten derselben Sache – und genau dies bedeutete für ihn, «allein Gott die Ehre» zu geben. Zwinglis Predigt wurde im September 1522 in erweiterter Form herausgegeben.

TEXT
Von der Klarheit und Gewissheit des Wortes Gottes

Die Klarheit und Gewissheit[12] und Untrüglichkeit[13] des Wortes Gottes. Von Huldrych Zwingli gepredigt und geschrieben in Zürich im Jahre 1522.

Den ehrenwerten und achtbaren geistlichen Frauen, der Priorin und dem ganzen Konvent des Klosters Oetenbach in der löblichen Stadt Zürich wünscht Huldrych Zwingli Gnade, Barmherzigkeit und Frieden Gottes durch unseren Herrn Jesus Christus.

Achtbare und fromme Schwestern und Glieder Jesu Christi! Meine Vorgesetzten, die Herren des ehrenwerten und verständigen Rats unserer Stadt Zürich, haben eingesehen, dass kein Hunger schädlicher sei, als der Hunger nach Gottes Wort, weil daran nicht der Körper, sondern die Seele stirbt. Der Rat sieht nun, wie die himmlische Lehre des Evangeliums so kräftig überall wächst, während ihr allein in unserer Stadt das wahre und unverfälschte Wort Gottes nicht habt hören können, weil ihr nach der Regel der Dominikanerinnen eingeschlossen seid. Darum wollen sie eurem Hunger abhelfen und haben angeordnet, dass ich, sofern ich dazu bereit sei, in eurer Kirche predigen soll, obwohl es bei euch bis jetzt nicht Brauch gewesen ist, dass ein Weltpriester predigt. Das habe ich auf die Bitte achtbarer Christen, Frauen und Männer, hin getan und die folgende Predigt gehalten über das Wort Gottes als das Fundament, auf dem alles aufgebaut werden soll. Denn Paulus spricht: «Niemand kann ein anderes Fundament legen als das, welches schon gelegt ist: Christus Jesus» [1Kor 3,11].

Es haben verschiedene «ungelehrte Gelehrte», deren Namen ich hier verschweige, einen Teil von euch davor gewarnt, zu meiner Predigt zu kommen, obwohl sie nicht wissen konnten, was für eine Predigt Gott mir eingeben würde. Um allen Menschen bekannt zu machen, was ich gepredigt habe, habe ich die Predigt in etwas erweiterter Form herausgegeben und sie, um euch zu ehren, euch gewidmet, damit ihr mein Wohlwollen euch gegenüber erkennt.

12 Der Begriff der «Gewissheit» hatte im 16. Jahrhundert eine sehr umfassende Bedeutung. Neben dem uns bekannten Gebrauch wurde er auch in der Rechtssprache verwendet mit der Bedeutung: den Tatsachen entsprechend und real. Aber auch ein ethischer Gebrauch lässt sich nachweisen. Gewissheit hiess dann so viel wie Zuverlässigkeit, Wahrhaftigkeit und Beständigkeit. Alle diese Bedeutungen schwingen mit, wenn Zwingli von der Gewissheit des Wortes Gottes spricht.
13 Der Begriff bedeutet so viel wie Unfehlbarkeit und Zuverlässigkeit.

Nonnen verlassen das Dominikanerinnenkloster Oetenbach in Zürich 1523

Denn euer aller Einigkeit in Jesus Christus wäre für mich der grösste Erfolg, mit dem ihr mich erfreuen könntet. Die Einigkeit aber finden wir am ehesten in dem, der in diese Welt gekommen ist, um uns alle mit Gott zu versöhnen und in ihm zu einigen. Was er haben will, lernen wir nirgends besser als aus den Worten, die er einst selber gesprochen hat. Sie sind wahr und täuschen nicht. Darum wollen wir vertrauensvoll auf sie bauen.

Dem Titel der Schrift liegt zugrunde, dass kein Wort und keine Lehre so klar und gewiss sind wie die Worte und die Lehre Gottes. So nehmt es an und lest es mit Wohlwollen! Und der Geist Gottes gebe, dass wir alle eins werden in Jesus Christus! Amen.

Aufgesetzt im Grossmünster Zürich am 6. September 1522.

Die Klarheit und Gewisheit oder die Kraft des Wortes Gottes

Als der allmächtige Gott zu Beginn der Schöpfung beschloss, die wunderbare Kreatur, die der Mensch ist, zu erschaffen, drückte er seinen Entschluss in den folgenden Worten nach 1. Mose 1 [Gen 1,26–27] aus: «Lasset uns den Menschen machen nach unserem Bilde, uns ähnlich. Der soll gesetzt sein über die Fische im Meer und die Vögel in der Luft, das Vieh und alles Erdreich und alles, was auf der Erde kriecht! Und Gott schuf den Menschen nach seinem Bilde, nach dem Bilde Gottes schuf er ihn.» Hier weist uns die Verbform «lasset» darauf hin, dass Gott von mehreren Personen spricht, obwohl er nur von sich selber redet. Hätte er nur von einer Person gesprochen, hätte er formuliert: «Ich will machen ...» Da er aber sagt: «Lasset uns machen», redet er zweifellos von den heiligen drei Personen [der Trinität]. Die drei aber sind ein Wesen, was die nachfolgenden Worte deutlich zeigen, wo er spricht: «nach unserem Bilde» und wenig später: «nach dem Bilde Gottes» und nicht «nach unseren Bildnissen», was auf viele Wesen oder Götter bezogen werden könnte.

Doch wollen wir hier nicht weiter von der Einheit des einen Gottes und der Dreiheit der Personen reden. Wir wollen auf etwas anderes hinaus, auf das, was nachher folgt in den Worten, die Gott selber sprach, nämlich, dass der Mensch geschaffen sei nach dem Bildnis Gottes, ihm ähnlich. Hier ist zu fragen, nach welcher Natur wir ein Bildnis Gottes sind, ob dem Leibe oder der Seele nach. Wären wir dem Leibe nach Gottes Bildnis, so müsste Gott auch einen aus Gliedern zusammengesetzten Körper besitzen, dem wir nachgebildet wären. Pflichteten wir dem bei, so würde Gott ein zusammengesetztes Ding sein, das wieder in seine Bestandteile zerlegt werden könnte, was ganz und gar der Unveränderlichkeit des göttlichen Wesens widerspräche und unchristlich, falsch und gotteslästerlich wäre.

Im Evangelium nach Johannes 1,18 steht nämlich: «Niemand hat Gott je gesehen.» Wenn aber niemand Gott je gesehen hat, wie kann dann jemand sagen, was für eine Gestalt er habe, wie die Anthropomorphiten und der irregeleitete Melitus[14] dreist daherredeten. Sie behaupteten, Gott habe eine menschliche Gestalt, zweifelsohne verführt durch Schriftstellen, in denen Gott Augen, Ohren, Mund, Angesicht, Hände und Füsse zugeschrieben werden. Damit will aber die Schrift nur Gottes Wirken verdeutlichen, das wir ja am besten begreifen, wenn es menschlichem Handeln entsprechend beschrieben wird. Weil wir mit den Augen sehen, legt die Schrift Gott Augen zu, um anzudeuten, wie unfehlbar er alles weiss und sieht, und Ohren, weil er alles in seiner Allgegenwart hört und vernimmt, ob wir nun bitten oder lästern oder heimlich hinter seinem Rücken verhandeln. Von seinem Mund spricht sie, weil er uns seinen Willen in seinem Worte offenbart. Mit dem Angesicht wird verdeutlicht, wie er uns seine Gnade zu oder sie von uns abwendet. Die Hände weisen auf seine Allmacht und die Füsse auf die Schnelligkeit, mit der er die Bösen einholt. – Wenn wir nicht anderes vorhätten, könnten wir dies alles ausführlich aus der Schrift beweisen. – Jedenfalls hat diese von Melitus nicht recht verstandene Redeweise der Bibel ihn zum Irrtum verleitet, sich Gott in menschlicher Gestalt vorzustellen. Das aber ist falsch. Denn Mose erklärt den Kindern Israels im 5. Buch Mose 4 [Dtn 4,15–19], Gott habe ihnen darum seine Gestalt nicht gezeigt, weil sie ihn nicht in irgendeinem Bilde, weder als Mann noch als Frau oder irgendein Tier sichtbar machen oder abbilden dürften, damit nicht sein Gleichnis oder Abbild dargestellt und verehrt werde. Denn das wäre Abgötterei. Und Jesus selbst sagt in Johannes 5,37: «Ihr habt seine Gestalt nicht gesehen.»

Das darf allerdings nicht auf das Menschsein Jesu Christi bezogen werden. Der war, abgesehen vom Grundübel[15] der Sünde, der menschlichen Natur

---

14 Melito, Bischof von Sardes, gest. vor 190. Von seinen zahlreichen Schriften sind nur Bruchstücke bekannt. In der Tradition wurde er – möglicherweise zu Unrecht – des Anthropomorphismus bezichtigt, einer Theologie, die sich Gott nach dem Bilde des Menschen vorstellt.

15 Zwingli verwendet hier den Begriff *präst*. Damit ist eine verhängnisvolle und unentrinnbare «Urverdorbenheit» gemeint, vergleichbar mit einer Erbkrankheit, die jeden Menschen als Nachkommen Adams und Evas bestimmt (vgl. Röm 5,12–19). Zwingli kann sie auch mit einem Geborenwerden im Sklavenstand vergleichen. Erst daraus erwachsen die konkreten Sünden wie Äste aus einem Stamm (vgl. ZS II, 49f.), allerdings zwanghaft-unvermeidlich. Zwingli nimmt damit die traditionelle Sünden-

und Schwäche so unterworfen wie jeder andere Mensch. Seine menschliche Natur war aber keine Gestalt der Gottheit, sondern der Menschheit, und er trug sie nicht von Ewigkeit her an sich, sondern nahm sie erst nach langer Zeit an, als er von der reinen Jungfrau Maria empfangen und geboren wurde.

Daraus folgt, dass wir in Hinsicht auf Vernunft und Seele nach Gottes Art gebildet sind. Es steht uns aber nicht zu, zu erkennen, welcher Art dieses Bild sei. Nur so viel ist sicher, dass die Seele die Substanz[16] ist, in die das Bild Gottes hauptsächlich eingeprägt ist. Wenn Augustin und die alten Lehrer behaupten, dass die drei: Verstand, Wille und Gedächtnis, die voneinander zu unterscheiden sind und doch eine Seele bilden, ein Abbild sind des seinem Wesen nach einigen Gottes, der zugleich drei Personen umfasst,[17] so will ich das gerne zugestehen, so lange sie sich durch die Dreiheit nicht verleiten lassen, anzunehmen, in Gott gebe es einen Willenskampf wie in uns. Vielmehr sollen sie bedenken, dass bei Gott nichts Zwieträchtiges oder Widersprüchliches ist, anders als bei uns Menschen, wo die Anfechtung des Fleisches – die wir auch Willen nennen – dem Willen der Vernunft und der Seele widerstrebt, wie Paulus im Römerbrief 7,14–23 lehrt. Weil wir aber Gott selber in seiner Gestalt nie gesehen haben, können wir nicht wissen, auf welche Weise unsere Seele ihm der Substanz und dem Wesen nach ähnlich ist, denn die Seele kann sich ihrer Substanz und ihrem Wesen nach gar nicht kennen. Darum bestimmen wir schliesslich: Die Wirkungen oder Kräfte der Seele, nämlich Wille, Verstand und Gedächtnis, sind nichts anderes als Zeichen des wahren Bilds, das wir erst sehen werden, wenn wir Gott selber und uns in ihm recht erkennen werden, wie es im 1. Korintherbrief 13,12 heisst: «Wir sehen jetzt durch einen Spiegel und wie in einem Rätsel, dann aber von Angesicht zu Angesicht. Jetzt erkenne ich bruchstückhaft, dann aber werde ich erkennen, wie auch ich erkannt bin.» Oder im 1. Johannesbrief 3,2: «Wir wissen, dass wir, sobald er uns offenbar sein wird, ihm gleich sein werden, denn wir werden ihn sehen, wie er ist.» Jeder möge diese Worte von Johannes sorgfältig bedenken! Auch ich weiss natür-

---

lehre auf, die zwischen einer «Ursprungssünde» (*peccatum originale*) und einer «faktischen Sünde» (*peccatum actuale*) unterscheidet. Der Ausdruck *präst* ist Zwinglis volkssprachliche Übersetzung von Augustins Bezeichnung der «Ursprungssünde» als «Krankheit» (*morbus*).

16 Hier wohl nicht als philosophischer Fachbegriff, sondern im Sinne von Stoff oder Material verstanden.

17 Vgl. Augustin, «Über die Dreieinigkeit» (*De trinitate*), Buch 10.

lich, dass Athanasius im Glaubensbekenntnis «Quicunque»[18] bestimmt, dass ebenso wie die vernünftige Seele und das Fleisch zusammen ein Mensch sei, so sei Gott und Mensch ein Christus. Das ist aber nur ein Gleichnis, nicht ein Ebenbild. Wir sprechen ja von Gott, bevor er die menschliche Natur annahm und dennoch den Menschen nach seiner Gestalt schuf. Da ist eindeutig, dass der Mensch der Seele und nicht dem Leibe nach ein Abbild Gottes ist. Denn Gott hatte damals noch gar keinen Leib angenommen.

Nun erfahren wir an uns, dass wir Abbild Gottes sind, viel deutlicher an anderen Dingen als an den dreien: Verstand, Willen und Gedächtnis. Ich will zwar Augustins Meinung nicht verwerfen, ich meine aber doch, dass wir der Ebenbildlichkeit Gottes eher in noch anderen Teilen von uns inne werden als gerade in denen, die ihm am wichtigsten sind, nämlich darin, dass wir zu Gott aufsehen und auf seine Worte achten. Das beweist uns, dass wir ihm ein Stück weit verwandt, ähnlich und nachgebildet sind. Dadurch werden wir der Verwandtschaft, der Ähnlichkeit und Ebenbildlichkeit mit Gott in uns versichert. Das wollen wir zuerst mit einem Vergleich, nachher mit einem Schriftbeweis erklären.

Betrachten wir das Verhältnis zwischen Menschen, Pflanzen und Bäumen, so sehen wir, dass die Pflanzen überhaupt nicht auf den Menschen und seine Worte achten, weil sie so weit von der Natur des Menschen entfernt sind, dass sie keine Verwandtschaft, Anteilnahme oder Gemeinschaft mit ihm haben. Dagegen achten die unvernünftigen Tiere, wenn auch wenig, doch ein bisschen auf den Menschen. Denn sie stehen in Hinsicht auf Leib und Leben der menschlichen Natur ein wenig näher. Entsprechend zeigt der Mensch, der einerseits wie Gott vernünftig ist, und sich andererseits auf Gott und sein Wort ausrichtet, deutlich, dass er seiner Natur nach Gott näher verwandt ist, ihm eher nachschlägt und in Beziehung zu ihm steht, was zweifelsohne daher rührt, dass er nach dem Bilde Gottes geschaffen ist.

Diese Meinung bezeugt der heilige Paulus in der Apostelgeschichte 17,28: «Wir sind seines Geschlechts.» Und gleich darauf: «Da wir nun seines Geschlechtes sind ...» Und der Geist Gottes weist darauf im 6. Vers des 82. Psalms, wo er spricht: «Ich habe es gesagt: Götter seid ihr, allesamt Söhne des Allerhöchsten.» So spricht er auch durch Jesaja 19,25: «Mein Erbteil ist Israel.» Nun sind wir Christen aber die rechten Israeliten, die seine Erben sind. Viele entsprechende

---

18 Im Glaubensbekenntnis *Quicunque*, das um 500 entstanden sein dürfte und seit dem siebten Jahrhundert Athanasius zugeschrieben wurde, heisst es: «Denn gleich wie Leib und Seele ein Mensch ist, so ist Gott und Mensch ein Christus.»

Worte finden wir in den Psalmen und bei den Propheten. Dass wir aber seine Erben sind, muss auf der Verwandtschaft beruhen. Andere Belegstellen von Christus, Paulus und Petrus, die uns eindeutig als Söhne Gottes ausweisen, wollen wir für später aufsparen. Diese drei zusammen mit dem Wort Gottes, das wir am Anfang zitierten, überzeugen uns hier genug, dass die Sehnsucht nach Gott, die jeder Mensch in sich empfindet, uns angeboren ist, weil wir nach dem Bilde Gottes geschaffen und seiner Art und seines Geschlechts sind. Darum heisst es in Psalm 4,7: «Herr, das Licht deines Angesichtes leuchtet über uns.» Aus diesem Grunde sehnen wir uns zu Gott zurück und schenken seinem Wort in jeder Hinsicht Glauben. Wir sehen ja, dass alle Menschen hoffen, nach diesem Elend die ewige Freude zu besitzen. Wäre diese Sehnsucht uns aber nicht angeboren, so würden wir uns ebenso wenig darum sorgen wie irgendein Tier oder eine Pflanze.

Es bedeutet aber nichts, dass von einigen Fettwänsten wie Sardanapal,[19] Nero[20] und Heliogabal[21] und anderen Schweinen behauptet wird, sie hätten keinerlei Sorge oder Sehnsucht nach der Seligkeit gekannt, denn sie hätten gar nicht geglaubt, dass es nach dieser Zeit eine Seligkeit gäbe. Wahrlich: Wenn *sie* schon kein Verlangen nach der Seligkeit trugen, so hatten sie doch Furcht vor der ewigen Pein. Denn das Herz jedes Menschen hofft auf die ewige Freude und fürchtet das ewige Leid. Und es sehnt sich danach, zu seinem Ursprung zurückzukommen wie alle anderen Dinge auch. Das zeigt Salomo im Prediger 1,6–7: «Der Geist oder Wind weht immer kreisend herum, durchforscht alles und kehrt wieder in seinen Kreislauf zurück. Alle Flüsse gehen ins Meer, und das Meer fliesst dennoch nicht über, und die Flüsse kehren wiederum dahin zurück, woher sie gekommen sind.» Darum ist das gewiss: Wenn einige sich um die Seligkeit nicht kümmern, so geschieht es aus Verzweiflung und weil sie in ihre Fleischeslust und leiblichen Begierden so versunken sind, dass sie ganz berauscht werden, wie Jesaja Kapitel 51,21 es nennt, und sich selber nicht mehr kennen. «Denn ein natürlicher Mensch kann die Dinge des Geistes

---

19 Sardanapal war der letzte Assyrerkönig. Sein Name wird in der Antike mit einer «viehischen Lebensweise» (so Aristoteles in der «Nikomachischen Ethik» I, 3, 195b) verbunden.

20 Nero war römischer Kaiser von 54–68 nach Christus. Der Christenverfolger wurde schon in der Antike als ruchloser Tyrann gebrandmarkt.

21 Heliogabal oder Elagabal (Familienname Varius) war ab 218 bis zu seiner Ermordung 222 römischer Kaiser. Sein Versuch, in Rom den syrischen Elagabalkult als Staatsreligion einzuführen, machte ihn verhasst. Sein Name wurde zum Inbegriff von Lasterhaftigkeit und Dekadenz.

nicht annehmen», so im 1. Korintherbrief 2,14. Und Judas, nicht der Gottesverräter, sondern der treue, der Lebbäus[22] genannt wird, sagte voraus: In der Endzeit würden solche Spötter kommen, die sich in ihren Anfechtungen und ihrem gottlosen Wandel von den anderen absondern, lüstern sind und den Heiligen Geist nicht haben. Wir sehen also an ihren Taten, dass sie die Verdammnis wohl fürchten, wenn sie auch keine Hoffnung auf die Seligkeit haben. Denn dass sie grausam wüten, schändlich leben, unverschämt sich in Wollust wälzen, andere vermessen unterdrücken, alles an sich reissen und einsacken, was sie nur rauben, stehlen, ziehen oder tragen können, das sind gerade lauter Zeichen ihrer Gottlosigkeit und Verzweiflung. Tragen sie doch die Verdammnis schon gegenwärtig in ihren Herzen und missgönnen – dem Teufel, ihrem Vater, ähnlich – allen anderen Menschen Ruhe, Frieden und Vertrauen auf die Seligkeit. Dabei schlagen sie jede Warnung in den Wind und alles, was sie von ihrem Irrweg abziehen und zum Heil bringen könnte, wie Salomo in den Sprüchen 18,3 zeigt: Nachdem der Gottlose in die Tiefe der Sünden versunken ist, verachtet und verwirft er – hier ist zu ergänzen: Gott und alle Geschöpfe – aber Schande und Laster folgen ihm nach. Ohne Zweifel hat Gott, der gerechte Richter, ihr Herz mit Jammer, Furcht und Schrecken der ewigen Pein erfüllt, weil sie sich nicht darum kümmern, dass sie die Erkenntnis Gottes in sich tragen – vgl. Römer 1,18–32 – und ihre hungrige Seele nicht mit der süssen Hoffnung auf Gott speisen. Weil sie nicht schon jetzt das ewige Leben in ruhiger Hoffnung anfangen wollen, bekommen sie die ewigen Qualen schon hier zu spüren und werden ihnen dort ewig unterworfen sein. Wenn sie auch keinen Kummer um die ewige Seligkeit haben, so doch um das ewige Elend. Das sei hier genug darüber, dass sie sich Sorgen um die Ewigkeit machen, sei es nun um ewige Verdammnis oder ewige Seligkeit. Es ist nun geklärt, dass die Sehnsucht nach der Seligkeit uns mit unserer Natur mitgegeben ist, nicht aber mit der Natur des Fleischs oder der Leidenschaften, sondern durch die Ebenbildlichkeit, die uns der Werkmeister Gott eingeprägt hat. Denn wahrlich: Der Geist des Lebens, den Gott in das Angesicht Adams blies oder hauchte, war kein so kraftloser oder schwacher Hauch wie der Atem eines Menschen. In 1. Mose 2 [Gen 2,7] steht Folgendes: «Da bildete Gott den Menschen aus Lehm und Staub der Erde und blies den Hauch oder Atem des Lebens in sein Gesicht.» Dieser Lebensatem, den der ewige Gott in Adam hineinhauchte, hat ohne Zweifel nicht nur den Willen zum leiblichen, vielmehr auch zum ewigen Leben eingegeben. Und

---

22 Lebäus war der Beiname von Judas Thaddäus, den Zwingli hier für den Herrenbruder und Verfasser des Judasbriefs hält.

er bewirkt, dass der Mensch allezeit nach dem seufzt, der ihm am Anfang Leben und Atem einhauchte. Wenn schon alle Kräfte des Himmels nach Psalm 33,6 durch den Atem aus dem Munde Gottes zusammengehalten werden, um wie viel mehr wurde dann Adam mit dem Lebensatem eine unvergängliche Sehnsucht nach Leben eingehaucht. Unter Atem, Luft oder Hauch Gottes ist jeweils der Geist Gottes zu verstehen, der darum in der Schrift ein Atem oder dergleichen genannt wird, weil – wie wir durch das Atmen leben – entsprechend der Geist Gottes das wahre Leben ist. In ihm lebt alles und hat von ihm das Leben. Denn das lateinische Wort «spiraculum», zu Deutsch die Atmung, heisst bei den Griechen «pnoe», was so viel wie Hauch, Luft oder Wind bedeutet. Auch folgt in 1. Mose 2 [Gen 2,7] nach den oben angeführten Worten: «Und der Mensch wurde zu einem lebendigen Wesen.»[23] Was klar beweist, dass der Mensch zum ewigen Leben erschaffen wurde, denn sollte er wie die Tiere mit Leib und Seele sterben, so wäre es unnötig gewesen, den Begriff «lebendiges Wesen» beizufügen. Zuvor nämlich bei der Schöpfung der Tiere wurde nicht hinzugefügt, sie seien zu einem lebendigen Wesen geworden. Und es wurde auch nicht gesagt, Gott habe ihnen Leben gegeben, indem er ihnen seinen Atem einhauchte, noch Gott habe Erde genommen und die Tiere daraus gebildet, wie bei der Erschaffung der Menschen, wo die Septuaginta schreibt: «*Choun labon tes ges ...*»[24] Ganz anders heisst es von den Tieren: «Gott sprach: Das Erdreich bringe Wesen hervor, die nach ihrer Art leben sollen, das arbeitswillige Vieh, kriechende und wilde Tiere mit ihren besonderen Gestalten, und so geschah es ...» [Gen 1,24]. Hier erfahren wir zunächst, dass Gott der Erde befahl, die Tiere hervorzubringen, während er bei der Erschaffung des Menschen selber Erde nahm und sie zu einem Menschen gestaltete. Und wenn Gott weiter von den Tieren spricht als von Wesen, die nach ihrer Art leben, so weist er darauf hin, dass das Wesen oder die Seele der Tiere ihr Leben ist, aber eben nach ihrer Art oder Natur, die doch vergänglich und sterblich ist. Schliesslich sagt er von den Tieren nicht, dass sie «zu einem lebendigen Wesen geschaffen wurden», wie es klar und ohne Einschränkung vom Menschen heisst, wo nicht angefügt ist: «nach seiner Art.» Stände das dort, so würde das bedeuten: Der Mensch ist auch zu einem lebendigen Wesen erschaffen, aber nur nach seiner

---

23 Zwingli benützt das Wort «Seele», das bei ihm noch die ganze Bedeutungsbreite des lateinischen Begriffs *anima* hat, also Seele, Lebewesen, Lebenskraft usw.

24 Die Septuaginta ist die griechische Übersetzung des hebräischen Alten Testaments. Sie wurde im dritten Jahrhundert vor Christus von der hellenistisch-jüdischen Gemeinde in Alexandrien begonnen und im ersten Jahrhundert vor Christus beendet.

Art, ebenso wie die Tiere nach ihrer Art leben. Dem Menschen wird aber vielmehr ein lebendiges Wesen zugesprochen ohne irgendeine Bedingung, damit man erkenne: Der Mensch wurde geschaffen und gezählt zu der Art und Natur der Geschöpfe, die ihrem Wesen und in ihrem Sein nach leben und nicht mehr sterben können.

Doch wäre unsere sorgfältige Auslegung der Schrift wertlos, wenn wir nicht darüber hinaus die Bedeutung der Ebenbildlichkeit Gottes in uns mit guten Schriftstellen belegten. Ich meine, wir müssen belegen, dass wir, weil wir ein Abbild Gottes sind, auch eine besondere Sehnsucht nach Gott haben.

Paulus schreibt den Kolossern 3,9–10: «Belügt einander nicht! Zieht den alten Menschen mit seinen Werken aus und legt den neuen an, der erneuert wird in der Erkenntnis nach dem Bilde seines Schöpfers!» Der alte Mensch, wie Adam von Natur sündhaft, lässt sich von seinen Leidenschaften durch die Macht des Fleisches verführen und beherrschen. Wer aber der neue Mensch ist, lehren die Worte von Paulus, nämlich ein Mensch, der, von den Anfechtungen des Fleischs befreit, mehr und mehr in der Erkenntnis Gottes zunimmt, wodurch die Ebenbildlichkeit mit Gott immer besser freigelegt, gereinigt und geklärt wird, wie der griechische Urtext verdeutlicht. Weil dieser neue Mensch ein Bildnis Gottes ist, bemüht er sich, immer mehr in der Erkenntnis zu reifen – in der Erkenntnis gerade dessen, der ihn geschaffen und ihm sein Abbild eingeprägt hat–, damit er erneuert werde. Denn der alte Mensch oder Adam überdeckt und verfinstert den neuen Menschen, der nicht etwa deshalb als neu bezeichnet wird, weil er eine weniger alte Herkunft hätte, sondern weil er ganz und gar schön, ohne alle schändlichen Schwächen des Leibs, dazu berufen ist, die Ewigkeit zu besitzen, in der niemand alt noch kraftlos wird. Darauf weist Paulus im Epheserbrief 4,22–25 hin: «Legt euren früheren Wandel ab», das heisst den alten Menschen, «der zerschlissen ist durch trügerische Begierden. Erneuert euch aber im Geist eures inneren Wesens[25] und zieht den neuen Menschen an, der nach Gott geschaffen ist in Gerechtigkeit und Heiligung der Wahrheit. Darum werft ab Betrug und Falschheit und redet untereinander die Wahrheit! Denn wir sind einer des anderen Glieder.» Wir sehen also: Der Mensch, der nach Gott geschaffen ist, wird ein neuer Mensch genannt, weil er sich um Rechtschaffenheit und Wahrheit bemüht. Diese aber veralten niemals, weil Gott selber Gerechtigkeit und Wahrheit ist.

---

25 Im Original: *gmuet*. Das Wort hatte im Frühneuhochdeutschen gegenüber heute eine viel umfassendere Bedeutung, die Verstand und Willen mit einschliesst.

Hiermit sollten wir dies genug verdeutlicht haben: Wir sind ein Abbild Gottes und die Ebenbildlichkeit ist dazu in uns angelegt, dass sie zu ihrem Schöpfer und Bildner zurückgeführt werde. Wäre der alte Mensch, das heisst der Mensch, der nicht nur altert, sondern gar vergeht und verwest, nicht so beherrscht von seinen Leidenschaften, so würde der innere oder neue Mensch viel zielstrebiger nach Gott trachten und viel gottähnlicher leben. So aber vermag unser inneres Wesen uns kaum für kurze Zeitspannen dazu zu bewegen, dem nachzueifern und nachzufragen, nach dessen Bild wir geschaffen sind. Wir streben aber am ehesten zu ihm, wenn unser Leib am schwächsten ist, wie Paulus im 2. Korintherbrief 12,10 sagt: «Wenn ich schwach bin, so bin ich stark.» Ist der Körper schwach, so ist die Seele stark, die sich rüstet, Gott nachzufolgen aufgrund ihrer Ebenbildlichkeit, wenn sie auch wegen des schwer lastenden Körpers nicht weit kommen mag. Darum freut sich Paulus, wenn der alte und äussere Mensch erniedrigt und zerbrochen wird, damit der innere seine Gestalt zurückgewinne: «Wenn schon unser äusserer Mensch zerstört wird, so wird doch der innere von Tag zu Tag erneuert» [2Kor 4,16]. Schaut, wir stossen da wieder darauf, dass wir zuerst nach Gottes Ebenbild geschaffen sind. Denn, was erneuert werden soll, muss schon vorher geschaffen, gemacht oder erbaut worden sein, um nachher, wenn es zerfällt oder schadhaft geworden ist, in seinen ursprünglichen Stand gebracht zu werden.

Ähnlich spricht Paulus zu den Römern 7,18–23: «Ich weiss, dass in mir – das heisst in meinem Fleisch – nichts Gutes wohnt. Denn der Wille ist wohl da, aber ich kann das Gute nicht vollbringen. Denn ich tue nicht das Gute, das ich will, sondern das Böse, das ich nicht will. Wenn ich aber das tue, was ich nicht will, tue nicht ich es, sondern die Sünde, die in mir wohnt. So stosse ich auf das Gesetz: Obwohl ich das Gute tun will, herrscht das Böse in mir. Denn ich habe Lust an dem Gesetz Gottes nach meinem inneren Menschen. Ich sehe aber ein anderes Gesetz in meinen Gliedern, das dem Gesetz meines Inneren widerstreitet und mich zum Gefangenen vom Gesetz der Sünde macht, das in meinen Gliedern herrscht.» Das sind lauter Paulusworte, die unser Anliegen gut verdeutlichen. Denn er sagt klar, dass unser innerer Mensch – der nach dem Bildnis Gottes geschaffen ist – gern nach dem Gesetz und Willen Gottes leben wollte, während der äussere Mensch sich dagegen sträubt, weil in seinen Gliedern – das heisst in ihm – die Sünde oder die sündige Schwäche wohnt. Denn hier gebraucht Paulus den Begriff Sünde im Sinne von: wir sündigen aus Schwachheit. Dass hier aber niemand fälschlich aus Paulus herleite, was die Sophisten behaupten, nämlich: «Sieht man hier nicht, dass wir doch etwas aus eigener Naturanlage vermögen?»[26] Nein! Denn sage doch, was kannst Du aus eigener Naturanlage? Wäre die Ebenbildlichkeit Dein, so wärest Du ein Abbild Deiner selbst. Ist sie aber Gottes, wie kannst Du sie Dein eigen nennen? Erkennt vielmehr, wie wir so gar nichts sind und wie wir im Fleische nichts vermögen! Darum schreit der heilige Paulus nach den oben stehenden Worten, wo er sich anklagt, ein Gefangener der Sünde zu sein: «Ich elender Mensch! Wer wird mich erretten aus diesem Todesleib?» [Röm 7,24]. Er meint also, die Gefangenschaft des inneren Menschen sei sein Tod. Doch sogleich findet er wieder Rettung, indem er fortfährt: «Ich sage Gott Dank durch Jesus Christus» [Röm 7,25]. Denn er wird durch den Herrn Jesus Christus von dem Schaden der Sünde erlöst und so bringt ihn die Sünde nicht in Verdammnis. Darum fügt er an: «Deshalb diene ich», der gleiche Paulus, «mit meinem Inneren dem Gesetz Gottes, mit dem Fleisch aber dem Gesetz der Sünde» [Röm 7,25b]. Hier bemerkt jeder, dass Paulus sich als Knecht Gottes und als Knecht der Sünde bekennt. Wie kann er das zugleich sein? Wir können nicht ohne Sünde sein [vgl. 1Joh 1,8], vielmehr wohnt die Sünde wie gesagt immer in uns [vgl. Röm 7,17–18], obwohl sie überwunden und gefangen ist durch Jesus Christus [vgl. Hebr 9,14 und Röm 6,14]. Darum heisst es: «Die Sünde wird euch nicht beherrschen» [Röm 6,12]. Wir sind also verpflichtet, nach dem Willen Gottes zu leben, den wir nie erfüllen können. So müssen wir verzweifelt mit dem heiligen Paulus ausrufen: «Ich elender Mensch! Wer wird mich erretten aus diesem Todesleib?» [Röm 7,24]. Und wir werden uns selbst antworten: Die Gnade Gottes durch unseren Herrn Jesus Christus. Obwohl der äussere Mensch dem Gesetz – das heisst dem Grundübel – der Sünde immer unterworfen bleibt, sollen wir uns doch bemühen, dass der innere Mensch vom äusseren nicht beherrscht werde und wir dem Fleisch nicht dienen nach seinen Begierden usw. Dies nur beiläufig, es würde zu weit führen, hierbei länger zu verweilen.

Da wir nun wie gesagt erwiesen haben, dass der innere Mensch, der seine Lust am Gesetz Gottes hat [vgl. Ps 1,2; Röm 7,22], zum Abbild Gottes geschaffen ist, damit er ihm nahekomme, muss daraus folgen, dass den inneren Menschen kein Gesetz oder Wort mehr erfreuen kann als das Wort Gottes. Denn nach Jesaja 28,20 ist das Bett zu eng, sodass der Ehebrecher daneben fallen muss, und der Mantel zu schmal, um zwei zuzudecken. Das bedeutet: Gott ist der

---

26 Zwingli spielt hier auf die scholastische Lehre vom Naturrecht an, wonach das dem Menschen eigene «natürliche» Gesetz teilhat am göttlichen «ewigen Gesetz» (vgl. Thomas von Aquin, *Summa Theologiae* 1/II, 90–108; 2/II, 57).

Gemahl und Ehemann der menschlichen Seele. Er will nicht, dass sie die Ehe bricht, und duldet nicht, dass ihr neben ihm jemand anderer lieb – oder besser: so wert und teuer – ist wie er. Er will auch nicht, dass der Mensch woanders Hilfe suche als bei ihm oder sich die Seele durch ein anderes Wort trösten liesse als allein durch seines, wie ein Ehemann will, dass seine Ehefrau sich nur an ihn halte, mit allen Anliegen zu ihm komme und nirgends Schutz suche als bei ihm allein. Denn Gott ist, wie Jesaja sagt, ein *zelotes*[27] [Jes 26,11; 59,17]. Er wacht eifersüchtig über die Seelen. Aber wozu noch mehr alttestamentliche Belegstellen? Christus selber sagt nach Matthäus 22,37: «Du wirst Gott deinen Herrn lieben von ganzem Herzen, von ganzer Seele und mit deinem ganzen Gemüte.» Und Markus fügt hinzu 12,30: «... und mit aller deiner Kraft.» Lieben wir ihn aber in solcher Weise, so wird uns kein anderes Wort so sehr und gewiss erfreuen und stärken wie das Wort dessen, der unser Schöpfer und Vater ist. Erfreut, schreckt und stärkt doch kein Wort den Menschen mehr als das seines Vaters, den er lieb hat. Darum gab auch Christus nach Matthäus 4,4 dem Teufel zur Antwort: «Der Mensch lebt nicht vom Brot allein, sondern von jedem Wort, das aus dem Munde Gottes kommt.» So belebend und stärkend ist sein Wort, dass es die Seele kräftigt und nährt, wie das natürliche Brot den Leib, ja viel mehr noch und anders. «Denn wer sich an das Wort und die Rede Gottes hält, der wird den Tod in Ewigkeit nicht sehen» [Joh 8,52].

Alle angeführten Belege haben wir dazu genutzt, uns klarzumachen, dass, weil wir ein Abbild Gottes sind, die Seele nichts so erfreuen, vergewissern und stärken kann wie das Wort ihres Schöpfers und Bildners. Darum wollen wir nun weitergehen und die Klarheit und Unfehlbarkeit des Gottesworts zu verstehen suchen. Zum Ersten:

Von der Gewissheit oder Kraft des Wortes Gottes

Das Wort Gottes ist so zuverlässig und mächtig, dass was immer Gott will, von dem Moment an geschieht, wo er sein Wort ausspricht. So lebendig und wirksam ist es, dass sogar die unvernünftigen Dinge ihm sogleich folgen oder, besser gesagt, dass alle Dinge, ob sie nun vernunftbegabt oder ohne Vernunft sind, nach seinem Plan von ihm gestaltet, bestimmt und beherrscht werden, was 1. Mose 1 [Gen 1,3] belegt: «Und Gott sprach: Es werde Licht! Und es ward Licht.» Siehe, wie lebendig und stark das Wort ist, das nicht nur Gewalt hat über alle Dinge, sondern sogar aus nichts erschafft, was es will. Im Schöpfungs-

---

27 Deutsch: Eiferer.

bericht findest Du noch viel mehr Belege, die wir hier, um Zeit zu sparen, weglassen. Der Erde wurde befohlen, zu ergrünen, dem Wasser, Fische hervorzubringen und zu nähren, und das geschieht bis heute. So stark ist das Wort, das ewig wirkt. Nach 1. Mose 3 [Gen 3,16] sprach Gott zu Eva: «Ich werde deine Mühen und [sic!] Schwangerschaften vermehren; Du wirst mit Schmerzen deine Kinder gebären und unter dem Schutz des Mannes stehen, und er wird dich beherrschen.» Dies alles, was ihr damals angekündigt wurde, beschwert sie noch heute, und sie wird nicht davon loskommen, solange sie auf Erden weilt. Und zu Adam sprach Gott: «Verflucht sei der Erdboden, wenn du ihn bebaust. Mit Mühsal musst du dich davon ernähren dein Leben lang. Dornen und Disteln wird er hervorbringen. Im Schweisse deines Angesichtes wirst du dein Brot essen, bis du in die Erde zurückkehrst, von der du genommen bist» [Gen 3,17b–19]. Sieh hier, wie Mühsal und Tod nach dem wirksamen Wort Gottes den Menschen unausweichlich anhaften. Und weiter: Als die Menschen immer schlechter wurden, hat Gott ihnen das Leben auf 120 Jahre verkürzt [vgl. Gen 6,3]. Und so bleibt es bis zum Ende der Welt. Zu Adam und Eva aber sprach er, sobald sie die verbotenen Früchte ässen, würden sie des Todes sterben [vgl. Gen 2,17]. Und genau das, was Gott ihnen androhte, ist mit ihnen geschehen [vgl. Gen 3,16–19]. Noah hingegen befahl Gott, sich mit einer Arche zu versehen, denn er werde 40 Tage und 40 Nächte lang regnen lassen und alle Lebewesen vertilgen [vgl. Gen 6,13 und 7,4]. Und genau so ist es geschehen, was sogar die Heiden mit ihrer Beschreibung der Sintflut bezeugen, nur dass sie Noah Deukalion nennen.[28] Später hat Gott durch seine Engel angekündigt, er werde Sodom und Gomorra und die anderen Städte vertilgen, und es blieb nicht aus [vgl. Gen 19,13.24–25]. Und Lot und seiner Familie wurde befohlen, nicht zurückzuschauen. Lots Frau aber war ungehorsam und erstarrte zu einer Salzsäule [vgl. Gen 19,17 und 26]. Zu Abraham wiederum sagte Gott: «Ich werde später wieder zu dir kommen, und dann wird deine Frau Sara einen Sohn haben …» Sara konnte das nicht glauben, denn sie war fast 80 Jahre alt. Und doch kam es so [vgl. Gen 18,10–14; 21,1–2]. Das Alte Testament ist voll von Belegen für die zuverlässige Wirkung von Gottes Wort. Die zitierten Stellen haben wir alle nur aus einem kleinen Teil eines einzigen Buchs, nämlich der Genesis, genommen. Ich würde nicht fertig werden, wollte ich erzählen von den grossen Wundern, die Gott Mose versprach, an den Kindern Israels in

---

28 In griechischen Sagen wird erzählt, Zeus habe eine Sintflut gesandt, um die Menschen zu vernichten, aus der allein Deukalion, der fromme Sohn von Prometheus, und seine Frau Pyrrha in einem Kasten gerettet wurden.

Ägypten zu wirken, und die er alle zuverlässig ausführte oder was er an Josua, Gideon, Jephta und anderen tat oder an Samuel, Saul, David und Salomo. Es möge dies jeder selbst nachlesen oder erwägen, wenn er darüber predigen hört. Wir wollen jetzt zum Neuen Testament übergehen und die Stärke, Zuverlässigkeit und Kraft des Wortes Gottes darin ergründen.

Zacharias schien unglaublich, was Gott ihm durch den Engel Gabriel ansagte. Denn seine Frau Elisabet war bis dahin unfruchtbar gewesen und nun waren beide alt. Weil er aber dem Wort Gottes nicht glaubte, verlor er seine Sprache. Doch nachher trat ein, was ihm unmöglich schien: So stark, gewiss und lebendig ist Gottes Wort. Der treue Wegbereiter und Täufer Johannes wurde geboren [vgl. Lk 1,5–25]. Die reine Jungfrau Maria erschrak, als ihr der Engel die Geburt Jesu Christi ankündigte und auferlegte [vgl. Lk 1,26–3], denn sie hatte keinem Manne beigewohnt. Doch Gottes Wort war so lebendig und wirksam, dass es in ihr Mensch wurde und heranwuchs und, ohne dass ihre Jungfräulichkeit Schaden nahm, zum Heil der Welt geboren wurde. Wir sehen daraus, dass die Natur eher ihren Lauf verlässt, als dass das Wort Gottes nicht erfüllt würde und nicht bestehen bliebe.

Nach Lukas 1,32 sprach der Engel an Stelle Gottes zu ihr: «Er» – damit ist Christus gemeint – «wird gross sein». Schau doch wer ist am Ende bedeutender in der Welt geworden als Christus? Alexander und Julius Cäsar waren gross und doch haben sie sich beide den Erdkreis nur halb, der eine kaum halb, unterworfen. Zu Christus aber kamen die Gläubigen vom Aufgang und Niedergang der Sonne» [Jes 45,6]. Ja, auf der ganzen weiten Welt hat man an ihn geglaubt und ihn als «Sohn des Höchsten» [Lk 1,32] gepriesen und erkannt, dass «sein Reich ohne Ende ist» [Dan 6,26]. Denn wessen Regiment oder wessen Macht hat so lange gewährt wie der Glaube an Christus, der nicht aufhören wird, auch wenn nur wenige daran festhalten? Wir sehen ja, wie die Voraussagen Gottes tagtäglich erfüllt werden.

Sobald Christus herangewachsen war und anfing zu lehren und Wunder zu tun, waren ihm alle Dinge gehorsam und richteten sich nach seinem Wort. Zu dem Aussätzigen, der ihm zurief: «Wenn du willst, kannst du *mich* rein machen», sagte er: «‹Ich will es, sei rein!›, und sogleich wurde er von einem Aussatz rein», weil Gott es wollte, und das Wort «Sei rein!» das bewirkt hatte [Mt 8,2–3]. Zum Hauptmann sprach er: «Gehe hin, wie du geglaubt hast, so geschehe dir! Und sein Diener wurde in jener Stunde gesund» [Mt 8 13]. Hier ist zu beachten, wie das unfehlbare Gesundwerden vom Glauben de Hauptmannes abhängt, damit wir lernen, fest auf Gott und sein Wort zu vertrauen. Er sprach zum königlichen Beamten: «Dein Sohn lebt», und so war es [vgl. Joh 4,49–53], obwohl Jesus nicht bei ihm war. Daran sollen wir erkennen, dass für das Wort Gottes nichts unmöglich und nichts zu entfernt ist. Er sprach zum Blinden, Gehörlosen und Stummen: «Ephata, das heisst: Tu dich auf!» [Mk 7,34]. Und seine Sinne taten sich auf. Er sprach zum Blinden: «Du sollst sehen, dein Glaube hat dich gesund gemacht. Und sogleich sah er wieder» [Lk 18,42–43]. Matthäus befahl er: «Folge mir nach! Und sogleich folgte er ihm» [Mt 9,9]. Zu dem Bettlägerigen sagte er: «Deine Sünden werden dir vergeben» [Mt 9,2]. Auf dass man sich aber durch äussere Zeichen der inneren Heilung vergewisserte, fügte er hinzu: «Steh auf, nimm dein Bett und geh in dein Haus! Und er stand auf und ging davon» [Mt 9,2–7]. Zur verkrümmten Frau sagte er: «Du bist von deiner Krankheit erlöst.» – Dabei legte er ihr die Hand auf als sicheres Zeichen oder um ihr seine Zuneigung zu zeigen. «Und sie richtete sich sogleich gerade auf» [Lk 13,11–13]. Er sprach ein Dankgebet über Brot und Fisch, und sie vermehrten sich, sodass viele Tausende von Menschen davon satt wurden und viel mehr übrig blieb, als vorher vorhanden gewesen war; so erzählen es alle Evangelisten [vgl. Mt 14,17–20; Mk 6,38–43; Lk 9,16–17; Joh 6,9–13]. Er bedrohte den Teufel, worauf der sogleich den Menschen verliess, von dem er Besitz ergriffen hatte [vgl. Mt 17,18]. Er riet den Jüngern, auf der rechten Seite auszuwerfen, um die Netze zu füllen, und sie fingen sogleich 153 grosse Fische [vgl. Joh 21,6 und 11]. Er gebot Petrus, zu ihm aufs Wasser zu kommen und das Wasser hat Petrus sogleich getragen [vgl. Mt 14,29]. Er kündete vom Himmel herab Ananias an, Paulus werde ein auserwähltes Werkzeug sein, das seinen Namen vor Könige und Fürsten und die Kinder Israels tragen werde [vgl. Apg 9,15]. Und er ist es geworden. Als Paulus nach Rom gebracht wurde und Schiffbruch drohte, versprach er ihm, es werde niemand umkommen, nur das Schiff werde verloren gehen. Und genau das ist geschehen [vgl. Apg 27,22–24 und 44]. Diese Evangeliumsstellen bestätigen uns zur Genüge: Gottes Wort ist so lebendig, kräftig und machtvoll, dass ihm alle Dinge gehorsam sein müssen, wie und wann immer er will. Niemand soll zu lästern wagen, wie die Gottlosen zu Zeiten von Ezechiel [vgl. Ez 12,22], Gottes Versprechen an seine Propheten würden lange nicht eingelöst. Denn Gott hält nicht aus Nachlässigkeit still, sondern er wartet den richtigen Zeitpunkt ab, nicht etwa aus Rücksicht auf sich, nein: zu unserem Besten.

Ihn selber betrifft der Zeitablauf nicht, er ist der Zeit überhaupt nicht unterworfen. Was uns lange während vorkommt, ist ihm ewig gegenwärtig, ja, es gibt bei ihm nicht Vergangenes oder Zukünftiges, alle Dinge liegen unverhüllt und offen vor seinen Augen. Er erkennt nicht mit der Zeit und vergisst nicht mit der Zeit, sondern er sieht alle Dinge in sicherer Gewissheit und

Anschauung in ewiger Gegenwärtigkeit. Aber für uns, die wir zeitlich sind, haben lang und kurz ihren Sinn und ihr Mass in der Zeit. Wenn uns also etwas lang erscheint, ist es bei Gott nicht lang, sondern gegenwärtig. Scheint es Dir, Gott wolle immer wieder einen Menschen oder ein böses Volk nicht strafen und ertrage seinen Übermut viel zu lange, bist Du auf dem Holzweg. Wisse, sie können ihm nicht entrinnen. Er überblickt die ganze Weite der Welt, wo sollten sie sich verstecken? Er findet sie wohl [vgl. Ps 139,7]. Und wenn Du meinst, er strafe oder helfe nicht, wie er in seinem Wort versprochen hat, so irrst Du in jeder Hinsicht. Sein Wort kann nicht ohne Wirkung bleiben, es kann nicht zerstört oder gehemmt werden. Angenommen, es wäre so und Gott löste seine Worte nicht ein, so wäre sein Wort nicht allmächtig. Ein anderer wäre stärker und könnte sein Wort hintertreiben. Nein, es muss alles vollbracht werden. Und geschieht das nicht auf der Stelle, wie Du es gern sähest, so beweist das nicht eine Einschränkung seiner Macht, sondern die Freiheit seines Willens. Müsste Gott nämlich alles nach Deinen Wünschen gestalten, so wärest Du ja mächtiger als er, und er müsste sich nach Dir richten. Was könnte man Verrückteres vorbringen! Er wird sein Wort nie wirkungslos lassen, wie Ezechiel im Kapitel 12,25 bezeugt: «Du widerspenstiges Geschlecht, ich werde ein Wort sprechen und es auch vollbringen.» Und wenig später: «Das Wort, das ich sprechen werde, wird erfüllt werden» [Ez 12,28].

Die ganze evangelische Lehre ist ja nichts anderes als ein sicherer Beweis, dass erfüllt wird, was Gott verheissen hat. Denn das Evangelium ist die Erfüllung selbst. Der den Vätern, ja dem ganzen menschlichen Geschlecht verheissen wurde, ist erschienen und mit ihm, was wir erhofften, eingetreten, wie Simeon nach Lukas 2,29–32 bekannte. «Denn was wollte er uns abschlagen, wo er doch seinen eigenen Sohn für uns dahingab, oder hat er uns mit ihm nicht alles gegeben?» [Röm 8,32].

So viel zur Kraft und Gewissheit des Wortes Gottes. Jetzt folgt:

Die Klarheit des Wortes Gottes

Bevor wir anfangen von der Klarheit des Wortes Gottes zu reden, wollen wir den Gegnern seiner Klarheit zuvorkommen, damit sie nicht nachher spotten: «Wie klar ist denn das schon? Warum redet er in Gleichnissen und Rätseln, wenn er will, dass man sein Wort verstehe?» Antwort: Vor allem lass Dir dies sagen: Ich antworte Dir nicht etwa, weil ich der Meinung wäre, dass man solche vorlauten Fragen beantworten müsse, noch, dass es nötig sei, die Ratschlüsse Gottes zu rechtfertigen, oder dass ein Mensch die Ursachen aller Taten Gottes erkennen könne. Nein, ich will Dir, so weit ich das mit eindeutigen Schriftbeweisen vermag, an dieser Stelle Deinen Mund stopfen, damit Du lernst, Gott nicht zu lästern [vgl. 1Tim 1, 19–20].

Gott hat von jeher und zuletzt durch den Herrn Jesus Christus vermehrt in Gleichnissen gelehrt, weil er den Menschen den Sinn einer Offenbarung in angenehmer und gefälliger Form vorlegen wollte. Denn was in Gleichnissen, bildhaften Sprüchen und Rätseln mitgeteilt wird, regt den Verstand des Menschen an, reizt ihn zum Nachdenken und lässt ihn nicht los, wie Jesus Sirach im Kapitel 39,2–3 sagt: «Ein weiser Mensch wird den geheimnisvollen Sinn der Weisheitssprüche ergründen und die verborgenen Schätze der Gleichnisse heben.» Hat uns nämlich ein Weisheitsspruch oder ein Gleichnis gereizt, seinen verborgenen Sinn zu erforschen und haben wir ihn ergründet, so schätzen wir ihn viel höher und teurer, als wenn er uns einfach vorgelegt worden wäre. Darum wollte auch die himmlische Weisheit den Menschen ihren Willen in lieblichen Gleichnissen näherbringen. Sie spricht in Psalm 49,4–5: «Mein Mund wird Weisheit reden, und mein Herz trachtet nach Einsicht. Ich werde mein Ohr zu den Gleichnissen wenden und meine Rätsel bei süssem Harfenklang darlegen.» Denn durch Gleichnisse werden die, die sonst träge und gelangweilt wären, zum Hören gereizt, und die gefundene Wahrheit wird sicherer angenommen und geschätzt. Je länger nämlich der göttliche Sinn im Verstand des Menschen herausgearbeitet und bewegt wird, desto tiefer schlägt er seine Wurzeln im Herz.

Beispiel: Wer hätte die ungleiche Frucht des Wortes Gottes besser ausmalen können als Christus in Matthäus 13,3–23 mit dem Gleichnis vom Sämann und seinem Samen? Dieses Gleichnis reizte die Jünger Christi, ihn nach der Bedeutung zu fragen und sie auch zu ergründen. Aber die Gottlosen schreckte es ab. Nicht, dass das Gleichnis sie verscheuchte, sondern ihr verstocktes Herz wollte sich nicht belehren und nicht anregen lassen, auf irgendwelche Vorhaltungen zu hören, wie es der Prophet Jesaja im 6. Kapitel, 9–12 voraussagte: «Ihr Zuhörer hört, und werdet nicht verstehen, ihr seht bedeutsame Gesichte und Erscheinungen und werdet ihren Sinn nicht erkennen. Verblende das Herz des Volkes, verstopfe seine Ohren und schliesse seine Augen, dass sie mit den Augen nicht sehen, mit den Ohren nicht hören und mit den Herzen nicht verstehen, auf dass sie nicht umkehren und ich sie heilen müsste! Da sprach ich:» – «ich» beziehe ich auf Jesaja – «Herr, wie lange? Und der Herr antwortete: bis die Städte verödet und ohne Einwohner sein werden, die Häuser menschenleer und das Erdreich wie eine Wüste. Denn Gott wird die Menschen weit weg treiben.» Diese Worte Jesajas benutzt auch Jesus an der zitierten Stelle [vgl. Mt 13,14–15] und lehrt, dass die Grösse ihrer Sünden und der Frevel, sich Gott zu widersetzen, sie verblendete und Gott erzürnte. Darum schadete ihnen aufgrund ihrer Sünden, was allen Menschen zum Heil offenbart ist und ihnen gerade zur Erkenntnis helfen sollte, und was den Gläubigen aber zur Seligkeit verhilft, wie Jesus selbst wenig später im Matthäusevangelium Kapitel 13,12 sagt: «Jedem, der hat, dem wird gegeben, wer aber nicht hat, dem wird auch das genommen, was er hat.»

Das bedeutet: Jeder, der nach himmlischer Lehre und dem Wort Gottes verlangt, der wird es erhalten, oder besser: Jeder, der zu Gottes Wort kommt und nicht sein eigenes Verständnis mitbringt – wie Hilarius sagt[29] –, sondern bereit ist, sich von Gottes Willen belehren zu lassen. Denn der «hat» etwas, er verlässt sich nicht auf sich selbst, sondern hält sich allein an Gott und die Erleuchtung durch Gottes Geist. Glaubst Du nicht, der habe etwas? Doch, wer dazu bereit ist, dem wird gegeben. Der, «der nichts hat», das ist dagegen einer, der vermessen trachtet, die Schrift nach seinem Sinne zu vergewaltigen. Und Du glaubst, der habe etwas? Nein, dem werden Einsicht und Verständnis genommen, die er zu haben meint. «Ihn wird», wie im Buch der Weisheit Kapitel 2,21 steht, «seine Bosheit verblenden», sodass er nicht annimmt, was Gottes Geist lehrt.

O gute Christen, was meint ihr, wie weit ein grosser Teil von uns noch von Gottes Zorn entfernt sein mag? Wir sehen, wie unverschämt gesündigt wird, wie überall nur Habgier und Willkür herrschen und alle Gerechtigkeit nichts anderes als Heuchelei ist und der Wunsch, den Menschen zu gefallen. Wenn wir aber wegen dieser Missetaten mit der evangelischen Lehre, die das Wort Gottes ist, getadelt, zurechtgewiesen und zur Busse gerufen werden, so wollen wir nicht hören und verschliessen die Ohren vor dem, was Gott zu unserem Nutzen gibt. Wir verwerfen es so lang und oft, bis wir die Strafe heraufbeschwören. Im 2. Buch der Chronik Kapitel 36,15–20 wird uns berichtet, wie Gott damals die Kinder Israels wiederholt ermahnt habe und schliesslich, weil sie sich nicht besserten, gefangen aus dem Land vertreiben liess. Wohl schickte der Gott ihrer Väter ihnen bevollmächtigte Boten, um sie täglich schon von

---

29 Der Kirchenvater Hilarius (um 315–367) war Bischof von Poitiers und vertrat gegen den Arianismus, der bestritt, dass Christus im vollen Sinne Gott sei, die wahre Gottheit Christi und demzufolge die Trinitätslehre. Ungeachtet seiner zeitüblichen stark allegorischen Auslegung biblischer Texte betonte er die Bibel als alleinige Richtschnur für den christlichen Glauben: «Der beste Leser ist der, welcher den Sinn der Texte diesen selbst zu entnehmen sucht, anstatt ihn an sie heranzutragen» (so in seiner Schrift «Über die Trinität», I, 18).

früh an zu warnen, denn er wollte sie und ihr Heiligtum schonen. Aber sie verlachten und verhöhnten die Boten Gottes, verachteten ihre Rede und verspotteten die Propheten so lange, bis Gottes Zorn über das Volk so sehr entbrannte, dass kein Mittel mehr half. Denn er führte den chaldäischen König über sie und liess ihre jungen Männer im Tempel mit dem Schwert erschlagen. Er hatte kein Erbarmen, weder mit den Knaben noch mit den Mädchen oder den Erwachsenen, nicht einmal mit den Alten, die sich auf den Stock stützten. Er hat sie alle in die Hand des chaldäischen Königs ausgeliefert. Der überführte alle Tempelgeräte und sämtliche Schätze nach Babylon. Und die Feinde zündeten das Haus Gottes an, rissen die Mauern Jerusalems nieder, verbrannten alle Tore und zerstörten, was wertvoll war. Hier siehst Du, was für ein Jammer nachfolgt, wenn das Wort Gottes verachtet und verdrängt wird. Und bedenke, wenn dem Wort Gottes nicht geglaubt wird, ist das ein sicheres Anzeichen für die drohende Rache Gottes.

Das Wort Gottes und seine Verkündigung ist ein «Wohlgeruch» [vgl. 2Kor 2,15–16], der vielen Leben, vielen aber auch Tod bringt. Ein Beispiel: Nimm einen guten starken Wein! Dem Gesunden schmeckt er gut und der Wein macht ihn fröhlich, stärkt ihn und erwärmt ihm das Blut. Wer dagegen an einer Krankheit oder an Fieber leidet, der mag ihn nicht einmal riechen, geschweige denn trinken und wundert sich, dass die Gesunden ihn vertragen können. Das nicht etwa, weil der Wein schlecht wäre, sondern weil dem Kranken schlecht ist. So ist das Wort Gottes ohne Fehl und zum Besten des Menschen offenbart, wer es aber nicht ertragen mag, nicht versteht und nicht annehmen will, der ist krank. Das sei denen geantwortet, die frech behaupten, Gott wolle in seinen Worten nicht verstanden werden, so als ob er uns in Gefahr bringen wollte. So lange wir ihn nicht verstehen, verharren wir in seiner Ungnade. Ein Sohn weiss, dass ihn sein Vater liebt, so lange der noch mit ihm redet, auch dann, wenn der Vater ihn herb ermahnt und schilt. Dagegen muss der Sohn sich eingestehen, dass er alle Gnade verloren hat, wenn der Vater gar nicht mehr mit ihm spricht, ihn nichts lehrt und ihm nichts erklärt. Ebenso widerfährt uns die härteste Strafe und bedrohen uns die grössten Übel, wenn wir ohne den Zuspruch von Gottes Wort bleiben müssen.

Nun aber wenden wir uns den Begriffen Klarheit und Licht zu. Gott sei Lob; er wolle unserem Mund die rechten Worte eingeben, sodass wir sie überzeugend verdeutlichen mögen! Amen.

Trifft der Schein des Gotteswortes auf den Verstand des Menschen, so wird der durch das Wort erleuchtet. Dann versteht er es, bekennt es und wird seiner gewiss. Das hat David erfahren, der im Psalm 119,130 ausruft: «Das Offenbarwerden deiner Worte, o Herr, erleuchtet und schenkt Verständnis den Geringen.» Die Geringen sind die, die von sich aus nichts vermögen, sondern dem Kinde gleichen, das Jesus, um Demut zu lehren, mitten zwischen die Jünger stellte und dazu sprach nach Matthäus 18,3: «Es sei denn, dass ihr umkehrt und wie dieses Kindlein werdet, sonst werdet ihr nicht in das Reich der Himmel eingehen.» Solche Klarheit, die unser Verständnis leitet und ihm zuvorkommt, wird uns bei der Geburt Christi deutlich, wo die Hirten zuerst von der Klarheit umleuchtet wurden und der Engel erst danach anfing, zu ihnen zu reden [vgl. Lk 2,10–12]. Die Hirten aber glaubten seinen Worten und fanden alles, wie es ihnen der Engel angesagt hatte.

I. Nun wollen wir zunächst mit einigen Geschichten aus dem Alten Testament und nachher aus dem Neuen die Klarheit begründen.

1. Als Gott ihm befahl, die Arche zu bauen, glaubte Noah, dass Gott die ganze Erde mit der Sintflut vernichten wolle. Das konnte Noah nicht aus menschlicher Einsicht glauben. Sonst hätten die vielen, die sich nicht darum kümmerten, sondern weiterhin bauten, heirateten und ihren Lüsten nachjagten, ihn, der ganz allein dastand, verunsichern müssen. Er hätte sich wohl gesagt: Ach, was Du gehört hast, ist nur ein Betrug, das hat Dir zweifellos ein Dämon vorgegaukelt. Hieraus siehst du: Von Gottes Wort ging das Licht aus, das Noah erkennen liess, dass Gott und niemand anderer zu ihm sprach [vgl. Gen 6,13–22].

2. Dass Abraham glaubte, die Stimme, die ihm auftrug, seinen Sohn zu opfern, sei Gottes Stimme, konnte nicht auf menschlicher Einsicht oder menschlichem Verstand beruhen, denn Abraham war ja gerade das Heil durch Isaaks Nachkommen verheissen [vgl. Gen 21,12]. Nun befahl ihm Gott, eben diesen einen Sohn Isaak, den er lieb hatte, aufzuopfern [vgl. Gen 22,2]. Abraham hätte sich doch nach menschlichem Ermessen folgende Gedanken machen müssen: Mit dieser Stimme ist es nicht ganz richtig, sie ist nicht von Gott. Denn er hat Dir ja als besonderen Erweis seiner Zuneigung diesen Sohn Isaak von Deiner Ehefrau Sara geschenkt und dazu verheissen: Aus einem Geschlecht soll der Heiland aller Menschen geboren werden. Wenn Du ihn aber töten müsstest, so wäre die ganze Verheissung nichtig. Und seine Gabe wäre widersinnig. Denn wozu hätte er Dir den Sohn gegeben, wenn er ihn Dir, sobald Du recht anfängst, Dich am meisten an ihm zu freuen, wieder nehmen wollte? Zu nichts! Nein, die Stimme kann nicht von Gott stammen, sie wird eher des Teufels sein, der Dich dazu verführen will, Dich um Deinen allerliebsten Sohn zu bringen. Dass Abraham sich aber von solch erdrückenden Ängsten und Zweifeln nicht beirren liess und seiner eigenen Einsicht nicht traute,

hat Gott allein bewirkt. Er hat Abraham durch sein Wort erleuchtet und so erkannte der, dass Gott selber ihm den Auftrag gab, obwohl der seinen früheren Verheissungen ganz widersprach. Hier regten sich Saft und Mark, ja, alle Kräfte des Glaubens. Abrahams Verstand konnte den Befehl Gottes nicht ertragen, aber der Glaube widersprach nach Römer 4,17–18: Ei, wer Dir den Sohn verheissen und geschenkt hat, der kann ihn Dir auch wieder auferwecken oder den Heiland, den er verheissen, auf verschiedenen anderen Wegen gewähren. Denn Gott ist stark und mächtig genug, zu erfüllen, was er versprochen hat. Und so war der Glaube stärker. Es war, wie Du erkennst, das Licht, das Gottes Wort mit sich bringt, das dies bewirkte.

3. Mose verzweifelte nicht, als er die Kinder Israels in eine ausweglose Lage, zwischen Ross und Wand, wie man so sagt, gebracht hatte. Und sie, wie Josephus[30] berichtet, zwischen Berg, Meer und Feinden eingeschlossen waren. Da begannen die Israeliten laut über Mose zu schelten [vgl. Ex 14,11–16]: «Gab es nicht auch in Ägypten Gräber, in denen wir erschlagen hätten begraben werden können? Haben wir es nicht vorausgesagt?» Er aber tröstete und stärkte sie: «Fürchtet euch nicht! Der Herr wird für euch streiten, ihr könnt ruhigbleiben.» Und als er leise in seinem Herzen zu Gott schrie, antwortete Gott: «Nimm den Stab und recke deine Hand über das Meer und zerteile es, dass die Kinder Israels trocken mitten hindurch gehen können!» Da hätte er doch verzweifeln können und grübeln: Wenn es nicht Gottes Stimme wäre, sondern ein Betrug, so wärest Du verloren. Er aber erkannte die Stimme sicher als Gottes Stimme. Und das bewirkte das Licht des Gotteswortes, das mit solchem Schein und solcher Bestimmtheit leuchtet, dass man es bekennt und ihm glaubt. Moses Verstand aber hat nichts dazu beigetragen, obwohl er in aller Gelehrsamkeit und in der Weisheit Ägyptens wohl unterrichtet war.

4. Jakob erkannte, dass die Stimme dessen, der oben auf der Leiter stand und sprach: «Ich bin der Herr, der Gott Abrahams, deines Vaters und Isaaks ...» [Gen 28,13], die Stimme Gottes war. Er hielt sie nicht für einen unbeständigen Traum. Das tat er nicht aufgrund seines Verstands. Denn wo hätte er Gott je zuvor gesehen und dessen Stimme gehört, um sie kennenzulernen? Nein, Gottes Wort gab ihm Klarheit und Einsicht, sodass er nicht daran zweifelte, dass es Gottes Stimme war. Darum sprach er, als er erwachte: «Wahrlich, der Herr ist an diesem Ort, und ich habe es nicht gewusst» [Gen 28,16]. Nun sage mir, Du Neunmalkluger, welches Konzil und welche Richter haben entschieden, Jakob

---

30 Jüdischer Historiker aus dem ersten Jahrhundert nach Christus. Vgl. seine «Jüdischen Altertümer» II, 15,4.

solle das Wort Gottes für wahr halten und glauben, dass es tatsächlich von Gott kam?[31] Seht, ihr Streithammel: Das Wort Gottes brachte seine eigene Klarheit und Erleuchtung mit, wodurch er erkannte, dass es von Gott selber stammte. Und er vertraute ihm fest und glaubte alles, was ihm in 1. Mose 28 [Gen 28,13–15] verheissen worden war.

5. Dass Micha die ihm von Gott geschickte Erscheinung mit den dazugehörigen Worten als gottgesandt erkannte und nicht für ein Phantasiegebilde hielt, beruht auf göttlicher, nicht menschlicher Einsicht [vgl. 1Kön 22,17–23]. Namentlich weil 400 Propheten Micha gegenüberstanden und ihm widersprachen, besonders Zedekia, der ihn auf die Backe schlug und ausrief: «Sollte der Geist Gottes mich verlassen und mit dir gesprochen haben?» [1Kön 22,6–15]. Hätte da nicht die Überzahl der hochgeachteten Propheten und das Ansehen der beiden Könige Ahab und Josaphat Micha überzeugen müssen, er sei im Irrtum, er habe wohl nicht recht verstanden und nicht recht gesehen? Ja, wenn er keine andere Quelle der Erleuchtung als sein eigenes Verständnis gehabt hätte, hätten ihm leicht Zweifel kommen müssen. Das Wort Gottes aber hat sich ihm selbst erhellt und Klarheit gebracht. So wurde sein Verständnis überwältigt und gefestigt, dass er steif und fest bei dem Angesagten und Geschauten blieb. Nun überleg Dir einmal, Du gescheiter Mann, wie wäre es der göttlichen Wahrheit ergangen, hätte man der Mehrzahl der Propheten die Auslegung dieser Worte und Visionen überlassen? Oder frage dich, welcher Mensch darüber urteilte, dass Micha nicht im Irrtum befangen war, als er tatsächlich nicht irrte. Denn die vielen anderen Propheten verhiessen den beiden Königen Sieg. Micha aber bezichtigte sie der Lüge, und sie siegten durchaus nicht. So geschah das, was ein Einziger behauptet hatte, von Gott unterwiesen ohne menschliches Zutun, während die grosse Mehrheit Falsches angesagt hatte.

6. Jeremia verkündigte die ihm von Gott aufgetragenen Worte unerschrocken, obwohl man ihn deswegen gefangen nahm und umzubringen drohte. Das konnte er nur, weil er den Worten Gottes festen Glauben schenkte und erkannte, dass sie von Gott stammten, so Jeremia 26,1–15.

7. Dass Elia auf das Gotteswort in 1. Könige 18,1 hin «Geh und zeige Dich Ahab, dann will ich dem Erdreich Regen spenden» wusste, was zu tun war und

---

31 Zwingli spielt hier auf das Argument der römischen Theologen gegenüber den reformatorisch Gesinnten an, nur ein Konzil könne so weitgehende Neuerungen beschliessen. Er will den immer wieder erhobenenen Vorwurf entkräften, sie als Einzelne wollten verständiger sein als ungezählte Konzilsväter vor ihnen und deren einstimmig gefasste Beschlüsse umstossen.

den ganzen Wettstreit mit den Götzenpriestern durchführte, das beruhte nicht auf seiner Einsicht, sondern auf göttlicher Erleuchtung. Die allein leitete ihn an, sodass er ohne alle Beurteilung durch Menschen – denn er glaubte ja nach 1. Könige 19,10 und Römer 11,2 ganz allein zu stehen – alles vollendete.

Diese sieben Stellen aus dem Alten Testament belegen zur Genüge, dass Gottes Wort von Menschen gut verstanden werden kann ohne alle Unterweisung durch Menschen. Nicht etwa weil der menschliche Verstand das ermöglichte, sondern das Licht oder der Geist Gottes, der in seinen Worten so leuchtet und atmet, dass man die Strahlen seiner Lehre in seinem Lichte sieht. So steht es in Psalm 36,10: «Bei dir, Herr, ist die Quelle des Lebens, und in deinem Lichte werden wir das Licht sehen» – ähnlich Johannes 1,4.

II. Und damit wollen wir zu den Belegen aus dem Neuen Testament übergehen.

In Johannes 1,9 steht: Das Wort Gottes, das sein Sohn ist, war «das wahre Licht, das jeden Menschen, der in diese Welt kommt [sic!], erleuchtet». Weil nun das Licht jeden Menschen erleuchtet, ist es zweifelsohne die Klarheit selbst. Denn nichts könnte allen Menschen Erleuchtung bringen, so licht und klar es auch sein möge, ausser die Klarheit selbst. Sie muss auch ewig sein, damit sie immerwährend alle Menschen erleuchten kann. Muss doch alles, was klar ist, von der Klarheit erleuchtet sein. Hört, ihr Streithähne, die ihr der Schrift keinen Glauben schenkt: Das Wort Gottes, das Gott selbst ist, erleuchtet alle Menschen. Darum hört endlich auf mit euren Klarstellungen, die ihr mit euren Richtern dem Wort Gottes zukommen lassen wollt. Johannes der Täufer sagt nach Johannes 3,27: «Der Mensch kann nichts empfangen oder begreifen, es werde ihm denn von oben herab gegeben.» Muss nun von oben herab kommen, was wir empfangen oder begreifen, so kann mir das ja kein Mensch geben. Also kommt das Begreifen und Verstehen der göttlichen Lehre von oben herab und nicht von euren Richtern, die alle aus fleischlicher Schwäche irren können wie Bileam. Lies da im 2. Petrusbrief im 2. Kapitel nach!

Schon die Frau in Samaria war gescheit genug, nach Johannes 4,25 so zu Christus zu sprechen: «Ich weiss, dass der Messias kommt, der Christus genannt wird. Wenn er erst einmal gekommen sein wird, wird er uns alle Dinge offenbaren und verkünden.» Unsere Theologen aber wissen das noch nicht. Fragst Du sie, ob sie diesen Satz verstehen: «Christus est caput ecclesiae», was heisst: «Christus ist das Haupt einer Gemeinde» [Eph 5,23] oder Kirche, die sein Leib ist, so antworten sie ja, das verständen sie gut. Sie dürften es aber ohne die Bestätigung durch Menschen nicht so verstehen. Hört doch, was für arme Kerle! Statt sich der Wahrheit zu ergeben, wollen sie lieber ihr Menschsein verleugnen, als ob sie keine Vernunft mehr hätten und nicht wüssten, was «caput» heisst. Und das alles, weil sie die göttliche Wahrheit so gerechten Richtern wie Kajafas[32] und Hannas unterwerfen wollen, während das, was Christus geredet hat, bei ihnen nichts gilt.

Christus aber spricht nach Johannes 6,45: «Sie werden alle von Gott gelehrt werden», wie Jesaja im Kapitel 54,13 prophezeit hat. Werden nun alle Christen von Gott belehrt, warum willst Du ihnen ihre Lehre nicht sicher und frei belassen nach dem Verständnis, das Gott sie gelehrt hat? Dass aber Gott der Lehrer der gläubigen Herzen ist, lernen wir von Christus in den folgenden Worten nach Johannes 6,45: «Jeder, der es vom Vater gehört und gelernt hat, kommt zu mir.» Niemand kommt zum Herrn Jesus Christus, der ihn nicht durch den Vater erkennen gelernt hat. Hört ihr, wie der Schulmeister heisst, weder Doktoren noch Väter noch Päpste, nicht Fakultäten oder Konzilien. Er heisst: Der Vater Jesu Christi. Ihr sollt auch nicht sagen: «Könnte man es nicht auch von einem Menschen lernen?» Nein, denn er sagt gerade vorher: «Niemand kommt zu mir, es sei denn, der himmlische Vater habe ihn gezogen» [Joh 6,44]. Und wenn Du auch von einem Apostel das Evangelium Jesu Christi hörtest, könntest Du ihm doch nicht folgen, ausser der himmlische Vater lehrte Dich durch seinen Geist und zöge Dich zu sich. Die Worte sind klar. Die Lehre Gottes erhellt sie klar, lehrt und schenkt Gewissheit ohne alles Zutun menschlicher Weisheit. Werden Gläubige von Gott belehrt, so werden sie deutlich, sicher und genau belehrt. Müssten aber Menschen sie erst bestätigen und vergewissern, so sollten sie besser Menschen- statt Gottesgelehrte genannt werden.

Weiter spricht Christus [Joh 6,65]: «Deshalb habe ich euch gesagt, dass niemand zu mir kommen kann, es sei ihm denn von meinem Vater gegeben.» Hörst Du, der Vater ist es, der gibt, wie bereits oben steht. Wozu bedarfst Du dann eines anderen Lehrers, Führers oder Richters? Als Christus wenig später fragte: «Wollt auch ihr mich verlassen?» [Joh 6,67], antwortete Petrus im Namen aller anderen Jünger: «Herr, zu wem sollten wir gehen? Du hast Worte des Lebens, und wir glauben und erkennen, dass Du Christus bist, der Sohn Gottes» [Joh 6,68–69]. Höre, ihnen war kein anderer Lehrer bekannt, dem sie zutrauten, Worte des Lebens zu lehren.

Und Du willst mich überreden, ich verstände seine Worte nicht und müsse sie mir erst von einem Menschen erklären lassen. Hör doch, wie die Apostel von keinem Zweifel gequält werden, vielmehr von Gott und nicht von

---

32 Kajafas sprach Gottes verborgene Absicht aus, als er den Juden riet, Jesus zu töten, mit der Begründung, es sei gut, dass einer für das Volk sterbe (vgl. Joh 18,14).

Menschen belehrt sprechen: «Das glauben wir und haben wir erkannt.» Hier willst Du einwenden: «Ja, wenn mich Gott belehrt hätte!» Antwort: Ich höre daraus, dass Dich Gott nicht belehrt hat, sonst wüsstest Du wie die Jünger ganz sicher, dass Du unterwiesen bist. Die Worte selbst würden Dich vergewissern. Denn «wer von der Erde stammt, der redet von der Erde, wer aber von oben her ist, der ist über allem» [Joh 3,31]. Fragst Du weiter: «Wie kann ich erreichen, dass er auch mich lehrt und ich sicher erkenne, dass diese oder jene Meinung seinem Willen entspricht?», so antworte ich: Erflehe es von ihm! So wird er es dir geben, falls es Dir nützt. Denn er weiss besser als Du, was Dir gut tut. Er spricht nämlich: «Jeder, der bittet, empfängt ...» [Mt 7,8]. Hier rege den Lebensnerv des Glaubens, der wie das Senfkorn eine Berge versetzende Kraft besitzt [vgl. Mt 17,20]! Ich fürchte allerdings, Dir könnten auch die Worte Jesu gelten, die nach Johannes 6,64 folgen: «Es sind aber etliche unter euch, die nicht glauben.»

Christus dankt Gott, seinem himmlischen Vater, nach Matthäus 11,25: «Ich danke dir, o Vater, Herr des Himmels und der Erde, dass du diese Dinge vor den Weisen und Klugen verborgen und sie den Kleinen offenbart hast. Denn so hat es dir gefallen.» Hört ihr da, dass Christus Gott deshalb dankt, weil er die himmlische Weisheit den Weisen dieser Welt verborgen hat. Und doch wollt ihr die Herzen der von Gott Gelehrten wieder an diese Weltweisen verweisen. Er offenbare sich den Kleinen und Demütigen. Er mag nicht zu denen hinaufschreien, die auf dem hohen Ross daherkommen, denn er schreit eben nicht, wie Jesaja im Kapitel 42,2 sagt: «Seine Stimme ist demütig.» Sie können ihn gar nicht hören zwischen dem Getrampel ihrer Pferde, zwischen Dienern, Musik und Triumphgeschrei. Ihr behauptet, sie seien von Gott unterwiesene, und belegt das mit dem schönen Beispiel des Kajafas. Denn obgleich sie selber schlecht seien, verkünde doch Gott durch sie seinen Willen. Aber, sage doch, was verkünden sie denn überhaupt von Gott? Ich höre sie nie von Gott reden, nur Zeugen und heilige Väter vorbringen und vom Stuhl Petri faseln, von dem weder in den Evangelien noch in den Petrusbriefen etwas steht. Ach, was gäben sie darum, wenn die päpstliche Gewalt aus den Evangelien abzuleiten wäre. Sie machen viel Aufhebens davon, aber sie können den Stuhl Petri nirgends in der evangelischen Lehre begründen und fest verankern. Kurz: Für mich deutet nichts darauf hin, dass Gott sie autorisiert hätte. Ihre Lehre beweist vielmehr nur, wie nahe sie den Tyrannen verwandt sind. Ihr werdet sie wohl selbst an ihren Früchten erkennen. Den Kleinen hat Gott es selbst offenbart.

Er spricht nach Johannes 6,35: «Ich bin das Brot des Lebens. Wer zu mir kommt, den wird nicht mehr hungern, und wer an mich glaubt, den wird nimmermehr dürsten.» Hier spricht Christus eindeutig von der Sättigung durch die Lehre. Die findet man bei ihm. Er sagt nicht, man solle zu den Bischöfen mit ihren würdevollen Hauben und Purpurstoffen gehen. Die können den Menschen keine Sicherheit geben. Wem aber Gott Gewissheit schenkt, der wird gespeist und getränkt, dass er nie mehr Hunger und Durst leiden muss. Und Du willst den schon von Gott Gesättigten um Speise zu den Vätern schicken?

Paulus zitiert ausdrücklich die bei Johannes 6,45 von Christus herangezogene Prophetenstelle: «Sie werden alle von Gott gelehrt» [1Thess 4,9; Jes 54,13]. Hierher gehört auch die Prophetie von Jeremia nach Kapitel 31,33, die in den Hebräerbrief aufgenommen ist im Kapitel 8,10 und 10,16. Da spricht Gott: «Ich werde meine Gesetze in ihre Herzen geben und in ihren Sinn schreiben und ihrer Sünden und Übertretungen nicht mehr gedenken.» Hört ihr: Er will seine Gesetze selbst in unsere Herzen schreiben, denn er spricht weiter: «Und es wird niemand seinen Nachbarn oder Bruder lehren müssen, den Herrn zu erkennen, denn sie werden mich alle erkennen vom Kleinsten bis zum Grössten» [Hebr 8,11; vgl. Jer 31,34]. Hört doch: Gott lehrt so überzeugend, dass niemand mehr nach menschlicher Hilfe fragt. Denn Gott selbst unterweist das menschliche Herz, dass es niemandes mehr bedarf.

Paulus schreibt weiter im 1. Korintherbrief 2,12: «Wir haben aber nicht den Geist der Welt empfangen, sondern den Geist, der aus Gott ist, damit wir wissen, was uns von Gott geschenkt wurde. Das verkünden wir nicht mit Worten, die in menschlicher Weisheit, sondern mit Worten, die im Heiligen Geist gelehrt wurden.» Da seht und hört ihr, dass die Gaben Gottes mit seinem Geist erkannt werden und nicht mit verführerischer Pracht menschlicher Worte und Weisheit. Denn darin spricht nur der Geist dieser Welt. Hier wendest Du ein: «Ich meine, auch die Versammlung der Bischöfe verfüge über den Geist Gottes.» Aber hörst Du denn nicht, sie sind ihm zu angesehen, zu hoch hinaus. Er lässt sich nicht erkennen vom Geist dieser Welt. Er offenbart sich den Kleinen. Wie dürfte auch der einfache Zimmermann bei solchen Fürsten – die Spötter nennen sie Bettelfürsten – eintreten? Die «fürstliche Gnade»[33] muss ablegen, wer sich unter seine Gnade beugen will. Denn die Titel sind von dieser Welt, nicht von Gott. Gott offenbart sich allein durch seinen Geist und ohne seinen Geist kann man nichts von ihm lernen. Der aber tut sich seinem Wesen nach jedem auf, der sich vor ihm erniedrigt. Ja, er lädt uns ein, zu ihm zu kommen: «Wenn jemand dürstet, so komme er zu mir und trinke!» [Joh 7,37]. Auch ich

---

33 Titel der Bischöfe.

weiss, dass Gott Bischöfe erleuchten kann wie andere Menschen auch. Ja, wenn sie mit Demut Erleuchtung begehren.

Paulus wurde von Jesus Christus, so bezeugt die Apostelgeschichte 9,3–6, zu Boden geworfen und vorwurfsvoll gefragt: «Saul, Saul, warum verfolgst du mich?» Da entgegnete er: «Wer bist du, Herr?» und hörte die Antwort: «Ich bin Jesus, den du verfolgst.» Dass er diese Stimme als die Stimme Jesu Christi erkannte, ermöglichten ihm weder sein Verstand noch seine Urteilskraft, sondern allein das Licht Gottes, das ihn sogar mit einem sichtbaren Schein umgab. Denn Paulus wütender Eifer, Namen und Ansehen Jesu Christi zu vernichten, hätte ihn gehindert, die Stimme zu erkennen und ihr zu folgen. Johannes sagt im 1. Johannesbrief 2,27: «Ihr habt nicht nötig, dass euch jemand belehrt, sondern wie euch die Salbung über alle Dinge belehrt, so sind sie wahr, so sind sie an sich ohne Lüge und falsch. Und wie die Salbung euch belehrt hat, so haltet an der Lehre fest.» Vernimm zunächst: Die Salbung ist nichts anderes als die Erleuchtung und Begabung durch Gott mit dem Heiligen Geist. Daraus kannst Du weiter folgern: Nachdem Gott uns mit seiner Salbe, das heisst mit seinem Geist, gelehrt hat, haben wir niemanden mehr nötig, der uns belehrt. Denn da gibt es keinen Irrtum mehr, nur noch die reine Wahrheit, in der man ausharren soll. Hier fragt aber die schon genannte Rotte unserer Gegner: «Woher sollte ich wissen, ob meine Meinung, die ich hege, vom Geist Gottes herrührt, wenn sie nicht von denen, denen es zusteht, beurteilt und als Gottes Meinung oder von ihm stammend erkannt wird?»

Antwort: Ich will Dir antworten, wie Christus den Juden, als sie ihn fragten, in wessen Vollmacht er Wunder wirke. Er erwiderte nämlich mit folgender Gegenfrage, die seine Meinung ausdrückte: «Stammte die Taufe des Johannes von Gott oder von den Menschen?» [Mt 21,25]. Entsprechend will ich fragen: Du verrückte Bande, sage doch, wenn der Haufen der fleischlich gesinnten Geistlichen, die Du Väter und Bischöfe nennst, eine Streitfrage so oder so beantwortet, werdet ihr dann erleuchtet und findet Gewissheit, dass es sicher so ist? Ihr antwortet zweifelsohne: «Ja.» O, ihr gleicht «den unverständigen Galatern! Wer hat euch verzaubert» [Gal 3, 1], dass ihr betrügerischen Menschen glaubt und die Worte Gottes, die die Wahrheit selber sind, verwerft? Warum wollt ihr mehr und mehr verstockt werden und dem Geist Gottes, der euch die Wahrheit vor die Türe trägt, nicht glauben? Stattdessen vertraut ihr der Schwachheit des Menschen, der doch ohne Gottes Gnade und Geist nichts vermag, und unterstützt und fördert so den Missbrauch. Ihr glaubt, ihr könntet bei Menschen Sicherheit finden, was doch nicht sein kann, und meint, Gott könne euch keine Gewissheit schenken.

Wisst ihr nicht, dass all unser Denken und Erkennen im Gehorsam und in der Dienstbarkeit gegenüber Gott gefangen bleiben soll [vgl. 2Kor 10,5] und nicht ein Gefangener des Menschen sein darf? Aber ich sehe, was euch fehlt, und ich will es euch im Namen Gottes zeigen: Ihr wisst nicht, wie Gott den Menschen lehrt, und wie der von Gott Belehrte dessen inne und gewiss wird, weil ihr nicht wisst, was das Evangelium bedeutet. «Wer Ohren hat zu hören, der höre!» [Mt 11,15]. Das Wort Evangelium heisst so viel wie: Eine gute Botschaft oder Nachricht, die dem Menschen in seiner Unwissenheit und in seinen Zweifeln von Gott geschickt wird. Ein Beispiel: Wenn der Mensch, der nach dem Heil seiner Seele dürstet, einen Kartäuser[34] fragt: «Lieber Bruder, wie kann ich selig werden?» so antwortet der zweifellos: «Tritt in unseren Orden ein, dann wirst Du bestimmt selig. Denn unser Orden ist der strengste.» Fragst Du aber einen Benediktiner,[35] so wird er erklären: «In unserem Orden wirst Du am leichtesten selig werden, denn er ist der älteste.» Fragst Du einen Dominikaner,[36] so wird er sagen: «In unserem Orden bist Du sicher, denn er ist von unserer Jungfrau Maria vom Himmel herab gestiftet worden.» Gerätst Du an einen Barfüsser,[37] so spricht er: «Unser Orden ist der grösste und ärmste in der Welt. Urteile selber, ob Du die Seligkeit irgendwo leichter finden kannst.» Fragst Du den Papst, so antwortet der: «Mit dem Ablass erreichst Du es am

---

34 Der Kartäuserorden, der seine Anfänge im Jahr 1084, dem Beginn des Einsiedlerlebens Brunos von Köln sieht, verbindet Züge des Eremitentums mit solchen einer Mönchsgemeinschaft. Er zeichnet sich durch strenge Askese und Gottesversenkung aus.

35 Der im Jahr 529 gestiftete älteste abendländische Mönchsorden nennt sich nach seinem Gründer Benedict von Nursia. Er ist als kontemplativer Orden der «Benediktinerregel» verpflichtet und geprägt durch Gehorsam und Gebundenheit der Mönche an ein bestimmtes Kloster.

36 Der auf das 13. Jahrhundert zurückgehende Dominikaner- oder Predigerorden wird seit dem 15. Jahrhundert nach seinem Gründer Dominikus von Caleruega (1170–1221) benannt. Ursprünglich als «Bettelorden» gegründet (in Armut und vom Betteln lebende Wanderprediger), siedelten sich Dominikanerkonvente bald in den Städten an, um dort volksseelsorgerisch tätig zu sein (in Zürich erstmals 1230). Im 15. Jahrhundert wurde dem Orden Privatbesitz und Einkünfte erlaubt. Neben der Verbreitung des wahren Glaubens nahm der Dominikanerorden auch eine Vorreiterrolle in der Ketzerverfolgung ein.

37 Wie der Dominikanerorden ist auch der Franziskaner- oder Barfüsserorden (in einigen Gebieten verzichteten die Mönche auf Schuhwerk) ein Bettelorden, der auf das 13. Jahrhundert zurückgeht. Er berief sich auf Franziskus von Assisi (1181/82–1226) und war besonders dem Armutsideal verpflichtet. Das «Barfüsserkloster» in Zürich wurde 1240 gegründet.

einfachsten.» Erkundigst Du Dich schliesslich in Santiago de Compostela,[38] so hörst du: «Wer den heiligen Jakob bei uns aufsucht, der wird nimmermehr verloren gehen oder elend werden.» So antwortet jeder auf seine besondere Art und behauptet fest, seine Meinung sei die richtige.

Die durstige Seele aber jammert: «Ach, wem soll ich folgen? Jeder stellt seinen Weg so überzeugend dar, dass ich nicht weiss, was ich tun soll.» Und schliesslich kann sie nur noch zu Gott laufen und ängstlich rufen: «Ach Gott! Zeige mir, welcher der Orden oder der Wege der sicherste ist!» Du Tor! Du nimmst Zuflucht zu Gott, damit er Dir die Wege der Menschen beurteile, und rufst ihn nicht an, dass er Dir den Weg zur Seligkeit zeige, der ihm gefällt und ihm sicher scheint. Sieh, warum eilst Du zu Gott, auf dass er Dir bestätige, was die Menschen behaupten? Warum bittest Du nicht viel lieber: «Ach Gott, die Menschen sind uneinig, Du bist das einzige, unverborgene Gut, zeige mir den Weg zur Seligkeit!» Höre doch das Evangelium! Es ist eine gewisse Botschaft, Antwort und Versicherung. Christus steht vor Dir, er lädt Dich mit offenen Armen ein und spricht nach Matthäus 11,28: «Kommt her zu mir alle, die ihr mühselig und beladen seid, ich will euch Ruhe geben.» Was für eine frohe Botschaft, die uns erleuchtet, dass wir erkennen und glauben, was wir oben vielfach belegt haben. Denn der es gesprochen hat, ist «das Licht der Welt» [Joh 1,9]. Er ist «der Weg, die Wahrheit und das Leben» [Joh 14,6]. Darum können wir von seinem Wort nicht abirren oder schwanken. Wir werden darin nicht getäuscht oder gar getötet und erstickt. Meinst Du nicht auch, die Seele finde dort Sicherheit? Hör doch auf die Zusicherung des Wortes Gottes! Deine Seele wird belehrt und erleuchtet – achte auf die Klarheit! –, sodass sie begreift, wie ihre völlige Rettung, alle ihre Gerechtigkeit und Heiligung in Jesus wohl geborgen ist. Und sie wird versichert, dass Jesus ihr nichts abschlagen wird, da er sie ja selber so freundlich einlädt und ruft. Und wenn man sie verführen will und spricht: «Hier ist Christus oder dort» [Mt 24,23], so wird sie mit der liebenden Seele im Hohenlied 3,4 antworten: «Ich habe ihn gefunden und will ihn nicht mehr verlassen.» Denn die Seele hat mit Maria von Magdala «den besten Teil erwählt» [Lk 10,42], den Herrn selbst, dessen Wort allein sie erfreut und aufrichtet. Mögen alle Orden mit ihrer törichten und hochmütigen Ehrsucht zugrunde gehen, wir sind Söhne Maria Magdalenas, wir führen das wahre beschauliche Leben. Wer will, mag von ihren Kindereien reden, Christi Absicht ist eine andere.

---

38 Ein vielbesuchter Wallfahrtsort in Spanien, dessen Kathedrale die Reliquien von Apostel Jakobus beherbergen soll.

Christi Brauch war, von allen äusseren, leiblichen Dingen wegzuweisen auf eine nützliche geistliche Betrachtung. Zum Beispiel: Als man zu ihm sprach: «Deine Mutter und deine Brüder stehen draussen und wollen mit dir reden» [Mt 12,46–50], da wies er von der leiblichen Bindung der Verwandten auf die Verbindung mit Gott. «Er streckt seine Hände gegen seine Jünger aus und spricht: Siehe, meine Mutter und meine Brüder! Jeder, der den Willen meines Vaters im Himmel tut, der ist mein Bruder oder meine Schwester oder Mutter.» Ebenso, als die geheilte Frau ausrief: «Selig der Leib, der Dich ausgetragen hat, und die Brüste, an denen du sogst!», da wies er auf eine geistliche, gottgeschenkte Schwangerschaft, indem er sprach: «Selig sind die, die Gottes Wort hören und halten» [Lk 11,27–28]. Nicht, weil er seine Mutter verachtet hätte, sondern um die Bedeutung ihrer Mutterschaft zu erschliessen. Seine Mutter hat ihn durch das Wort Gottes empfangen; so empfängt den Geist, wer sein Wort hört. Sie hat ihn als unversehrte Jungfrau geboren; so bringt wunderbare Frucht, wer das Gotteswort behält, in sich trägt und nährt.

Entsprechend hat er, als er die zwei Schwestern besuchte, die beide rechtschaffen waren, bei Maria Magdalena die Gelegenheit ergriffen, zu versichern, dass diejenigen den unfehlbar richtigen Teil erwählen, die ihn empfangen und suchen. Denn von ihm soll man sich nicht wegreissen lassen. Darum sprach er zu Martha: «Du mühst Dich mit vielen Geschäften ab», – dann geht er über zu seinem Verständnis des einzig Guten, das er selbst ist – und fährt fort: «und dabei ist nur eines notwendig zum Heil, das hat Maria Magdalena gefunden, halt es fest!» [Lk 10,38–42].

Vernehmt aber, was das einzige zum Heil Notwendige ist! Ja, wer ist das Einzige? Richtig! Christus selber! Behaltet ihn und verlasst ihn nicht! Meint ihr in euren Klöstern und Kutten, niemand könne Christus finden und sein Wort hören ausser euch? Ja, niemand hört sein Wort schlechter als ihr! Ihr habt immer neue Regeln aufgestellt, die ihr streng beachtet und in denen ihr Halt findet. Es heisst aber von Maria Magdalena: Sie hörte sein Wort, das war der bessere Teil, den sie erwählt hatte. Und so geht es jeder Seele. Ist sie von Gott erleuchtet, so kann ihr kein Menschenwort mehr Halt, Zuversicht und Freude schenken als Gottes Wort. Sie spricht wie die Jünger zum Herrn in Johannes 6,68: «Herr, zu wem sollte ich gehen, du hast Worte des Lebens.» Das heisst: Dein Wort erquickt, erneuert und belebt, dass die Seele Sicherheit findet und zu Dir gezogen wird und keinem anderen Worte mehr vertrauen kann als Deinem.

Wenn nun Gottes Ruf Dich trifft, so fragst du: «Wie soll ich mich vorbereiten, dass ich seine Gnade gewiss erlange?» Ich antworte: Setze all Dein

Vertrauen in den Herrn Jesus Christus, das heisst: Sei gewiss, er hat für uns gelitten und ist, so der Johannesbrief 2,2, vor Gott unser Sühnopfer, das uns in die Ewigkeit befreit. Sobald Du das glaubst, erkenne Dich als vom Vater gezogen. Denn was Du für Dein Werk hieltest, ist das Werk des Heiligen Geistes, der verborgen in Dir wirkt. «Denn niemand kommt zu mir», sagt Christus nach Johannes 6,44, «es ziehe ihn denn der Vater, der im Himmel ist.» Hörst Du, wenn Du ihn suchst, findest und Dich an ihn hältst, bist Du vom Vater gezogen, Du hättest sonst nicht zu ihm kommen können.

Ich habe mich bei dieser Beweisführung so lange versäumt, weil die Vertreter menschlicher Lehren erklären: «Es ist wahr, man soll die evangelische Lehre, die ja von Gott eingegeben und gelehrt wurde, über allen anderen Lehren achten.» – So weit sind sie gekommen; Gott sei Lob! – «Aber», fahren sie fort, «wir verstehen das Evangelium nicht gleich. Wenn sich nun ein Widerspruch zwischen Deinem und meinem Verständnis auftut, so bedürfen wir eines Richters, der die Macht hat, den von uns beiden, der sich irrt, zum Schweigen zu bringen.» Das bringen sie so vor, um das Verständnis des Gotteswortes Menschen zu unterstellen. Da kann dann jeder, der das Evangelium predigt, von einem Kajafas oder Hannas gemassregelt und am Gängelband geführt werden. Während Paulus [vgl. 2Kor 10,5] fordert, all unser Verständnis, Denken und Forschen soll gefangen sein im Dienst und Willen Gottes, wollen sie die Meinung Gottes in das Gefängnis einer Beurteilung durch Menschen einsperren. Achte nun auf unsere Antwort! Zunächst verstehe unter dem Evangelium nicht nur, was Matthäus, Markus, Lukas und Johannes geschrieben haben, sondern, wie wir vorher gesagt haben, alles, was Gott jedem Menschen kundtat, alles, was ihnen seinen Willen bekannt und deutlich machte. Er aber ist *einer* und ist ein Geist der Einigkeit, nicht der Zwietracht, woraus folgt, dass ein wahrer und einfacher Sinn in seinen Worten steckt, auch wenn wir sie noch so sehr verdrehen.

Hier bitte ich dich, um Gottes willen nicht zu zürnen, wenn ich Dich auf einen Fehler aufmerksam mache, den viele lehrten. Die meisten, die heutzutage das Evangelium bekämpfen, tun heimlich – öffentlich dürfen sie das nicht wagen – alles, um diesen Fehler zu begehen. Ihre Worte lauten: «Es steht nicht alles im Evangelium; es gibt viel Gutes, woran im Evangelium nie gedacht ist.» O, ihr Schwätzer! – Solche Leute kennen und lesen das Evangelium nicht und greifen die Worte heraus ohne Rücksicht, in welchem Kontext sie stehen, und beugen die Worte nach ihrem Gutdünken. Nicht anders als einer, der eine Blume ohne Wurzeln ausreisst und damit einen Blumengarten anpflanzen will. Dabei kommt nichts heraus. Er muss den Ballen mit den Wurzeln pflanzen.

Ebenso muss man dem Worte Gottes seine Natur belassen, dann bringt es in Dir und mir den gleichen Sinn hervor. Die so irren, lassen sich leicht überwinden, man muss sie nur zum Ursprung zurückführen. Allerdings gelangen sie nicht gern dahin. Einige stecken so tief in der Eselshaut der Torheit, dass sie, wenn ihnen der natürliche Sinn aufgezeigt wurde, und sie nichts erwidern können, dennoch sprechen, sie dürften den Sinn nicht so verstehen, so lange die Väter nicht entschieden hätten, man solle ihn so verstehen. Denn jedenfalls verständen viele eine Sache besser als einer oder wenige.

Da antworte ich: Wäre das so, müsste Christus ein Lügner sein, denn die ganze grosse Priesterschaft war anderer Meinung und er stand allein. Ihn aber einen Lügner zu schelten sei fern von uns! Ebenso wären die Apostel im Irrtum gewesen, denn ganze Städte und Länder standen gegen sie. Auch heute gibt es zehnmal mehr Ungläubige als Gläubige, sollte deswegen ihre Meinung richtig und unsere falsch sein, nur weil sie in der Überzahl sind? Nein! Löse Dich davon! Die Mehrheit macht nicht die Wahrheit.

Was sollen wir nun tun? Unser Streit ist noch nicht entschieden. Ja, ich halte für gewiss, dass Päpste und Konzilien oft geirrt haben, voran Anastasius und Liberius[39] im arianischen Glaubensstreit. Gestehst Du das zu? Ja, so ist der Sache das Genick gebrochen und unser Streit entschieden. Denn Du musst ja zugeben: wenn sie sich früher geirrt haben, so ist zu befürchten, dass sie auch weiter irren. Man kann sich nicht sicher und vertrauensvoll auf sie verlassen. Geben wir das zu – weil ja «omnis homo mendax», «alle Menschen Lügner sind» [Ps 116,11], betrügen und betrogen werden –, so finden wir am Ende niemanden ausser Gott, der uns die Wahrheit so sicher und eindeutig lehren könnte, dass alle Zweifel beseitigt werden.

Du fragst: «Wo finde ich ihn?» Ich antworte: Such ihn in deiner Kammer, wie Matthäus 6,6 schreibt, und bitte ihn da im Stillen! Er sieht Dich und wird Dir das Verständnis seiner Wahrheit schenken. Denn stets, wie wir in den vorigen Belegen klar bezeugt haben, können wir den Sinn von Gottes Worten nirgends besser lernen als von ihm selber, von dem sie stammen, der allein wahrhaftig, ja die Wahrheit selber ist. Das bezeugen die Worte aus dem 1. Johannesbrief 2,27, die wir oben anführten: «Ihr habt nicht nötig, dass euch jemand belehre.» Hörst Du es? Wir haben Richtigstellungen durch Menschen

---

39 Papst Anastasius II. (496–498) galt im Mittelalter aufgrund einer Notiz Gratians als Häretiker. Papst Liberius (352–366) trat im arianischen Glaubensstreit für Athanasius ein. Er wurde vom arianischen Kaiser Konstantinus II. verbannt und unterschrieb schliesslich eine Kompromissformel. Die Legende machte ihn zum üblen Verräter.

nicht nötig, sondern, wie seine Salbung, das heisst sein Geist, alle Dinge – beachte *alle* Dinge! – lehrt, so ist es wahr und richtig. Da entgegnen sie dann: «Ich habe ihn ja gebeten, doch ich verstehe die Worte immer noch gleich wie vorher.» Ihr sollt nicht zürnen, aber ich will doch sagen: Ihr lügt, das heisst, ich glaube Dir, Du habest ihn gebeten, aber nicht recht. «Wie soll ich mich denn verhalten, wie soll ich denn bitten?», fragst du. Also: Zunächst lass Deinen eigenen Verstand aus dem Spiel, mit dem Du Dir die Schrift zurechtbiegen willst. Denn der nützt hier gar nichts. Das will ich Dir klar beweisen. Ich weiss, Du wirst zugestehen müssen, Du habest Dich nur über die Heilige Schrift gemacht, um Worte zu finden, die Deine Meinung bekräftigen. O weh, da habe ich das Krebsübel aller Menschenlehren berührt. Denn sieh, das ist der Hauptfehler, wenn man seine Meinung mit der Schrift bekräftigen will und sein eigenes Vorurteil zur Schrift bringt. Sobald dann irgendwo ein Wort in der Bibel steht, das wir auf unsere Meinung beziehen können, auch wenn es gar nicht dahin passt, so benutzen wir es und wollen so die Schrift zwingen, dass sie aussagt, was wir in sie hineinlesen.

Zum Beispiel: Wir haben gewöhnlich unsere Meinung und unser Vorurteil schon zur Hand, so wie einer, der mit der Axt in der Hand seinen Nachbarn um etwas bittet. Was so viel heisst wie: Tust Du es nicht, so wird die Axt Dich zwingen. So gehen wir an die Schrift heran. Die Päpste und törichten Kaiser und Könige – erlaubt mir, liebe Herren, bei der Wahrheit zu bleiben – haben den grössten Teil der Bischöfe in deutschen Landen zu Fürsten gemacht. – Der Mann auf der Strasse nennt sie Bettelfürsten. – So sind sie mächtig geworden und tragen das Schwert in den Händen. Und nun treten sie mit dem Schwert zur Schrift und erklären, indem sie den ersten Petrusbrief 2,9 zitieren: «Regale sacerdotium» – «das königliche Priestertum». Da muss nun Petrus mit dem Schwert gezwungen werden und bezeugen, dass die Bischöfe oder die Pfarrer Fürsten zu sein haben und nach weltlicher Weise herrschen sollen. Das vermag die Axt in der Hand! Dagegen vertritt Petrus die Meinung, dass alle Christen durch ihren Herrn Jesus Christus zu königlicher Würde und Priesterschaft erwählt seien. Denn sie brauchen keinen vermittelnden Priester mehr, der für sie opfert. Ist doch jeder für sich selbst ein Priester, der geistliche Opfer bringen, also sich selbst ganz und gar Gott darbringen soll.

Ja, seht, so wie diese darf man nicht an die Schrift herantreten. Wie aber dann? Auf folgende Weise: Wenn Du eine Sache erkennen und über sie reden willst, sprich bei Dir: Bevor ich über etwas urteilen oder mir etwas von anderen Menschen erklären lassen will, will ich zuerst mit Psalm 85,9 hören, was der Heilige Geist dazu zu sagen hat: «Ich will hören, was der Herrgott zu mir reden will.» Erflehe mit Andacht Gottes Gnade, dass er Dir seinen Geist und Sinn gebe, damit Du nicht Deine, sondern seine Meinung erfassest. Habe aber festes Vertrauen, er werde Dir das rechte Verständnis mitteilen, denn alle Weisheit kommt ja von Gott dem Herrn. Mit solchem Vertrauen mache Dich über die evangelischen Schriften.

Hier rümpfen sie nun verächtlich die Nase und glauben nicht, dass Gott, wenn man ihn schon anfleht, ein anderes oder gar sein Verständnis gibt. Vielmehr wird das eigene, d. h. das menschliche Verständnis so hochgehalten, dass man glaubt, versichern zu können, es bedürfe keines anderen. Merkt ihr jetzt, wie falsch ihr liegt? Ihr müsst «theodidacti», das heisst von Gott, nicht von Menschen Belehrte sein. Das hat die Wahrheit selber gesprochen nach Johannes 6,45, und die kann nicht lügen. Habt ihr das Vertrauen nicht und glaubt nicht fest, dass, sofern ihr nur alles menschliche wertlose Zeug zurücklasst, ihr euch allein auf Gottes Unterweisung verlassen könnt, so habt ihr den rechten Glauben nicht. Und das ist nun nicht nur meine nichtswürdige Meinung, sondern auch die von Hilarius.[40] Aber wir brauchen ihn nicht zum Zeugen. Christus, Petrus, Paulus und Johannes sind der gleichen Meinung.

Alle Erkenntnis, die aus den Philosophen gezogen wurde, und die sich scholastische Theologie[41] nennt, muss hier zusammenfallen. Denn sie ist nichts anderes als eine Wissenschaft, die sich auf menschliches Ermessen stützt. Und wenn der Mensch damit vollgestopft ist, dann meint er, die himmlische Lehre müsse nach der vermeintlich sicheren Lehre, die er von Menschen hat, ausgerichtet und zurechtgebogen werden. Das kann man schon aus der Redensart entnehmen: Wo ein Philosoph aufhört, fängt ein Theologe an. Denn damit wollen sie offensichtlich besagen, wer in menschlicher Lehre gut unterrichtet sei, könne die göttliche besser beurteilen. Als ob unser Verstandeslicht die göttliche Klarheit überbieten und erhellen könnte, während doch Christus sagt: «Ich gebe nichts auf menschlichen Schein. Aber ich erkenne, dass ihr keine Liebe zu Gott in euch habt» [Joh 5,41–42]. Liebten sie nämlich Gott, so würden sie nur seinem Worte glauben. Ist er doch «das Licht, das alle Menschen erleuchtet, die in die Welt kommen [sic!]» [Joh 1,9]. Die Philosophie aber ist kein solches Licht. Zum Beweis: Wurden die Jünger von einem Philosophen belehrt? Nein,

---

40 Vgl. oben S. 51, Anm. 29.
41 Die von Zwingli kritisierte «scholastische» Theologie war stark von Aristoteles' logischen Schriften bestimmt und stand sowohl bei den Humanisten wie bei den Reformatoren im Ruf, sich mit abstrakten Begriffsunterscheidungen und Spekulationen anstatt mit der Auslegung der biblischen Texte zu befassen.

Gott hat sie als Einfältige und Törichte erwählt, seine Lehre zu verkünden. So sagt auch Paulus im 1. Korintherbrief 1,19, dass Gott «die Weisen dieser Welt zunichte und zuschanden macht». Entsprechend werden auch heute noch die Welt- und Menschenweisen von denen, die mit inniger Begierde und im Glauben die Lehre Gottes erlangt haben, beschämt und überwunden. Wir sehen, dass die Jünger in ihrer Einfalt von Gott belehrt wurden, zweifellos zum Vorbild für uns, damit wir Gotteserkenntnis allein bei ihm suchen.

Was Gott sagen will, kann nirgends eindeutiger als von ihm, nämlich aus seinen eigenen Worten geschöpft werden. Ja, ich bin dreist genug zu behaupten, dass die, die sich selbst, also Menschen, beiziehen, um die Schrift zu beurteilen, damit das Vertrauen in Gottes Geist verspotten. Zugleich machen sie sich selbst verdächtig, die Schrift nach ihrem Kopf verdrehen und umdeuten zu wollen. Es macht sich ja jeder verdächtig, der sich selbst zum Richter und Zeugen anbietet. Wie viel mehr in dieser Sache, wo wir einen haben, der uns ruft, zu ihm zu kommen, und der eben gerade der ist, von dem das Wort kommt, um das wir streiten. Die Uneinigkeit rührt nicht etwa daher, dass sein Wort nicht eindeutig genug wäre, sondern daher, dass wir in unseren Leidenschaften gefangen sind, die uns verführen, das Wort Gottes mutwillig zu vergewaltigen.

Du sagst nun freilich, man müsse einen Richter haben, der urteilen und sein Urteil auch durchsetzen könne. Ich antworte Dir: Das kann nicht sein. Denn jeder Mensch, so gelehrt er auch sein mag, kann irren, wenn ihn Gott nicht leitet. Ist der Gelehrte aber seiner Sache nicht gewiss, es sei denn, Gott unterweise ihn, so kann ich doch auch zu dem gleichen Schulmeister und Lehrer gehen, der wird auch mich Sicheres lehren. Du wendest ein: «Wie kannst Du wissen, ob er Dich lehren wird oder nicht?» Ich antworte, dass ich das vor allem aus seinem Wort weiss nach Matthäus 21,22 und Markus 11,24: «Alles, was ihr in eurem Gebet», ganz gleich, was – das heisst, wenn es dem gerechten Gott geziemt, so etwas zu gewähren –, was ihr also «mit Vertrauen von ihm erbittet, das werdet ihr empfangen». Weiter lehrt mich der heilige Jakobus [Jak 1,5–6], die Weisheit bei Gott zu suchen, indem er spricht: «Mangelt es einem an Weisheit, so begehre er sie von Gott, der allen Menschen im Überfluss gibt, ohne zu schelten, und er wird Weisheit erhalten. Er bitte aber mit zuversichtlichem Glauben, der nicht zweifelt.» Hört ihr, wie uns Jakobus auf Gott und nicht zu Menschen weist. Du sagst nun: «Es predigen uns doch auch nur Menschen, soll ich denn nicht meinen Prediger und Lehrer befragen?» Antwort: Der Mensch, der Dich nach seinem Sinn lehrt und nicht nach Sinn und Willen Gottes, der lehrt Dich falsch, wer er auch sei. Unterweist er Dich aber allein nach dem Wort Gottes, so unterweist nicht er dich, sondern Gott ihn. Denn was sind wir anderes, spricht Paulus, «als Knechte Christi, sein Bedienungspersonal oder seine Haushalter, die die Geheimnisse Gottes austeilen» [1Kor 4,1]?

Weiter weiss ich gewiss, dass Gott mich lehrt, weil ich die Geheimnisse erkannt habe. Zerpflücke mir niemand diesen Ausdruck! Versucht zu verstehen, woher ich weiss, dass Gott mich lehrt! Ich bin wie andere in meiner Jugend in menschlichen Wissenschaften vorangekommen. Als ich nun aber vor sieben oder acht Jahren anfing, mich ganz an die Heilige Schrift zu halten, kam mir die Philosophie und Theologie der Kritikaster immer dazwischen. Da kam mir schliesslich, angeleitet von der Schrift und dem Wort Gottes, der Gedanke: Ich muss das alles liegen lassen und Gottes Willen unmittelbar aus seinem eigenen, eindeutigen Wort lernen! Ich bat Gott um Erleuchtung, und die Schrift begann mir viel klarer zu werden als nach dem Studium von zahlreichen Kommentaren und Auslegern, obwohl ich bloss die Bibel selber las. Seht, das ist doch ein sicheres Zeichen, dass Gott mich leitet, denn mit meinem kleinen Verstand hätte ich nie so weit kommen können. Ihr begreift jetzt, dass ich nicht so weit kam, weil ich mich selbst überschätzte, vielmehr, weil ich mich selbst erniedrigte.

Da ihr schon eure Mäuler aufreisst, um mich zu unterbrechen, will ich euch zuvorkommen. Ihr meint, das sei die schlimmste Fehlhaltung, wenn einer glaube, etwas unfehlbar zu verstehen und sich nicht mehr zurechtweisen lassen zu müssen. Antwort: Ja, wenn er sich auf seinen Verstand verlässt. Solche Leute seid ihr, die vom menschlichen Verständnis nicht abweichen und lieber das göttliche danach verdrehen wollt. Aber ich bitte euch! Hört, was Paulus im 1. Korintherbrief 2,14–16 sagt: «Der natürliche Mensch nimmt nicht an, was aus Gottes Geist ist. Denn das erscheint ihm töricht und er will es nicht verstehen, weil es geistlich beurteilt werden muss. Der Geistbegabte aber ermisst und beurteilt alles, während er selbst von niemandem beurteilt wird. Denn wer kennte Gottes innerstes Wesen, oder wer wollte ihn unterweisen und belehren?» Diese Paulusworte sind wertvoller als alles Gold [vgl. Ps 19,11], das auf Erden und in der Erde ist. Der natürliche Mensch ist der, der sein eigenes Verständnis mitbringt, der geistliche aber der, der keinem Verständnis traut als dem, das Gott eingibt. Der ist lauter und aufrichtig und stinkt nicht nach Ehrsucht, Habgier und sinnlichen Leidenschaften. Wer also alle Dinge geistlich beurteilt, der erkennt gleich, ob die Lehre rein ist und von Gott stammt. Er selber aber wird von niemandem beurteilt, das heisst: Wenn er auch beurteilt wird – denn das kann er nicht verhindern –, so lässt er sich doch nicht von Gottes Lehre abbringen oder abwerben. Und hält man ihm auch die höchste menschliche Weisheit vor, so antwortet er: «Wer hat Dir das innerste Wesen

Gottes gezeigt? Denn Du behauptest, was Gott nicht offenbart hat. Das heisst doch, wenn Du sagst, Du habest es von Gott, so verleumdest Du ihn oder Gott wäre mit sich selbst im Widerspruch, weil er da und dort etwas ganz anderes sagt.»

Du aber willst Gott Vorschriften machen und ihn regieren. Zum Beispiel: Gott hat in Matthäus 18,6–9 ein Banngebot gegeben, dass man die Sünder, die schamlos sündigen und ihre Mitmenschen verführen, aus der Gemeinschaft ausschliessen soll. Gerade so, wie man einen verdorbenen Ast oder ein Glied von einem Baum oder Menschen abnimmt. Wenn heute die Bischöfe anfangen, jedem Wucherer die Schulden einzutreiben und deshalb arme Christen verdammen, so glaube ich nicht, dass die auch bei Gott verstossen oder gebannt sind. Warum? Weil Gott gesagt hat: Wenn Dein Bruder *sündigt*, nicht: wenn Dein Bruder Schulden hat, so sollst Du ihn verstossen. Und ich bin gewiss, dass dies Gottes Meinung ist. Und wenn Du mir alle Lügen und alles Erdichten, dessen die Juristen fähig sind, vorhältst, dazu alle Heuchelei der Kuttenträger, allen Zorn der aufgeblasenen Prälaten und alles Gift aus Rom, ja alles Feuer des Ätna oder der Hölle, so wirst Du mich doch nicht von meiner Meinung abbringen. Und wenn mir Gott seine Gnade entzöge und ich in Todesfurcht alles abstreiten würde, so wüsste ich dennoch genau, dass Gott dieser Missbrauch nicht gefällt und dass er nach dem Gesetz Gottes keine Rechtskraft haben kann. Aber höre, wie prächtig sie ihre Tat beschönigen. Sie sagen, man banne oder exkommuniziere niemanden wegen seiner Schulden, sondern nur wegen seines Ungehorsams. Als ob einer seine Schulden bezahlen könnte, wenn es ihm der Bannende befiehlt. Das mag keine rechte Antwort sein, höre aber dies: Warum ist Dir der Christ in diesem Fall Gehorsam schuldig? Hat Gott den Bischöfen aufgetragen, die Schulden der Welt einzuziehen? Ihr werft ein: «Oboedite prepositis vestris», gehorcht euren Vorgesetzten [vgl. Hebr 13,17]! Aber bedeutet das etwa, ihr sollet die Menschen wegen ihrer Geldschulden bannen?

Wo also die Menschen allein auf das Geistverständnis schauen, werden sie nicht irren. Unterlassen sie das aber und setzen stattdessen alles daran, mit der Schrift die eigenen Vorurteile zu bestätigen, so irren sie allesamt, wenn ihrer auch mehr sind als Laub und Gras. Denn Gott will selber und allein unser Lehrer sein. Von ihm will auch ich gerichtet werden, nicht von Menschen. Wohlverstanden, was die Lehre betrifft, was Straftaten und Ungehorsam anbelangt, will ich mich allen Menschen unterwerfen. Aber die Schrift und göttliche Wahrheit sollen sie nicht beurteilen, die sollen sie Gott überlassen. Denn die kann man nur von Gott lernen.

Selbstverständlich will ich jedem gern Rechenschaft über mein Schriftverständnis geben, aber niemand soll mir die Schrift nach seinem Gutdünken zurechtrücken, sondern sich von der Schrift leiten lassen, wie auch ich mich von ihr leiten lassen will. Paulus schreibt im I. Korintherbrief 4,3–4: «Ich achte am wenigsten darauf, dass ich von euch beurteilt werde oder von einem menschlichen Gerichtstag. Denn ich beurteile mich selbst nicht, weil ich nichts von mir aus weiss. Freilich bin ich dadurch nicht gerechtfertigt. Aber es ist der Herr, der mich beurteilt.» Der Herr, Paulus, ja alle Apostel und alle, die seine Wahrheit predigen, inspiriert und belehrt hat, soll auch ihrer aller Richter sein. Die Schrift, über die wir reden, stammt von Gott und nicht von Menschen [vgl. 2Petr 1,21]. Wie kann dann der Mensch darüber urteilen? Paulus nennt die Schrift «theopneuston» [vgl. 2Tim 3,16], das heisst von Gott eingehaucht oder gesprochen. Und er erlaubt auch, dass die Geringsten über die Schrift reden, wenn Gott es ihnen eingibt, falls die vorsitzenden Propheten, will sagen die Lehrer, die Wahrheit nicht getroffen haben [vgl. 1Kor 14,28–32].

Du willst hier einwerfen: «Ja, wer wird mir sagen, ob einer von Gott erleuchtet ist oder nicht?» Eben der Gott, der ihn erleuchtet, der wird auch Dir versichern, dass die Rede von ihm kommt. Du erklärst: «Ich spüre das aber nicht.» Dann musst Du damit rechnen, dass Du zu denen gehörst, «die Ohren haben und nicht hören», wie Christus sie nach Jesaja in Matthäus 13,14 nennt. Lässt Gott Dich aber in Deinem Eigensinn und Zweifel unerleuchtet, so will er Dich dennoch zu Gutem gebrauchen. Wie? Gerade so wie Paulus im 1. Korintherbrief 11,19 erklärt: «Es müssen Spaltungen und Parteiungen unter euch sein, damit die, die treu und fest sind, offenbar werden.» Solcher Streit hat oft bewirkt, dass etwas neu bei Gott gesucht und von ihm erbeten wird.

Um schliesslich aufzuhören, auf jeden Einwurf zu antworten, wollen wir unsere Meinung klarlegen: Das Wort Gottes soll von uns in höchsten Ehren gehalten werden. Als Wort Gottes sollst Du nur anerkennen, was aus seinem Geist kommt. Keinem anderen Wort soll so geglaubt werden wie diesem. Denn Gottes Wort ist gewiss und keinem Irrtum unterworfen. Es ist klar, lässt niemanden im Dunkeln tappen, es legt sich selbst aus und öffnet selbst das Verständnis. Es erhellt die menschliche Seele mit allem Heil und allen Gnaden, füllt sie mit Gottvertrauen, demütigt sie, dass sie sich selbst verliert, ja selbst verwirft und Gott in sich aufnimmt. In ihm lebt sie, zu ihm strebt sie und verachtet alle Hilfe von Geschöpfen. Denn Gott allein ist ihr Heil und ihre Zuversicht. Ohne ihn findet sie keine Ruhe, in ihm allein bleibt sie. Wie es der Psalmist in Psalm 77 bezeugt. Seine Seele wollte sich nicht trösten lassen, da dachte er an Gott und wurde fröhlich. Ja, die Seligkeit beginnt schon hier in dieser

Zeit, nicht in ihrer eigentlichen Gestalt, aber in der Gewissheit unserer sicheren Hoffnung. Die möge Gott uns mehren und niemals mangeln lassen. Amen.

Es scheint mir gut, hier noch kurz zusammenzufassen, wie man zum Verständnis des Gotteswortes kommen und an sich selbst spüren kann, dass man von Gott erleuchtet ist. Oder wie die, die in der Schrift nicht bewandert sind, sich vergewissern können, ob die Priester die Wahrheit rein lehren, ohne sie durch eigene Leidenschaften zu besudeln.

1. Jeder soll Gott inniglich anrufen, er möge in ihm den alten Menschen abtöten, der sich viel auf seine eigene Weisheit und sein eigenes Können einbildet.

2. Wenn der alte Mensch getötet und ausgeleert ist, so wolle Gott selber gnädig in ihn einströmen, so reichlich, dass der Mensch Gott allein glaubt und vertraut.

3. Widerfährt ihm das, so wird er gewiss über alle Massen mit Freude erfüllt und getröstet werden. Dann soll er immer wieder das Wort des Propheten sprechen: «Herr Gott, befestige das, was du in uns gewirkt hast» [Ps 68,29]. «Denn wer steht, sehe zu, dass er nicht falle», wie Paulus mahnt [1Kor 10,12].

4. Gottes Wort übersieht niemanden und am wenigsten die Hochstehenden. Denn als Gott Paulus berief, sprach er zu Ananias: «Er wird zu meinem auserwählten Werkzeug, damit er meinen Namen zu den Fürsten und Königen der Erde trage» [Apg 9,15]. Und er spricht zu den Jüngern nach Matthäus 10,18: «Ihr werdet vor Könige und Statthalter geführt, um mich vor ihnen zu bezeugen.»

5. Es ist die Art des Gotteswortes, die Gewaltigen in ihrem Hochmut zu erniedrigen und den Demütigen gleich zu machen. So singt die Jungfrau Maria [vgl. Lk 1,52]: «Er hat die Gewaltigen von seinem Stuhl gestossen und die Demütigen erhöht.» Und Johannes predigte von Christus nach Lukas 3,5: «Es werden die Hügel durch ihn eingeebnet und die Täler ausgefüllt werden ...»

6. Das Gotteswort wendet sich überall an die Armen und hilft ihnen und es stärkt die Trostlosen und Verzweifelten. Die aber auf sich selbst vertrauen, die bekämpft es, dafür ist Christus Zeuge.

7. Das Gotteswort sieht nicht auf den eigenen Vorteil. Darum befahl Jesus seinen Jüngern, weder Beutel noch Tasche bei sich zu tragen [vgl. Lk 10,4].

8. Gottes Wort strebt nur danach, dass Gott den Menschen kund werde, damit die Trotzigen ihn fürchten und die Demütigen in ihm Sicherheit finden. Wer so das Wort Gottes predigt, predigt ohne Zweifel recht. Wer aber auf Samtpfoten um seinen Nutzen herumstreicht wie die Katze um den Brei und wer lieber menschliche Vorschriften verteidigt, als der Lehre Gottes anzuhängen

und sie zu erhöhen, der ist ein falscher Prophet. Die falschen Propheten aber erkennst Du an ihren Worten. Sie schreien bedeutsam: «Die frommen Väter![42] Sollen wir denn verachten, was diese Menschen vorschrieben?» So rufen sie etwa aus, statt dass sie ernstlich beklagten, dass das Evangelium halbherzig gepredigt wird.

9. Spürst Du, wie Gottes Wort Dich erneuert und Du anfängst, Gott mehr zu lieben als damals, so lange Du Menschenlehren hörtest, so sei gewiss: Gott hat das bewirkt.

10. Spürst Du, dass Dir die Gnade Gottes und das ewige Heil zur Gewissheit werden, so ist das von Gott.

11. Spürst Du, wie das Gotteswort Dich klein und zunichte macht, während Gott in Dir gross wird, so ist das aus Gott gewirkt.

12. Spürst Du, wie die Furcht Gottes Dich mehr und mehr erfreut statt betrübt, so ist das ein sicheres Zeichen, dass Gottes Wort und Geist in Dir wirken. Diesen seinen Geist wolle Gott uns geben! Amen.

Edition des Originaltexts (frühneuhochdeutsch): Z I, Nr. 14, 328–384
Deutscher Text: ZS I, 101–154 (übersetzt von Christine Christ-von Wedel), kritisch überarbeitet

Bearbeitet von Peter Opitz

42 Gemeint ist: Sie belegen ihre Lehrmeinungen statt mit der Bibel mit Zitaten der Kirchenväter, kanonischen Vorschriften oder Konzilsbeschlüssen und berufen sich also auf die kirchliche Tradition und damit auf die Meinung von Menschen.

Die Erste Zürcher Disputation (29. Januar 1523)

EINFÜHRUNG

Mit der Ersten Zürcher Disputation versuchte der Zürcher Rat, die durch die reformatorische Predigt ausgebrochenen Streitigkeiten zu regeln. Dies entsprach durchaus eidgenössischer Tradition. Schon der sogenannte «Pfaffenbrief» von 1370 verlangte, dass die Geistlichen dem weltlichen Gericht unterstellt werden. Die Obrigkeiten griffen deshalb bei Missbräuchen ein. Sie begannen mit der Kontrolle der Klostergüter, versuchten die Rechte zur Besetzung von kirchlichen Stellen an sich zu ziehen und das sittliche Leben ihrer Untertanen durch Mandate zu regeln. Auch dies war ein Eingriff in die religiöse Gestaltung des Gemeinwesens. Die Erste Zürcher Disputation war ein letzter Schritt auf diesem Weg und zugleich ein neuer: der Rat setzte durch die Aufstellung des Schriftprinzips (allein die Bibel soll Richterin sein) auch inhaltlich den Massstab für das Urteil über Rechtgläubigkeit oder Ketzerei und tat damit den entscheidenden Schritt zur Reformation.

Der Rat hielt schon in der Ausschreibung fest, es gehe um die Anklagen gegen die Predigt des Evangeliums, über deren Berechtigung entschieden werden solle. Damit wurde vor allem Zwingli – ohne dass sein Name genannt wurde! – Gelegenheit zur Rechtfertigung gegeben; gerade auch vor den eingeladenen bischöflichen Vertretern. Der Leiter der bischöflichen Delegation, Generalvikar Johannes Faber (1478–1541), wies darauf hin, dass er lediglich Beobachter sei und dass es sich hier nicht um ein kirchliches Konzil handle, dem die Behandlung von Lehrfragen obliegt. Zwingli hingegen betonte, es sei hier im Ratssaal durchaus eine kompetente christliche Versammlung zusammengetreten.

Die 67 Thesen oder Artikel Zwinglis waren eine Zusammenfassung seiner bisherigen Zürcher Predigt. Grundlegend ist das Schriftprinzip und die

Bereitschaft, sich durch die Heilige Schrift eines Besseren belehren zu lassen. Der Gedanke findet sich ebenso in den späteren reformierten Bekenntnissen. Die Bibel ist – so Artikel 1 – die einzige Autorität. Ihr Zentrum ist Christus (Art. 2–16); aus seiner Tat und Lehre ergeben sich Erlösung und Gestaltung des ganzen christlichen Lebens. Die 67 Artikel stellen eine Grundurkunde des Reformiertentums dar, vergleichbar mit dem Augsburger Bekenntnis von 1530, dem Grunddokument des Luthertums.

Da gegen Zwinglis Artikel keine inhaltlichen Einwände vorgebracht wurden, sondern nur formelle Beschwerden gegen die Kompetenz der Versammlung, konnte bereits am Nachmittag der über Mittag beschlossene Beschluss (Abschied) des Rats verlesen werden. Er erklärt die evangelische Predigt nach dem Vorbild der Artikel Zwinglis nun für die ganze Zürcher Geistlichkeit als verbindlich. Damit wurde noch nicht eine reformierte Kirche gegründet, aber es wurden die Massstäbe für eine Erneuerung gesetzt. Ihre Pfeiler stützten sich gegenseitig: Die freie evangelische Predigt und die nun auch für die Neuordnung des kirchlichen Bereichs verantwortliche staatliche Obrigkeit.

Zwingli hat die Artikel erst nach dem Ausschreiben kurz vor der Disputation verfasst und danach separat publiziert.[43] Im Anschluss an die Disputation hat Zwingli die Thesen ausführlich kommentiert. Diese umfangreiche «Auslegung und Begründung der Thesen oder Artikel» erschien im Juli 1523 (Z II, 1–457; ZS II). Wir geben hier die Ausschreibung und den Abschied der Disputation durch den Rat, Zwinglis 67 Thesen, Zwinglis Vorwort zur im Juli 1523 im Druck erschienenen umfangreichen «Auslegung der Thesen» und einen Anhang zur Auslegung von Artikel 20 wieder, in dem er über seinen reformatorischen Erkenntnisweg Rechenschaft gibt.

---

43 Zu den näheren Umständen und diesbezüglichen Vorwürfen Fabers vgl. auch Z I, 548–549, Anm. 4 und 5.

TEXT
Die Ausschreibung der Disputation

Fürschrift des ehrsamen Rates der Stadt Zürich an alle Pfarrherren, Leutpriester, Seelsorger und Prädikanten ihrer Herrschaft, neulich geschrieben.

Wir, der Bürgermeister, der [Kleine] Rat und der Grosse Rat, genannt die Zweihundert[44] der Stadt Zürich, verkünden allen und jedem, Leutpriestern, Pfarrern, Seelsorgern und Prädikanten, die in unsern Städten, Grafschaften, Herrschaften, hohen oder niederen Gerichtsbarkeiten und Gebieten verpfründet und wohnhaft sind, unseren Gruss, gewogenen und geneigten Willen und lassen Euch wissen:

Da jetzt seit einiger Zeit viel Zwietracht und Entzweiung entstanden ist zwischen jenen, die auf der Kanzel das Gotteswort dem Volk verkünden – wobei viele der Überzeugung sind, das Evangelium getreulich und umfassend gepredigt zu haben, andere aber deren Handeln als unwürdig und unrichtig tadeln und sie Urheber von Irrlehren, Verführer und oft auch Ketzer nennen, obwohl diese sich bereit erklären, in allem mit göttlicher Schrift einem jeden auf sein Begehren hin Rechenschaft und Bescheid zu geben –, ist es deshalb, zum Besten aller und vor allem aufgrund der Ehre Gottes, des Friedens und der Einigkeit, unser Befehl, Wille und Meinung, dass Ihr, Pfarrer, Seelsorger, Prädikanten allesamt und jeder Einzelne, sowie andere Priester, die zu dieser Sache sprechen möchten und in unserer Stadt Zürich oder ausserhalb in unseren Gebieten – wie oben erwähnt – verpfründet sind, in der Überzeugung, die Gegenpartei zu kritisieren oder anders zu unterrichten, auf den Tag nach dem [Namens-]Tag Kaiser Karls [des Grossen], d. h. am 29. Januar, zur vor-

---

44 Der Grosse Rat, die höchste Staatsgewalt, setzte sich aufgrund des sogenannten vierten «geschworenen Briefs» von 1498 aus 212 Mitgliedern (entgegen dem Namen!) zusammen. Dies waren: a) die beiden Bürgermeister, b) die beiden Kleinen Räte zu je 24 Mitgliedern aus der privilegierten Gesellschaft zur Constaffel (Junker, Kaufleute, Grundbesitzer) und den Handwerkerzünften und c) die 162 Räte, 12 mal 12 Zunftvertreter und 18 Constaffler. Der Grosse Rat wurde nur bei gewichtigen Geschäften einberufen. Beide Räte setzten in wichtigen Fragen vorberatende Kommissionen, sogenannte Verordnete, ein, auf die Zwingli direkt politischen Einfluss ausüben konnte. Die Verordneten für die Aussenpolitik waren eine recht stabile Führungsgruppe aus Bürgermeistern und obersten Zunftmeistern und somit oft gleichzeitig auch Exekutive, genannt die «Heimlichen Räte», die faktisch oft die Politik Zürichs bestimmten und unter denen Zwingli ziemlich regelmässig mitwirkte.

mittäglichen Versammlungszeit des Rats in unserer Stadt Zürich und dort in unserem Rathaus erscheint und das, was ihr bekämpft, mit wahrer göttlicher Schrift [begründet] in deutscher Sprache vorbringt. Da werden wir mit aller Aufmerksamkeit zusammen mit einer Anzahl Gelehrter nach unserem Gutdünken zuhören; und entsprechend dem, was sich gemäss göttlicher Schrift und Wahrheit ergibt, werden wir einen jeden mit dem Befehl entlassen, weiterzufahren oder aufzuhören, damit nicht weiterhin jeder alles, was ihn gut dünkt, ohne rechte Grundlage in der göttlichen Schrift von der Kanzel predige. Wir werden auch unserem gnädigen Herrn [dem Bischof] von Konstanz dies bekanntmachen, damit Seine Gnaden oder deren Vertreter, wenn sie es wünschen, auch dabei sein können. Sollte danach aber jemand weiterhin ohne klare Begründung in der göttlichen Schrift widersprechen, würden wir gegen ihn nach unserer Beurteilung schärfer vorgehen, was wir uns lieber ersparen möchten. Wir hoffen auch fest auf Gott den Allmächtigen, er werde diejenigen, die das Licht der Wahrheit so aufrichtig suchen, damit gnädig erleuchten, sodass wir von nun an im Licht als Söhne des Lichts wandeln.

Gegeben und zur Beurkundung hier mit dem Abdruck des Sekretsiegels[45] unserer Stadt bestätigt am Samstag nach der Beschneidung Christi und im Jahre 1523 nach seiner Geburt [d. h. am 3. Januar 1523].

Edition des Originaltexts (frühneuhochdeutsch): Z I, Nr. 17.II., 466–468 (Verhandlungsprotokoll Z I, Nr. 18, 481f)
Deutscher Text: A, Nr. 8.II., 140f (übersetzt von Georg Finsler), kritisch überarbeitet. Die Form des Originaltexts wurde möglichst beibehalten, um einen Eindruck des damaligen Amtsstils zu vermitteln.

Bearbeitet von Ernst Saxer

---

45 Das zürcherische Sekretsiegel bildete wie das grosse Stadt-, später Staatssiegel, nur in einfacherer Form, in gotischem Bogen die drei Stadtpatrone Felix, Regula und Exuperantius ab, mit der Umschrift SECRETUM CIVIUM THURICENSIUM.

TEXT
Die 67 Thesen oder Artikel Zwinglis

Die im Folgenden aufgeführten Artikel und Anschauungen bekenne ich, Huldrych Zwingli, in der ehrenwerten Stadt Zürich gepredigt zu haben, aufgrund der Heiligen Schrift, die *theopneustos* – von Gott eingegeben – heisst, und erkläre mich bereit, diese Artikel zu verteidigen und aufrechtzuerhalten und ebenso, mich eines Besseren belehren zu lassen, wo ich die genannte Schrift jetzt nicht recht verstehen sollte, jedoch nur aus dieser Schrift selbst.

These 1:
    Alle, die sagen, das Evangelium sei nichts wert ohne die Beglaubigung der Kirche, irren und lästern Gott.

These 2:
    Die Hauptsache des Evangeliums ist kurz zusammengefasst die, dass unser Herr Christus Jesus, wahrer Gottessohn, uns den Willen seines himmlischen Vaters mitgeteilt und uns durch seine Unschuld vom Tod erlöst und mit Gott versöhnt hat.

These 3:
    Deshalb ist Christus der einzige Weg zur Seligkeit für alle, die je waren, sind und sein werden.

These 4:
    Wer eine andere Tür sucht oder zeigt, der irrt, ja der ist ein Seelenmörder und Dieb.

These 5:
    Deshalb irren alle, die anderen Lehren gleich viel oder mehr Bedeutung zumessen als dem Evangelium; sie wissen nicht, was Evangelium ist.

These 6:
    Denn Christus Jesus ist der Führer und Hauptmann, von Gott dem ganzen menschlichen Geschlecht verheissen und auch gewährt.

These 7:
    Damit er das ewige Heil und Haupt aller Gläubigen sei, die sein Leib sind, der aber ohne ihn tot ist und nichts vermag.

These 8:
Aus dem folgt: Erstens: Alle, die in diesem Haupt leben, sind Glieder und Kinder Gottes. Und das ist die Kirche oder Gemeinschaft der Heiligen, die Ehefrau Christi: ecclesia catholica.[46]

These 9:
Zweitens: Wie die Glieder des Leibs ohne Leitung des Haupts nichts vermögen, so vermag auch im Leib Christi niemand etwas ohne dessen Haupt, Christus.

These 10:
Wie der Mensch von Sinnen ist, wenn die Glieder etwas ohne das Haupt tun, indem sie sich unkontrolliert bewegen, sich selbst verwunden und schädigen, so sind die Glieder Christi von Sinnen, wenn sie etwas ohne Haupt, Christus, unternehmen, indem sie sich selbst mit unsinnigen Gesetzen strafen und belasten.

These 11:
Deshalb sehen wir, dass die Bestimmungen der sogenannten Geistlichen über ihren Machtanspruch und Reichtum, über ihre Ämter, Titel und Gesetze, die Ursache der ganzen Tollheit sind; denn sie stimmen nicht mit dem Haupt überein.

These 12:
So gebärden sie sich vorderhand wie toll, aber nicht zugunsten des Haupts – denn man bemüht sich ja jetzt mit der Gnade Gottes, dieses wieder an Licht und zur Sprache zu bringen –, sondern weil man sie nicht länger solch verrücktes Zeug schwatzen lassen will und sie veranlasst, nur noch dem Haupt Gehör zu verschaffen.

These 13:
Wenn man auf das Haupt hört, lernt man den Willen Gottes deutlich und klar kennen, und der Mensch wird durch Gottes Geist zu ihm gezogen und in ihn verwandelt.

These 14:
Darum sollen die Christen ihren grössten Einsatz dafür leisten, dass überall nur das Evangelium von Christus gepredigt wird.

These 15:
Denn im Glauben an das Evangelium besteht unser Heil und im Unglauben unsere Verdammnis. Im Evangelium steht nämlich deutlich die ganze Wahrheit.

46 Damals verstanden als «allgemeine» Kirche.

These 16:
: Im Evangelium lernt man, dass Lehren und Bestimmungen der Menschen nichts zur Seligkeit beitragen.

These 17:
: Christus ist der einzige, ewige höchste Priester. Daraus ersehen wir, dass die, die sich als höchste Priester ausgegeben haben, sich gegen die Ehre und Vollmacht Christi stellen, ja diese verwerfen.

These 18:
: Christus, der sich selber nur einmal zum Opfer gebracht hat, ist ein in Ewigkeit wirkendes und bezahlendes Opfer für die Sünden aller Gläubigen. Daran erkennt man, dass die Messe kein Opfer, sondern die Vergegenwärtigung des Opfers und die Zusicherung der Erlösung ist, die Christus geleistet hat.

These 19:
: Christus ist der einzige Mittler zwischen Gott und uns.

These 20:
: Gott will uns alle Dinge in Christi Namen geben. Daraus ergibt sich, dass wir nach diesem Leben keinen anderen Mittler brauchen als ihn.

These 21:
: Wenn wir auf Erden füreinander bitten, sollen wir es im Vertrauen darauf tun, dass uns allein durch Christus alle Dinge gegeben werden.

These 22:
: Christus ist unsere Gerechtigkeit. Daraus ermessen wir, dass unsere Werke gut sind, soweit sie aus Christus sind, nicht gut aber, soweit sie aus uns selbst sind.

These 23:
: Christus verwirft die Besitztümer und den Machtanspruch dieser Welt. Daraus ermessen wir, dass die, die in seinem Namen Reichtümer anhäufen, ihm grosse Schande bereiten, weil sie ihn zum Deckmantel ihrer Habsucht und Willkür machen.

These 24:
: Kein Christ ist zu Werken, die Gott nicht geboten hat, verpflichtet. Ein Christ darf jederzeit alle Speisen essen. Daraus ist zu lernen, dass Käse- und Butterbriefe[47] ein römischer Betrug sind.

---

47 Damit wurde besonders für die Gebirgsgegenden trotz Fastenzeit der Genuss von Butter und Eiern erlaubt.

These 25:
: Zeit und Ort sind dem Christen unterworfen und nicht umgekehrt. Daraus ist zu lernen, dass die, die Zeit und Ort beschränken, die Christen ihrer Freiheit berauben.

These 26:
: Gott missfällt nichts mehr als Heuchelei. Daraus ist zu lernen, dass alles, was sich vor den Menschen besser darstellt, als es ist, eine grosse Heuchelei und Blasphemie ist. Hiermit fallen dahin: Kutten, religiöse Zeichen, Tonsuren etc.

These 27:
: Alle Christen sind Brüder Christi und untereinander Brüder. Sie sollen niemanden auf Erden zum Vater aufblähen. Hiermit fallen dahin: Orden, Sekten, religiöse Vereinigungen.

These 28:
: Alles, was Gott erlaubt oder nicht verboten hat, ist rechtmässig. Daraus ist zu schliessen, dass die Ehe allen Menschen zusteht.

These 29:
: Alle, die man Geistliche nennt, sündigen, wenn sie sich nicht durch die Ehe von der Sünde bewahren, nachdem sie gemerkt haben, dass Gott ihnen sexuelle Enthaltsamkeit versagt hat.

These 30:
: Diejenigen, die Enthaltsamkeit geloben, versprechen auf kindliche oder närrische Weise zu viel. Daher erkennt man, dass die, die solche Gelübde abnehmen, an den anständigen Menschen frevelhaft handeln.

These 31:
: Der Kirchenbann darf kein einzelner Mensch auferlegen, sondern nur die Kirche, d. h.: die Gemeinschaft derer, unter denen der zu Bannende wohnt, samt dem Wächter, d. h. dem Pfarrer.

These 32:
: Man darf nur den mit dem Kirchenbann bestrafen, der öffentlich Ärgernis gibt.

These 33:
: Das unrechtmässige Gut soll nicht Kirchen, Klöstern, Mönchen, Priestern oder Nonnen, sondern den Bedürftigen gegeben werden, wenn es dem rechtmässigen Besitzer nicht zurückerstattet werden kann.

These 34:
: Die sogenannte geistliche Herrschaft kann ihren Machtanspruch nicht aus der Lehre Christi begründen.

These 35:
Aber die weltliche Herrschaft hat ihre Wirksamkeit und Begründung aus der Lehre und dem Handeln Christi.

These 36:
Alles, was der sogenannte geistliche Stand sich an Rechtsprechung und Verteidigung des Rechts anmasst, kommt den weltlichen Vorgesetzten zu, sofern diese Christen sein wollen.

These 37:
Den weltlichen Vorgesetzten sind alle Christen Gehorsam schuldig, niemand ausgenommen.

These 38:
Sofern die weltlichen Vorgesetzten nicht gebieten, was gegen Gott gerichtet ist.

These 39:
Darum sollen alle ihre Gesetze dem göttlichen Willen gleichförmig sein, sodass sie dem Bedrängten Rechtsschutz gewähren, auch wenn er nicht Klage einreicht.

These 40:
Allein die weltliche Obrigkeit hat das Recht zu töten, ohne den Zorn Gottes auf sich zu ziehen. Und sie darf die Todesstrafe nur gegen diejenigen aussprechen, die öffentliches Ärgernis erregen, es sei denn, Gott befehle etwas anderes.[48]

These 41:
Wenn die weltlichen Vorgesetzten denen Rechtsschutz, Fürsorge und Hilfe gewähren, für die sie von Gott Rechenschaft ablegen müssen, so sind auch diese verpflichtet, für den materiellen Unterhalt jener zu sorgen.

These 42:
Wenn die Vertreter der Obrigkeit aber pflichtvergessen und nicht nach der Richtschnur Christi verfahren, können sie nach dem Willen Gottes abgesetzt werden.

These 43:
Das Wesentliche kurz zusammengefasst: Die Herrschaft dessen, der allein nach dem Willen Gottes regiert, ist die allerbeste und solideste; und die Herrschaft dessen, der nach eigenem Gutdünken regiert, ist die schlechteste und instabilste.

---

48   Z. B. im Kriegsfall, vgl. Zwinglis Erläuterung in ZS II, 383f.

These 44:
Wahre Anbeter rufen Gott im Geist und in der Wahrheit an, ohne alles Geschrei vor den Menschen.

These 45:
Heuchler tun ihre Werke, um von Menschen gesehen zu werden. Sie empfangen ihren Lohn schon in dieser Zeit.

These 46:
Daraus folgt zwingend, dass Gesang, d. h. Geschrei in der Kirche, [die] ohne Andacht erfolgt und nur aufgrund des Lohns entweder Ruhm vor den Menschen oder Gewinn sucht.[49]

These 47:
Eher soll der Mensch den leiblichen Tod erleiden, als dass er bei einem Christen Anstoss errege oder Schande über ihn bringe.[50]

These 48:
Wer aus Schwäche oder Unwissenheit ohne Ursache Anstoss nimmt, den soll man nicht schwach oder unwissend bleiben lassen, sondern ihn stärken, damit er nicht für Sünde hält, was keine Sünde ist.

---

49 Zwingli erläutert: «Hier machen die Päpstler als Erstes folgenden Einwand: ‹Wenn es aber mit Andacht geschieht, so ist es doch nicht schlecht!› Antwort: Hast du nicht gehört, dass du von keinem Werk, wie gut es auch sei, den Geldwert ausrechnen sollst ... Ob ein Werk gut sei, hängt allein von Gott ab; von ihm muss es kommen.» ZS II, 399f.

50 Ausgehend von Mt 18,6–10 und 1Kor 8,13, wo vom «Ärgernis» die Rede ist, entwickelte das römische Kirchenrecht eine Lehre vom öffentlichen «Ärgernis», «Anstoss» oder der «Schande» und verwendete dabei den Begriff des *scandalum*, den die lateinische Übersetzung (Vulgata) der Bibelstellen verwendet. Zwingli erläutert ihn im Licht der ursprünglichen Bedeutung der beiden Bibelstellen und wendet diese Bedeutung gleichzeitig kritisch auf die Praxis der römischen Kirche an: Sie ist es, die «skandalös» handelt! Er zählt dreierlei «Skandale» auf: «Die erste ist: Schande über den nächsten zu bringen, d. h. ohne dass er es verdient [So macht etwa das Eheverbot für Priester deren Kinder unverschuldet zu ‹Bastarden›]. Die zweite ist, mit schamlosen Sünden den nächsten zu verderben und in Dingen ruchlos zu machen, die mit Gewissheit böse sind und die man mit dem Kirchenbann erfolgreich bekämpft. [So förderte etwa das Eheverbot für Priester die faktisch öffentlich praktizierte Prostitution, ohne dass über die Priester für ihr Leben in dauernder ‹Unzucht› der Kirchenbann verhängt würde, vgl. 1Kor 5,1–5]. Die dritte ist die Einschüchterung dessen, der im Glauben noch schwach ist; der etwas für Sünde hält, das keine ist, wie: an verbotenen Tagen Fleisch zu essen [...]», ZS II, 405.

These 49:
Grösseres Ärgernis kenne ich nicht, als dass man den Priestern die Heirat verbietet, ihnen aber zugesteht, gegen Geld Huren zu halten.[51]

These 50:
Gott allein vergibt die Sünde, durch Christus Jesus, seinen Sohn, unseren Herrn allein.

These 51:
Wer dies den Geschöpfen erlaubt, entzieht Gott seine Ehre und gibt sie jemandem, der nicht Gott ist. Das ist eigentliche Abgötterei.

These 52:
Darum soll die Beichte, die man bei dem Priester oder bei dem Nächsten ablegt, nicht als das Vergeben der Sünde, sondern als das Erfragen von Rat gelten.

These 53:
Auferlegte Busswerke werden von Menschen festgelegt – der Kirchenbann ausgenommen; sie nehmen die Sünde nicht weg, sondern werden nur auferlegt, um abzuschrecken.

These 54:
Christus hat alle unsere Schmerzen und Mühseligkeiten getragen. Wer nun den Busswerken zuschreibt, was allein Christus geleistet hat, der irrt und lästert Gott.

These 55:
Wer den reuigen Menschen die Vergebung irgendeiner Sünde vorenthielte, wäre weder an Gottes noch an des Petrus, sondern an des Teufels statt.

These 56:
Wer gewisse Sünden nur wegen des Gelds vergibt, ist Simons und Bileams[52] Spiessgeselle und im Grunde ein Gesandter des Teufels.

These 57:
Die wahre Heilige Schrift weiss nichts von einem Fegefeuer nach diesem Leben.

---

51 Von der Lizenz, gegen eine jährliche Steuer von vier rheinischen Gulden an den Bischof eine Konkubine halten zu dürfen, wurde ausgiebig Gebrauch gemacht, so sehr, dass da und dort der bischöfliche Fiskal kurzweg diese Steuer von allen Geistlichen einziehen wollte. Für jedes aus solch einer Verbindung stammende Kind mussten dem Bischof vier, später fünf rheinische Gulden bezahlt werden.

52 Vgl. Apg 8,18 und 2Petr 2,15.

These 58:
Nur Gott kennt das Gerichtsurteil über die Verstorbenen.

These 59:
Je weniger uns Gott davon hat wissen lassen, umso weniger sollen wir uns anmassen, etwas davon in Erfahrung bringen zu wollen.

These 60:
Wenn ein Mensch bekümmert Gott anruft, er möge den Verstorbenen Gnade erweisen, so lehne ich das nicht ab. Doch eine bestimmte Zeit festzusetzen und um des Gewinnes willen zu lügen, ist nicht menschlich, sondern teuflisch.[53]

These 61:
Vom «Charakter», den die Priester in letzter Zeit entdeckt haben, weiss die göttliche Schrift nichts.[54]

These 62:
Die Schrift kennt auch keine anderen Priester als die, die das Wort Gottes verkünden.

These 63:
Die Schrift schreibt vor, den Priestern Ehre zu erweisen, und d. h., sie mit leiblicher Nahrung zu versorgen.

---

[53] Gemeint ist nach Zwinglis Auslegung in ZS II, 477 das Festlegen der Dauer der jenseitigen Fegefeuerstrafen durch den Papst und deren Tilgung durch bezahlte Messen oder andere religiöse Werke zugunsten der «armen Seelen», damals eine wichtige Einkommensquelle der römischen Kirche auf Kosten der Volksreligiosität. «Und darum gestehe ich die Existenz eines Fegefeuers nicht zu, sondern das Gebet [für die verstorbenen Verwandten] erinnert Gott an seine Barmherzigkeit, an sein Wissen und willigt in den göttlichen Willen ein. Aber die Geizkragen, die eine Zeit festsetzen und sagen: ‹Soundso lang muss einer [im Fegefeuer] leiden›; und die Hexenmeister, die mittels Teufelsbeschwörung zeigen, mit dieser oder jener Praxis helfe man den Toten [...] und die Märchenprediger, die erzählen, wie die Seelen ihnen da oder dort erschienen seien; all diese tun nichts anderes als der Welt, die betrogen sein will, gleich auch dazu zu verhelfen. Es ist ein Betrug, und der Teufel ist der Vater des Betrugs [vgl. Joh 8,44]. Darum ist solches Handeln auch teuflisch.» ZS II, 477f.

[54] Die Lehre vom «unzerstörbaren Prägemal» (*charakter indelebilis* oder *sacramentalis*), den die Priesterweihe auf Lebenszeit verleihe (auch wenn der Priester kein kirchliches Amt ausübt), wurde in der Hochscholastik entwickelt, erstmals vollständig bei Thomas von Aquin. Im Konzil von Trient 1563 wurde sie offizielle Lehre der katholischen Kirche.

These 64:
Alle, die ihren Irrtum erkennen, soll man nicht bestrafen, sondern in Frieden sterben lassen und danach über das Pfarrgut auf christliche Weise verfügen.

These 65:
Mit denen, die keine Selbsterkenntnis zeigen, wird Gott gerecht verfahren. Darum soll man gegen sie keine körperliche Gewalt anwenden, es sei denn, sie führten sich so ungeheuerlich auf, dass man nicht ohne dieses Mittel auskommen könnte.

These 66:
Alle geistlichen Vorgesetzten sollen sich sofort demütigen und nur das Kreuz Christi, nicht die Geldkiste, aufrichten; andernfalls gehen sie zugrunde. Die Axt ist schon an den Baum gelegt (vgl. Mt 3,10).

These 67:
Wenn jemand wünscht, mit mir über Zinsen, Zehnten, ungetaufte Kinder und die Firmung zu diskutieren, so stehe ich ihm gerne Rede und Antwort.

Hier versuche keiner, mit Sophisterei oder menschlichen Erdichtungen zu streiten, sondern komme, um die Heilige Schrift als Richter gelten zu lassen, damit man entweder die Wahrheit finde oder behalte, wenn sie, wie ich hoffe, schon gefunden ist. Amen.
Des walte Gott.

Edition des Originaltexts (frühneuhochdeutsch): Z I, Nr. 17.I, 458–471 (Verhandlungsprotokoll: Z I, Nr. 18, 472–569)
Deutscher Text: ZS II (übersetzt von Thomas Brunnschweiler), kritisch überarbeitet

Bearbeitet von Ernst Saxer

Disputation im Rathaus in Zürich im Januar 1523

TEXT
Der Abschied der Disputation

Abschied und Beschluss der genannten Thesen und der Disputation, jüngst ausgegangen vom ehrsamen Zürcher Rat.

Da jetzt im vergangenen Jahr und bis heute viel Zwietracht und Entzweiung entstanden ist zwischen jenen, die auf der Kanzel das Gotteswort dem Volk verkünden – wobei viele der Überzeugung sind, das Evangelium getreulich gepredigt zu haben, andere aber deren Handeln als unwürdig und unrichtig tadeln und sie Verführer und sogar auch Ketzer nennen, obwohl diese sich bereit erklärten, in allem mit göttlicher Schrift einem jeden auf sein Begehren hin Bescheid zu geben usw. –, und nun auch ein Jahr vergangen ist, seit eine ehrwürdige Gesandtschaft unseres gnädigen Herrn [des Bischofs] von Konstanz wegen dieser Angelegenheiten in der Stadt Zürich vor dem Bürgermeister, dem Kleinen und dem Grossen Rat aufgetreten ist und über Verschiedenes verhandelt wurde, mit dem Bescheid, dass unser gnädiger Herr von Konstanz darangehen möchte, in seinem Bistum – und in den angrenzenden Bistümern – die Gelehrten, Prälaten und Prädikanten einzuberufen, zu beraten, zu helfen und mit ihnen zu verhandeln, damit eine Übereinstimmung erzielt würde und sich dann jedermann daran halten könnte. Weil aber unser gnädiger Herr von Konstanz bisher, vielleicht aus gewichtigen Gründen, in dieser Sache noch nichts unternommen hat und die Streitigkeiten unter Geistlichen und Weltlichen dauernd weitergehen, darum haben Bürgermeister, [Kleiner] Rat und Grosser Rat der Stadt Zürich im Namen Gottes aufgrund des Friedens und der christlichen Einheit diesen Tag angesetzt und haben dazu eine ehrenwerte Gesandtschaft unseres gnädigen Herren von Konstanz erwirkt, wofür sie Seiner Gnaden ihren grossen und angelegentlichen Dank aussprechen, sowie alle Leutpriester, Prädikanten und Seelsorger allesamt und jeden Einzelnen durch ihre öffentliche Einladung, wie oben erwähnt, aus ihrer ganzen Landschaft in ihre Stadt vor sich geladen, berufen und kommen lassen, um so diejenigen, die einander beschuldigen und Ketzer gescholten haben, gegenüberzustellen und anzuhören, wer nun eigentlich im Recht sei. Da nun Meister[55] Ulrich Zwingli, Chorherr und Prädikant am Grossmünster, vorher häufig verleumdet und angeschuldigt wurde, sich aber auf sein Anerbieten und die Bekannt-

---

55 Magister Artium, Zwinglis akademischer Grad, erworben Anfang 1506 an der Universität Basel.

machung seiner vorgelegten Artikel hin niemand gegen ihn erhoben oder ihn mit der wahren göttlichen Schrift zu überwinden versucht hat und auch auf seine mehrmalige Aufforderung an die, die ihn als Ketzer angeschuldigt hatten, hervorzutreten, ihm niemand irgendeine Ketzerei nachgewiesen hat usw., haben darauf die obengenannten Bürgermeister, [Kleiner] Rat und Grosser Rat der Stadt Zürich, um grosse Unruhe und Zwietracht zu beenden, nach Beratung befunden und beschlossen und sind der festen Ansicht, dass Meister Ulrich Zwingli fortfahre und weiterhin wie bisher das heilige Evangelium und die rechte göttliche Schrift verkünde, so lang und so oft, bis er eines besseren belehrt werde. Es sollen auch all ihre [d. h. Zürcher] Leutpriester, Seelsorger und Prädikanten in ihrer Stadt, ihren Landschaften und Herrschaften nichts anderes behandeln noch predigen, als was sie mit dem heiligen Evangelium und auch sonst mit wahrer göttlicher Schrift bestätigen können.[56] Desgleichen sollen sie einander von nun an auf keine Weise schmähen noch als Ketzer oder mit anderen Schmähworten bezeichnen. Diejenigen, die sich dann hierin als ungehorsam erwiesen und das nicht befolgten, würde man so behandeln, dass sie sehen und erkennen müssten, unrecht gehandelt zu haben.

Verfügt in der Stadt Zürich am 29. Januar, d. h. am Donnerstag nach Kaiser Karls [des Grossen Namens-]Tag im Jahre 1523.

Edition des Originaltexts (frühneuhochdeutsch: Z I, Nr. 17.III., 469–471 (Verhandlungsprotokoll: Z I, Nr. 18, 546f)
Deutscher Text: A, 141f. (übersetzt von Georg Finsler), kritisch überarbeitet. Die Form des Originaltexts wurde möglichst genau beibehalten, um einen Eindruck des damaligen Amtsstils zu vermitteln.

Bearbeitet von Ernst Saxer

---

56 Vgl. die Aufnahme der zwinglischen Formulierung aus der Einleitung der 67 Artikel und der dort ebenfalls vorhandenen Unterscheidung zwischen Evangelium und göttlicher Schrift (ZS II, 13–19).

TEXT
Das Vorwort zu den Thesen

Auslegung und Begründung der Thesen oder Artikel, die Huldrych Zwingli am 29. Januar 1523 bekanntgegeben hat.

An die hochgeachteten, umsichtigen und verständigen Herren Landammann, Ratsmitglieder und Bürger des Glarner Lands, Christen und Eidgenossen von alters her. Huldrych Zwinglis Vorrede.

Gnade, Barmherzigkeit und Friede von Gott dem Vater und unserem Herrn Jesus Christus wünsche ich Euch, Ihr rechtschaffenen, umsichtigen, ehrenwerten, verständigen, zuverlässigen, gnädigen und lieben Herren, indem ich nachfolgende Angelegenheiten bekanntgebe.

Ich habe jetzt nahezu fünf Jahre durch Gottes Beistand und Hilfe sein Evangelium in der vortrefflichen, christlichen Stadt Zürich gepredigt und wurde deshalb oft wüst beschimpft, was nicht weiter schlimm gewesen wäre, hätte sich die Beschimpfung nicht gegen Gottes Wort und Ehre gerichtet. Nachdem dies aber eingetreten war, konnten es die aufrechten Zürcher nicht länger dulden und forderten mich auf, am 29. Januar 1523 über meine Lehre Rechenschaft abzulegen und sie zu verteidigen, vor allen Gelehrten der Stadt Zürich und ihres Herrschaftsbereichs, zudem vor den Gelehrten des Bischofs von Konstanz und jenen aus der vereinten Eidgenossenschaft oder woher sie sonst kommen mochten und im Beisein des ganzen Grossen Rats; den Auftrag der aufrechten Zürcher war ich unverzagt und gerne bereit auszuführen. In wenigen Tagen – denn die Frist war kurz bemessen – stellte ich eine Anzahl von Thesen zusammen und war zuversichtlich, sie am verabredeten Tag mit Gottes Hilfe und Wort gründlich erhärten zu können.

An jenem Tage wurde jedoch weniger zur Sprache gebracht, als notwendig gewesen wäre; weshalb im Einzelnen, lasse ich jetzt dahingestellt, bis auf eine Ausnahme: Die Abgeordneten des Bischofshofs von Konstanz, der Generalvikar Johannes Faber und Martin Plantsch, Prädikant von Tübingen,[57]

---

57 Johannes Faber oder Fabri, eigentlich Heigerlin (1478–1541), war Magister und Doktor der Jurisprudenz. Er war zuerst Priester in Leutkirch und Lindau, dann Kanonikus und Offizial in Basel. 1518 bis 1523 amtete er als Generalvikar in Konstanz. 1530 wurde er Bischof von Wien. Er gehörte zu den schärfsten Gegnern der Reformation. Martin Plantsch (1460–1533), war Doktor der Theologie. Er war zuerst Leutpriester an der Tübinger Stiftskirche und 1489/90 Rektor in Tübingen.

gaben zuletzt vor der Versammlung, die vor und nach dem Mittagessen stattfand, öffentlich zu verstehen, dass die Thesen im Evangelium Christi und in der Lehre der Apostel nicht verankert und mit der Wahrheit unvereinbar seien. So sind des Generalvikars eigene Worte im Protokoll festgehalten, die Martin Plantsch ausdrücklich unterstützte. Die beiden berührten jedoch keine einzige These, und wie viel es vorher zu streiten gegeben hatte, wollten sie doch auf die Thesen nicht eingehen, worüber ich mich sehr wunderte und worauf ich eine Antwort gab, die hier nicht unbedingt wiedergegeben werden muss.

So bin ich denn von vielen Freunden Gottes nachdrücklich gebeten und auch durch die Ehre seines Worts gezwungen worden, die Grundlagen dieser Thesen vom klaren und präzisen Wort Gottes her zu erhellen, damit jedermann erkenne, dass der unzulässige und deplazierte Hieb gegen die wahrheitsgemässen Thesen, von denen einige das reine Wort Christi sind, ungerechtfertigt erfolgt ist. In der Form, die Eure ehrenwerte Weisheit nun vor sich sieht, habe ich die Begründung der strittigen Sachverhalte zusammengestellt.

Zwar wäre es nun das weitaus Angemessenste, meine vorliegende Arbeit niemand anderem zu widmen als den aufrechten Zürchern, deren verständigem Ratschlag das Vorhaben, dem sich später viele Ortschaften anschlossen, entsprungen ist. Da aber nicht ich allein, sondern viele ehrenwerte, tüchtige und gut ausgebildete Diener Christi das heilige Wort Gottes in ihrer Stadt und deren Herrschaftsbereich unablässig predigen, vermochte ich wohl abzuschätzen, dass sie auf meine Widmung verzichten, ja sie als empfangen ansehen würden, wenn ich sie Euch, unseren zuverlässigen, lieben Christen und Eidgenossen, meinen Gnädigen Herren, zueignete.

Wir sind nämlich aus zuverlässiger Quelle darüber unterrichtet, wie vortrefflich Ihr es anstellt, das Wort Gottes liebevoll zu empfangen und zu bewahren. Um nun auch Eure Gelehrten, die Ihr wahrhaft im Überfluss besitzt, zu unterstützen – da es mündlich nicht möglich ist, so auf schriftlichem Wege –, habe ich mein vorliegendes Werk Euch – die Ihr früher meine Schäflein wart, nunmehr aber Gnädige Herren und liebe Brüder in Christus seid – gewidmet. Dies habe ich getan, damit Ihr seht, dass ich das Vertrauen und den Respekt, die Ihr mir erwiesen habt, in guter Erinnerung behalte. Es soll aber auch jedermann, wie ungebildet er sei, Einsicht in die Streitpunkte gewinnen, um die man sich jetzt überall heftig und mehrheitlich aus Unkenntnis des göttlichen Wortes streitet, und damit schliesslich die richtige, wahre Lehre und Ehre Gottes wieder zur Sprache gebracht, berücksichtigt, geprüft und eingehalten werde.

In diesen Thesen sind etwa alle wichtigsten Streitfragen, die man in unserer Zeit stellt, enthalten:

Was ist das Evangelium? Sind ihm andere Lehren und Schriften gleichzustellen? Ist Christus, der Sohn Gottes, mächtig und würdig genug, für unsere Sünden zu bezahlen? Können wir überhaupt etwas Gutes tun? Haben die von Menschen erfundenen unnützen Riten[58] Anspruch auf göttliche Belohnung? Hat der Papst seinen Auftrag und seine Machtbefugnis von Gott oder von den Menschen? Ist er aufgrund der kirchlichen Rechtsbestimmungen auch schon höchster Priester? Ist die Messe ein Opfer oder nicht? Brauchen wir einen anderen Mittler vor Gott als den Herrn Jesus Christus? Wie und warum soll man beten? Ist es möglich, dass der Mensch durch seine eigene Gerechtigkeit zu Gott kommt? Können die sogenannten Geistlichen ihren Machtanspruch und Reichtum zu Recht unter dem Ehrentitel und Namen Christi behaupten? Sündigen wir, wenn wir die unnützen Riten nicht abhalten, die von Menschen erfunden worden sind? Ist Gott an einem bestimmten Ort gnädiger als an einem anderen? Ist Gott zu einer bestimmten Zeit gnädiger als zu einer anderen? Wie gut gefällt Gott Heuchelei? Sind Mönchskutten, Kreuze, religiöse Zeichen und Tonsuren zweckmässig oder Gott wohlgefällig? Ist es mit Gottes Wort zu vereinbaren, dass man in der Christenheit so viele Orden, Vereinigungen und Sekten erfunden hat? Ist den Geistlichen die Ehe verboten? Gefallen Gott das Versprechen der Ehelosigkeit und ähnliche Gelübde? Wenden die hohen Bischöfe den Kirchenbann in der vorgeschriebenen Weise an? Und wenn sie ihn missbräuchlich anwenden, ist man dann verpflichtet, die damit verbundenen Vorschriften einzuhalten? Zu welchem Zweck verwendet man das unrechtmässig erworbene Gut? Richtet sich die Lehre Christi gegen die Obrigkeit? Gründet sich die geistliche Obrigkeit auf Gottes Anordnung? Wem steht es zu, die Gerechtigkeit mit Rechtsmitteln zu verteidigen? Sind alle Menschen – seien es sogenannte Geistliche oder andere – der weltlichen Obrigkeit Gehorsam schuldig? Was soll diese verordnen? Was ist man ihr wiederum schuldig? Wofür sind Gebet und Kirchengesang gut, wenn man sie für Geld erwirbt? Wie soll man öffentliches Ärgernis beseitigen oder verhüten? Ist es etwa nicht ein abscheuliches Laster, dass die Priester offenkundig Huren haben statt Ehefrauen? Kann irgendein anderer als Gott allein die Sünde erlassen? Durch wen und um welcher Person willen erlässt er sie? Hat Gott die Tuschelbeichte[59] und das Auferlegen von Bussleistungen verordnet? Darf man unter

---

58 Im Original: *zünselwerk*. Das Wort meint zunächst das Räucherwerk (Weihrauch), dann aber allgemein alle Riten, welche die Reformatoren als unnütz ansahen; insofern wird es synonym zu «Zeremonien» verwendet.

59 Flüster- oder Tuschelbeichte nennt Zwingli scherzhaft-verächtlich die Ohrenbeichte.

Berufung auf Gott dem reumütigen Menschen die Vergebung gewisser Sünden vorenthalten? Darf man für das Erlassen von Sünden Geld verlangen? Gibt es ein Fegefeuer? Wenn nicht, ist es schädlich, wenn man der Toten in der Fürbitte gedenkt? Ist die Priesterweihe etwas wert? Wer sind die wahren Priester?

Ja, all diese Themen und noch viele mehr könnt Ihr in dieser Schrift finden. Ich habe sie zum Nutzen der ganzen Christenheit – sofern diese sie beherzigt – zusammengestellt und mit der Widmung an Eure Weisheit veröffentlicht, in der Hoffnung, Eure Weisheit werde die offenkundigen Missbräuche, die von den Irrlehrern eingeführt worden sind, nach reiflicher und ungestörter Beratung allmählich wieder abschaffen; überdies haben wir ja in einer kurzen Lehrschrift[60] die Beseitigung der Missbräuche bereits dargelegt.

Oh, wie froh wären unsere Vorfahren gewesen, wenn man ihnen die Wege gewiesen hätte, die sich jetzt eröffnen! Wie schwer hat der missbräuchlich angewandte Kirchenbann der Geistlichen und die Pfründenjäger[61] sie bedrückt, der Ungehorsam der Geistlichen, den diese doch Freiheit nennen, dazu die Praxis der abgestuften Absolution und Kirchenbussen, das lüsterne Schielen nach dem Geld aus Jahrzeiten[62] und frommen Vermächtnissen, in der Beichte das Herausschinden von Geld für Messen, für Marias Fürbitte und für die reichen Domstifte, schliesslich die an Pfarrpfründen gebundenen Lehen, die jährlichen Kirchenabgaben und alle willkürlichen Forderungen des Papstes und seines ganzen Anhangs. Doch wenn man solche Missstände heutzutage mit Hilfe des machtvollen und wahren Gotteswortes beseitigen will, wie es sich gebührt – es liegt nämlich in der Natur des Evangeliums, den Zerbrochenen Heilung zu bringen, den Gefangenen Straferlass zu verkünden und den Eingeschlossenen die Befreiung aus dem Kerker [vgl. Jes 61,1] –, so finden sich des ungeachtet manche, die ihr Heil, ihre Ruhe und ihren Frieden nicht annehmen wollen. Darin gleichen sie den unfreien Kappadoziern, die bei der gebotenen Möglichkeit, frei zu werden und eine eigene Regierung einzusetzen, antworteten, sie seien schlechterdings nicht imstande, frei zu werden![63] Indessen vermögen die Leute, die heutzutage Widerstand gegen Gottes Wort leisten, diesem nichts entgegenzusetzen; denn wo man es vernimmt, drängt man unwiderstehlich

---

60 Hinweis auf Zwinglis Schrift «Die freie Wahl der Speisen» von 1522.
61 Fremde, meist italienische Geistliche, die bloss kraft apostolischer Briefe Anspruch auf Pfründen erhoben. Diese «päpstlichen Höflinge» galten im 15./16. Jahrhundert als wahre Landplage.
62 Seelenmessen am Jahrestag des Tods.
63 Die Kappadozier, ein Volk in Kleinasien, sollen die ihnen von den Römern angebotene Freiheit abgelehnt haben.

herbei, und es wird selbst von Menschen angenommen, denen man es verbietet [vgl. Lk 16,16]. Der Glaube nämlich, der im inneren Menschen liegt, lässt sich von aussen nicht erkennen. Folglich kann man die Verkünder des Evangeliums äusserlich zwar verfolgen; in den Herzen der Menschen jedoch bleibt der Glaube an Christus unversehrt und wirkt gleichsam als Sauerteig. Wo solcher Sauerteig ist, durchsäuert er den ganzen Teig [vgl. Mt 13,33; 1Kor 5,6]. Das bedeutet, dass ein wahrhaft gläubiger Mensch, der das Heil, die Ruhe und die Freude seiner Seele kennt, ja stets mit sich herumträgt, es nicht ertragen kann, wenn sein Nächster diese Freuden und das Heil nicht kennt. Dagegen verhält es sich in anderen Bereichen normalerweise so, dass jeder mit ängstlicher Sorge erfüllt ist, ein ihm gegebener Ratschlag könnte einem anderen auch zu Ohren bzw. zugute kommen. So unterschiedlich verhalten wir uns, je nachdem, ob wir unter dem Einfluss von Gottes Geist stehen, der uns als einziger den Glauben beibringt, oder unter dem Einfluss unserer fleischlichen Gesinnung, die immer eigennützig ist. Der Gläubige hat also keine Ruhe, solange er seinen Bruder im Unglauben leben sieht; woraus abzuleiten ist, dass niemand dem Worte Gottes Widerstand leisten kann. Aus diesem Grund darf sich Eure Weisheit keinesfalls dazu verführen lassen, sich gegen Gottes Wort zu stellen; denn wer immer dies versuchte, würde von Gott zugrunde gerichtet. Es ist tatsächlich so, dass Gottes Wort alle Menschen mit Vorwürfen attackiert, weil wir allesamt Sünder sind. Es selbst hingegen ist rein, ja reiner von allen irdischen Absichten und Parteilichkeiten als Silber und Gold, die siebenmal im Feuer geläutert worden sind. Dehalb ist es nicht verwunderlich, dass die Menschen, die ihren Leidenschaften und Sünden einen Freibrief ausstellen, Gottes Wort nicht annehmen, sondern schreien, wie in Jesaja 30,10 geschrieben steht: «Verkündigt, was uns gefällt ...», worauf dort eine unvorhergesehene, scharfe Strafe folgt. «Darum», sagt der Prophet, «werden sie um ihrer Bosheit willen umkommen, genauso wie eine hohe schadhafte Mauer plötzlich zusammenfällt» [Jes 30,13].

Dagegen werden die Menschen, die Gottes Wort annehmen, in Bezug auf das gesamte Heil innerlich gefestigt, wenn sie nur der Heilsbotschaft Vertrauen schenken, erkennen, dass sie Sünder sind, und sich der Gnade Jesu Christi anvertrauen. Ja, sie sind ihres Heils so gewiss, als hätten sie dafür eine mit Siegel beglaubigte Urkunde erhalten. Vergleiche Johannes 3: Da droht uns sogar Christus selbst, wie Matthäus 21,44: «Wer immer auf den Stein fällt – welcher der Fels Christus ist – wird zerschellen; auf wen aber der Stein fällt, den wird dieser zermalmen.» Das bedeutet: Wer sich Christus in den Weg stellt, wird an ihm zerschellen; denn wir können ihn durch keinen Zusammenprall zu Fall bringen, sondern müssen an ihm zerschellen, und Christus stürzt sich im

Zorn auch zuweilen auf seine Widersacher und zermalmt sie. Oder diese stürzen sich auf Christus und erfahren an ihm, wie ganz und gar nichtig sie sind, und zerschellen auf ihm, was bedeutet: Sie werden erniedrigt und gedemütigt. Christus stürzt sich jedoch auf die, die er damit für ihren Unglauben bestraft wie Jerusalem.

Erlaubt darum nicht, Ihr verständigen, gnädigen und lieben Herren, dass die Lehre Christi bei Euch fortgescheucht werde, als sei sie etwas Neuartiges; denn in der Tat verschafft sie sich heutzutage ebenso laut und deutlich Gehör, wie sie es seit der Zeit der Apostel stets getan hat. Wenn Ihr Gottes Wort bei Euch laut verkünden lasst, wird sich Gott seinerseits um Euch kümmern.

Passt auch auf, dass Ihr nicht die Letzten seid, die in der löblichen Eidgenossenschaft das wieder hervorbrechende[64] Wort Gottes annehmt. Eure Theologen werden Euch ohne Zweifel genau zeigen können, wo der Kern der Sache liegt. Glaubt ihnen nur, denn sie vermögen Euch wahrheitsgemäss zu belehren. Und denkt daran, dass es kein Volk auf der Erde gibt, dem christliche Freiheit besser ansteht und ungestörter nahegebracht werden könnte, als die löbliche Eidgenossenschaft.

Behaltet Gott und sein Wort vor Augen, so wird er Euch niemals verlassen. Seinem Willen gemäss bleibe er Euerm Stand Glarus[65] gewogen und erhalte ihn in gutem Zustand. Amen!

Lasst Euch nun Valentin Tschudi, Pfarrer in Glarus, Fridolin Brunner in Mollis, Johannes Schindler in Schwanden, Gregor Bünzli, Pfarrer in Weesen, und alle, die das Evangelium Christi zuverlässig lehren und verkünden, empfehlen.[66]

Fasst auch mein vorliegendes Schreiben im bestmöglichen Sinne auf und seid der Gnade Gottes anempfohlen.

---

64 Wörtlich: das *widerkummend wort gottes*. Zwingli stand, wie die ganze reformatorische Bewegung, unter dem Eindruck eines in neuer Weise kräftig werdenden göttlichen Redens, des ursprünglichen göttlichen Worts als Evangelium.

65 Gemeint ist mit «Stand» ein Mitglied der Eidgenossenschaft, hier die Talgemeinde Glarus. Der «Stand» deckt sich oft in etwa mit dem späteren Kanton.

66 Valentin Tschudi von Glarus wurde 1518 dort zum Priester gewählt, trat aber die Stelle erst 1522 an; er starb 1555. Fridolin Brunner von Glarus war 1523 bis 1528 Pfarrer in Mollis; er starb 1570. Johannes Schindler aus Glarus wurde 1523 Pfarrer von Schwanden, wechselte 1526 nach Weesen und amtete 1530 noch dort. Gregor Bünzli erwarb 1497 seinen Magistergrad in Basel und war dort der erste Lehrer Zwinglis. 1507 wurde er Priester in seiner Heimatgemeinde Weesen, später wirkte er in Basel.

Geschrieben in Zürich, am 14. Juli 1523.
Euer stets dienstwilliger Huldrych Zwingli

Edition des Originaltextes (frühneuhochdeutsch): Z II, Nr. 20, 14–20
Deutscher Text: ZS II, 13–20 (übersetzt von Thomas Brunnschweiler), kritisch überarbeitet

Bearbeitet von Ernst Saxer

TEXT
Schlusswort – ein Selbstzeugnis Zwinglis über seinen reformatorischen Erkenntnisweg

Schlusswort oder Anhang zu Zwinglis Auslegung von Artikel 20

Ich will euch, liebste Brüder in Christus Jesus, nicht verheimlichen, wie ich zur Überzeugung und zum festen Glauben kam, dass wir keinen anderen Mittler brauchen ausser Christus, und ebenso, dass zwischen uns und Gott niemand vermitteln kann ausser Christus allein. Vor acht oder neun Jahren las ich ein hilfreiches Gedicht des hochgelehrten Erasmus von Rotterdam, das er dem Herrn Jesus in den Mund legte.[67] Darin klagt Jesus in vielen und sehr klaren Worten, dass man nicht alles Gute bei ihm suche, obwohl er doch der Quell alles Guten, der Retter, die Zuflucht und der Schatz der Seele sei. Da dachte ich: Es verhält sich tatsächlich so; warum suchen wir dann noch Hilfe bei den Geschöpfen? Und obschon ich daneben bei dem erwähnten Erasmus auch andere *carmina* oder Gesänge fand, die an die heilige Anna, den heiligen Michael und andere gerichtet waren,[68] und in denen er die Angesprochenen als Fürsprecher anruft, konnte mich dies doch nicht von der Erkenntnis abbringen, dass Christus der einzige Schatz unserer armen Seelen sei. Nun begann ich erst recht die Schriften der Bibel und der Kirchenväter zu studieren, ob ich

---

67 Gemeint ist die «Expostulatio Jesu cum homine suapte culpa pereunte» von 1514, die 1522 auch in deutscher Übersetzung von Leo Jud in Zürich erschien.
68 Gemeint sind folgende Lieder des Erasmus: 1. *Rhythmus jambicus in laudem Annae*, 2. *In laudem Michaelis*, 3. *De singulari laude Gabrielis angeli*, 4. *De laude Raphaelis*, 5. *De omnibus angelis*, 6. *Carmen jambicum ex voto dicatum virgini Walsingamicae apud Britannos*.

von ihnen zuverlässig über die Fürbitte der Seligen unterrichtet würde. Um es kurz zu machen: Ich fand darüber in der Bibel gar nichts, bei den Alten fand ich bei einigen etwas, bei den anderen nichts. Doch beeindruckte mich wenig, auch wenn sie die Fürbitte der Seligen lehrten; denn sie blieben mir stets die biblischen Belegstellen schuldig. Und wenn ich dann die Schrift, die sie in ihrem Sinne zurechtbogen, in ihrem Urtext studierte, so hatte sie nicht den Sinn, den sie ihr abgewinnen wollten. Und je mehr ich auf dieses Dogma oder diese Lehre achtete, desto weniger fand ich dafür Belegstellen in der Schrift. Vielmehr fand ich immer mehr Schriftworte dagegen, wie im 19. und in diesem Artikel dargelegt wird: Keine der Schriftstellen, die sie darauf bezogen, hat den Sinn, den sie ihr gaben. Dies lässt sich vor aller Welt wahrheitsgemäss nachweisen. Ja die Schrift verbietet offensichtlich, sich einem Geschöpf zuzuwenden, ja überhaupt ein solches abzubilden, damit es uns nicht wie Gott gefiele und von uns angebetet würde. Wir aber haben eine Unmenge von Götzen! Den einen bekleiden wir mit einem Harnisch, als ob er ein Kriegsknecht wäre, den anderen wie einen Stutzer und Zuhälter, wodurch die Frauen natürlich zu grosser Andacht bewegt werden. Die seligen Frauen stellt man so hurenhaft dar, so hübsch und herausgeputzt, als ob sie bloss aufgestellt würden, um die Männer aufzureizen. Dabei gefallen wir uns selber in der Meinung, wir hätten einen anständigen Gottesdienst, der doch nichts anderes ist als Abgötterei; denn Gottes Wort verbietet so etwas mit klaren Worten (vgl. 5. Mose 5,8–9). Die Leute sagen dann: «Ja, wir wissen, dass man keine Bilder anbeten soll.» Wozu braucht man sie dann? Ich weiss aber, dass viele einfache Menschen die Bilder anbeteten, bevor man es ihnen ausdrücklich verbot. Sollen sie nun kein Vertrauen mehr in die Bilder setzen? Nein, denn es ist und bleibt Abgötterei, wenn sie ihr Vertrauen in sie setzen. Dass sie überhaupt sagen: «Das ist ein gnadenreiches Bild», zeigt, dass sie den Bildern etwas zutrauen. Auch die Tatsache, dass man die Bilder so hoch schätzt, dass man sie auf den Altären mit der Blickrichtung zu den Menschen aufstellt, wo doch allein Gott angebetet werden soll, zeigt, dass man ihnen etwas zutraut. Ferner zeugt es auch von Abgötterei, dass man an einigen Orten die Menschen bestraft hat, welche die Götzen nach dem Willen Gottes aus den Augen der Menschen entfernten. Wenn man aber kein Vertrauen in sie setzen soll, warum stehen sie dann da? Ach Herr! Schenke uns einen unerschrockenen Mann wie Elia, der die Götzen aus den Augen der Gläubigen entfernt; denn du bist das einzige Gut, das unsere Zuflucht und Hilfe ist! Mose sagt nämlich: «Ist er nicht dein Vater, der dich geschaffen hat, ist er es nicht, der dich gemacht und gefestigt hat?» (5. Mose 32,6). Deshalb ist es eine Unverschämtheit, wenn wir zu jemand anderem unsere Zuflucht nehmen als zu dem, dessen Eigentum wir sind, der sich auch nicht weniger um uns kümmert als die Adler um ihre Jungen und uns in Schutz nimmt wie die Henne ihre Kinder. Darum sollen wir ihn nicht wie einen harten, gnadenlosen Tyrannen fürchten und meinen, wir dürften nicht zu ihm kommen; sondern er soll unsere wirkliche und innere Zuflucht sein, wie es unser leiblicher Vater und unsere leibliche Mutter nicht sein können.

Als Letztes sollen wir hier lernen, dass alles, dem man vertraut, ein Gott ist für den, der ihm Vertrauen und Verehrung entgegenbringt. Denn die Bezeichnung «Gott» bedeutet das Gut, das die verlässlichste Zuflucht und Hilfe und die Quelle des Guten ist. So hat das menschliche Geschlecht immer aus seinen Mängeln gelernt, dass es eine grössere und stärkere Hilfe nötig hat, als Menschen zu leisten vermögen. Bei wem sie Hilfe suchten, das war ihr Gott! Darum nennt Paulus die Habgier einen Götzendienst [vgl. Kol 3,5], weil die Habgierigen ihr Vertrauen auf das Geld gesetzt haben. Das heisst also: Auf was der Mensch sein Vertrauen setzt, das ist sein Gott. Setzt Du dein Vertrauen auf einen seligen Verstorbenen, so hältst du ihn geradezu für einen Gott; denn Gott heisst das Gut, von dem wir zuversichtlich hoffen, dass es uns das, was wir nötig haben, verschaffen könne. Wenn Du nun die Seligen für deine Zuflucht hältst, so betrachtest Du sie als Deinen Gott. Daraus folgt, dass Du Abgötter aus ihnen machst, und sie durch das, was du ihnen zuschreibst, aufs äusserste gekränkt werden.

Dieses Verständnis von Gott enthalten die hebräischen Gottesnamen, deren Erörterung hier aber zu weit führen würde. Wenn sie jedoch Gott nach dem Leben, der Kraft, der Weisheit, der Hilfe und Vollkommenheit benennen, wollen sie lehren, dass der allein Gott ist, der allem das Leben gibt, alles vermag, alles weiss, alle Mängel behebt, der ein vollkommener Schatz alles Guten ist und alles, was fehlt, ersetzen kann. Darum soll auch nur er, der einzige Gott, angerufen werden. Denn den, von dem man Hilfe erwartet, bezeugt man durch sein Verhalten als Gott, auch wenn man mit dem Munde etwas anderes sagt. Gott heisst uns, dies richtig zu erkennen, wenn er durch den Mund von Mose sagt: «Seht nun, dass ich, ich es bin und dass es keinen Gott gibt neben mir.» (5. Mose 32,39), d. h. kein Gut, von dem man Vollkommenheit erwarten könnte. Er ruft uns auch im Psalm 81,9–10: «Höre, mein Volk, ich will dich ermahnen, Israel, wolltest du doch auf mich hören. Kein anderer Gott soll bei dir sein, nicht sollst du dich niederwerfen vor einem fremden Gott.» D. h. «Du sollst keinem anderen vertrauen als mir.» Denn immer ist Gott das Gut, zu dem man Zuflucht nehmen soll; denn er allein kennt unsere Herzen. Wenn nun er allein sie kennt, wie kann ein Seliger unsere Gebete erhören, da er doch nichts davon weiss? Denn das Wort in Salomos Gebet im 2. Buch Chronik 6,30 bleibt in Kraft: «Denn du allein kennst das Herz aller Menschen.» Er sagt: «Du allein.» Daraus folgt doch notwendigerweise, dass die Seligen nur gerade so viel von uns wissen, wie Gott ihnen offenbart. Es gibt in der Schrift aber keinen klaren Beweis dafür, was er ihnen offenbart oder ob er ihnen überhaupt etwas offenbart. Durch dieses Wort Salomos ist es auch um die Fürbitte der Seligen geschehen, von der die Päpstler vorgeben, sie sei nötig, weil wir nicht selbst zu Gott kommen dürfen. Denn wir hören hier, dass die Seligen nichts von uns wissen, und wenn sie doch etwas von uns erfahren, so muss es vorher Gott bekannt sein und ihnen von diesem mitgeteilt werden. Jesaja zeigt diesen Sachverhalt noch deutlicher, indem er mit Gott folgendermassen redet: «Schau herab vom Himmel und sieh herab von der Wohnung deiner Heiligkeit und deiner Herrlichkeit! Wo sind dein Eifer und deine Kraft? Das Aufwallen deiner Gefühle und dein Erbarmen – mir hast du es nicht gezeigt. Du bist doch unser Vater! Abraham hat nichts von uns gewusst, und Israel kennt uns nicht.» (Jes 63,15–16). Ihr Päpstler, wenn ihr mutig seid, so greift mir diese Jesajastelle an, auf die ich mich stütze. Ich sage euch, sie allein ist schon stark genug, eurer Unverschämtheit zu widerstehen und sie in die Flucht zu schlagen. Er sagt ganz deutlich, dass Abraham und Israel [Jakob] nichts von uns wissen, als ob er sagte: «Herr, wir haben dich im Namen der Väter angerufen; dennoch bist du der rechte und wahre Vater. Auch wenn wir die Väter erwähnt haben, ist es nur geschehen, weil sie dir gefallen; aber von uns wissen sie nichts. Deshalb dürfen wir es nicht wagen, sie unsertwegen Väter zu nennen; denn wie könnten sie uns helfen, wenn sie doch nichts von uns wissen? Du bist der rechte, wahre Vater, zu dem wir ohne Vermittlung unsere Zuflucht nehmen sollen.» Denn kurz vor der erwähnten Stelle lässt Jesaja Gott sagen: «Sie sind mein Volk! Kinder, die nicht treulos handeln!» (Jes 63,8). Dann ändert er die Person und sagt: «Und so wurde er ihr Retter. All ihre Not war auch seine Not, und der Bote seines Angesichts hat sie gerettet. In seiner Liebe und in seinem Mitleid hat er sie erlöst, und er hat sie emporgehoben, und alle Tage der längst vergangenen Zeit hat er sie getragen.» Mit diesen Worten will Jesaja auf die väterlichen Handlungen hinweisen, die Gott ihnen überall erwiesen habe; deshalb sollten sie sich gerechterweise zu ihm wenden, ihn allein anrufen und zu ihm allein Zuflucht nehmen. So soll nun jeder Gläubige wissen, dass er durch sein Verhalten das für Gott hält, zu dem er ausserhalb dieses Lebens Zuflucht nimmt. Wenn einer dies einem Geschöpf gegenüber tut, so ist er ein Götzendiener; denn die Geschöpfe können uns nicht zu Hilfe kommen. Auch wenn Wunderzeichen geschehen, so stammen sie nicht von Geschöpfen, sondern von Gott. Darum sollen wir uns nicht auf die Geschöpfe stützen, denn mit dem Wunderzeichen – sofern es echt und ohne Betrug ist – wollte Gott uns nur zeigen, wie lieb und wert ihm diejenigen sind, die seinem Wort mit unbeirrbarem Glauben anhängen; ereignen sich die Wunder erst nach ihrem Tod, dann geschieht dies deshalb, weil Gott uns mitteilen will, dass sie nun bei ihm sind. Stets sollen wir unsere Zuversicht allein auf Gott setzen, d. h. nur Gott allein anbeten. Anbeten bedeutet nämlich hauptsächlich, jemandem Zuversicht und Vertrauen entgegenzubringen. Das zeigt das griechische Wort *proseuchesthai*. Beten wir nur einen Gott an, setzen wir auch all unser Vertrauen auf diesen einen Gott. Darum lasst uns zu Gott allein Zuflucht nehmen, der unser Vater ist; wir dürfen wirklich zu ihm kommen. Denn was sollte er uns abschlagen, nachdem er seinen eigenen Sohn für uns dahingegeben und zum ewigen Pfand für die Bezahlung der Sünde gemacht hat? So steht er auch selber da und ruft uns im Matthäusevangelium 11,28 zu: «Kommt zu mir, all ihr Geplagten und Beladenen: Ich will euch erquicken.» Schau, er ruft uns zu sich selbst. Er weist uns nicht zu diesem oder jenem Fürsprecher. Er ist der edle Fürst, der die Not seiner Schäflein selbst beheben, selbst heilen will. Deshalb nahm er das verlorene Schaf auf seinen eigenen Rücken und legte es nicht einem anderen auf. Er demütigte sich auch deshalb so tief, damit wir voll Vertrauen wagten, zu ihm zu kommen. Ja, er kennt unsere Not und unser Anliegen, bevor wir zu ihm kommen. Er sagt auch: «Ich will euch erquicken», und nicht: «Ihr müsst für eure Sünde selbst Genugtuung leisten.» Er sagt nicht: «Es müssen andere für eure Sünde Genugtuung leisten», sondern: «Ich will euch erquicken.» Warum wollten wir denn zu einem andern gehen als zu ihm? Wäre das nicht Verachtung seiner freien Gnade und Barmherzigkeit? Aber der Widerspruchsgeist kommt allein aus Unglauben und Unwissenheit. Darum sollen alle Menschen Gott ernsthaft rufen, er möge sein Licht immer mehr anzünden, damit die Herzen der Menschen erleuchtet und zur Hoffnung auf Gott allein gezogen werden. Denn das ist sicher: Wer sich den Geschöpfen zuwendet, ist ein Götzendiener. Daraus entspringt nicht geringer Schaden für die armen Menschen. Gott wende alles zum Besten; ihm allein will ich nämlich alle meine Not klagen, weil ich weiss, dass er mich erhört.

Edition des Originaltexts (frühneuhochdeutsch): Z II, Nr. 20, 217–222
Deutscher Text: ZS II, 254–260 (übersetzt von Thomas Brunnschweiler), kritisch überarbeitet

Bearbeitet von Ernst Saxer

Brief an Thomas Wyttenbach (15. Juni 1523)

EINFÜHRUNG

Thomas Wyttenbach (1472–1526) war 1505/6 Zwinglis Lehrer in Basel gewesen. 1507 wurde er Leutpriester in Biel, 1515 Prediger und Chorherr am Berner Münster. Im Frühjahr 1519 zog er wieder nach Biel, heiratete dort 1524, verlor deswegen sein Amt und starb in Armut. Zwingli hat nach eigenen Aussagen von ihm Entscheidendes gelernt, nämlich dass der Tod Christi am Kreuz alle Sünden der Menschen tilgt, dass der Ablass «Lug und Trug» ist und der einzige «Schlüssel» zu Gottes Heilsschätzen allein im Glauben besteht – und nicht in den Händen des Papstes liegt (vgl. Z II, 146; Z V, 718–720).

Der Brief ist sehr wichtig für die Abendmahlslehre Zwinglis. Er zeigt, dass Zwingli schon 1523 nicht nur die Transsubstantiationslehre, die Wandlung der Elemente Brot und Wein in Leib und Blut Christi, völlig ablehnt (sie war 1215 zum Dogma erklärt worden), sondern schon früh und nicht erst in seinen Spätschriften die Auffassung vertritt, dass Christus im Abendmahl durch den Heiligen Geist die Seelen speist, den Schwachen zur Stärkung, den Starken zur Freude.

TEXT
Zwingli an Thomas Wyttenbach

Sei gegrüsst!
 Du hast mir schon vor Langem einen Brief geschrieben, auf den ich immer noch nicht geantwortet habe. So schäme ich mich gleich doppelt, nun von mir hören zu lassen, mein frommer und hochgelehrter Thomas; einmal, weil ich so rücksichtslos lange geschwiegen habe, und dann, weil ich Dir mehr

als nötig fremd geworden bin. Doch Deine Freundlichkeit und Dein ganz und gar christliches Herz ermutigen, ja zwingen mich geradezu, mit Dir jeden Gegenstand zu verhandeln. Dir gegenüber ist es ja ohne Bedenken möglich.

Wenn Du darüber klagst, Du habest Deine Jugendzeit ebenso wie die Meinige nutzlos mit dem leeren Geschwätz der Sophisten[69] zugebracht, so hast Du nicht Unrecht. Aber Du brauchst Dir meinetwegen deshalb keine Sorgen zu machen. Ich habe die Schuld daran schon längst den schwierigen Zeitverhältnissen gegeben. Und meine Abkehr davon bewirkt, dass ich anderen Leuten edler Geistesart zur Warnung diene. Sie werden so nicht mehr mehr als nötig bei jenen Sophisten hängen bleiben, von denen wir uns losgerissen haben. Das freut uns mindestens so sehr, wie es uns leid tut, dass wir zu spät von ihnen losgekommen sind! Doch so hat es der gewollt, der ins Dasein ruft, was nicht ist [vgl. Röm 4,17], und der aus Verfolgern Anhänger macht. Dass Du mich nun so über alles Mass erhebst, das schreibe ich Deiner Herzensgüte zu und sehe darin keine List oder Schmeichelei. Du bist ja solchen Fehlern so fern wie die Erde dem Himmel.

Da Du Dich nun über das Abendmahl erkundigst, werde ich Dir gern und willig meine Ansicht sagen. Nicht weil Du dies nötig hättest, sondern damit Du mich, falls ich in einem Punkte irre, korrigieren und auf den geraden Weg zurückführen kannst. Ich glaube, dass das Abendmahl dort recht empfangen wird, wo der Glaube ist. Denn es wurde zu dem Zweck gegeben, dass wir die Frucht des Todes des Herrn, seine Gnade und sein Geschenk, preisen, bis dass der Herr kommt 1Kor 11 [Vers 26]: «Denn sooft ihr dieses Brot esst und den Kelch trinkt, verkündigt ihr den Tod des Herrn, bis dass er kommt.» Wer sonst aber wird den Tod des Herrn verkündigen, als wer ganz gewiss glaubt, dass er ihm zum Heil geschehen ist? Und der, der weiss, dass diese Speise nur dazu gegeben worden ist, um den schwachen Glauben zu festigen? Denn das Brot stärkt das Herz des Menschen und ebenso bringt es dem niedergeschlagenen und hoffnungslosen Geist Fröhlichkeit; und der Wein erfreut ja das Herz des Menschen [vgl. Ps 104,15]. Wo nun kein Glaube ist, da isst man im Abendmahl nicht zur Stärkung und zur Freude, sondern verursacht der Seele Übel und Krankheit. Nähert sie sich dem Abendmahl ohne Glauben, so ist sie entweder unaufrichtig oder hoffnungslos und völlig der Verdammung wert. Wenn

---

69 Sophisten: Hier Bezeichnung für die mittelalterlichen Theologen wegen ihrer logischen Spitzfindigkeiten und Auseinandersetzungen, ursprünglich Bezeichnung einer Gruppe griechischer Rhetoren und Philosophen des 5./4. Jh., die sich u. a. besonders mit Sprache und Logik beschäftigten.

Paulus sagt, man esse sich zum Gericht [vgl. 1Kor 11,29], so meint er: Mit einer solchen Haltung wird eben der Leib des Herrn nicht als das angesehen, was er ist, nämlich als unsere Erlösung und das Blut als die Sühne oder das von Sünden reinigende Bad. Man soll hingegen fest glauben, dass unser Geist durch die Gaben von Brot und Wein als sichtbarem Zeichen der Erlösung sicherer und froher gemacht wird. Es ist der Geist, der zwar innerlich vom Geiste Gottes belehrt ist, aber dennoch, soweit der irdische Leib die Seele beschwert, wie blind im Nebel umherirrt.

Das Problem der Transsubstantiation[70] macht mir nicht Angst, genauso wenig wie dasjenige der Verwandlung der Substanz des Wassers in Wein. Die streitsüchtigen Sophisten scheinen zuweilen fast vergessen zu haben, was sie vorher behauptet hatten. Wenn das wahr ist, was sie von der Materie halten – dass sie nämlich bei allen Dingen ein und dieselbe ist, die sich nur durch die Eigenschaften unterscheidet –, dann hätten sie nicht zu lehren brauchen, dass die Substanz des Wassers in die Substanz des Weins übergeht, sondern es hätte genügt zu lehren, dass die Eigenschaften verwandelt würden. So müssen sie dann einen Unterschied zwischen Substanz und Materie machen, denn wie würden sie einem das sonst als Transsubstantiation glaubhaft machen können?[71] Ich will mich aber jetzt nicht damit auseinandersetzen. Ich bin der Ansicht, es handle sich im Abendmahl genau so um Brot und Wein, wie man es bei der Taufe mit Wasser zu tun hat. Du kannst damit tausendmal jemanden abwaschen, es nützt nichts, wenn er nicht glaubt. Wenn er hingegen glaubt, so geschieht es nicht ohne Nutzen. Der Glaube also ist es, der dabei notwendig ist. Ist er derart fest, dass er keinen bestimmten Zeitpunkt, keinen besonderen Ort und keine Amtsperson nötig hat noch sonst etwas, wodurch er gewiss und sicher gemacht zu werden braucht, dann hat er die Taufe nicht nötig. Doch wenn er noch ein wenig im Verständnis zurückgeblieben ist und eine Veranschaulichung braucht, so wird der Gläubige gewaschen und weiss nun:

---

70 Die Lehre von der Verwandlung der Elemente Brot und Wein in Leib und Blut Christi in der Messe.

71 Aristoteles hatte in seiner Kategorienlehre unterschieden zwischen einer unveränderlichen, aber unsichtbaren «Substanz» der Dinge (dem «Zugrundeliegenden») und dem, was man als Erscheinung an ihnen wahrnehmen kann («Akzidentien»). Diese letzteren können sich verändern, ohne dass die das Wesen eines Dings ausmachende Sache selbst, ihre «Substanz» verändert wird. In der römisch-kirchlichen Lehre von der Verwandlung der Abendmahlselemente spielte diese Unterscheidung eine grosse Rolle, schliesslich war die «Verwandlung» des Brots in den Leib Christi nicht sichtbar. Zwingli macht auf logische Probleme dieser Lehre aufmerksam.

Ich bin innerlich durch den Glauben geradeso gereinigt wie äusserlich durch das Wasser.

So, meine ich, sind auch im Abendmahl einfach Brot und Wein vorhanden und werden als das, was sie sind gegessen [und getrunken]. Das geschieht jedoch ohne Nutzen, wenn der Essende nicht fest glaubt, dies sei eine Speise der Seele, die darin besteht, dass der für uns zum Opfer dahingegebene Leib Christi uns von aller Knechtschaft des Teufels, der Sünde und des Tods befreit hat. Das ist die einzige und alleinige Hoffnung der Seele und damit deren Speise; denn was könnte die Seele besser nähren als eine sichere und unerschütterliche Hoffnung? Das meint Christus mit dem Brot und der Speise, von denen er in Johannes 6 spricht [6, 48–59]. Wenn jemand diese Speise mit aufrichtigem Glauben im innersten Herzen in sich aufnimmt und dabei keinen Vorbehalt, keine Bedenken und keinen Zweifel kennt, dann isst er das Brot und trinkt den Wein mit der Wirkung, dass das einfache Gemüt durch das sichtbare Zeugnis sicherer und fröhlicher gemacht wird. Freilich ist diese Sicherheit und Fröhlichkeit, solange sie nur der sinnlichen Wahrnehmung entspringt, noch schwach und flüchtig und muss stets erneuert werden. Will aber jemand mit festem Glauben durch das Abendmahl nicht diesen bestärken, sondern vielmehr sich an ihm erfreuen, so braucht er zwar keine ständige Glaubenserneuerung, kann aber doch von der Freude nicht genug bekommen. Daraus folgt, dass die Schwachen häufig am Abendmahl teilnehmen sollen, spüren sie doch, dass ihr Glaube dadurch gestärkt wird; die Starken aber werden dies von selbst tun aufgrund der Freude des Geists. Dies wird für alle verständlicher sein, wenn wir die Feige Feige nennen, d. h. zum Brot Brot und zum Wein Wein sagen. Wenn man hingegen das Brot lieber Leib nennt und den Wein Blut, so können wir das wohl tun. Aber es gilt nur in dem Sinne, wie wir sagen, die Taufe tilge die Sünden, wo doch nicht das Eintauchen – denn taufen heisst eintauchen – sie tilgt, sondern der Glaube. Ebenso dürfen wir nur in übertragenem Sinne Brot als den Leib und Wein als das Blut bezeichnen, womit uns Christus frei und rein macht. Nicht das Brot macht frei und nicht der Wein erfreut auf geistliche Weise den Sinn, sondern der Glaube an seinen Leib und an sein Blut, wie ihn Christus verlangte, weil er uns mit dem einen erlöst und mit dem anderen reingewaschen hat. Wenn wir nun auch deutlich dargetan haben, dass das, was hier vor sich geht, durch göttliche Kraft geschieht, so ist uns doch die Art und Weise, wie Gott in die Seele eindringt, gänzlich unbekannt. Und man darf in dieser Sache, die nur die Gläubigen empfinden, nicht neugierig sein wollen. Im Gegenteil, wer hier neugierig ist, der hat den Glauben noch nicht; denn hätte er den Glauben, so fände er Ruhe in den klaren Worten Christi. Hätte er vor allem das Brot, jene Speise der Seele, nämlich den Glauben, dass Christus als Pfand unseres Heils für uns getötet wurde, auf die Weise genossen, wie es Christus [Joh 6,51] selber gelehrt hat, so würde er sich nicht mehr darüber Gedanken machen, wie es möglich sei, dass man den esse, der zur Rechten Gottes sitzt.

Was ferner Deine Ansicht über die Aufbewahrung des Abendmahls (*eucharistia*)[72] betrifft, so bin ich völlig mit Dir einverstanden, dass es nur in der menschlichen Seele aufbewahrt werden kann. Meines Erachtens ist von einem Abendmahl nur dann zu reden, wenn es gefeiert wird; wird es nicht gefeiert, so ist auch kein Abendmahl da. Christus muss entweder im Himmel zur Rechten Gottes sitzen oder auf Erden im gläubigen Herzen sein. Er ist die Seelenspeise, die man nicht zur Seite legen kann, um sie dann wieder zur Hand zu haben. Gott ist ja nahe; wenn man ruft, so sagt er: «Siehe, hier bin ich» [vgl. Jes 58,9; 1Sam 12,3]. Er ist die nicht von der Hand, sondern vom Herzen zubereitete Speise, allein dazu gegeben, dass man sie esse, wie ja Christus gesagt hat: «Nehmt, esst!» [Mt 26,26] Eben dazu bekommt man sie, dass man sie isst. Und betrachtet man die Worte selbst noch genauer, so sieht man, dass er zuerst geboten hat zu essen und dann erst sagte, das sei sein Leib. Mit dieser Reihenfolge wollte er offensichtlich darauf hinweisen, dass er seinen Leib nur im Essen hingebe. Sonst hätte er zweifellos gesagt: «Seht, das ist mein Leib, der für euch hingegeben wird; also nehmt, esst!» Bei dieser Reihenfolge hätte man es dann so verstehen können, dass der Leib Christi irgendwo hätte sein können, wo er nicht gegessen würde. Wenn er aber auffordert zu essen, bevor er sagt, das sei sein Leib, hat er es doch offenbar deswegen getan, weil er nur dort ist, wo man ihn isst. Die Taufe ist ja auch nur wirklich, während der Gläubige getauft wird, nicht aber, während man das Wasser in der Kirche aufbewahrt. So wird das Brot aufbewahrt, das wir zur Verwendung hervornehmen und im Glauben essen, um den Leib Christi und sein Blut in uns aufzunehmen. Wenn wir aber nicht essen, so ist es nur Brot und ein Ding, das wir für den Gebrauch des Abendmahls aufbewahren. Wenn man nur keine Rücksicht auf das irregeführte Volk nehmen müsste! Sonst könnte, glaube ich, das Abendmahl so am passendsten ausgeteilt werden, dass der Austeilende mit erhobener Stimme ebendiese Worte Christi ausspräche: «Nehmet und esset, dies ist mein Leib» – und zwar so laut, dass es die Essenden gut hörten. Begehrte aber nur ein Einziger das Mahl, so hätte er in der Einzahl zu sagen: «Nimm und iss.» Wie viel herrlicher wäre dies doch, als wenn man sagt: «Der Leib Christi nütze Dir zum

---

72 Gemeint ist das geweihte Brot, die Hostie.

ewigen Leben!»[73] Dieses kuriose Gebet ist zwar nichts Unfrommes. Es ist aber unfromm, wenn man nicht im festen Glauben, dass Christus unsere einzige Hoffnung ist, teilnimmt. Denn er hat sich als Lösegeld dargeboten, um uns damit loszukaufen. Allein dies nährt die gläubige Seele. Und er hat sich uns zur Speise angeboten und sich dadurch mit uns und uns mit sich vereinigt, damit wir seine Kraft bis zur Vollendung der Welt verkünden und im Glauben immer gefestigter werden. Doch nützt diese Speise nur dem, der danach hungert. Ja, wenn er nicht recht danach hungert, so schadet sie ihm sogar. Denn wenn er ohne einen solchen Glauben teilnimmt, hofft er umsonst, damit genährt zu werden.

Nun bist Du wohl über meine Auffassung im Klaren, mein hochgelehrter Lehrmeister. Allerdings mache ich sie einstweilen noch nicht öffentlich bekannt, weil ich fürchte, die Schweine könnten sich gegen mich wenden und die Lehre wie den Lehrer zerreissen [vgl. Mt 7,6]. Zwar schätze ich dieses unruhevolle Leben nicht so hoch; aber man könnte Christus schaden und gefährden, wenn man meine – zwar richtige und fromme – Lehre voreilig verkünden würde. Mässige meine Auffassung nach Belieben, und wenn ich irgendwo vom geraden Weg abgewichen bin, so bringe es wieder in Ordnung, aber alles nach der Richtschnur Christi! – Bei denjenigen, mit denen ich bereits über dieses Thema im Gespräch bin, verwende ich gerne folgendes Beispiel: Im Feuerstein selbst ist kein Feuer. Erst wenn man es herausschlägt, dann sprüht es im Überfluss. So ist Christus in der Gestalt des Brots nicht enthalten, ausser man suche und begehre ihn dort im Glauben. Erst dann kann man ihn essen, aber eben auf eine wunderbare Weise, nach der der Gläubige nicht ängstlich forscht. Alles hängt eben vom Glauben ab. Durch diesen ist der, der isst, sicher und ruhig. Ist er hingegen nicht sicher, so ist er nicht so gläubig, wie er sein sollte. – Meine grosse Sorge für uns alle ist der Götzendienst, den sie mit ihrer Transsubstantiationslehre zweifellos in die Welt gebracht haben. Wir bewahren ja in den Tabernakeln das geweihte Brot auf. Es ist nach unserer Kirchenlehre der Leib und das Blut Christi. Wenn es aber nur gewöhnliches Brot ist, so beten diejenigen, die anbeten, was dort drin ist, in Wirklichkeit Brot an. Daher muss in erster Linie klar und deutlich dargelegt werden, wie man den einen und alleinigen Gott anbeten soll und wie man nicht einmal Christus anbeten darf, soweit er ein irdisches Geschöpf ist.

---

73 So die Formulierung in der römischen Liturgie für die Krankeneucharistie im Bistum Konstanz.

Es gibt noch vieles, das wir vielleicht einmal besser mündlich besprechen können, als es brieflich möglich ist, besonders da die Gelegenheit zum brieflichen Verkehr nicht so günstig ist, weil selten Leute zwischen uns hin- und herreisen. Wenn Du aber vorhast, darüber etwas zu schreiben, so möchte ich Dich bitten: Geh ans Werk! Von Dir, unserem Thomas, habe ich schon lange auf etwas gewartet, doch bisher umsonst. Aber ich zweifle nicht daran: Du wirst einst unsere Hoffnung mehr als nur erfüllen. Schicke mir, was Du inzwischen jetzt zu Papier gebracht hast! Es soll bei uns gedruckt werden, sei es Lateinisch oder Deutsch. Sorge dafür, dass Deine Berner durch Dich berühmt werden und dass sich ihr Glaube der ganzen Welt empfiehlt. Das übrige wird Schlegel[74] erzählen. Ich erwarte, dass um Christi willen noch einiges auf uns zukommen wird, aber wir wollen es mit fröhlichem Angesicht ertragen. Er macht uns ja immer wieder Mut, dass wir das Grosse auch entsprechend beherzt angehen.

Leb wohl samt all den Deinen, Christus erhalte Dich gesund. Und Du darfst ja nie denken, dass ich mich jemals Deiner schäme würde oder dass ich Deiner überdrüssig sei. Ich weiss, wie damals die Verhältnisse gewesen sind; ich weiss, was für Leute damals Wyttenbach und Zwingli gewesen sind.

Es grüsst Dich Leo[75], mein Helfer am Evangelium Christi; es grüsst Dich auch Konrad[76], der Pfarrer und Hirte von Küsnacht, der, sich immer gleich, ein treuer Diener des Evangeliums ist. Gebe Gott dem Volk der Eidgenossen den Mut, sein Wort liebzugewinnen! Denn der Papst in Rom versucht wieder, ihnen Eindruck zu machen. Er hat auch mir, damit Du es weisst, ein Breve

---

74 Johannes Schlegel aus Ravensburg war zunächst Chorherr im Augustinerkloster St. Martin auf dem Zürichberg, das spätestens 1525 im Zuge der Reformation aufgelöst wurde. Von 1522 an wirkte er zunächst auf Berner Gebiet und dann in verschiedenen Zürcher Gemeinden (Höngg, Otelfingen, Elgg) als Pfarrer.

75 Leo Jud (1482–1542) stammte aus Gemar im Elsass. Er hatte wie Zwingli Wyttenbach 1505 in Basel kennengelernt. Auf Zwinglis Vorschlag wurde er im Juli 1519 dessen Nachfolger in Einsiedeln und wechselte 1523 nach Zürich, wo er als Pfarrer am St. Peter Zwinglis engster Mitarbeiter wurde. Nach Zwinglis Tod verfasste er den im 16. Jh. gültigen Zürcher Katechismus. Er war neben Zwingli der Hauptträger der Zürcher Bibelübersetzung und besorgte die lateinisch-deutschen bzw. deutsch-lateinischen Übersetzungen von Zwinglis Schriften.

76 Konrad Schmid (Faber) (1476/77–1531) hatte 1505 in Tübingen seinen Magistergrad erworben und dort Wyttenbach kennengelernt. 1516 erwarb er in Basel das theologische Lizentiat. Von 1520 an amtete er als Leiter (Komtur) des Johanniterhauses Küsnacht. Er war ein Freund und enger Mitarbeiter Zwinglis und eigenständiger Mitgestalter der Zürcher Reformation. An der Berner Disputation von 1528 wirkte er als Vorsitzender mit. Er starb mit Zwingli in der Schlacht von Kappel.

übersandt, mit dem Fischerring gesiegelt, das ausserordentliche Versprechungen enthält.[77] Doch habe ich den Nuntius[78] behandelt, wie er es verdient. Ich habe ihm nämlich verständlich gemacht, was der Papst in Rom sei, nämlich dass er der Antichrist sei und anderes mehr. Es würde zu weit führen, noch mit diesem Trauerspiel anzufangen; die Ausarbeitung der «Artikel» ruft! Nochmals, nein, unentwegt: Leb wohl!

Dein Huldrych Zwingli

Thomas Wyttenbach, seinem Lehrer und teuersten Bruder in Christus.

Edition des Originaltexts (lateinisch): Z VIII, Nr. 305, 84–89
Deutscher Text: F 1, Nr. 66, 189–198 (übersetzt von Oskar Farner), kritisch überarbeitet

Bearbeitet von Ernst Saxer

77 Der reformwillige Papst Hadrian VI., der nur kurze Zeit im Amt war (vom 9. Januar 1522 bis zu seinem Tod 14. September 1523), hatte versucht, Zwingli mit einem kurzen, aber offiziellen Brief (*Breve*), datiert vom 23. Januar 1523, für die römische Kirche zurückzugewinnen und ihm darin beträchtliche Versprechungen gemacht.

78 Päpstlicher Gesandter; zwischen 1513 und 1533 war dies für die Schweiz Ennio Filonardi, Bischof von Veroli. Er wohnte in Konstanz und versuchte von dort aus, den Abfall vom Papst zu verhindern. 1523 sollte er die Schweizer zu einem Bündnis mit dem Papst bewegen.

Göttliche und menschliche Gerechtigkeit
(Juli 1523)

EINFÜHRUNG

Nachdem sich die Räte an der ersten Zürcher Disputation vom Januar 1523 hinter Zwingli gestellt hatten, ging es ihm nun darum, die praktische Neuregelung des geistlichen und sozialen Lebens in Angriff zu nehmen, und dies möglichst in geordneten, für die Räte akzeptablen Bahnen. In seinen «Schlussreden» hatte Zwingli im letzten, 67. Artikel die Zins- und Zehntenfrage angesprochen. Angesichts der lauter werdenden Forderungen der Bauernbewegung stand sie bald im Brennpunkt der Diskussionen. Die Forderungen reichten von blossen Zinserleichterungen bis hin zur völliger Abschaffung aller Abgaben und dem Ruf nach einem Umsturz aller Herrschaftsverhältnisse. Begründet wurden sie mit biblischen Sätzen, aber auch mit dem Hinweis auf kritische Äusserungen Zwinglis selbst zur Praxis des Zins- und Zehntenwesens. Damit drohte aber nicht nur ein Zusammenbruch des privaten Wirtschaftssystems; auch die weitere Finanzierung der kirchlichen und sozialen Verpflichtungen, wie sie eine «reformierte», am biblischen Solidaritätsgedanken orientierte Gemeinde erst recht besass, stand infrage. Ausserdem wurden in der übrigen Eidgenossenschaft Gerüchte laut, in Zürich stehe man unmittelbar vor Anarchie und Aufruhr. Der Zürcher Rat sah sich gar genötigt, dies in offiziellen Schreiben nach Bern und Solothurn richtigzustellen.

Zwingli führte daher in seiner Schrift, die auf eine Predigt zurückgeht, einen Mehrfrontenkampf. Er wandte sich a) gegen die katholischen Traditionalisten, die an der päpstlichen Autorität und an den katholischen Ordnungen festhalten wollten, b) gegen die sogenannten «Radikalen», die ohne Rücksicht auf die Folgen mit Berufung auf den göttlichen Willen die

Abschaffung aller menschlich-gesetzlichen Ordnungen forderten, c) gegen solche, die zwar in Glaubensdingen der Predigt des Evangeliums zustimmten, dem Wort Gottes jedoch keine Kritik an wirtschaftlichen Ordnungen oder staatlichen Kompetenzen einräumen wollten. Zugleich wollte er die Begründung von Ordnung und Kritik aus dem Evangelium liefern und auch sich selbst rechtfertigen. Und schliesslich galt es, den mächtigen Stadtstaat Bern, dessen Aristokratie der Reformation vorläufig nicht wohlgesinnt war, nicht zu verärgern, sondern für die Reformation als Stütze zu gewinnen, weshalb die Schrift dem damals wohl massgeblichsten Gönner der Reformation in Bern gewidmet ist: Niklaus von Wattenwyl

Zwingli strebte diese verschiedenen Ziele mit einer grundsätzlichen Abhandlung an, in der er den Begriff der «Gerechtigkeit» in den Mittelpunkt stellte. Er unterschied dabei:

1. Die absolute göttliche Gerechtigkeit, die nie erfüllt werden kann. Daran knüpfte er seine Lehre von der Sünde und von der Erfüllung der göttlichen Gerechtigkeit durch Christus: Allein der Glaube bringt das Heil. Zugleich entbindet der Glaube nicht von der Aufgabe, mit dem Leben weiterhin den Geboten der göttlichen Gerechtigkeit zu folgen und ihrer Erfüllung so nahe wie möglich zu kommen.

2. Die menschliche Gerechtigkeit, die aus äusseren Geboten für das Zusammenleben besteht und zu deren Einhaltung es eine Obrigkeit mit Strafkompetenzen braucht – auch dies nach göttlicher Einsetzung. Über alles, was das Gewissen und die Verkündigung des Wortes Gottes betrifft, hat die Obrigkeit jedoch keine Gewalt, hier untersteht sie selbst dem Anspruch des Wortes Gottes; und dies nicht nur in Bezug auf die göttliche, sondern auch auf ihre Ausübung der menschlichen Gerechtigkeit.

Diese verschiedenen Gesichtspunkte erklären die gelegentliche Weitschweifigkeit der Schrift. Dennoch ist sie nicht nur ein grundlegendes Dokument für eine reformierte Sozialethik, sondern für jede christlich-ethische Begründung des Handelns.

Aufgebrachte Bauern bewerfen 1525 den Zürcher Boten Jörg Göldli bei Eglisau mit Steinen

TEXT
Von der göttlichen und menschlichen Gerechtigkeit

Göttliche und menschliche Gerechtigkeit und wie diese sich zueinander verhalten. Eine Predigt Huldrych Zwinglis, gehalten 1523 am Tag Johannes des Täufers [24. Juni].

Herrn Niklaus von Wattenwyl,[79] Propst in Bern im Üchtland, Gnade und Friede von Gott, unserem Herrn Jesus Christus.

So wie alle Christen sich allenthalben freuen über den Glauben an das Evangelium Jesu Christi, den Dein Vaterland, o allerliebster Bruder in Christus Jesus, die gerechtigkeitsliebende Stadt Bern, annimmt und wo er täglich wächst, so freut mich besonders Deine Bekehrung von der Finsternis zum Licht. Vieles hätte Dich davon abhalten können: Deine vornehme Familie (denn Dein eigener Vater[80] ist vornehm durch oftmals verwaltete Schultheissen- und andere Ämter), Reichtum, eigene Tugend, Sanftmut und Milde im Umgang mit Menschen und, was am schwierigsten zu überwinden ist, die Hochachtung und Wertschätzung durch so viele Päpste und Bischöfe. All diese Dinge hätten Dich zweifellos zur freien Erkenntnis des Evangeliums Christi nicht kommen lassen, wenn nicht Gott Dich und alles Volk bei Euch in besonderer Weise gezogen hätte. O wie wahr ist das Wort Christi: «Niemand kommt zu mir, es habe ihn denn mein himmlischer Vater gezogen» [Joh 6,44]. Er wirkt alle Dinge in allen Menschen; ihm sollen wir alle wegen Eures Glaubens Dank sagen in Ewigkeit. Amen.

Es gibt keine andere Ursache dafür, Dir, lieber Bruder, kühn in einer öffentlichen Schrift entgegenzukommen, obschon mich bisher keine besondere Freundschaft mit Dir verbunden hat, als der uns gemeinsame Christus, der uns zu Brüdern und Gliedern eines Leibs macht. Denn wie die Heiden ein Sprichwort kennen: «Rechtschaffene kommen zu Rechtschaffenen ungeladen», so hat ein jeder Christ Berechtigung genug, um den anderen zu werben, da sie in Christus Jesus eines Gottes, einer Taufe und eines Glaubens sind [vgl. Eph 4,5]. Weil ich nun am vergangenen Johannistag über die göttliche und menschliche Gerechtigkeit gepredigt habe und danach von vielen ehrenhaften Menschen gebeten worden bin, schrieb ich die entsprechende Darstellung auf.

---

79 Niklaus von Wattenwyl (1492–1551), seit 1523 Propst am Berner Chorherrenstift.
80 Jakob von Wattenwyl (1466–1525), dessen Vater, Geschäftsmann, Ratsherr, Schultheiss von Thun und fünfmal von Bern.

Ich wagte es aber nicht, diese Darstellung Eurer gerechtigkeitsliebenden Stadt zu widmen, obschon ich es sehr gerne getan hätte, denn ich hatte gehört, dass bei Euch Gerüchte umgehen, wie jämmerlich es in Zürich stehe, was überhaupt nicht zutrifft. Denn unter den Gläubigen wächst gottlob täglich viel Liebe und Freundschaft. Und keiner unternimmt etwas ohne Befehl und Beschluss der Obrigkeit.

Es gibt wohl viele Widerspenstige, die auf anderes aus sind als auf die Lehre Christi. Man muss sie dulden, bis Gott auch sie zieht, damit die Stärke seines Wortes umso ehrenvoller siege. Es muss Widerstand haben, damit man seine Kraft sehe. Obschon ich die erwähnte Darstellung nicht Eurer Kirche zu widmen wagte, Dir gegenüber, als einem ernsthaften, treuen Diener Gottes, durfte ich es wohl wagen, in der festen Hoffnung, dies werde Dich nicht befremden, sondern Du nehmest es zum Besten auf, wie es gedacht ist.

Du wirst darin sehen, dass das Evangelium Christi nicht Gegner der Obrigkeit ist und nicht Zerwürfnisse aufgrund zeitlicher Güter hervorbringt, sondern die Obrigkeit festigt, sie recht leitet und mit dem Volk einig macht, sofern sie christlich, d. h. nach dem von Gott vorgeschriebenen Mass, vorgeht. Darum lies diese Schrift zusammen mit den Gläubigen Eurer Kirche. Und wo Du meine unbedeutenden Dienste brauchen solltest, so verfüge über mich!

Gott, der uns alle in das wunderbare Licht seiner Erkenntnis geführt hat, vollende in uns alles, was er angefangen hat.

Grüsse mir Thomas Wyttenbach[81], Heinrich Lupulus[82], meine beiden Lehrer, Sebastian Meyer[83], Berchtold Haller[84], die Lehrer Eurer Kirche, meine Mitarbeiter im Evangelium Jesu Christi, die edlen, standhaften etc., Deinen Vater und J. Hans Rudolf Hetzel von Lindach[85], die eifrigen Beschirmer der

---

81 Thomas Wyttenbach (1472–1526), Lehrer Zwinglis in Basel, ab 1523 reformatorisches Wirken in seiner Vaterstadt Biel. [→ Brief an Wyttenbach]
82 Heinrich Lupulus (Wölflin) (1470–1532?), Berner Humanist und Schulvorsteher.
83 Sebastian Meyer (1467?–1545?), ein Hauptförderer der Reformation in Bern, dort 1524 ausgewiesen.
84 Berchtold Haller (1492–1536), Leutpriester am Berner Münster, Hauptträger der Reformation, seit 1521 von Zwingli und nachher von Bullinger beraten.
85 Hans Rudolf Hetzel von Lindenach (Zwingli schrieb «Lindach») (14??–15??), berühmter Reisläufer, deswegen schwer gebüsst, 1526 wieder Ratsmitglied.

christlichen Lehre, Valerius[86], den Stadtarzt, und Lienhard Tremp[87], meinen Anverwandten, und Eure ganze Kirche.

Gegeben in Zürich am 30. Juli 1523 Huldrych Zwingli, Dein und aller Christen Diener.

Göttliche und menschliche Gerechtigkeit

Obschon gegenwärtig die göttliche Gerechtigkeit durch das Gotteswort seit mehr als vielen hundert Jahren offenbart wird, wollen doch zahlreiche Menschen sie nicht annehmen, wie man sollte, indem sie zwar auf sie hören, sie aber ihren eigenen Gelüsten anpassen. […] Darum dünkte es mich notwendig, die nun folgende Predigt über göttliche und menschliche Gerechtigkeit, die ich am Tag Sankt Johannis des Täufers gehalten habe, schriftlich niederzulegen, damit diejenigen, die mehr Zeit haben als ich gegenwärtig, der Sache gründlicher nachgehen können.

Und damit man sehe, wie sich die göttliche Gerechtigkeit und die armselige menschliche Gerechtigkeit zueinander verhalten, will ich zuerst von der göttlichen reden.

Gott ist nicht allein deswegen gerecht, weil er jedem das Seine gibt, wie die Menschen die Gerechtigkeit beschrieben haben.[88] Wenn wir ihn nach dieser Richtschnur messen wollten, so täten wir dergleichen, als ob wir ohne ihn etwas wären. Denn was ist unser? Nichts; es ist alles sein, was wir haben und sind. So können wir nicht von Gott verlangen, dass er uns das Unsere gibt, denn unser ist nichts, sondern was er gibt, ist alles sein. Also ist er in anderer Weise gerecht oder er gibt niemandem etwas; denn er ist niemandem etwas schuldig. Er ist dergestalt gerecht, dass er der unversehrte Brunnen aller Unschuld, Untadeligkeit, Gerechtigkeit und alles Guten ist; denn er ist selbst wesenhaft Gerechtigkeit, Untadeligkeit und alles Gute, sodass nichts untadelig, gerecht oder gut ist, als was aus ihm kommt. Ebenso wie er nicht nur wahrhaft ist, son-

---

86   Valerius Anshelm (1475–1547), Stadtarzt und angestellter Chronist der Stadt Bern, ein Hauptförderer der Reformation in Bern.
87   Lienhard Tremp (14??–1561), Schneidermeister, Ratsmitglied seit 1503, Spitalmeister, bernischer Delegierter, Chorherr und Almosenvogt, «entfernter Verwandter» Zwinglis.
88   Die antike Definition von Gerechtigkeit wurde in der Formel «jedem das Seine» (*suum quique*) gefasst, vgl. Aristoteles, «Rhetorik» I,9, dann auch bei Cicero und Ulpian.

dern die Wahrheit selbst [vgl. Joh 14,6], ist er auch nicht allein gerecht, sondern die unversehrte Gerechtigkeit selbst, die so klar und von Grund auf rein ist, dass darin nichts vermischt ist mit irgendwelcher Unsauberkeit der Gelüste. Ist aber Gott das ewige Gut, so muss er, der die Gerechtigkeit ist, unvermischt sein und alle Gelüste und eigennützigen Begierden sind ihm fremd. Diese derart klare, reine, unvermischte Gerechtigkeit Gottes sehen wir an seinem eigenen Wort. Denn wie ein böser Mensch aus dem bösen Schatz seines Herzens Böses hervorbringt [vgl. Lk 6,45], so bringt Gott, der allein gut ist [vgl. Mk 10,18], aus seinem Herzen nichts als Gutes, und an seinem von ihm ausfliessenden Gerechten und Guten erkennen wir den ursprünglichen Brunnen; denn man erkennt den Baum an der Frucht [vgl. Lk 6,44]. So erkennt man Gottes Gerechtigkeit an seinen Worten. Wenn nun seine Worte sind, wie David in Psalm 12,7 sagt: «Die Worte bzw. Reden des Herrn sind rein; sie sind wie Silber, das geläutert und von der Erde gereinigt ist, ja siebenmal geläutert und von der Erde so ganz gereinigt» – dann muss folgen, dass darin nichts gefunden werden kann, was nach irdischen Gelüsten riecht. Von daher können wir wohl ermessen, dass die göttliche Gerechtigkeit erhaben über die menschliche ist, so erhaben wie Gott über den Menschen. Daraus folgt, dass wir an seine Gerechtigkeit nicht heranzureichen vermögen, das heisst, dass wir das Mass seiner Vollkommenheit, Unschuld und Reinheit nicht erreichen können.

Dennoch fordert Gott, dass wir wie er sein sollten, wenn wir begehrten, bei ihm zu wohnen. Denn wie ein Hausvater in seinem Gesinde keinen Knecht duldet, der ihm nicht gleich gesinnt ist, so duldet Gott in seinem Reich noch viel weniger jemanden, der nicht nach seiner Vollkommenheit und Unschuld gestaltet ist, der nicht so rein ist, wie er den ersten Menschen geschaffen hat.

[...] Was ist nun ein reines Herz oder welches ist rein? Keines auf Erden; denn welches hätte die Eigenschaft an sich, nicht eigennützig und eingebildet zu sein und vollständig ohne Flecken? – Was doch Gott unbedingt fordert, wie bald darauf folgen wird. In diesem Zusammenhang müssen wir aber kurz das Evangelium darstellen. Wir haben hier ausdrücklich gehört, dass keiner zu Gott kommen kann, ausser er ist untadelig, rein, gerecht und unschuldig, wie Gott es fordert. Denn er spricht: «Seid untadelig, rein – bzw. gerecht –, denn ich bin rein» [Lev 20,7]. Das ist so aufzufassen: Ich bin gerecht, rein, untadelig. Wollt ihr zu den Meinen gehören, müsst ihr auch so sein – «rein» nicht im Verständnis von «ohne ehelichen Verkehr», sondern im Sinne von «sauber». An dieser Gerechtigkeit müssen alle Menschen verzweifeln. Denn wer ist so heilig, dass sein Herz ohne Gelüste und Begierde wäre? Derart kann auch keiner bei Gott wohnen, denn wer bei ihm wohnen will, muss ohne Flecken sein. Diesen

Jammer und unsere Ohnmacht hat Gott gesehen, sich darüber erbarmt und das Mittel gefunden, damit seine Gerechtigkeit für uns versöhnt wird und wir so bei ihm wohnen können; und er hat darum seinen Sohn Mensch werden lassen, von der reinen Jungfrau Maria ohne alle Sünde vom Heiligen Geist empfangen, damit sein Herz, das ohne alle sündhaften Gelüste war – denn es wurde nicht in Sünden empfangen wie wir [vgl. Ps 51,7] –, vollständig rein wäre. Da er aber, der unschuldig war, für uns schuldige Sünder den Tod erlitt, bezahlte er für uns die ganz vollkommene Gerechtigkeit Gottes, der sonst kein Mensch genügen kann. Damit hat er es uns verdient, dass wir zu Gott kommen können aus seiner freien Gnade und Gabe. Wer dies hört und unangezweifelt glaubt, wird selig. Das ist das Evangelium.

Dennoch bleibt weiterhin das in Kraft, was Gott fordert, nämlich dass wir zu aller Zeit schuldig sind, so rein, sauber, unbefleckt, recht zu leben, wie Gott es haben will. Denn Christus spricht: «Ihr sollt vollkommen sein, wie euer himmlischer Vater vollkommen ist» [Mt 5,48]. In Wirklichkeit sind wir aber nie so, ja es ist für uns während unseres Lebens nie möglich, so rein zu sein. Darum müssen wir zu aller Zeit durch den einzigen, gerechten, unschuldigen Jesus Christus zu Gott kommen; denn «er allein ist der Beistand und Bezahler für unsere Sünde in Ewigkeit» [1Joh 2,1–2]. So verhält sich, kurz gesagt, das Evangelium gegenüber unserer Schuld und Ohnmacht. Willst Du die Schriftbegründung ausführlich kennenlernen, so lies die ersten Thesen mit ihrer Auslegung, die wir kürzlich veröffentlicht haben.[89]

Dass aber Gott eine so grosse Unschuld von uns fordert, lernt man an seinem eigenen Wort, d. h. eine derartige Unschuld, die von Gelüsten und Begierden vollständig unbefleckt sein muss, obschon er daneben das Heil und die Gnade durch Christus Jesus gegeben hat. Dieser ist aber nicht aufgrund unseres Verdiensts, sondern rein aus der Gnade Gottes uns zum Heil gegeben, dass wir, nachdem wir unsere Ohnmacht kennengelernt haben und an uns selbst verzweifeln müssen – denn die göttliche Gerechtigkeit vermögen wir nicht zu erfüllen –, trotzdem Heil in Jesus Christus finden, und wir somit in jeder Weise verworfen werden, Gottes Gnade und Erbarmen aber uns gross und lieb werde. Diese bedenke immer, Du Gläubiger, und lass Dich nie mehr davon abbringen. Sie ist zuverlässig; der Sohn Gottes ist das Pfand dafür. Und wenn Du schon an dem, was Gott von Dir fordert, verzweifeln musst, weil Du ihm nicht nachkommen kannst, so verzweifle doch nicht an dem, der all unsere Mühe und Urverdorbenheit getragen, bezahlt und versöhnt hat, sondern lerne am Wort

---

89 «Auslegung und Begründung der Thesen oder Artikel» vom 14. Juli 1523, ZS II.

des göttlichen Willens, welch hohes Gut Gott sei. Denn die Gerechtigkeit, die er uns vorschreibt, ist er selbst und verhält sich so, wie er es uns befiehlt; denn er gleicht nicht den Tyrannen, die vortreffliche Gesetze vorschreiben, sie aber nicht halten. So schilt auch Christus die Pharisäer und Gelehrten der Juden [vgl. Lk 11,46]. Dementsprechend wirst Du dauernd dafür kämpfen, dass Du Dich je länger, je mehr dem göttlichen Willen gleich gestaltest und zu einem vollkommenen Mann heranwächst nach dem Masse Christi [vgl. Eph 4,13], Du wirst an Dir selbst nicht mehr Gefallen finden, aber all Deine Zuversicht unverwandt auf Gott richten, und was Du schon wirkst, nicht Dir, sondern Gott zuschreiben. Du wirst auch erkennen, dass Dein Werk nichts ist und nichts wert vor Gott, und alles, was Dir Gott erweist, nicht aufgrund Deines Verdiensts, sondern als seine freie Gabe geschieht.

Hier folgt nun die Darstellung der göttlichen Gerechtigkeit, die es allein verdient, als Gerechtigkeit bezeichnet zu werden.

Die göttliche Gerechtigkeit ist selbst so klar und vollkommen, wie sie es als Anforderung an uns stellt.

1. Sie befiehlt uns zu verzeihen, wie auch wir wollen, dass Gott uns verzeihe. Sie erfüllt das so reichlich, dass sie uns nicht so verzeiht, wie sie von uns Verzeihung erwartet. Denn es gibt bei ihr nichts, das der Verzeihung bedürfte, sondern da wir allein seiner Gnade bedürfen, verzeiht sie im Überfluss ohne all unser Verdienst. Ja, wenn wir in aller Ungnade stellen und seine gerechte Strafe verdient haben, verzeiht er uns: «Christus ist für uns gestorben, als wir noch Sünder waren» [Röm 5,6–11].

2. Gott befiehlt uns nicht nur, nicht zu töten, sondern gar nicht erst zornig zu werden [vgl. Mt 5,22]. Auch er wird nicht zornig; und wo ihm in der Schrift Zorn zugeschrieben wird, bedeutet das nichts anderes als seine angemessene Strafe.

3. Gott befiehlt uns, nicht zu rechten oder zu streiten, sondern dann, wenn uns das Gewand genommen wird, auch den Mantel herzugeben [vgl. Mt 5,40; Lk 6,29]. Und er hat das selbst getan. Denn er hat sich, ohne sein Recht zu fordern, von seinen Feinden vor Gericht bringen und töten lassen, wie der Prophet vorausgesagt hat: «Er wurde wie ein Schaf zum Tode geführt und tat seinen Mund nicht auf» [Jes 53,7] und: «Er wird nicht schreien noch sich wehren» [Mt 12,19].

4. Gott befiehlt uns nicht allein, nicht die Ehe zu brechen, sondern niemandes Ehegatten zu begehren [vgl. Mt 5,28]. Er hält das selbst ein. Denn er ist ohne alle Begierde, ja, die menschliche Natur von Jesus Christus ist ohne alle sündhafte Begierde. Und er befiehlt, eher Vater und Mutter zu verlassen als

den Ehegatten, und wen Gott zusammengefügt habe, solle niemand scheiden [vgl. Gen 2,24; Mt 19,5-6].

5. Gott verbietet alles Schwören und befiehlt uns, so zuverlässig zu sein, dass das Ja Ja und das Nein Nein sei ohne alles Schwören [vgl. Mt 5,37]. Er ist selbst auch so. Denn eher vergehen Himmel und Erde, als dass eines seiner Worte nicht in Erfüllung ginge. Das erfahren wir täglich.

6. Gott befiehlt uns, unsere Habe denen zu geben, von denen wir nichts erhoffen und die uns keine Gegenleistung bringen können [Lk 6,35]. Er handelt selbst ebenso. Er speist nicht allein den Menschen, sondern auch die Vögel der Luft [vgl. Mt 6,26] ohne jede Gegenleistung.

7. Gott befiehlt, Gutes zu tun nicht allein den Rechtschaffenen und denen, die niemandem schaden, sondern auch den Feinden: «Ich aber sage euch, dass ihr eure Feinde lieben und denen Gutes tun sollt, die euch hassen, und bitten für die, welche euch schmähen» [Mt 5,44]. Er handelt selbst ebenso. Er lässt seine Sonne scheinen über die Guten und Bösen und regnen über Gerechte und Ungerechte; er gibt den Ungläubigen und den Feinden genauso Früchte und Nahrung wie den Gläubigen.

8. Gott befiehlt uns nicht allein, nicht zu stehlen, sondern des anderen Gut gar nicht erst zu begehren [vgl. Ex 20,15.17]. Denn er handelt selbst ebenso. Es liegt ihm so fern, irgendetwas von uns zu fordern oder zu unserem Nachteil zu begehren, dass er will, dass wir von ihm alle Dinge begehren, und er sie uns geben und unsere Gebrechen heilen wird.

9. Gott will, dass wir nicht nur nichts Übles reden oder verleumden, sondern überhaupt kein unnützes Wort reden: «Ich sage euch, dass für jedes unnütze Wort, das die Menschen reden, Rechenschaft gefordert wird» [Mt 12,36]. Er hält es auch so. «In seinem Mund ist nichts Falsches, Betrügerisches oder Leeres gefunden worden» [1Petr 2,22]. «Er lehrte nicht mit unnützen, leeren Worten wie die Schriftgelehrten und Pharisäer, sondern mit Kraft» [Mt 7,29], sodass seine Worte stark waren und in den Herzen der Zuhörer haften blieben.

10. Gott will sich nicht damit begnügen, dass wir dem Nächsten nicht schaden oder ihm erst dann zu Hilfe kommen, wenn wir uns vorher abgesichert haben, sondern er will, dass wir den, der gerade unser nächster Mensch ist, so lieben wie uns selbst [vgl. Mt 22,39]. Denn er hat auch so gehandelt. Er hat sich für uns dahingegeben und uns zu sich genommen als seine Freunde, Brüder und Erben [vgl. Joh 15,13; Mt 23,8; Gal 4,5].

[...] So hoffe ich, es sei klar, dass jeder, der durch seine Werke zu Gott kommen will, irrt, denn er sieht gleich am ersten Gebot, dass er dies nicht erfüllen kann. So gebietet uns Gott, was wahrhaft seiner Gerechtigkeit angemessen ist;

aber uns ist es nicht möglich, seine Gebote zu halten. Unserer Ohnmacht aber kann niemand zu Hilfe kommen als Gott allein. Er hat es getan durch seinen Sohn Jesus Christus. Wenn es aber dementsprechend viele gottlose Menschen gibt, die nicht allein die allgemeine Urverdorbenheit teilen, dass sie Gott nicht über alle Dinge lieben, sondern nicht einmal glauben, dass es einen Gott gebe, der alles Recht und Unrechte strafe und vergelte, so verfallen sie dementsprechend in grosse, unmenschliche Schandtaten; und wenn Gott nicht ihre frevelhaften Anschläge verhütete, machten sie das ganze Volk zunichte mit ihrer Frevelhaftigkeit und ihrem Mutwillen. Denn weil sie Gott nicht fürchten – sie glauben ja nicht, dass es einen Gott gibt –, würden sie jedem das Seine nehmen, und wenn ihm das nicht gefiele, würden sie ihn totschlagen. Das hat Gott vorausgesehen und Gesetze gegeben, damit man den Gottlosen zurückhalten und zwingen kann. Auch wenn er nichts auf Gott gibt, muss er dennoch die Menschen in Frieden lassen und niemanden nach seinem Mutwillen einschüchtern. Hier hat nun die ganz unvollkommene menschliche Gerechtigkeit ihren Platz. Ihre Gesetze sind der Bösen wegen gegeben, wie Paulus sagt: «Das Gesetz ist nicht den Gerechten gegeben, sondern den Übellebenden, den Ungehorsamen, den Gottlosen, den Sündern, den Ungerechten, den Gemeinen, den Vater- und Muttermördern, den Totschlägern, den Unkeuschen, den Knabenschändern, den Menschenräubern, den Lügnern, den Meineidigen und andern Lastern, die sich der rechten Lehre des Evangeliums von der Ehre des heiligen Gottes widersetzen» [1Tim 1,9–10]. An diesem Lumpenpack siehst Du gut, dass Gott etliche Gesetze der Bösesten und Gottlosen wegen gegeben hat. Daraus folgt, dass einer nicht schon deswegen gerecht ist, weil er nicht durch gemeine Laster Schuld auf sich geladen hat; das sind ja nur Gesetze, um das allergrösste Unrecht zu verhüten. Wer diese hält, ist deswegen nicht vor Gott gerecht; er erreicht aber, dass man ihn nicht straft. So sagt Paulus: «Wer die Dinge tut, die das Gesetz befiehlt, der wird in ihnen leben» [Gal 3,12]; d. h. wer tut, was ihm das Gesetz befiehlt, oder unterlässt, was das Gesetz verbietet, der verfährt in seinem Leben so, dass man ihn nicht nach dem Inhalt des Gesetzes verurteilt oder straft [vgl. Dtn 4,40].

Darum gibt es zweierlei Gesetze ebenso wie zwei Gerechtigkeiten: eine göttliche und eine menschliche. Ein Teil der Gesetze richtet sich allein auf den inneren Menschen, wie man Gott und den Nächsten lieb haben solle. Und diese Gesetze kann niemand erfüllen, also ist auch niemand gerecht als Gott allein und der, der durch die Gnade, deren Pfand Christus ist, gerecht gemacht wird durch den Glauben.

Der andere Teil der Gesetze richtet sich allein auf den äusseren Menschen und deswegen kann einer äusserlich untadelig und gerecht sein und innerlich trotzdem schlecht und vor Gott verdammt. Ein Beispiel: «Du sollst nicht stehlen» ist ein Gebot, das äusseres Leben und äussere Rechtschaffenheit betrifft. «Du sollst das Gut eines anderen nicht begehren» ist ein Gebot, das die innerliche, göttliche Gerechtigkeit betrifft. Und doch beziehen sich beide auf dasselbe, nämlich das Wegnehmen. Wenn nun einer nicht stiehlt, gilt er als rechtschaffen vor den Menschen (fasse darunter alle Laster, die man als offenkundig verurteilt); er ist aber vor Gott ein Schurke, denn seine Begierde und sein Gelüsten nach fremdem Gut sind vielleicht grösser als bei einem, der einen Diebstahl begangen hat. Dennoch wird der Dieb gehängt, weil er ein offenkundiger Dieb ist. Und der Schurke vor Gott, der viel habgieriger auf zeitliches Gut aus ist, geniesst den Ruf eines rechtschaffenen Menschen, weil er es nicht zum Ausbruch von Übeltaten hat kommen lassen. Darum ist der Satz: «Der ist ein offenkundiger Schurke» eine sinnvolle Aussage, sofern man sie recht verwendet. Sie weist uns nämlich darauf hin: Vor Gott sind wir alle Schurken, denn wenn einer nicht die Begierde nach zeitlichem Gut in sich trägt, so ist es die Begierde nach dem Ehegatten eines anderen oder Begierde nach Ehren oder andere Gelüste. Deshalb ist er vor Gott ein Schurke, aber vor den Menschen hält man ihn für rechtschaffen; denn sein Herz ist zu tief, als dass die Menschen hineinsehen könnten. Gott allein erkennt die Herzen; der Mensch urteilt erst nach der äusserlichen Tat. Aber offenkundige Schurken sind allein diejenigen, die frevelhaft und gottlos genug sind, ihre bösen Absichten in die Tat umzusetzen, sodass sie der Mensch jetzt an den Früchten erkennt [vgl. Mt 7,16].

So findet man heraus, welches Gesetze der göttlichen und welches solche der menschlichen Gerechtigkeit sind.

An der göttlichen Gerechtigkeit gemessen sind wir alle Schurken und wie unsere Schurkerei allein Gott bekannt ist, so urteilt einzig Gott über sie [d. h. die göttliche Gerechtigkeit] oder schenkt sie uns durch seinen Sohn, wenn wir unerschütterlich glauben, dass er aus Erbarmen für uns gestorben ist und bezahlt hat.

An der menschlichen Gerechtigkeit gemessen werden wir oft als rechtschaffen beurteilt, obschon wir in Wirklichkeit vor Gott Schurken sind. Wer aber von der menschlichen Gerechtigkeit derart beurteilt wird, dass er zusätzlich zu dem, dass er ein Schurke vor Gott ist, auch ein offenkundiger Schurke ist, der wird dem überantwortet, der die Gesetzesübertreter verurteilt, der staatlichen Gewalt oder dem Richter.

Sieh, diese menschliche Gerechtigkeit nenne ich eine armselige, ganz unvollkommene Gerechtigkeit, weil jemand ohne Weiteres vor den Menschen für gerecht gehalten werden kann, der doch vor Gott nicht gerecht ist; denn keiner ist vor Gott gerecht. Sieh hier auch in diesem Zusammenhang kurz, was das für eine Gerechtigkeit sein soll, die sich mit Kutten, religiösen Zeichen und Kleidern den Menschen aufdrängt, so wirst Du entdecken, dass dies nichts ist als ein reiner Schwindel. Denn es ist nicht möglich, dass ein Mensch inwendig nach dem Massstab der göttlichen Gerechtigkeit untadelig, rein und sauber ist. Und wenn er sich nun erst trotz aller Ohnmacht, Gemeinheit und Urverdorbenheit dem äusserlichen Anschein nach für gut ausgibt, muss es eine grosse Schurkerei vor Gott sein. Darum spricht Christus zu Recht: «Sie haben ihren Lohn schon empfangen» [Mt 6,5]. Denn der Mensch urteilt nach dem, was er sieht und schätzt die Menschen nach dem Anschein ein. Scheinen sie nun gut, werden sie auch für gut gehalten und empfangen hier das, wofür sie sich bemühen. Wenn aber manche ihre Heuchelei nicht erkennen, so muss man mit ihnen wirklich Mitleid haben, dass sie die allgemeine Urverdorbenheit noch nicht erkennen. Denn es hilft ja nichts zu sprechen: Wir tragen Kutten, um für unsere Sünden Busse zu tun. Der Grund: Tätet ihr wirklich Busse, würdet ihr das inwendig im Herzen mit einem betrübten Geist tun und nicht vor den Menschen zur Schau tragen. Kurz, alles was sich vor den Menschen als vollkommen darstellen will, ist Heuchelei und gehört nicht zur armseligen menschlichen Gerechtigkeit; denn es ist eine Sünde und ein Betrug.

Obschon diese menschliche Gerechtigkeit nicht würdig ist, Gerechtigkeit genannt zu werden, wenn man sie gegenüber der göttlichen Gerechtigkeit betrachtet, so hat Gott sie doch auch geboten, aber erst im Blick auf unseren Ungehorsam, von dem er wohl wusste, dass er folgen würde. Ein Beispiel: Wer seinen Sohn dem Schulmeister übergibt, der spricht: Lehret ihn dies und jenes und schlagt den Jungen und erspart ihm nichts! Hier meint der Vater nicht, er solle ihn schlagen, wenn er recht lerne, sondern der Vater kennt die Art des Jungen, der nicht seiner Absicht gemäss lernt, ausser er bekommt Schläge. Ebenso verlangt der himmlische Vater von uns, ohne Begierde nach fremden Dingen zu sein und all unser Begehren auf ihn zu richten; dabei weiss er genau, dass wir diese Rechtschaffenheit und Gerechtigkeit nicht aufbringen. Daher gibt er Satzungen, die nützlich und gut dazu sind, fröhlich und freundschaftlich miteinander zu leben. Und er spricht: Du sollst nicht stehlen; Du sollst nicht ehebrechen; Du sollst nicht lügen, töten noch falsches Zeugnis geben usw. [vgl. Ex 20,13–16]. All diese Gebote bräuchten wir nicht, wenn wir das andere Gebot hielten: «Du sollst deinen Nächsten liebhaben wie dich selbst.» Da dies aber nicht geschieht, hat Gott auch diese weiteren Gebote geben müssen. Und das allein reichte nicht aus; er musste auch noch veranlassen, dass man den Übertreter straft. Der Dieb soll fünf- oder vierfachen Ersatz leisten, der Ehebrecher soll gesteinigt werden usw., und dies ist dem Zuchtmeister übertragen, d. h. der Obrigkeit. Wieweit diese aber strafen oder Gesetze aufstellen soll, wird später behandelt werden.

Jetzt wollen wir die zehn aufgezählten Punkte mit der menschlichen Gerechtigkeit vergleichen und sehen, wie sie sich zueinander verhalten und wie Gott auch die Gebote der menschlichen Gerechtigkeit geboten hat – aber erst im Blick darauf, dass wir die ersteren nicht halten würden.

Zu Punkt 1 und 3: Gott befiehlt uns, schlechthin zu verzeihen, sonst werde er uns auch nicht verzeihen. Da wir dies überhaupt nicht tun wollen, so darf deswegen niemand als Privatperson sich Recht verschaffen; das brächte Unruhe und Zwietracht, ja es würde den ganzen menschlichen Frieden und das Zusammenleben zerstören. Darum hat er Obere und Richter eingesetzt, die Streit dadurch verhüten und schlichten sollen, dass sie jedem geben, was ihm gehört: «Suche weise und gottesfürchtige Männer aus dem ganzen Volk, die ehrlich und der Habsucht feind sind» – spitze hier Deine Ohren, o Richter und Oberer! – «und setze sie über tausend, hundert, fünfzig und zehn Personen, welche dem Volk jederzeit Recht sprechen und allein über kleinere Streitsachen richten» [Ex 18,21–22]. Wir sehen, dass Gott das Richten deswegen befohlen hat, weil viele nicht verzeihen wollen, so wie sie für sich Verzeihung begehren. Damit nun aus dem menschlichen Zusammenleben nicht Mord und Totschlag werde, soll die Staatsgewalt auf keinen Fall gestatten, dass irgendein Einzelner sich ohne Recht an einem anderen schadlos halte, sondern alle Auseinandersetzungen sollen auf dem Wege des Rechts ausgetragen werden. Denn sollte uns die menschliche Gerechtigkeit auch noch verloren gehen, so wie uns die göttliche verloren gegangen ist, so wäre die menschliche Gesellschaft nichts anderes als das Zusammenleben der unvernünftigen Tiere: je stärker, desto vorteilhafter! Darum sind die Richter und Oberen Diener Gottes: Sie sind der Zuchtmeister und wer ihrer Gerechtigkeit nicht gehorcht, der handelt auch wider Gott, ob er geistlich oder weltlich sei, wie später behandelt wird.[90] Auch wenn er lebt, ohne eine Strafe auf sich zu ziehen, ist er vor Gott nicht gerecht, aber er bewahrt sich vor Tod oder Strafe.

---

90 Auch Kleriker sollten nach Zwingli nicht einer geistlichen, sondern der allgemeinen weltlichen Gerichtsbarkeit unterstellt werden. Darüber schreibt er bei der Auslegung von Röm 13,7.

Zu Punkt 2: Gott befiehlt nicht nur, nicht zu töten, sondern gar nicht zornig zu werden. Wenn wir uns vor Zorn bewahrten, so würde kein Totschlag nachfolgen. Da wir aber hierin ein Stück der göttlichen Gerechtigkeit übertreten, muss Gott uns befehlen, nicht zu töten; und damit wir von diesem Gebot auch nicht abweichen, muss der Zuchtmeister Tod um Tod, Leben um Leben, Auge um Auge, Brandmal um Brandmal, Wunde um Wunde, Schlag um Schlag vergelten [vgl. Ex 21,23–25]. Wer nun auch ohne solche Übertretungen lebt, ist dennoch nicht gerecht, sondern bewahrt sich nur vor der Strafe der Obrigkeit. Das ist das Leben im Gesetz [vgl. Gal 3,10].

Zu Punkt 4: Gott befiehlt, nicht den Ehegatten eines anderen zu begehren. Da wir das nicht halten – denn wir sind kurz gesagt nicht ohne dieses Gelüsten –, so befiehlt er, wir sollten die Ehe nicht brechen. Obwohl wir sie nicht mit der Tat brechen, es aber mit der Begierde tun, so sind wir wohl vor den Menschen gerecht, vor Gott aber sind wir Ehebrecher. Damit wir aber nicht dieser Missetat verfallen und den Tieren gleich werden, so übergibt er uns dem Zuchtmeister; der soll uns steinigen [vgl. Lev 20,10]. Dass aber wir Christen diese Strafe nicht mehr angewendet haben, rührt entweder daher, dass anfänglich der Ehebruch so selten gewesen ist, dass man nicht oft daran Anstoss nehmen musste, oder aber, dass die Oberen selbst grossenteils Ehebrecher sind und diejenigen Laster, in die sie verstrickt sind, nicht so schwer bestrafen, wie sie sollten. Da man nun aber sieht, dass der Ehebruch so allgemein und schamlos verbreitet ist, sollte man die Strafe wieder angemessen verschärfen, damit wir nicht von der menschlichen Gerechtigkeit abgebracht werden. Denn so wie man den Diebstahl härter bestraft, als Gott es befohlen hat [vgl. Mose 22,1–12], weil Diebe durch diese Strafe offensichtlich nicht von ihren Taten abgehalten wurden, so muss man auch die Strafe für den Ehebruch wieder erhöhen und verschärfen.

Zu Punkt 5: Gott befiehlt, so ehrlich zu reden und zu handeln, dass wir nur Ja und Nein nötig haben. Da wir das aber nicht tun, sondern einander betrügen, fordert er, dass wir uns durch den Eid festlegen [vgl. Ex 22,11]; und wenn wir den zur Lüge machen, so ist der Zuchtmeister da mit der Rute und lässt uns steinigen, wie die zwei alten falschen Zeugen, die Susanna zu Tode zu bringen suchten.[91] Denn der Meineid ist nichts anderes als ein Verleugnen Gottes, und die Abgötterei straft Gott mit Steinigung [vgl. Dtn 17,5].

---

91 Vgl. die Geschichte von Susanna im Bade in den (apokryphen) Zusätzen zum Buch Daniel.

Zu Punkt 6: Gott befiehlt uns, unseren Besitz ohne Gegenleistung den Bedürftigen zu geben. Da wir das nicht tun, befiehlt er uns, ohne Zinsen auszuleihen [vgl. Ex 22,25 und Lev 25,36]: Wenn wir das nicht tun, ist der Zuchtmeister da mit der Rute und bringt uns dazu, rechtmässig Zinsen zu geben und zu nehmen. Und obschon Zinsnehmen nicht ausdrücklich einer Strafe unterstellt ist, stand sie doch den Richtern zu, die dazu eingesetzt waren, die auftretenden Missbräuche und Auseinandersetzungen zu schlichten [vgl. Ex 18,25–27]. Wer nun nicht auf Zinsen ausleiht, ist deshalb vor den Menschen untadelig; denn die staatliche Gewalt kann ihm des Zinses wegen nichts anhaben. Aber vor Gott ist er dennoch nicht gerecht, ausser er verkaufe seinen ganzen Besitz und gebe alles den Armen [vgl. Lk 12,3]. Tut das niemand, so ist auch niemand gemäss der göttlichen Gerechtigkeit gerecht. Also wollen wir doch von Dir zu Recht annehmen, dass Du Dich als Sünder erkennst.

Zu Punkt 7: Gott befiehlt, den Feinden Gutes zu tun. Da wir das nicht tun, befiehlt er uns, dem Feind nicht zu schaden und auch seinen Schaden, der ihm unbekannt ist, in Ordnung zu bringen: «Wenn dir das verirrte Rind oder der Esel deines Feindes begegnet, führe sie wieder auf den Weg zurück. Falls Du den Esel deines Gegners oder Feindes unter einer Last zusammengesunken daliegen siehst, wirst Du nicht vorbeigehen, sondern ihn aufrichten» [Ex 23,4–5]. Wenn Du das versäumst, soll Dich der Zuchtmeister strafen, denn Du hast das elementarere Gebot Gottes, das wir ja schon kaum halten können, übertreten; und wir müssen es doch verteidigen, sonst stünde alles auf dem Spiel. Wenn Du es nun auch nicht übertrittst, bist Du dennoch vor Gott nicht gerecht, ausser Du verzeihst Deinem Feind ebenso, wie Du willst, dass Gott Dir verzeihe.

Zu Punkt 8: Gott befiehlt, des anderen Gut nicht zu begehren [vgl. Ex 20,17]. Hielten wir das Gebot, so gäbe es weder Raub noch Diebstahl. Da dies nicht so ist, gibt Gott das elementarste Gebot, das in menschlicher Gemeinschaft und im Zusammenleben noch verwirklicht werden kann: «Du sollst nicht stehlen.» An diesem Gebot sehen wir auch – ebenso wie daran, dass nach dem Gebot «Du sollst niemandes Ehegatten begehren» als elementareres Gebot «Du sollst deine Ehe nicht brechen» folgt –, dass Gott zahlreiche Gebote gegeben hat, mit deren Einhaltung wir nur der Strafe entrinnen, aber dennoch nicht gerecht sind. Dennoch hat er sie gegeben, damit menschliche Freundschaft und das Zusammenleben nicht aus den Fugen gerate. Wer also einem anderen das Seine heimlich oder mit Gewalt nimmt, der ist entweder ein Dieb oder Räuber, und der Zuchtmeister muss ihn mit der Rute strafen. Wohl ist es wahr: Wie uns Gott die Erde und die Früchte frei zu nutzen gibt ohne Bezahlung, so sollen sie allen frei zur Verfügung stehen.⁹² Ja, wenn wir das nicht so halten, dann sind wir allezeit Schuldner Gottes und haben übel an ihm gehandelt, dass wir aus dem, was Gott gehört, privates Eigentum machen. Doch weiss Gott, dass wir es nicht anders halten können und eigennützig sind von Adam her, und ein jeder nur auf das Seine aus ist. Damit nun nicht durch unsere Habgier die menschliche Gesellschaft zerrüttet werde, zähmt er unsere Habgier und gebietet uns, weder zu rauben noch zu stehlen. Wer sich nun hütet, einen Raub und Diebstahl zu begehen, ist deswegen nicht untadelig, ausser er begehre gar nicht nach Fremdem. Hier merkt man, dass diejenigen nichts anderes als Diebe und Strolche sind, die einem rechtschaffenen Mann für das Kapital, das sie von ihm genommen haben, nichts geben und dies mit der Lehre Gottes rechtfertigen wollten. Ja, der Reiche ist schuldig, das Seine den Armen hinzugeben, das befiehlt Gott. Er befiehlt aber nicht, Du sollest es ihm nehmen, wenn der Reiche das nicht tut. Hingegen befiehlt er der Obrigkeit, Dich zu strafen, wenn Du so etwas unternimmst, und zu verhüten, dass jemandem Unrecht geschehe. In Anbetracht dessen, dass eine Obrigkeit Juden oder andere Geldverleiher auf Zinsen duldet, bist Du ein Dieb oder Räuber, wenn Du einem anderen die geschuldeten Zinsen, deren Kapital Du ihm wohlüberlegt abgenommen hast, durch Stehlen oder mit Gewalt vorenthalten wolltest; denn Gott hat das eigenmächtige Nehmen verboten. Allerdings hat die Obrigkeit in dieser Sache darauf zu achten, die Gebräuche abzuschaffen, die weder vor Gott noch vor der armseligen menschlichen Gerechtigkeit, die uns Gott bloss gegeben hat, damit wir unser Leben geordnet führen können, bestehen können, was später behandelt werden wird. Deshalb sündigen diejenigen, die solches unternehmen [d. h. sich Geld leihen und dann den Zins verweigern] zweifach: zum einen, weil sie aus der allgemeinen Urverdorbenheit heraus des anderen Gut begehren, zum anderen, weil sie darüber hinaus mit bösen Handlungen nach aussen treten und Unruhe und Verachtung verursachen der von Gott verordneten Staatsgewalt. Denn wir, die wir zur wahren Gerechtigkeit nicht fähig sind, müssen beharrlich an diesem Zipfel der Gerechtigkeit festhalten; sonst wäre unser Leben ein einziges Morden, Rauben und Stehlen.

Zu Punkt 9: Gott will, dass wir kein leeres Wort reden. Wer also weder flucht noch verleumdet noch lügt, ist deswegen nicht gerecht, wenn er dennoch leere Reden führt. Allerdings hat die armselige menschliche Gerechtigkeit genug daran, wenn man nicht flucht noch verleumdet noch lügt. Sollte einer aber sich wirklich vergehen und so geredet, geschmäht, gelogen oder fal-

---

92 Zwingli greift hier ein Argument von «Radikalen» auf.

sches Zeugnis abgelegt haben, so befiehlt Gott, dem Falschen oder Lügner das anzutun, was er dem anderen antun wollte, dem sein Lügen oder sein falsches Zeugnis gegolten hat [vgl. Dtn 19,19]. Wenn aber unser Reden Ja, Ja – Nein, Nein wäre, hätte Gott dieses Gebot nicht gebraucht. So folgt also, dass Gott manche Gebote mit dem Ziel gegeben hat, wir müssten sie zwar halten, seien aber deswegen trotzdem nicht untadelig oder gerecht.

Sieh, wie elend die dran sind, die sagen: Ich bin ein gerechter Mann und ihre Gerechtigkeit allein davon herleiten, dass sie nichts von dem tun, was die Obrigkeit bestraft. Sieh hier auch, dass alle menschliche Weisheit nicht erkennen kann, ob einer gerecht ist, denn der Glaube, der allein gerecht macht und die Urverdorbenheit und das Heil allein erkennt, ist allein Gott bekannt. Dennoch muss man die armselige niedere Gerechtigkeit auch behalten.

Aus dem Sachverhalt, dass wir das einzige Gebot «Du sollst deinen Nächsten so lieb haben wie dich selbst» nicht halten, entspringen alle anderen Gebote, die den Nächsten betreffen; denn dies ist das Gebot der Natur, wobei allerdings Christus es mit der Liebe durchsüsst hat, was ihm auch angemessen ist; denn: «Er ist die Liebe» [1Joh 4,10]. Das Gesetz der Natur lautet: Was Du willst, dass Dir geschehen soll, das tue auch einem anderen; und andererseits: Was Du nicht willst, dass Dir geschehen soll, tue auch niemandem. Dieses Gesetz macht Christus mit der Liebe süss. Denn wenn wir Gott lieb haben, so ist Gott in uns. Ist Gott in uns, so ist auch die Liebe zum Nächsten in uns; denn Gott hat uns so lieb gehabt, dass er sich für uns dahingegeben hat. Wo nun Gott ist, ist auch eine entsprechende Bereitschaft. Darum schmückt Christus das Gesetz der Natur mit den Worten aus: «Du sollst den Nächsten so liebhaben wie dich selbst.» Hierin sind alle Menschen von Grund auf verdorben, wie uns wohl bekannt ist. An dieser Stelle lässt uns auch die menschliche Gerechtigkeit vollständig im Stich; denn sie hat die Selbstsucht derart stark angenommen, dass sie niemanden zur Gemeinschaft führen kann; dies ist im Paradies zugrunde gegangen. Darum straft sie niemanden, der dieses Gebot nicht hält, an dem wir ja alle schuldig werden, obschon sie etliche Vergehen, die eigentlich unter dieses Gebot fallen, straft; aber das Gebot als Ganzes fällt nicht unter ihr Gericht. Daraus sieht man aber, dass der Zustand der menschlichen Gerechtigkeit dem befleckten Tuch der menstruierenden Frau entspricht [vgl. Jes 64,6]. Und wenn wir vor der Welt auch rechtschaffen scheinen, sind wir dennoch Schurken vor Gott; und ebenso braucht es die Aufsicht der Obrigkeit. Ebenso wie ein Vater seine verführte Tochter daran hindert, völlig sittenlos zu werden, so verhindert die Obrigkeit, dass unser Leben zur viehischen Unvernunft werde.

Wir haben jetzt, wie ich hoffe, genügend verstanden, inwieweit die göttliche Gerechtigkeit von der menschlichen zu unterscheiden sei. Obschon die menschliche Gerechtigkeit auch von Gott geboten ist, ist sie doch nicht so vollkommen, wie Gott es fordert, sondern sie ist erst im Blick auf unsere zerbrochene Natur hin geboten worden, als Gott gesehen hat, dass unser Gelüsten und unsere Begierde seinen Willen nicht befolgen oder ihm nicht nachkommen würden. Deshalb ist sie nichts anderes als eine Strafe; und wenn wir sie auch einhalten, werden wir deswegen weder selig noch Gott wohlgefällig: «Ich habe ihnen Gesetze gegeben, die nicht gut sind, und Gebote, durch die sie nicht leben, d. h. nicht selig werden» [Ez 20,25]. Obschon diese Worte hauptsächlich auf das Zeremonienwesen bezogen sind, zeigt doch das Wort «Gericht» an, dass sie auch auf die menschliche Gerechtigkeit bzw. Obrigkeit bezogen werden sollen. Dass aber hier steht: «Wir werden durch diese Gebote nicht leben» und: «Diejenigen, die die Gebote des Gesetzes befolgen, werden leben» [Gal 3,12], unterscheidet sich so: Auch wenn wir die menschliche Gerechtigkeit halten, werden wir damit nicht die ewige Seligkeit erwerben – das meint «nicht leben» bei Ezechiel. Paulus aber meint: Wenn wir die Gesetze, die sich auf die leibliche Urverdorbenheit beziehen, halten, so bewahren wir das leibliche Leben vor der Hinrichtung durch die Obrigkeit [vgl. Dtn 4,40]: Töten wir nicht, so werden wir auch nicht getötet.

Wie man sich in Bezug auf göttliche und menschliche Gerechtigkeit verhalten soll

Die göttliche Gerechtigkeit soll man andauernd allen Menschen offenbaren und predigen und eher das Leben verlieren, als sich davon abbringen lassen, sie zu predigen und zu verkündigen, wie es Christus oft geboten hat. Er spricht: «Sucht vor allen Dingen das Reich Gottes und seine Gerechtigkeit, so wird euch das Nötige hinzugegeben» [Mt 6,33]. Hier hören wir, dass allen Menschen befohlen wird, die göttliche Gerechtigkeit zu suchen, d. h. nach seinem untadeligen Willen sich ständig zu bemühen, bis wir das Mass Christi erreichen [vgl. Eph 4,13], und sich nicht damit zu begnügen, nach menschlicher Gerechtigkeit rechtschaffen zu sein. Allerdings dürfen wir keinesfalls vergessen, dass unser Bemühen die göttliche Gerechtigkeit nicht zu erreichen vermag. Christus allein ersetzt aber diese Ohnmacht reichlich. Das Wort Gottes, in dem seine Gerechtigkeit erscheint, ist ein Licht, das jeden Menschen erleuchtet. Darum soll das Licht nicht unter einem Gefäss verborgen werden, sowenig wie jemand das sichtbare Licht verbirgt, sondern man zündet es an, damit man dabei sehe und seine Arbeit tun könne. So soll das reine Wort Gottes andauernd verkündigt werden, denn darin lernt man, was Gott von uns fordert und mit welcher Gnade er uns zu Hilfe kommt. Es soll auch nichts, was darin enthalten ist, verschwiegen werden; denn es hat nicht die Natur der Weisheit oder des menschlichen Wortes, das sich anders zeigt, als es in Wahrheit ist. Dieses Wort zeigt klar, was Gott von uns haben will; es zeigt uns dabei auch, wie Gott selbst ist, was uns zu Recht vor allen Dingen freut, nach dem Wort Davids: «Die Gesetze Gottes sind vollkommen und erfreuen die Herzen. Das Gebot Gottes ist klar und erleuchtet die Augen» [Ps 19,9]. Darum will es offenbart sein; es will leuchten und lehren, damit man nicht in der Finsternis wandle; denn es hat nichts in sich, was nicht geoffenbart werden sollte, sondern wie Gott ein allgemeines Gut ist, so wirkt auch sein Wort für das gesamte menschliche Geschlecht zum Guten. Deshalb sind diejenigen, die meinen, man solle das Wort Gottes nur in dem Rahmen predigen, welchen die menschliche Gerechtigkeit oder Obrigkeit zulasse[93], nicht wirklich gläubig. Denn so würde die göttliche Gerechtigkeit verblassen und alle Menschen würden sich mit der lahmen menschlichen Gerechtigkeit begnügen. So würde aus der ganzen Gerechtigkeit nichts anderes als eine Heuchelei; denn keiner würde in seinem Innern Gott achten, sondern allein darauf sehen, wie er sich vor den Menschen vor Strafe bewahren könnte, wie wir es leider schon seit geraumer Zeit bei vielen sehen. Wie Christus gesagt hat [vgl. Mt 10,26–27; Lk 8,16–17], soll deshalb der Verkündiger des Wortes Gottes nichts verschweigen; denn von der Hand dessen, der durch sein Verschweigen die Schafe in die Irre gehen liesse, würde ihr Blut gefordert [vgl. Ez 5,5–17].

[…] Dass man die göttliche Gerechtigkeit und Gnade ungehindert lehren muss, ist auch daran zu erkennen, dass Gott uns verdammt, wenn wir ihr nicht genügen; denn Christus sagt im Matthäusevangelium 25,41–45, dass diejenigen in das ewige Feuer hinein verflucht werden, die ihn nicht in der Gestalt des Armen gespeist, getränkt, beherbergt, bekleidet, in Krankheit und im Gefängnis besucht und getröstet haben. Diese Dinge werden von der menschlichen Gerechtigkeit nicht geboten; denn keine Obrigkeit zwingt jemanden zum Spenden, Beherbergen, Kleiden und dergleichen. Doch wenn wir das nicht tun, werden wir mit den Böcken in die ewige Pein geworfen. Erst recht wird jedoch der, dem es übergeben ist, solches zu verkündigen, unter die Verdammten gerechnet, wenn er dies nicht tut.

Hiermit ist nun genügend dargestellt und belegt worden, dass man bei Strafe der Verdammnis verpflichtet ist, die göttliche Gerechtigkeit zu lehren

---

93   Zwingli denkt hier an eine Gruppe (vermutlich Ratsmitglieder), die der Predigt keine Kritik an öffentlichen Zuständen zugestehen wollte.

und auch keine Obrigkeit dies verbieten darf, sofern sie christlich sein will. Denn für die Gläubigen genügt es nicht, allein die menschliche Gerechtigkeit zu halten, deren Unvollkommenheit sie erkennen, sondern es treibt sie, sich je länger je mehr nach der göttlichen Gerechtigkeit zu gestalten. Und obschon sie wissen, dass ihnen die Erfüllung nicht möglich ist und Gott nicht in jedem gleich wirkt, ist dennoch die Sehnsucht da, im einen grösser als im andern, nachdem Gott sein Feuer in unseren Herzen angezündet hat. Denn «er wirkt in uns alle Dinge» [1Kor 12,6].

Der menschlichen Gerechtigkeit muss man sich auch nach Gottes Gebot unterziehen und ihr gehorchen, obschon sie eine derart armselige Gerechtigkeit ist, dass sie nichts anderes leistet, als das grösste Übel zu verhüten. Und dennoch ist der Mensch nicht gerecht, obschon er ihr nicht zuwiderhandelt; wenn er ihr aber zuwiderhandelt, versündigt er sich gegen Gott und den Menschen. Die menschliche Gerechtigkeit oder Obrigkeit ist nichts anderes als die ordentliche Staatsgewalt, die wir die weltliche Gewalt nennen; denn die sogenannte geistliche Gewalt hat für ihre Machtausübung keine Grundlage in der göttlichen Schrift. Denn die geistlichen Oberen soll niemand für etwas anderes halten als für Diener und Boten Gottes und Haushalter der Geheimnisse Gottes, d. h. für Verkünder des heilbringenden Wortes Gottes, dessen Verkündigung an alle Menschen erst zu den Zeiten Christi angefangen hat, davor aber den Heiden verborgen gewesen ist. Darum ist ihr Wesen ein Amt des Diensts am Evangelium und nicht eine Staatsgewalt oder Obrigkeit, wie wir in der Auslegung der Thesen ausreichend gezeigt haben. Dieser menschlichen Gerechtigkeit und Obrigkeit allein befiehlt uns Christus gehorsam zu sein: «Gebt dem Kaiser, was ihr dein Kaiser schuldig seid, und Gott, was ihr Gott schuldig seid» [Mt 22,21]. Christus will hier nicht befehlen, dass die ganze Welt dem Kaiser Gehorsam schulde, sondern dem vom Kaiser beherrschten Teil der Menschen befahl er Gehorsam gegenüber dem Kaiser. Hätte er das jüdische Volk unter dem babylonischen König angetroffen, so hätte er gesprochen: Gebt dem babylonischen König, was ihr ihm schuldig seid. Damit ist also jede Obrigkeit gemeint. Lebst Du z. B. unter dem König von Frankreich, so gib ihm, was Du schuldig bist. So gilt dies ausnahmslos. Denn Christus nimmt niemanden deshalb von der Unterstellung unter die Obrigkeit aus, weil er an ihn glaubt. Er weiss genau, dass wir derart zu Lastern geneigt sind, dass wir einen Zuchtmeister haben müssen. Darum hat er auch die Steuermünze [vgl. Mt 17,27] gegeben, obwohl er dazu nicht verpflichtet war, um nicht Unruhe und Ärgernis entstehen zu lassen.

[...] Paulus spricht in Römer 13,1–7 so: «Jeder Mensch soll den an der Spitze stehenden Obrigkeiten oder Oberen gehorsam sein. Denn es gibt keine Obrigkeit, die nicht von Gott wäre. Die bestehenden Obrigkeiten aber sind von Gott verordnet. Wer sich also der Obrigkeit widersetzt, stellt sich gegen die Ordnung Gottes. Die sich aber widersetzen, werden das entsprechende Urteil – bzw. die Verdammung – erhalten; denn die Oberen sind nicht ein Anlass zu Schrecken – bzw. Furcht – bei guten, sondern bei bösen Werken. Willst Du nun die Staatsgewalt nicht fürchten, so tue recht, dann wird die Staatsgewalt Dich preisen; denn sie ist eine Dienerin Gottes Dir zum Guten. Solltest Du aber böse handeln, so fürchte dich; denn sie trägt das Schwert nicht vergebens; sie ist eine Dienerin Gottes, die den, welcher übel handelt, mit Strenge bestraft. Darum muss es sein, dass ihr gehorsam seid, nicht allein wegen der Strenge der Strafe, sondern auch aufgrund des Gewissens. Deshalb bezahlt ihr auch Steuern; denn sie sind Diener Gottes und ständig um ihre Aufgabe bemüht. Darum gebt allen Menschen, was ihr ihnen schuldig seid. Wem ihr Steuern schuldig seid, dem gebt sie; wem ihr Zölle, Fuhren, Geleit schuldig seid, dem gebt sie; wem ihr Furcht und Ehre schuldet, dem gebt sie.» Obschon diese Worte von Paulus in sich klar sind, wollen wir sie trotzdem ausführlich behandeln; denn in ihnen wird nicht allein der Gehorsam gelehrt, sondern auch, was die Obrigkeit gebieten soll.

Erstens befiehlt Gott durch den Mund von Paulus, dass alle Menschen der Obrigkeit gehorsam sein sollen, denn alle Obrigkeit sei von Gott. Daraus merken wir, dass auch die bösen, gottlosen Oberen von Gott sind; gibt doch Gott solche Oberen, um unsere Sünde zu strafen: «Ich werde ihnen Kinder zu Fürsten geben, und die weibisch Gewordenen – d. h. die Weichlinge – werden über sie herrschen» [Jes 3,4]. Wie beurteilen wir nun die gegenwärtigen Zustände? Sehen wir nicht, dass die Christenheit voll junger, unbekannter Fürsten, Oberen und Vögte ist?[94] Woher sollten so viele Tumulte, Kriege und Empörungen entstehen, wenn nicht durch die jungen, hitzigen Herzen, die nicht genug Unternehmungen beginnen können, ohne dabei an den möglichen Ausgang zu denken? So können auch wir erfahren, dass Gottes Hand mit der Rute wirkt. Sie will uns wegen unserer Sünden strafen; denn die Fürsten und Oberen – obschon sie langsam in ein reiferes Alter kommen – sind meistens noch unerfahren und viele von ihnen Weichlinge. Mit ihrem Schmuck, ihrer Kleidung

---

94 Der deutsche Kaiser Karl V. war damals 24-jährig, der französische König Franz I. 29-jährig. Heinrich VIII. von England 32-jährig. Zum Vergleich: Zwingli war bei Abfassung dieser Schrift 39 Jahre alt!

und Hofhaltung steht es so, dass man beim Anschauen meint, sich eine Schar aufgeputzter Frauen anzusehen. Vom viehischen Prassen, Spielen und Fluchen und anderen unmenschlichen Vergehen will ich schweigen. Diese Mutwilligen sind eine Strafe Gottes; denn auch Salomo sagt: «Wehe dir, du Land, dessen König ein Kind ist und dessen Fürsten schon früh prassen» [Pred 10,16]. Hier sehen wir unser Leid vor uns; denn überall trachten Kinder nach der Herrschaft, und die, die keine Kinder an Jahren mehr sind, die sind mehrheitlich Tag und Nacht so betrunken, dass sie schlimmer sind, als wenn sie Kinder wären. Lässt man sie so weit kommen, so wird man auch einmal die Früchte ernten. Bevor es jedoch so weit ist, befiehlt Gott ihnen gegenüber Gehorsam; denn er will unsere Sünde mit ihnen strafen: «Die Knechte sollen mit aller Furcht ihren Herren gehorsam sein, nicht allein den guten und freundlichen, sondern auch, wenn sie anders – bzw. schlecht – sind» [1Petr 2,18].

[...] Zweitens folgt in den Worten von Paulus: «Die Oberen sind nicht ein Anlass zu Schrecken – bzw. Furcht – bei guten, sondern bei bösen Werken.» Hier hören wir zuerst, dass die bösen Seelen, die aber nicht offenkundig sind, von den Oberen nicht gestraft werden können, denn sie können diese nicht erkennen, bis sie zur Tat geschritten sind. Darum spricht Paulus nicht, dass sie die bösen Gedanken schrecke oder peinige, sondern die bösen Taten. Wir ermessen daran aber, dass die menschliche Gerechtigkeit eine armselige Gerechtigkeit ist, obwohl man sie so nötig hat wie das Essen; denn sie kommt und straft erst, nachdem das Übel ausgebrochen ist, das aber vorher in der Seele schon lange vollbracht ist, was jedoch nur Gott allein erkennt. Wer jedoch Mord, Verrat und weitere solche Vergehen vorbereitet und nicht ausgeführt hat, wird unter die zu strafenden Täter gerechnet; denn was einer mit anderen vorzubereiten gewagt hat, ist bereits greifbar geworden und der Anfang der Tat. Dies sage ich der Streitsüchtigen wegen. Dass aber die Oberen nicht ein Anlass zu Schrecken und Furcht sind für die, die gut handeln, muss nun auch dadurch begründet sein, dass sie wissen, welches gute Werke sind und welches böse. Wo sollen sie das lernen ausser im Wort Gottes? Darin finden sie die untrügliche Wahrheit. Darum dient keine Lehre der Regierung oder Obrigkeit besser als die Lehre Christi, denn sie lehrt, was gut, was böse sei; und lehrt nicht allein äusserlich gerecht zu sein, sondern führt den Oberen zusammen mit den Untertanen zu inwendiger Gerechtigkeit und grösserer Vollkommenheit, als es die menschliche Gerechtigkeit fordert, und zeigt damit beiden, was böse, was gut sei; sie macht sie auch darüber einer Meinung, nicht dass einer etwas für gut hält, was der andere nicht dafür halten will.

[...] Drittens folgt, dass die Staatsgewalt den, der recht tut, loben soll, wie sie auch den Übeltäter straft. Man wäre gegenwärtig schon zufrieden, wenn manche Regierungen niemanden lobten (wie es jetzt der Fall ist), wenn nur die Rechtlichen beschützt würden. So steht meiner Ansicht nach «loben» hier für «mehren, fördern und beschützen». Denn es gehört zur Aufgabe der Staatsgewalt, die Unschuldigen und die hilflose Schar der Witwen, Waisen und Unterdrückten zu beschützen [vgl. Jes 1,17].

Viertens: Die Obrigkeit ist «eine Dienerin Gottes dir zugute»; denn er will ja, dass wir ein Leben in Frieden führen, auch wenn wir sonst nicht seiner Gerechtigkeit entsprechend leben. So lehrt auch Paulus im 1. Timotheusbrief 2,1–2, ernstlich «für die Obrigkeit zu bitten, damit uns Gott verleihe, ein stilles Leben in Frieden zu führen in aller Gottesfurcht und Ernsthaftigkeit». So dient die Obrigkeit Gott, wenn sie die stossenden Widder hindert, denen die hilflosen Schafe sonst nicht gewachsen wären, d. h. vor denen behütet, die in ihren Gelüsten und Begierden so unsinnig frevlerisch sind, dass sie es wagen, ihrem Nächsten Unrecht zuzufügen, nur um ihren Gelüsten Genüge zu tun. Also ist es ein Gottesdienst, wenn man die Bösen straft.

Fünftens: «Solltest Du aber böse handeln, so fürchte dich.» Es ist Dir vorher genügend gesagt worden, auf welchem Weg die Obrigkeit erkennen kann, was gut oder böse sei. Nun hören sie noch einmal, dass ihnen nur der Böse zur Bestrafung übergeben ist. Darum, rechtschaffene Obere, lasst eure Hände von der Bestrafung der armen Schäflein Christi. Wenn sie nicht wider Gott handeln, so handelt auch ihr nicht wider Gott, indem ihr seine unschuldigen Schäflein ohne Grund antastet und betrübt. Denn jeder Obrigkeit wird in der ganzen Schrift ernstlich gedroht, wenn sie die Unschuldigen quält oder bestraft. Lies Micha 3 und 7.

Sechstens: «Denn sie trägt das Schwert nicht vergebens, sie ist eine Dienerin Gottes, die den, welcher übel handelt, mit Strenge richtet bzw. straft.» Hier bestimmt Paulus die Pflicht der Oberen oder Richter, das Schwert zu tragen, um zu zeigen, was ihr Amt ist, damit sie von den Bösen gefürchtet und von den Guten geliebt werden. Sie strafen streng, nicht weil sie strenger oder härter strafen sollen, als die Schuld es verdient, sondern «streng» heisst hier so viel wie: Nachdem es der Mensch wagen durfte, derart unverschämt in äusserliches Unrecht zu verfallen, dass er damit seinen Nächsten geschädigt hat, soll auch der Richter bei einer schweren Missetat mit seiner äusserlichen Strafe hart zuschlagen und nicht sanft zureden, wie es Eli fälschlicherweise tat [vgl. 1Sam 2,22–25]. Man sieht auch an dieser Stelle, dass diese Darstellung der Obrigkeit den Papst und sein Gesindel nichts angeht; er trägt kein Schwert und soll auch keines tragen. Denn Christus hat Petrus befohlen, sein Schwert einzustecken, und den Jüngern geboten, keinen Stab, mit dem sie dreinschlagen könnten, mit sich zu tragen, auch wenn er ihnen einen Stab zur Stütze auf dem Weg erlaubt hat [vgl. Mk 6,8]. Dass der Papst aber das Schwert zückt und damit ficht, sagt mir zuverlässig, dass er durch das Schwert umkommen werde, wann immer das Gott auch verfügt. Denn Christus lügt nicht.

Siebtens sagt Gott weiter durch Paulus: «Darum muss es sein, dass ihr gehorsam seid, nicht allein wegen deren Strenge, sondern auch um der Gewissen willen.» Was vermögen alle Päpstler gegen dieses starke Wort? Gott spricht: Es muss sein, dass ihr der Staatsgewalt gegenüber, die das Schwert trägt, gehorsam sein müsst, d. h. in denjenigen Dingen, die das leibliche Leben, Gesellschaft und menschliche Beziehungen, ja überhaupt die menschliche Gerechtigkeit betreffen. Hörst Du nicht, Papst und Päpstin: Es muss sein. So steig also herab und sei dem Wort Gottes gehorsam; höre auf das, was Dir der sagt, der das Schwert trägt, und mische Dich nicht in die menschliche Gerechtigkeit. Christus wollte sich auch nicht hineinmischen. Denn «als einer zu ihm sprach: ‹Meister, sag meinem Bruder, er solle das Erbe mit mir teilen›, gab er zur Antwort: ‹Wer hat mich zum Richter oder Erbteiler über euch gesetzt?›» [Lk 12,14]. Er sprach auch zu Pilatus: «Mein Reich ist nicht von dieser Welt. Wäre mein Reich von dieser Welt, würden meine Diener ohne Zweifel für mich kämpfen ...» [Joh 19,36]. Höre also, o Papst, dass Christus nicht will, dass für ihn gekämpft werde. Weiter: Was wollt ihr Päpstler zu dem sagen, was Gott durch den Mund von Paulus sagt: Ihr sollt nicht nur aus Furcht vor der Strafe, sondern wegen des Gewissens der Staatsgewalt gehorsam sein, weil es Gott befohlen und selbst getan hat. Christus wollte, dass seine Mutter ihren Namen in Betlehem auf die Steuerliste setze; hat dem Kaiser die Steuermünze gegeben; er hat euch befohlen: «Gebet dem Kaiser, was ihr ihm schuldig seid ...» [Mk 12,17]. Wer nun gegen Gott handelt, verletzt sein Gewissen. Das Gewissen wird nur dann verletzt, wenn es weiss, dass es gegen Gott gehandelt hat. Es weiss aber, dass es dann gegen Gott handelt, wenn es seinem Wort nicht folgt; es weiss das aber nicht, wenn es nicht zuerst an Gott glaubt, d. h. dass es einen Gott gibt und dass er sein Gott ist, und so auch seinem Wort glaubt. Hieraus könnt ihr schliessen, ihr Päpstler, dass ihr ungläubig seid. Denn glaubtet ihr an Gott und daran, dass er euer Gott ist, so würdet ihr auch seinem Wort glauben. Glaubtet ihr seinem Wort, würde euer Gewissen verletzt, wenn ihr gegen sein Wort handeltet. Wenn ihr nun gegen das Wort Gottes nach menschlichen Massstäben herrschen wollt, zeigt dies, dass ihr kein Bewusstsein von Gott habt. Hättet ihr gottesfürchtige Gewissen, würdet ihr eure Machtentfaltung nicht verteidigen – denn ihr würdet wohl sehen, dass sie gottwidrig ist –, sondern euch unterordnen, wie das ein jeder Sünder tut: Er sündigt wohl, aber er bekennt, ein Sünder zu sein, und ist darum nicht gottlos. Dass ihr aber wagt, gegen das klare Wort Gottes zu kämpfen, zeigt deutlich, dass ihr gottlos seid. Ihr Christenmenschen, seid alle der Obrigkeit gehorsam, die uns die menschliche Gerechtigkeit bewahrt, damit wir ein stilles Leben in Frieden führen können! Seid auch, ihr Oberen, so bemüht um das Rechte und Gute, dass ihr nichts gebietet, was gegen Gott ist! Sonst würdet ihr die Menschen in ihrem Gewissen verletzen und gegen euch aufbringen, im Gegensatz zu den Handlungen gegen das Gewissen, die Menschen begehen, die euren rechtmässigen Geboten nicht gehorchen. Als Zusammenfassung sage ich: Es ist eine Sünde für dich, Papst und Bischof, Priester, Mönch und Nonne, wenn Du der Obrigkeit, die das Schwert trägt, nicht gehorsam bist. Dieses Wort vermögt ihr mit all euren Kräften nicht ausser Kraft zu setzen.

Achtens: «Deshalb bezahlt ihr auch Steuern; denn sie sind Diener Gottes und ständig um ihre Aufgabe bemüht.» Hier hören wir, dass wir denjenigen, die die menschliche Gerechtigkeit verteidigen, Steuern zu ihrem Unterhalt schuldig sind. Da lässt sich die Obrigkeit allerdings nichts entgehen! Sie sahnen überall diesem Wort entsprechend so tüchtig ab, dass viel eher die Gefahr besteht, sie könnten zu viel verlangen als zu wenig. Es gibt viele Obere, denen man gerechterweise eine Grenze setzen müsste, so masslos benehmen sie sich gegen ihren Schutzbefohlenen. Sie sind ebenso gottlos wie die Päpstler. Dennoch soll man sie dulden, bis Gott selbst ein Einsehen mit uns hat. Er wird es bestimmt fügen. Wenn ihr Oberen nicht ernstlich darauf seht, die Bösen zu strafen und die Rechtschaffenen zu beschützen, dann spannt ihr das Seil bis zum Zerreissen. Man muss dann bald befürchten, die Katze[95] sei das Nötigste im Haus. Unter vielen Oberen bestehen Missbräuche, die Strafe und Besserung so nötig hätten wie manche Geistliche. Wenn sie sich aber einfach nicht bessern, sondern auf ihre Stellung pochen, wird sich Gott allerdings nach einem Rächer für sein Volk umsehen, müsste er ihn auch aus der Ferne herbeiführen; er hat solche auch über die Kinder Israels gebracht, die ihnen ihren Lohn gegeben haben.

Neuntens sagt Gott durch Paulus: «Darum gebt allen Menschen, was ihr ihnen schuldig seid.» Hier hört man von dem Mutwillen der Feinde Christi, die überall schreien, man lehre mit dem Evangelium, dass man niemanden bezahlen solle. Gott fordert aber, man müsse jedem geben, was man ihm schulde. Nun kommt die Schuld daher, dass wir das Gebot Gottes: Du sollst Deinen

---

95   D. h. das Haus sei ausgeplündert bis auf die Mäuse.

Nächsten so lieb haben wie Dich selbst, nicht halten. Denn wenn wir es hielten, würde der, der etwas übrig hat, von sich aus dem Mangelleidenden helfen. Weil wir das aber nicht halten, sind die Früchte und Schätze dieser Welt Privateigentum der Menschen geworden und jeder behält für sich, was Gott freigegeben hat, ohne dass wir es kaufen müssten. Denn was geben wir ihm für die Früchte, die er uns täglich gibt? Daraus, dass alles zu Privateigentum geworden ist, lernen wir alle, dass wir Sünder sind. Wenn wir auch von Natur aus nicht ruchlos wären, so wäre doch das Eigentum Sünde genug, dass Gott uns verdammte. Denn was er uns unentgeltlich gibt, machen wir zu Eigentum. Vor dieser Sünde ist selbst der Bettler nicht sicher; denn ein jeder Mensch ist auf seine Weise eigennützig. Damit nun aus dem Vorhandensein des Eigentums nicht Unruhe oder Übel entstehe, gebietet Gott im Blick auf unsere Urverdorbenheit: Du sollst niemandes Gut begehren. Hier sehen wir wohl, dass dieses Gebot erst auf das Entstehen des Eigentums hin gegeben werden musste. Auch dieses Gebot ist uns noch zu schwer. Unser Fleisch hält es nicht. Darum gibt Gott das elementarste Gebot in Bezug auf das zeitliche Gut: Du sollst nicht stehlen. Hielten wir das «Du sollst niemandes Gut begehren», so bedürfte man des Gebots «Du sollst nicht stehlen» nicht. Wer aber diese übertritt, der verletzt die armselige, aber notwendige menschliche Gerechtigkeit und verletzt auch die göttliche. Deshalb fällt er in die Hände der Menschen wie auch in die Hand Gottes. Damit nun wenigstens die strafende Hand der Menschen vermieden und die menschliche Gemeinschaft in Frieden erhalten werden, befiehlt uns Gott, allen Menschen zu geben, was wir ihnen schulden.

Ich will hier von viererlei Schulden reden: von der Schuld, die von Kauf und Verkauf kommt; von der Schuld der Zehnten; von der Schuld der Zinsen und der Schuld des Wuchers.[96]

---

96 Zwingli unterscheidet zwischen «Zinsen» und «Wucher». «Wucher» meint das Geldleihgeschäft im Allgemeinen oder dann das Ausleihen von Geld für Zinsen sowie den entsprechenden Zins selbst. Mit «Zins» sind die Abgaben gemeint, die für Grundpfanddarlehen, den sogenannten *zinskouff*, erhoben wurden. Diese Darlehen konnten Gülten (ablösbar) oder Renten (nicht ablösbar) sein. Wenn der Schuldner Gülten nach einigen Jahren nicht fristgemäss kündigte oder kündigen konnte (weil er den Betrag nicht zurückzahlen konnte), wurde daraus eine unablösbare Verpflichtung. Zusammen mit den anderen «ewigen» Abgaben an den Grundherrn resultierte zu Zwinglis Zeit daraus eine Zinsbelastung des bäuerlichen Privateigentums von 19,5% vom Wert des Landes. Wir übersetzen sowohl «Zins» als auch «Wucher» in der Folge mit «Zins», entsprechend dem heutigen Sprachgebrauch, ausser dort, wo mit «Wucher» das Geldverleihen beziehungsweise der Geldverleiher gemeint ist.

In Bezug auf Schulden aus ordentlichem Kauf und Verkauf gibt es hoffentlich keinen Christenmenschen, der meinte, er müsste das nicht bezahlen, was er versprochen und wofür er den Gegenwert in Empfang genommen hat. Wer dieser Meinung wäre, wollte unbedingt ein Räuber oder Dieb sein und fiele gerechterweise in die Hände der Obrigkeit, nebst dem, dass er vor Gott ein Dieb wäre. Wo aber Betrug bei einem Kauf vorkommt, weiss jede Obrigkeit genau, wie sie die Entschädigung regeln soll. Es gäbe hier noch vieles über die Vereinbarungen bei Verkauf, Verpachtung, Verpflichtungen usw. zu sagen. Diese Schuld ist man vor Gott und den Menschen verpflichtet zu bezahlen.

Betreffend die Zehnten: Von den Zehnten, die weltliche Grundeigentümer beanspruchen können, die den Boden um den achten, neunten oder zehnten, ja manche um den fünften Teil des Werts verpachtet haben, will ich an dieser Stelle nicht sprechen. Aber von Zehntenrechten, die den Geistlichen zukommen oder von ihnen aufgekauft worden sind (obschon die betrügerischen Päpste ihrem eigenen Recht zuwider gehandelt haben, indem sie die Zehnten in die Hand von Laien kommen liessen, entgegen dem kanonischen Recht[97]. Die rechtschaffenen Leute haben jedoch ihr Kapital dafür gegeben und geglaubt, wenn es der Papst so geschehen lasse, sei es rechtsgültig; deshalb schuldet man ihnen diesen Zehnten als gültige Schuld; denn sie haben ihn gekauft. Was aber eine Obrigkeit hier tun könnte, wird bald gesagt werden!), sage ich also, dass jeder sie zu leisten schuldig ist, so lange eine Obrigkeit dies überhaupt befiehlt. Die Obrigkeit kann auch den Ungehorsamen strafen, wenn er nicht bezahlen will; denn bei den Magistraten ist es eine allgemeine Übereinkunft, die allen Käufen zugrunde liegt, dass die Güter, je nachdem ob sie von Zehnten frei sind oder nicht, auch entsprechend billig oder teuer verkauft worden sind. Wer nun entgegen dieser allgemeinen Übereinkunft der Obrigkeit den Zehnten nicht geben wollte, der würde für sich mehr Recht beanspruchen, als ihm durch den ehrlichen, gültigen Kauf gegeben wurde, den die Obrigkeit für rechtmässig abgeschlossen hält. In diesem Fall widersetzte er sich der Obrigkeit; und wer sich der Obrigkeit widersetzte, widersetzte sich Gott, wie vorher klargemacht wurde. Sofern aber eine Regierung insgesamt, die hier zuständig ist, erlaubte, die Zehnten nicht mehr zu entrichten, so müsste dieselbe Regierung zuvor auch beschliessen, dass die Zehntenberechtigten entschädigt würden, weil sonst die Inhaber der Güter etwas erhielten, das sie sich nicht mit dem Kauf erworben

---

97 Die Artikel des Kodex des römischen Kirchenrechts (*Codex iuris canonici*), auf die Zwingli mit Abkürzungen im Text verweist, finden sich abgedruckt in Z II, 512, Anm. 7.

hätten [D. h. ein zehntenfreies Gut]. So lange dies jedoch nicht geschieht, soll jeder den Zehnten abliefern, wie es die Obrigkeit befiehlt, und keiner für sich selbst irgendetwas mit Gewalt unternehmen. Sonst würde er als Räuber oder Dieb beurteilt. Es ist aber die Pflicht der Obrigkeit, dafür zu sorgen, dass die Zehnten nicht missbraucht werden, und wo dies geschieht, für Abhilfe zu sorgen. Kurz: Straft sie diesen Missbrauch nicht, ist sie eine ungerechte Obrigkeit. Hier soll sie sich durch niemanden irreführen lassen. Es kann ja jeder ermessen, dass dort, wo ein dauernder Missbrauch eingerissen ist, zuletzt ein Weg gefunden wird, ihn abzuschaffen; oft geschieht dies dann aber eher mit Ungestüm und Aufruhr als nach reiflicher Überlegung. Ich erkläre mich bereit, diese kurze Darstellung mit der Schrift zu belegen.

Auch die Zinsen ist man nach Gottes Gebot verpflichtet zu bezahlen: Ihr sollt allen Menschen geben, was ihr ihnen schuldig seid. Denn sobald das Privateigentum eingeführt worden ist, kann eine Obrigkeit niemanden zwingen, dass er das Seine ohne Erwartung einer Gegenleistung oder eines Nutzens ausleihe. Allerdings sind wir dazu trotzdem nach Gottes Gebot verpflichtet; deswegen nennt Christus den Reichtum ungerecht oder unrechtmässig [vgl. Lk 16,9], weil ohne Zweifel der Boden und die Früchte der Erde Gottes Eigentum sind [vgl. Ps 24,1] und er sie uns ohne Entgelt besitzen und nutzen lässt. Wir machen aber zu unserem Eigentum, was Gott gehört. Das lässt Gott insofern zu, als wir dennoch deswegen seine Schuldner sind und so auch schuldig, das zeitliche Gut allein nach seinem Wort und Befehl zu gebrauchen. Diese Schuld verschwindet nie. Deshalb ist jeder, der das zeitliche Gut nicht nach Gottes Willen gebraucht, vor Gott ungerecht, auch wenn er es nicht der menschlichen Gerechtigkeit zuwiderlaufend gebraucht. Christus hat darum den Reichtum angemessenerweise ungerecht genannt, einmal, weil wir zu Eigentum machen, was Gott gehört, zum anderen, weil wir das, was Gott gehört und worüber er uns Verwalter sein lässt, nicht nach seinem Willen gebrauchen. So sind also auch alle Zinsen gegen göttliches Recht.

Erstens: Aller Reichtum ist ungerecht – daraus ersehen wir, weshalb Christus gesagt hat, leichter könne ein Kamel durch ein Nadelöhr gezerrt werden, als dass ein Reicher in das Himmelreich eingehe [Mk 10,25]. Es soll niemand deswegen verzagen: Gottes Gnade ist grösser als unsere Missetat. Doch können wir ganz einfach nicht leugnen, dass alle Reichtümer Gott gehören und müssen sie immer zum Dienst nach dem Willen Gottes bereithalten, ja sein, als hätten wir sie nicht; sonst kann ich nicht verstehen, wie ein Reicher gläubig sein sollte, wenn er sein Herz beim zeitlichen Schatz hat. Er hat es aber dort, wenn er ihn nicht nach dem Willen des Herrn ständig bereithält und ihn nicht demgemäss verwendet. Das kommt dann davon, weil er den Schatz über Gott stellt. Wenn er nun auf diese Weise nicht gläubig ist, kann er auch nicht selig werden.

Zweitens: Die Zinsen sind nicht nach göttlichem Recht, weil uns Gott befiehlt, zu verleihen oder Darlehen zu geben, ohne etwas dafür zu erwarten [vgl. Lk 6,35; Ex 22,25]. Weil nun die Menschen das, was sie zu Eigentum gemacht haben, den Bedürftigen nicht ohne Nutzen oder Gegenleistung überlassen wollten, hat die armselige menschliche Gerechtigkeit zugestanden: Der Entleiher soll dem Ausleihenden von dem, was als Sicherheit für das Darlehen dient, entsprechend der Höhe der Summe einen Anteil vom Ertrag zukommen lassen, je nach der Anzahl der gewachsenen Früchte. Ist das Gut z. B. hundert Gulden wert, und der Entleiher belastet es mit einem Darlehen von fünfzig, so muss er den halben Ertrag dem Gläubiger überlassen. Hat er es mit fünfundzwanzig belastet, ist er den vierten Teil an Früchten schuldig usw. So müssen es die Juristen begründen, wenn sie den Zins mit dem Argument verteidigen wollen, er sei ein Früchtekauf. Und wirklich, nach dem Massstab der menschlichen Gerechtigkeit wären solche Zinsen keine grosse Belastung, wenn sie auf diese Weise gehandhabt würden, obschon sie vor Gott nichtsdestoweniger ungerecht sind, wie vorhin ausgeführt worden ist. Aber dass jemand von einem Gut oder Acker oder Weingarten einen Zins leisten muss, den ihr Juristen einen Früchtekauf oder Fruchtnutzen nennt, unabhängig davon, ob er einen Ertrag hat oder nicht, das geht doch wirklich zu weit. Es erstaunt mich wirklich, dass die Teilnehmer der Konzilien zu Konstanz bzw. Basel auch in Bezug auf menschliche Gerechtigkeit so unbesonnen gewesen sind, eine derartige Ungerechtigkeit zuzulassen,[98] die sogar ungläubige Fürsten ihrem Volk nicht zumuten möchten. Warum haben sie nicht auf das Wort Christi geachtet: Ihr sollt ausleihen und nichts dafür erwarten? Wie konnten die betrügerischen Priester es nur wagen, darüber zu reden und zu verhandeln, die gerechterweise die Fürsten hätten davon abschrecken sollen, wenn diese solches im eigenen Interesse vorgebracht hätten? Aber dass sie sich nicht mit Zehnten begnügt haben, sondern sich selbst auch Zinsnehmen erlaubten, zeigt mir klar, dass sie dieses schädliche Zinsnehmen eingeführt haben. Sieh, wo sind jetzt die verlogenen Schwätzer, die sagen: Ja, die Konzile versammeln sich im Heiligen Geist! Widerspricht denn der Heilige Geist den Geboten Gottes?

Doch da die allgemeine Übereinkunft den Zinskauf kennt und mit Vertrag und Siegel der Obrigkeit bestätigt, so soll jeder von dem Kapital, das er wohlüberlegt unter diesen Bedingungen angenommen hat, den Zins leisten,

---

98 Die entsprechenden Konzilsdekrete sind aufgeführt in Z II, 517, Anm. 6.

sonst würde er den menschlichen Frieden stören. Das gilt aber nur für diejenigen Zinsen, die nach der Vorschrift der menschlichen Gerechtigkeit auf 5% festgesetzt wurden – wobei dies die Bezeichnung «menschliche Gerechtigkeit» nicht einmal wirklich verdient, denn diejenigen, die den Zinskauf festgesetzt haben, haben weder das Wort Gottes noch das Gesetz der Natur berücksichtigt. Die Verweigerung des Zinses wäre eine Sünde gegen Gott, der befiehlt, jedem zu geben, was man ihm schuldig ist. Die Obrigkeit sollte aber ernstlich gegen den Missbrauch bei den Zinsen einschreiten. Mein Rat wäre – und ich rate hier als ein Mensch, wie es Paulus auch den Korinthern gegenüber tat [vgl. 1Kor 7,12]; denn wenn ich Gottes Wort lehren soll, so spreche ich: Ihr sollt ausleihen und nichts dafür erwarten! –: Weil ich sehe, dass wir von der Vollkommenheit der göttlichen Gerechtigkeit nichts wissen wollen, rate ich: Alle, die Zins zu beanspruchen haben, sollen den Wert des Gutes, das mit dem Darlehen belastet ist, schätzen lassen und danach jährlich entsprechend der ausgeliehenen Summe einen Teil der Früchte entgegennehmen. Sonst befürchte ich sehr, dass sich viele Menschen mit dem Zinsnehmen noch mehr ins Unrecht setzen, als man es der menschlichen Schwäche zugestehen kann, sodass sie vor Gott Betrüger aus wohlüberlegter Bosheit gescholten werden müssen. Andererseits – jetzt sage ich Gottes Wort – braucht niemand sich zu sorgen, wie er sein Leben erhalten soll. Gott speist die Raben und andere Vögel, die nicht sammeln noch Vorräte aufhäufen; er kleidet die Blumen auf dem Felde. Wie viel mehr wert sind wir in den Augen des Herrn? Also wird er auch uns und unsere Kinder speisen.

Diese grossen Missbräuche kommen alle aus Unglauben und fehlender Gotteserkenntnis. Er wolle alle Menschen erleuchten, damit sie ihn erkennen und mehr als alle anderen Dinge lieben, dann werden diese Mängel oder Nachteile ohne Sorgen dahinfallen. Amen.

Aber die Zinsen, die nicht nach gesetzlichen Bestimmungen vereinbart werden, soll man nicht anders als nach der Höhe der Darlehenssumme entrichten. Das ist so zu verstehen: Es gibt Geizhälse, die bei einem Darlehen zu 15% denselben Betrag verlangen wie bei 20%. Und es finden sich Obere, die einen solchen Zinskauf mit Vertrag und Siegel bestätigen. Hier handeln die Oberen im Widerspruch zu ihrer eigenen Gerechtigkeit und missbrauchen ihre Macht. Darum sind sie dem Belasteten, auch wenn er sich schriftlich verpflichtet hat, Hilfe schuldig, damit ihm nicht mehr abgenommen werde, als ihre armselige Gerechtigkeit bestimmt hat; denn Unaufrichtigkeit und Betrug soll den Betrüger selbst treffen. Und auch wenn sie dies tun, sind sie dennoch nicht gerecht, sondern schaffen nur den grössten Schmutz weg, und es bleibt davon noch immer zu viel übrig. So kann ein jeder, der so unrechtmässig belastet ist, deswegen bei Gericht klagen.

Das ist mein Standpunkt in dieser unsauberen Angelegenheit der Zinsen. Nun streuen aber meine Feinde gegen mich Gerüchte aus, ich lehrte, man solle keine Zinsen abliefern. Und doch schreie ich dauernd hierzu: Wer ein Darlehen mit Zins aufgenommen hat, sei ein Dieb, wenn er das Versprochene nicht abgeben wolle, sofern der Zinskauf ordnungsgemäss im Rahmen der geltenden Regeln erfolgt ist. Ich muss auch oft gegen meinen Willen darüber reden, um denen den Mund zu verschliessen, die sich getrauen, alle Laster zu verteidigen und alles Unrecht zu vermehren. Alle meine Mühe bringt es gerade so weit, dass die Darlehensgeber sich nicht dreimal gegen Gott versündigen. Denn wer auch immer auf die Seligkeit der Menschen achthaben soll, soll allen Schaden für die Seelen verhüten, oder die Verlorengegangenen werden von ihm gefordert. Wenn er nicht allen Schaden verhüten kann, soll er dennoch mit Wehren nicht aufhören; vielleicht verhütet er ab und zu wenigstens grösseren Schaden.

Vom Geldgeschäft sage ich Folgendes: Wo eine Obrigkeit das Geldgeschäft zulässt, ist der, der Geld aufnimmt, verpflichtet, den Zins zu bezahlen. Es sollte aber keine Obrigkeit so unredlich gegenüber ihren Untertanen handeln, dass sie Juden oder andere Geldverleiher, die ganz oder teilweise den Zinseszins anwenden, duldet. Sofern nun die Obrigkeit das Geldgeschäft nicht duldet und auch nicht darüber Recht spricht, muss man den Zins auch nicht entrichten. Ja, die Obrigkeit soll die Gläubiger und Schuldner bestrafen, wo ihr solche Geschäfte bekannt werden, obschon man das entliehene Kapital zurückerstatten muss, ausser die Obrigkeit entscheide anders. Diesen Kram findet man bei den menschlichen Rechtsgelehrten – wenn ich mich recht erinnere –, auf die ich mich in diesem schmutzigen Geldgeschäft berufen muss; denn Gott ist es so widerwärtig, dass er es nirgends dulden will. Dennoch ist die Obrigkeit dazu eingesetzt, in der Regelung dieser Dinge der göttlichen Gerechtigkeit so nahe zu kommen, wie es ihr möglich ist. Sie ist auch verpflichtet, jede solche gottwidrige Unterdrückung abzuschaffen, sofern es ohne grösseren Schaden möglich ist. Um nun alles kurz abzuschliessen: Der Mensch soll die menschlichen Beziehungen wegen zeitlichen Gutes in keiner Weise zerrütten, sondern wenn ihn ein Unrecht bedrückt, das er im Blick auf Gottes Wort nicht zulassen will, so soll er es allein mit Hilfe der rechtmässigen Staatsgewalt in Ordnung bringen und es nicht dulden, dass die Lehre Christi aufrührerisch kritisiert werde. Die Obrigkeit soll aber auch mit scharfem Blick darauf achten, alle derart widergöttlichen Missbräuche abzuschaffen; oder aber das dauernde Erdulden des Unrechts, gegen das nicht eingeschritten wird, verwandelt sich schliesslich in blinde Wut. Wie kann eine ehrbare Obrigkeit den Mutwillen der erwähnten Geistlichen dulden? Wie kann sie zusehen, wie ihr armes Volk von Geldverleihern und Schuldeneintreibern zugrunde gerichtet wird? Darum lässt Gott das Licht seines Wortes wiederum leuchten, damit man den Schmutz einmal wegwische und sauber mache.

Zehntens sagt Paulus: «Wem ihr Steuern schuldig seid, dem gebt sie; wem ihr Zölle, Fuhren oder Geleit schuldig seid, dem gebt sie; wem ihr Furcht und Ehre schuldet, dem gebt sie.» Diese Worte sind klar; sie gehen auch alle Menschen an. Ich kümmere mich auch nicht um die Freiheit der Geistlichen von Abgaben; man gewähre ihnen Zoll- und Steuerfreiheit oder auch nicht, doch ohne Benachteiligung der anderen Menschen, was aber kaum möglich ist. Hier handle jede Obrigkeit nach Gutdünken. Aber ich werde bereitwillig darlegen, dass ihre Steuerfreiheit sich auf kein göttliches Recht oder Gebot berufen kann.

Zusammengefasst gilt: Das göttliche Wort soll über alle Menschen herrschen. Es soll ihnen vorgeschrieben, verkündet und getreulich offenbart und ausgelegt werden. Wir sind schuldig, ihm nachzukommen. Unserer Ohnmacht aber hilft allein die Gnade Gottes durch unseren Herrn Jesus Christus usw. Denn je mehr wir unserer Schuld und Ohnmacht bewusst werden, desto mehr werden wir der Vollkommenheit und Allmacht Gottes bewusst; desto mehr finden wir aber auch die Liebe und Zuversicht zu seiner Gnade, was uns rechtschaffener und gottesfürchtiger macht wie nichts sonst. Weil sich aber daneben manche finden, die aus Gottlosigkeit und Unglauben nicht auf Gottes Wort hören und nicht danach leben, hat Gott uns auch elementarste Gebote gegeben; nicht dass wir durch die Einhaltung derselben gerecht seien, sondern damit trotz allem das menschliche Zusammenleben erhalten bleiben und beschützt werden könne, und er hat Wächter eingesetzt, die ernstlich darauf achten sollen, dass nicht auch noch der letzte Zipfel der armseligen menschlichen Gerechtigkeit weggerissen werde. Diese Wächter sind die gesetzmässige Obrigkeit, die aber eben diejenige ist, die das Schwert trägt, d. h. die wir die weltliche Obrigkeit nennen. Ihr Amt ist es, alle Dinge nach dem göttlichen Gebot zu führen, wenn es uns schon nicht möglich ist, nach dem göttlichen Willen zu leben. Darum soll sie alles, wofür weder im göttlichen Wort oder Gebot noch in der menschlichen Gerechtigkeit eine Begründung gefunden werden kann, abschaffen und als falsch, unrechtmässig und ungerecht auch nach menschlicher Gerechtigkeit behandeln.

Ich will diese Darstellung noch einmal kurz zusammenfassen und die göttliche und menschliche Gerechtigkeit einander zuordnen.

1. Gott ist das höchste, vollkommenste Gut;

2. will sich allen Geschöpfen offenbaren und ihnen ohne Gegenleistung zu Nutzen sein;

3. ist weder eigennützig noch Gelüsten unterworfen.

Er fordert darum, dass auch wir so seien; denn er spricht: «Ihr sollt vollkommen sein, wie euer himmlischer Vater vollkommen ist» [Mt 5,48].

Wollen wir nun vor sein Angesicht kommen, so müssen wir

1. vollkommen, d. h. klar, rein, schön, ohne alle Urverdorbenheit sein,

2. und nicht meinen, wir könnten selbst über uns verfügen, sondern wissen, dass wir Gott gehören, und wenn Gott, dann auch dem Nächsten;

3. nicht auf sich selbst bedacht sein, auch nicht von Gelüsten befallen, weder von Habsucht noch Ehrgeiz noch Wollust.

Wir sollen auch vor allen anderen Dingen das Reich Gottes und seine Gerechtigkeit suchen, d. h. so gerecht werden, wie er gerecht ist. Das ist uns aber unmöglich. Darum versichert er uns seiner Gnade durch seinen Sohn, den er für uns in den Tod gegeben hat. Das ist das Evangelium. Weil wir nun eine solche Gerechtigkeit, wie Gott sie von uns fordert, nicht erreichen können, und uns dennoch befohlen wird, vollkommen zu sein, so folgt daraus, dass man das, was Gott befiehlt, uns ohne Unterlass offenbaren soll, damit wir mit unermüdlichem Fleiss immer in allem Guten wachsen und dabei nicht wegen unserer Leistungen hochmütig werden sollen; denn das von Gott geforderte Mass haben wir noch nie erreicht. Deswegen hat Gott auch elementarere Gesetze gegeben, unter denen wir miteinander einträchtig leben sollen, so wie Christus auch den Juden sagt [vgl. Mt 19,8], dass Mose ihnen wegen ihrer Härte die Ehescheidung zugestanden habe, obwohl es am Anfang nicht so gewesen sei. Beachte diese Stelle gut! Wir bleiben nun trotzdem schuldig, nach der göttlichen Gerechtigkeit zu leben. Wir vermögen es aber nicht; denn wir sind

1. von Natur aus böse und finsterer Art [vgl. Gen 8,21].

2. Wir wollen nicht anderen Menschen gehören, sondern alles soll unser sein;

3. denn wir sind eigennützig vom ersten Fall Adams her und begierig auf fleischliche Dinge.

Damit nun die Folgen der Urverdorbenheit nicht so gross werden, dass wir völlig verwildern und schlimmer werden als die unvernünftigen Tiere, hat uns Gott zwei Dinge gegeben, die uns leiten und bändigen sollen: sein Wort und die Obrigkeit, die unser Gelüsten mit der Strafe bändigt.

1. Im Wort Gottes lernt man, wie gerecht zu sein wir schuldig sind; und wir finden darin das Heil der Gnade. Darüber ist niemand Meister; denn es steht über allen Menschen. Keiner, der in Sünden geboren ist, ist so gerecht

oder unschuldig, dass er dem Wort entsprechen könnte; es gibt auch keinen, der nicht die Gnade nötig hätte, die darin zugesichert ist.

2. Damit nicht aus unserer Selbstsucht Gewalttaten entstehen, dazu hat man die Obrigkeit, die den Frevelhaften zähmen soll, damit er nicht aus persönlichem Gelüsten einem anderen das Seine nehme.

3. Damit wir nicht so unverschämt werden wie Hunde, soll uns diese Obrigkeit strafen; denn dazu hat sie Gesetze:

3.1 Wir sollen keine Gotteslästerer sein, sondern auf sein Wort hören.

3.2 Wir sollen eines anderen Gut weder mit frechem Raub noch mit Diebstahl antasten.

3.3 Wir sollen nicht aus Zorn jemanden töten oder die Ehefrau eines anderen in Schanden bringen, nicht Völlerei usw. treiben und dergleichen.

Zu 3.1 Wenn Du aber Gott lästerst und schmähst, so straft Dich die Obrigkeit.

Zu 3.2 Desgleichen hängt sie dich, wenn Du stiehlst oder raubst.

Zu 3.3 Tötest Du, so wirst Du auch getötet. Desgleichen wirst Du bestraft, wenn Du aus anderen Gelüsten etwas Böses tust.

4.1 In allen anderen Dingen soll die Obrigkeit sich keinesfalls über das Wort Gottes stellen; denn sie straft nur die äusserlichen Missetaten, macht aber inwendig weder gerecht noch ungerecht; das tut Gott allein in den Herzen der Menschen.

4.2 Daraus folgt, dass sie nur die sichtbaren, offenkundigen Missetaten mit Gebot und Strafe verhüten sollen.

4.3 Was von Gott aus recht ist oder nicht verboten oder erlaubt, das sollen sie nicht an die Leine legen.

4.4 Denn sie können nicht etwas zur Sünde machen, was keine ist.

4.5 Alles, was Gottesfurcht und christliche Lebensweise betrifft, sollen sie fördern;

4.6 sie sollen aber nicht etwas für gut halten, was die Menschen erdichten, sondern allein das, was Gott festgesetzt hat.

4.7 Strafen sie [Menschen], die nicht gegen Gott gehandelt haben, so werden sie [selbst] auch von Gott bestraft.

4.8 Sie werden jedoch bestraft, wenn sie die nicht bestrafen, die gegen Gott handeln.

4.9 Sieh, so will Gott in allen seinen Worten und Geboten, dass man allein auf ihn sehe.

4.10 Deswegen soll keine Obrigkeit, wie es gegenwärtig geschieht, jemanden wegen der Zeremonien strafen, über deren Abschaffung sich viele Menschen beklagen; auch niemanden bestrafen, der sich durch den Papst nicht von Gottes Wort abbringen lässt; auch nichts bestrafen, was allein eine innere Gewissenssache des Menschen ist; denn das Urteil darüber liegt allein in der Hand Gottes. Zum Beispiel: Mönche und Nonnen in den Klöstern erkennen, dass die Orden, Sekten und Vereinigungen gegen Gott sind; sie erkennen, wie sie dazu verführt worden sind, die Seligkeit in den Klöstern zu suchen. Sie möchten darum alle Heuchelei ablegen und ein ungeheucheltes christliches Leben zusammen mit gewöhnlichen christlichen Mitmenschen führen. Welche Obrigkeit will sich anmassen, dies zu verbieten? Keine ist Herr über die Gewissen der Menschen. Wenn aber in solchen Dingen öffentlich der staatlichen Ordnung zuwidergehandelt werden sollte, dann kann und soll die Obrigkeit die ihr anvertraute Gewalt anwenden; sie soll aber auch alles, was dem göttlichen Wort widerspricht, abschaffen. Daraus entspringt für sie Ruhe und eine friedliche Herrschaft. Wenn man nämlich nicht täglich am Gotteswort die Missbräuche erkennen lernt und sie nicht mit entsprechenden Massnahmen abschafft, besteht die Gefahr, dass die Entrüstung der Unterdrückten zuletzt derart wächst, dass man sich vor ihr fürchten muss. Darum kurz: Das Wort Gottes kann man weder einfangen noch an die Leine legen. Wenn wir uns aber alle ausnahmslos aufs ernsthafteste bemühen, das Wort Gottes zu befolgen, dann lasst nur Gott walten; er wird alle Dinge ins rechte Gleis bringen. Ihm sei Lob und Ehre in Ewigkeit! Amen.

Edition des Originaltexts (frühneuhochdeutsch): Z II, Nr. 21, 458–525
Deutscher Text: ZS I, 155–213 I (übersetzt von Ernst Saxer), kritisch überarbeitet

Bearbeitet von Ernst Saxer

Eine freundschaftliche und ernste Ermahnung an die Eidgenossen (Mai 1524)

EINFÜHRUNG

Am 8. April 1524 beschlossen die fünf inneren eidgenössischen Orte (Uri, Schwyz, Unterwalden, Luzern und Zug) auf einer Versammlung in Beckenried, die zwinglische «verkehrte Lehre» so gut wie möglich «auszurotten» und «niederzudrücken». Es drohte eine Spaltung der Eidgenossenschaft und vielleicht gar Krieg gegen Zürich, das bislang mit seinen Schritten in Richtung Reformation alleine dastand. Aktuell war zudem wieder einmal die Frage des «Reislaufens», des Kriegsdiensts eidgenössischer Söldner in fremden Heeren. Das französische Heer mit 6000 Schweizer Söldnern war im Krieg um Norditalien gegen das Heer vom Kaiser in Rücklage geraten. Am 30. April erlitt es nahe Mailand eine Niederlage, der auch viele Schweizer Soldaten zum Opfer fielen.

In dieser Situation griff Zwingli zur Feder; anonym in der Rolle eines Eidgenossen im Ausland, der sich um sein Vaterland sorgt. Sein Ruf zur Rückkehr zu Gottesfurcht und eidgenössischer Einigkeit knüpfte an die Gefährdung des Lands durch den Solddienst an. Die Wohlfahrt der ganzen Eidgenossenschaft war von Anfang an Zwinglis brennendes Anliegen. Hier entwirft er das Bild einer Eidgenossenschaft, die aus eigener Kraft lebt und frei ist und sich nicht aus Eigennutz in Bündnisse verstrickt, die Streit und Abhängigkeit mit sich ziehen. Die freie Predigt des Wortes Gottes ist nach Zwingli die Voraussetzung für eine solche erneuerte Gemeinschaft.

TEXT

Eine freundschaftliche und ernste Ermahnung der redlichen Eidgenossen, sich auf die Sitten und auf die Lebensweise ihrer Vorfahren zu besinnen, damit ihnen Bosheit und Hinterlist ihrer Feinde nichts anhaben können. Geschrieben von einem Eidgenossen, der zurzeit im Ausland weilt, dem aber Ansehen und Wohl der Eidgenossenschaft jetzt und in Zukunft sehr am Herzen liegt.

Ehrenwerte, weitsichtige, gnädige, besonders verständige, liebe Herren und gute Freunde, redliche Eidgenossen!

Wundert euch nicht zu sehr, dass ich euch schreibe, ohne meinen Namen zu nennen. Es geschieht nicht, um euch zu täuschen, sondern aus Bescheidenheit. Ihr fragt mich vielleicht, warum ich das Schreiben nicht lasse, da ihr es gar nicht braucht. Aber die Liebe und die Zuneigung, die ich – wie alle Menschen – dem Vaterland gegenüber empfinde, zwingt mich, es doch zu tun. Ich muss einfach mit euch in eurer unsicheren Lage reden. Denn auch wenn ich jetzt nicht in meinem Vaterland wohne, bleibt mir die löbliche Eidgenossenschaft ans Herz gewachsen – ihr Glück hat mich immer gefreut, ihr Unglück immer geschmerzt. Darum werdet ihr mein schlichtes und einfaches Schreiben hoffentlich nicht wegen seiner klugen Worte oder seiner Gelehrtheit, sondern wegen der Aufrichtigkeit meiner Absichten beurteilen und annehmen.

Ihr wisst sehr gut, dass der edle Bruder Klaus von Unterwalden[99] einst mit Nachdruck gesagt hat, es könnte zwar keiner fremden Staatsgewalt je gelingen, die Eidgenossenschaft zu erobern, sehr wohl aber dem Eigennutz. Ähnliches hat Philipp,[100] der Vater Alexanders des Grossen,[101] geäussert, als er meinte: keine Stadt und kein Schloss seien so befestigt, dass sie nicht fallen würden,

---

99 Niklaus von (der) Flüe (1417–1487) war Ratsherr, Tagsatzungsgesandter und Offizier. Seit seinem fünfzigsten Lebensjahr lebte er als Einsiedler in Flüeli-Ranft im Kanton Obwalden. Als nach den siegreich beendeten Burgunderkriegen eine Spaltung der Eidgenossenschaft drohte, retteten seine Ratschläge die Einheit und führten zum sogenannten «Stanser Verkommnis» von 1481. Er verhinderte also ein ähnliches Auseinanderfallen, wie Zwingli es 1524 kommen sah. Nicht zufällig, aber auch nicht ohne religiöse Komponente erinnert Zwingli an diesen gemeinsamen eidgenössischen Frommen.

100 Philipp II., geboren um 382, ermordet 336 v. Chr., war König von Makedonien 359–336.

101 Alexander der Grosse war 336–323 v. Chr. König von Makedonien.

sobald ein mit Gold beladener Esel eintreffe.[102] Der allmächtige Gott hat unseren Vorfahren so viel Hilfe und Gnade erwiesen, dass sie sich von der Willkürherrschaft des Adels befreien konnten. Sie lebten in der Folge so brüderlich zusammen, dass ihr Ansehen und ihr Wohlstand wuchsen. Sie waren zuverlässig und fest in ihrer Rechtsprechung und beim Vollzug des Rechts, sodass viele ungerecht Behandelte aus dem Ausland bei ihnen Zuflucht und Schutz suchten und oft sogar mit Unterstützung der Eidgenossen ihre verlorenen Rechte und Güter wiedererlangten. Das ärgerte die rücksichtslosen Fürsten, denn sie, die Gesetz und Recht zu ignorieren suchten, mussten ständig euer mutiges Eintreten für das Recht fürchten. Das zeigt aber deutlich, dass die Freiheit, die Gott euch verschafft hat, auch für das Wohl der Fremden bestimmt ist, damit diese unter eurem Schutz wie in einem Asyl ihre Zuflucht und Sicherheit finden.

Als die Fürsten einsahen, dass Gott eindeutig auf eurer Seite stand, sodass euch nichts abzutrotzen war, köderten sie euch gleich den Moabitern, welche die Israeliten mit ihren schönen Frauen reizten [vgl. Num 25,1], mit Geschenken, um euch in ihre Dienste zu bringen.[103] Denn sie sagten sich, wenn einer sieht, wie sein Verwandter oder Nachbar rasch, ohne offensichtliche, lohnende Erwerbstätigkeit reich wird und nicht mehr zu arbeiten braucht, sich schön kleidet, spielt, schlemmt und üppig lebt, dann wird auch dieser versuchen, auf solche Art reich zu werden – denn alle Menschen zieht es von der Arbeit zum Vergnügen. Und käme er nicht durch jenen zu Vermögen, der seinen Nachbarn reich gemacht hat, dann würde er sich einfach an dessen Gegner wenden. Dies hätte grosse Uneinigkeit zur Folge, denn so würden Vater und Sohn, Bruder und Bruder, Kameraden und Nachbarn gegeneinander aufgehetzt. «Das Reich aber, das in sich selbst zerstritten ist», spricht Gott, «kann nicht bestehen bleiben» [Mt 12,25]. Auch die Eidgenossenschaft müsste zugrunde gehen.

Hochgeachtete, liebe Herren, seht ihr nicht, dass ihr euch bereits in dieser Lage befindet? Eigennutz ist unter euch gesät, der Streit wird folgen. Es geht dem Ende zu – es sei denn, ihr beseitigt Eigennutz und Streit; dann besteht noch Hoffnung auf die sichere Hilfe Gottes. Ich weiss natürlich sehr gut, dass viele sagen: «Auch wenn mich die Herren reich gemacht haben, tat ich dennoch bei

---

102 Der Ausspruch ist überliefert in Plutarch: Moralia, Regum et imperatorum apophthegmata, Philippos, Nr. 14.
103 Gemeint sind die regelmässigen Geldzahlungen, die sogenannten «Pensionen», die einflussreiche Personen in den einzelnen Orten vom Ausland, oft von verschiedenen Seiten gleichzeitig, empfingen, um sich für günstige Verträge und Soldbündnisse einzusetzen.

meinem Eid und mit gutem Gewissen stets alles zum Wohle und zur Ehre der guten, alten Eidgenossenschaft.» Aber diese Rechtfertigung überzeugt nicht; auch wenn Du und vielleicht noch einer, wenn ihr also derart standfest wäret und euch durch Bestechungsgeschenke nicht abwendig machen liesset, so verbleiben doch noch hundert andere, die für Geschenke alles tun, was man von ihnen verlangt. Gerade Du solltest keine Geschenke annehmen, damit diese grosse Menge nicht Deinem Beispiel folgt und die Eidgenossenschaft dadurch in Gefahr bringt. Erst dann kannst Du Dich rühmen, alles zum Wohle der Eidgenossenschaft getan zu haben; denn solche Versicherungen und Vorsätze werden leichter ausgesprochen als gehalten. Gott, der die Herzen der Menschen kennt [vgl. Ps 44,22 und 139,1–2] und von unseren Absichten im Voraus weiss, verbietet allen Richtern, d. h. allen politisch Verantwortlichen und Mächtigen, Geschenke anzunehmen; denn Bestechung macht auch die Weisen blind und verdreht die Worte der Rechtschaffenen [vgl. Dtn 16,9 und Ex 23,8]. Weil aber Gott nicht lügt [vgl. Num 23, 19 und Hebr 6,18] und sich auch nicht irrt, bedeutet dies, dass nur unbescholten leben kann, wer solche Geschenke zurückweist.

Auch jene, die vorgeben, unbeeinflussbar zu sein, können sich nicht von jedem Verdacht befreien. Die Tatsachen machen deutlich, dass ihr euch, vom eigennützigen Denken verführt, in Haltung und Lebensweise weit von euren Vorfahren entfernt habt: Diese haben 1. den hochmütigen und verwerflichen Adel vertrieben, 2. sich mit harter Arbeit ernährt, 3. sich mit tapferen Taten und wagemutig von der Fremdherrschaft befreit.

I. Ihr aber habt manche unter euch, deren Lebensführung immer wüster wird, und die nicht weniger liederlich leben als einstmals die Adeligen; ja sie treiben es mit Spielen, Saufen, mit eitlem Kleiderprunk und mit Hurerei derart ungebührlich, was unsere Vorfahren nicht einmal an anderen Leuten toleriert hätten. Auf diese Weise lassen sie den anmassenden, liederlichen Adel, den unsere Vorväter nicht leiden konnten, wieder aufleben.

II. Durch Arbeiten will sich niemand mehr ernähren. Weil es angeblich an Arbeitskräften fehlt, lässt man vielerorts die Grundstücke überwuchern, niemand mehr bebaut sie. Arbeitsvolk wäre aber genügend vorhanden und auch fruchtbare Erde, die euch ausreichend ernähren könnte. Auch wenn sie nicht Zimt, Ingwer, Malvasier,[104] Gewürznelken, Apfelsinen, Seide und ähnliche Luxusprodukte und Leckereien hervorbringt, so gewährt sie euch doch Erzeugnisse wie Butter, Meisterwurz[105] und Milch, ermöglicht die Haltung

---

104 Der Malvasier war ein aus dem Mittelmeerraum eingeführter edler Weisswein.
105 Der Meisterwurz war als Heilpflanze ein Universalmittel der Volksmedizin.

von Pferden, Schafen, Braunvieh sowie die Herstellung von solidem Tuch, von Wein und Korn im Überfluss. Damit lassen sich leicht wohlgestaltete und tüchtige Menschen aufziehen. Eure Erzeugnisse könntet ihr ohne Weiteres gegen andere, euch fehlende, bei Leuten eintauschen, die eure Produkte brauchen. Doch euer Eigennutzdenken hindert euch daran, so zu wirtschaften. Dieses Denken, das sich unter euch breitgemacht hat, lenkt euch von der Arbeit weg zum Müssiggang. Aber Arbeit ist etwas Gutes, etwas Göttliches. Sie bewahrt nicht nur vor Ausschweifung und Laster, sie beschafft auch das Getreide, mit dem sich der Mensch ohne schlechtes Gewissen ernähren kann, auch ohne befürchten zu müssen, dass er sich mit dem Blut Unschuldiger stärke und sich damit beflecke. Arbeit macht auch den Körper frisch und stark und beseitigt Krankheiten, die durch den Müssiggang entstehen. Das Allerschönste aber ist, dass aus der Hand des Arbeiters Frucht und Gewächs entspringt, so wie aus der Hand Gottes bei der Schöpfung; der Arbeitende ist also äusserlich Gott ähnlicher als irgendein Wesen auf der Welt.

III. Der Eigennutz hat euch so weit gebracht, dass eure ganze Kraft und Stärke, die eigentlich dem Schutz des Vaterlands dienen sollte, von fremden Herren abgezogen und verbraucht wird. Seht doch den grossen Unterschied zu unseren Vorfahren. Diese duldeten keine fremden Herren in der Eidgenossenschaft. Wir aber geben ihnen sogar das Geleit, sobald sie mit viel Geld kommen. Und dann wird etwa so geteilt, dass die einen das Geld, die anderen die Schläge einstecken. Hat ein redlicher Mann einen anständigen Sohn aufgezogen, dann wird ihm dieser von den Hauptleuten weggeführt und grössten Gefahren ausgesetzt; er wird von Hunger, Tod und Krankheit bedroht, riskiert Schuss- und Schlagverletzungen. Wenn dieser Sohn schliesslich sein zusammengespartes Geld zählt, wird er merken, dass er zu Hause mit Dreschen täglich 4 Pfennig mehr, dazu das Essen, verdient hätte; er liefe zudem kaum Gefahr, schon vor dem Geldzählen erstochen und erschlagen zu werden. Hinzu kommt, dass sein armer, alter Vater, den er mit seiner Arbeit hätte erhalten sollen, an den Bettelstab gebracht wird. Denen aber, die das Geld einstecken, mangelt es an nichts. Ich hoffe, dass Gott sie zur Einsicht führe und merken lasse, wie teuer sie dieses leicht verdiente Geld zu stehen kommt. Eure Pensionenherren betreiben den Abschluss von Soldverträgen mit fremden Mächten, sobald sie ausreichend geschmiert worden sind. Wenn es dann aber ernst gilt, stellen sie Deinen oder den Sohn eines anderen vorne hin. Auch wenn die Verträge vorbehalten, dass niemand zum Solddienst gezwungen werden darf, lässt man dennoch die Werber mit Geld zu jedem Sohn kommen; und es ist leicht zu erraten, wie junges Blut darauf reagiert. Ein solcher Vorbehalt ist nur Blendwerk und dient der

Selbstrechtfertigung, vergleichbar mit der Haltung jenes Manns, der vorgibt, an der Verführung seiner Tochter unschuldig zu sein, weil er ihr nicht befohlen habe, sich dem Verführer hinzugeben, der aber selbst mit dem Verführer ein Abkommen getroffen hat, das jenem jederzeit freien Zugang zur ihr erlaubt.

Es ist sogar so weit gekommen, dass ihr glaubtet, ganze Reiche unter euren Schutz nehmen und die Taten aller Völker überbieten zu können. Das ist die Folge des Eigennutzdenkens. Es lässt nämlich den Menschen glauben, es werde schon alles glücken, wie immer er es auch anpacke. Sollte es ihm aber hineinregnen,[106] dann wird er wüten und diesem und jenem die Schuld geben. Er gleicht dann jenem, der seinen Körperkräften zu viel zutraut, sich eine zu schwere Last aufbürdet, dann aber, wenn er niedergedrückt wird, nicht sagt: «Ich habe zuviel aufgeladen», sondern sich herausredet: «Ich bin ausgerutscht» oder «Ich habe sie nicht richtig auf mich genommen» oder «nicht richtig zusammengebunden». Dennoch ist er selbst schuld, weil er sich übernommen hat, und niemand anderes. Was die Bezüge dieser Herren anbelangt, ist zu beachten, dass die, welche die wirklich grossen Geschenke annehmen, nichts darüber verlauten lassen. Wenn sie nun von Tag zu Tag aufwendiger und verschwenderischer auftreten, dann wird der nächste, der natürlich nicht weniger gelten möchte, zu einer ebenso prunkvollen Lebensführung angestachelt. Vermag er dies nicht, muss er sich der Gnade des Korrupten ausliefern und verkauft diesem schliesslich seinen Acker, seinen Weinberg und seine Wiese. Dieser verhilft ihm dann zu einem «Pensiönchen», das aber für seine viermal so hohen Auslagen nicht ausreicht. Wenn er danach überhaupt nichts mehr besitzt, zieht er für einige Monatssolde ins Schlachtgetümmel irgendeines Kriegs. So kommt ihr um eure guten Leute, verbraucht sie im Dienste fremder Potentaten für schnödes Geld und werdet nicht einmal reich dabei. Jene aber werden derart vermögend, dass sie euch die Übrigen bald auskaufen können. Ich hoffe, dass ich mir umsonst Sorgen mache. Doch wenn ihr dies zulasst, wird euch bald ein neuer Adel bedrücken – und ich werde Recht behalten haben.

Aber tut die Augen auf und seht euch vor, damit ihr nicht vom Bösen umgarnt werdet. Vergegenwärtigt euch, dass eure jungen Männer jetzt in Mailand sind, Hunger und Durst leiden und Krankheiten haben, dass immer wieder einige von ihnen in Scharmützeln umkommen. Sie wollten heimkehren, doch eure Mächtigen haben ihnen – wie man sich erzählt – unter Androhung der Todesstrafe zu bleiben befohlen. Sollten sie nun, was zu erwarten ist, belagert und mit dem Aushungern bedroht werden, wie könnt ihr euren Befehl

---

106 Gemeint ist: und wenn es ihm missrät.

zum Bleiben – dies darf ja gemäss Vertrag nicht erzwungen werden – verantworten? Könnten sie nämlich nicht entsetzt werden, dann lastete die Schuld am Schicksal der Soldaten auf euch, denn ihr habt ihnen zu bleiben befohlen. Sollten sie nun gar besiegt und erschlagen werden, was Gott verhüte, was würden wohl eurer Meinung nach die guten Leute sagen, deren Söhne, Brüder und Bekannte umgekommen sind? Und wenn diese dann gegen eure bestochenen Herren vorgehen – denn ein jeder Biedermann müsste ja denken: Lässt man ihnen das durchgehen, werden sie es immer bunter treiben–, was könnte anderes als Aufruhr und Unruhe entstehen? Haltet euch vor Augen, welche Risiken ihr eingeht, nur weil ihr euch vom Eigennutz, der jede Frechheit zulässt und diese auch noch beschönigt, antreiben lässt.

Man bedenke übrigens, dass jeder, der in höchste Not kommt, sich selbst hilft, so viel er nur vermag. Wenn also die Urheber dieser bösen Umtriebe sähen, dass man ihrer habhaft werden und sie für ihre Taten belangen möchte, würden sie ohne Weiteres unter irgendeinem Vorwand einen neuen Konflikt anzetteln, nur um den Zorn des Volks von sich weg auf etwas anderes zu lenken. Das beginnt sich bereits abzuzeichnen; denn einige dieser militärischen Führer sind – wenn es stimmt, was man sich erzählt – nach Hause gekommen, nachdem sie ihren Palmzweig geworfen hatten,[107] und niemand habe sie dazu bewegen können, zu den Soldaten zurückzukehren, die sie zuvor aus der Heimat weggeführt hatten. Zu Hause haben sie dafür angefangen, die evangelische Predigt zu kritisieren und verschiedene eidgenössische Orte wegen Glaubensdingen, von denen sie zweifellos kaum etwas verstehen, gegeneinander aufzubringen. Würde ihnen ihr Vorhaben gelingen, dann wäre die Eidgenossenschaft bald einmal zerstört. Es erginge ihr wie der Maus und dem Frosch, die so verbissen miteinander kämpften, dass sie den Weih[108] nicht bemerkten, der hinzuschoss, zupackte und beide auffrass. Merkt ihr nicht, dass eure Feinde auf der Lauer liegen? Sobald sie euch schaden können, tun sie es sofort. Steht daher lieber alle Widrigkeiten gemeinsam durch, als euch gegeneinander aufhetzen zu lassen; denn das wäre euer sicherer Untergang. Lasst eure Pfarrer über Glauben und Sakramente streiten, so heftig sie nur wollen; nehmt dies aber nicht zum Anlass für Streit und Uneinigkeit, sondern bleibt beim alten, wahren Gott, der euren Vorfahren Glück und Heil gebracht hat, solange sie nach seinem Willen lebten. Ob eine Lehre, die jemand verbreitet, falsch ist, wird sich mit der Zeit sehr wohl herausstellen. Stammt sie nämlich von Gott, kann sie von

---

107 Redensart für: Haben ihren Preis davongetragen. Vgl. dazu Z III, 109, Anm. 15.
108 Ein Greifvogel; Zwingli spielt auf eine Fabel Äsops an.

keinem Menschen aufgehalten werden, ist sie aber nicht von Gott, dann wird sie sich selbst zerstören [vgl. Apg 5,3 8–39]. Es sind immer wieder Irrlehren entstanden, die sich nicht durchsetzen konnten. Ist nun diejenige, die man «die neue Lehre» nennt, ein Irrtum, dann wird sie gewiss wieder untergehen; ist sie aber die richtige Lehre (wie die Gelehrtesten meinen – ich bin zu einem Urteil zu gering, Gott gebe mir bessere Einsicht!), warum sollte man sich dann durch Papst oder Bischof gegen die Wahrheit aufhetzen lassen? Schaut euch um, gute Eidgenossen! Haben euch die Päpste, die Bischöfe, die päpstlichen Gesandten und Kardinäle nicht schon genug Mühe bereitet? Denkt einmal zurück![109]

Deshalb, ehrenhafte, gute etc., treue, liebe Eidgenossen, hört auf mit solch aufgeblasenem und egoistischem Getue, besonders mit dem Eigennutzdenken, eurem grössten Feind, und denkt daran, dass – wie schon die Heiden gesagt haben – oft kleine Staatswesen durch Einigkeit und Frieden [zu grossen Reichen] aufgeblüht, durch innere Streitigkeiten aber wieder zerfallen sind. Haltet zueinander und lasst die fremden Herren mit ihren Balgereien allein, schaut zu, stellt euch nicht in ihre Dienste; denn ihr müsstet die Folgen ihrer übermütigen Taten tragen, und das könnte für euch mit der Zeit wahrlich bitter werden. Gibt es einige so masslos Habgierige unter euch, die sich immer wieder mit fremden Machthabern einlassen, Geld annehmen und die unschuldige Jugend deren Taten entgelten lassen, könnt ihr wohl denken, was euch Gott, aber auch die Vernunft, mit diesen zu tun befehlen würde; aber darüber will ich keine Anweisungen geben. Doch Gott hat immer auch jene gestraft, die sündhaftes Tun nicht verhindert haben. Und da einige ihr Unwesen ganz offen betreiben, muss man entweder etwas dagegen tun oder dann in Kauf nehmen, dass Gott sein Schwert über das ganze Volk erhebt und gebraucht. Ich betone aber, dass mich euer Unglück nicht freut wie jene, die nun meinen, es sei mit euch zu Ende; jene nämlich sind überzeugt, dass sich die Eidgenossenschaft sehr bald auflösen wird, weil sie sich dem französischen König angeschlossen habe, der auf verlorenem Posten stehe, und weil sie in sich selbst zerstritten sei. Dieser Meinung bin ich wirklich nicht, da ich sehr wohl weiss, dass Gott seine Gnade den Menschen, die sich bessern wollen, niemals entziehen wird [vgl. Sir 17,18]. Meine Vorfahren hörte ich immer sagen, dass die, die sich in die Streitereien

---

109 Zwingli denkt hier wohl vor allen an den Walliser Kardinal Matthäus Schiner, ca. 1465–1522. Schiner vermittelte 1510 das Soldbündnis zwischen Papst Julius II. und den Schweizern. Dadurch wurden zunächst die Franzosen aus Oberitalien vertrieben. 1515 erfolgte deren Gegenschlag, und die verlustreiche Niederlage der Eidgenossen bei Marignano bedeutete das Ende von Schiners Ansehen.

der Eidgenossen einmischen, so wie unter Brüdern übel eingeklemmt werden.[110] Ich bin daher sicher, dass Gott die Guten in der Eidgenossenschaft, die mit diesen Missetaten nichts zu tun haben, nicht vergisst und sie die Schlechtigkeit einiger anderer nicht büssen lässt. Ich hoffe auch, dass diese korrupten Menschen, die Pensionenbezüger, aber auch die Kriegsknechte, erkennen, wie furchtbar es ist, dass einer für Geld einen braven Mann überfällt, der ihm nichts zuleide getan hat, diesem die Habe wegnimmt und ihn unter den Augen von Frau und Kindern totschlägt, das Heim niederbrennt, die Felder zerstört und damit die Leute noch dem Hungertod aussetzt.

O Gott, erleuchte die blinden Herzen! Sie werden dann einsehen, dass sie Unrecht getan haben, sie werden Gott um Gnade anflehen und von ihrem üblen Tun ablassen. So werdet ihr zu Einigkeit und Frieden kommen. Habt ihr dies erst einmal mit Gott erreicht, braucht ihr vor der ganzen Welt keine Angst mehr zu haben, denn ihr seid reich an kräftigen und mutigen Menschen. Und wenn ihr euch in euren Grenzen haltet, müsst ihr keine Geschütze, keine befestigten Stellungen und keine Hinterhalte mehr fürchten wie in den fremden Ländern. Ihr seht ja, dass man euch nicht mehr zum offenen Schlagabtausch kommen lässt, sondern dass man euch vielmehr durch List, mit Geschützen, aus befestigten Stellungen heraus und durch Überrumpelungen ans Leben geht. Seid klug und zerstört nicht eure Körper und Seelen im Dienst anderer Herren für schnödes Geld, liefert euer Vaterland nicht der Bosheit der Tyrannen aus! Denn wie der Mann, der ein Mädchen in unehrenhafter Absicht umwirbt, der grösste Feind des Mädchens ist, so sind diejenigen eure grössten Feinde, die euch zum Schutz ihres selbstsüchtigen Regimes gebrauchen. Oder meint ihr, sie seien eure Freunde, weil sie euch Geld geben? Der Pfennig, der seinen Besitzer umbringt, ist nichts wert.

Fragt nun aber jemand: «Wie können wir denn wieder zu Einigkeit und Frieden kommen?» so hiesse die Antwort: «Mit der Beseitigung des Eigennutzes; denn wenn es diesen nicht gäbe, so hätte die Eidgenossenschaft vielmehr eine Bruderschaft, nicht bloss eine Vertragsgemeinschaft, genannt werden können.» Sagt sodann einer: «Eigennutz liegt in jedem Herzen. Wir können ihn nicht daraus entfernen, denn nur Gott kennt die Herzen und kann in ihnen wirken», dann müsste erwidert werden: «So tut wenigstens mit Ernst, was ihr vermögt. Wenn ihr von aussen erkennt, welche Übel der Eigennutz verursacht, dann ächtet ihn und lasst nicht zu, dass er sich breitmacht. Wollt ihr, dass er

---

110 Gemeint ist: Zwar streiten sich Brüder, gegenüber Fremden allerdings halten sie zusammen.

auch in den Herzen der Menschen ausgelöscht wird, dann sorgt dafür, dass das göttliche Wort bei euch wahrhaftig gepredigt wird.» Denn wo Gott nicht im Herzen ist, da ist nur der Mensch allein. Und wo der Mensch allein ist, da ist nichts anderes als Gewinn- und Genusssucht. Daher hintergehen die Menschen einander. Derjenige aber, in dessen Herzen Gott wohnt, tut nur, was Gott gefällt, sucht Gottes Ehre und Nutzen des Nächsten. Gottes Wille aber kommt nur in seinem eigenen Wort klar zum Ausdruck. Wenn ihr nun wollt, dass unter euch Gottes Wille Geltung hat, damit ihr friedlich und in gläubigem Gehorsam leben könnt, dann seht zu, dass das Wort Gottes unverfälscht und nach seinem ursprünglichen Sinn gepredigt und ohne Beeinflussung und Veränderung durch menschliches Wissen klar und verständlich dargelegt wird. Ihr werdet feststellen, dass die Euern von sich aus ihr übles Treiben aufgeben werden. Bei uns erzählt man sich übrigens, dass einige Orte auf ihre fremden Kriegsdienste verzichtet hätten, nachdem sie durch das Wort Gottes belehrt worden seien.

Lasst euch nicht einnehmen von den Pfaffen, die weinend kommen und klagen, sie verlören ihre Messfeier und ihren Pomp, die schreien: «Das ist ketzerisch, das ist lutherisch!» Beurteilt vielmehr, was mit dem Wort Gottes [bei euch] geschieht: ob damit ausschliesslich die Ehre Gottes gefördert und auf das Gewissen hingewirkt wird oder auf die Erhaltung der überlieferten Machtstellung und des Glanz der Priester. Und wenn ihr seht, was der Ehre Gottes und dem Seelenheil dient, fördert es, gleichgültig, was dieser oder jener auch sagen mag. Es werden euch gute, gottesfürchtige Leute heranwachsen und ihr werdet euch auf diese Weise das Vaterland erhalten, auch wenn es dem Teufel wehtut. Denn wo Gottesfurcht ist, da ist auch die Hilfe Gottes. Wo aber Gott nicht hilft, da ist die Hölle, da ist alles Not und Unrecht.

Hört deshalb auf das Wort Gottes, denn dieses allein wird euch wieder auf die rechte Bahn bringen. Nehmt meine Warnung im besten auf; sie kommt von Herzen und von einem Freund. Ich fürchte, dass viele über euer Unglück lachen würden und darauf warten, in Druckschriften öffentlich darüber lästern zu können. Gebt ihnen diese Möglichkeit um Gotteswillen nicht. Möge euch Gott in seine Gnade und in seinen Dienst aufnehmen und euch behüten. Amen.

Auf Montag nach dem Maitag im Jahre 1524.

Edition des Originaltexts (frühneuhochdeutsch): Z III, Nr. 34, 97–113
Deutscher Text: ZS I, 313–329 (übersetzt von Hans Ulrich Bächtold), kritisch überarbeitet

Bearbeitet von Ernst Saxer

Brief an Johannes Frosch (16. Juni 1524)

EINFÜHRUNG

Johannes Frosch (gest. 1533) war Prior im Karmeliterkloster St. Anna in Augsburg. Er nahm Luther bei dessen Verhör durch Kardinal Cajetan im Dezember 1518 auf und machte das Kloster zu einem Ausgangspunkt für die Reformationsbewegung. Zwischen 1522 und seiner auf kaiserlichen Druck erfolgten Entlassung 1530 wirkte er in Augsburg als Reformator, anschliessend wurde er Prediger in Nürnberg. Frosch orienterte sich vor allem an Luther. Die Augsburger Reformationsbewegung insgesamt war hingegen bis 1530 stark zwinglianisch geprägt.

Der Brief ist ein Beispiel von Zwinglis weit gefächerter Korrespondenz und seinem Einfluss im Deutschen Reich. In der Folge des Augsburger Reichstags von 1530, an dem neben der römischen nun auch – aber als Einzige – die lutherische Konfession anerkannt wurde, wurde der «Zwinglianismus» von beiden Parteien konsequent bekämpft.

In seinem Brief von 1524 ging es Zwingli darum, die evangelische Bewegung zu vernetzen und Mitstreiter in der Verkündigung des «Wortes Gottes» zu konsequentem Fortschreiten auf diesem Weg zu ermutigen, entgegen allen Widerständen. Als Briefträger bot sich Ludwig Hätzer an, der von Zürich aus zum Augsburger Buchdrucker Silvan Otmar reiste. Der Brief ist inhaltlich aufschlussreich für Zwinglis Verständnis des christlichen Menschen. Er zeigt, dass Zwinglis Lehre von der Spannung zwischen Fleisch und Geist im Menschen nicht einfach seinem Platonismus oder Humanismus zu verdanken ist, auch wenn Zwingli das «Handbüchlein des christlichen Streiters» von Erasmus gekannt und geschätzt hat. Zwingli sieht hier einen biblisch begründeten Gegensatz. Der Streit zwischen beiden findet nicht nur in der einzelnen Menschenseele statt, er ist ein Ausdruck des endzeitlichen

Kampfs um die Wahrheit und den Sieg des Wortes Gottes. Der Christ ist in dieser Auseinandersetzung zum geistlichen «Kriegsdienst» (*milicia,* Z VIII, 200, 21) verpflichtet.

TEXT
Zwingli an Johannes Frosch

Gnade und Friede von Gott, dem Vater, und seinem Sohn, unserem Herrn Jesus Christus [vgl. Röm 1,7].

Ich will Dir gleich den Grund meines Schreibens nennen, lieber Bruder im Herrn, dann musst Du Dich nicht wundern, und ich muss keine lange Einleitung schreiben: Es hat mir nämlich schon früher einmal jemand Dich als hochgelehrten und über die Massen frommen und treuen Diener des Wortes empfohlen. So muss ich sicherlich nicht erst einen günstigen Anlass abwarten, um mich mit einem Brief an Dich zu wenden. Denn ich zweifle nicht: Der wird schon zur richtigen Zeit kommen, der sich mit Dir über die Sache der Reformation aussprechen will, mag er dann kommen, wann er will und zu wem er will.[111]

Du hast ja vor Augen, mein Bruder, wie sehr Fleisch und Geist in Zwietracht leben. Der Krieg zwischen den beiden tobt ja so unablässig, dass sie nicht einmal eine Waffenruhe zum Atemholen zustande bringen [vgl. Gal 5,17]. Denn wenn die eine Seite sagt: Jetzt ist Friede und Sicherheit, dann bricht die andere unversehens mit wütenden Angriffen los. Darauf wies Paulus treffend hin, wenn er die Warnung aussprach, wer stehe, solle sich in Acht nehmen, dass er nicht von irgendwoher zu Fall gebracht werde [1Kor 10,12]. Dies sagte er genau zu jenen, die bereits der Führung des Geists zu folgen begonnen hatten. – Auch Christus redet von einem, der faul dasitzt und zu seiner Seele spricht: «Liebe Seele, du hast viele Güter und brauchst nichts zu tun, sei ruhig, iss, trink und sei guter Dinge.» [Lk 12,19] Doch gerade über ihn fällt Gott unvermutet her! Daraus erkennt man, wie auch für das Fleisch nichts sicher ist, wenn es auch mit aller Kraft danach strebt, es in dieser Welt möglichst schön zu haben. Ob es um das Fleisch oder um den Geist geht, zu beiden muss man Sorge tragen, aber ihr Ende ist jeweils verschieden. Wenn man durch den Geist eine Zuflucht für immer gefunden hat, so hat man entdeckt, wie man von der Mühsal zur Ruhe gelangen kann. Lässt man sich hingegen vom Fleisch verführen und ver-

---

111 Auf wen Zwingli hier anspielt, ist unklar.

Zwingli 1526 als Briefschreiber in seiner Bibliothek

kauft sich Stück für Stück seinen Sorgen, dann geht einem alles verloren und es kommt dann so, wie es in jenem deutschen Sprichwort heisst: «Wer keinen Wagen hat, muss mit dem Karren fahren.»

Mit all dem möchte ich Dich nur dazu bewegen: Du hast ja schon vor langer Zeit die Hand an den Pflug gelegt [vgl. Lk 9,62]. So gehe nur beständig vorwärts! Schau nicht zurück auf das, was Du zurückliessest! – Sonst könnte sich der Appetit nach jenem vielen Fleisch und Knoblauch bei Dir wieder einschleichen und Dich wieder träge machen, während Du durch die beschwerliche Wüste wanderst [vgl. Num 11,5]. Ich erinnere Dich, beim Herkules, nicht etwa daran, weil ich Angst habe, Du könntest die Arme sinken lassen. Ich muntere Dich nur auf, weil Du bereits läufst, und spende Dir Beifall, damit Du immer noch eifriger läufst und Dich vom eingeschlagenen Weg nicht abbringen lässt; auch nicht durch alle Mühen, die Du ertragen musst und die Dir nicht weniger als allen anderen Dienern Christi heutzutage dadurch entstehen. Denn je heftiger die Verfolgung brennen wird, umso beharrlicher wird man das Wasser des himmlischen Wortes darauf giessen müssen, um Widerstand leisten zu können. Was wir bisher sich ereignen sahen, ist nur der Anfang der Wehen [vgl. Mt 24,8]. Das Fleisch hat bis jetzt manches leichtgenommen, weil es immer auf Neuerungen aus ist. Aber was dann, wenn es heisst, ernstlich zu leiden, Vermögen und Ansehen zu verlieren, ohne dass noch ein Funke Hoffnung besteht, sich zu beschützen oder das Seine wieder zurückzubekommen? Dann wird das Fleisch erst aufschreien, dann erst recht sich empören und alles durcheinander bringen. Siehst Du denn nicht, wie schon jetzt manche die Zähne fletschen und platzen vor Wut? Was sollen da die Diener des Wortes anderes sagen als: «Denn das muss geschehen, aber das Ende ist es noch nicht.» [vgl. Mt 24,6; Mk 13,7]

Das Fleisch ahmt den Geist nach, allerdings mit einem völlig anderen Interesse: Der Geist tut alles, um Gottes Ehre zu fördern; das Fleisch möchte zwar den gleichen Eindruck erwecken, aber es singt ja bloss sein eigenes Lied, wie man sagt. Wenn Du nur einmal öffentlich auftrittst, um mit dem Worte Gottes zu zeigen, wie die Herzen der armen Leute in den menschlichen Überlieferungen gefangen und davon erbärmlich zerrissen sind, springt sofort auch das Fleisch hervor und schreit, es sei alles und jedes zum Nutzen der Seelen eingeführt worden. Dabei weiss es ganz genau, was es erreichen will und was ihm Schmerzen bereitet. Wenn Du das Wort Gottes über alles stellst und behauptest, mit ihm dürfe man gar nichts vergleichen, so wird sogleich das Fleisch damit angeben, es verstehe das Wort auch; ja, es sei ihm durch die Autorität des Wortes das Recht zugesprochen, über das Wort zu bestimmen. Wenn Du dies bestreiten solltest, werden so viele Streitereien und Kriege daraus hervorgehen wie aus dem trojanischen Pferd. Das Fleisch verlässt sich eben auf seine Waffen, der Geist aber auf seine Kraft, weil er von den Waffen des Fleischs nichts wissen will. Doch welche Waffen sind es? Hier die Macht Gottes; dort aber Kerker, Verleumdung, Gespött und Tod. Verachtest Du dies alles nicht ganz und gar, so ist zu befürchten, dass Du vor ihnen Angst bekommst und nachgeben wirst. Wenn aber Gott Dir dazu verhilft, dass Du Dich solcher Dinge sogar rühmen kannst [vgl. 2Kor 11,30], so wirst Du auf Giftschlangen und Skorpione treten [Lk 10,19] und alle feindliche Gewalt überwinden. Du siehst ja, wie sehr es diese Tyrannen jetzt schon schmerzt, wenn sie das Wort Christi mit Anschlägen zu unterdrücken versuchen und dabei nichts erreichen! Werden sie wohl etwas unversucht lassen, wenn es einmal zum Äussersten kommen wird? Wir aber dürfen auf keinen Fall vom Wort ablassen. Denn wenn der Löwe brüllt, wie der Prophet sagt [vgl. Amos 3,8], wer wird sich nicht fürchten? Und wenn der Herr redet, wer wird nicht verkündigen? Sehen wir doch, wie der himmlische Vater in seiner Weise die Welt zu bessern beschlossen hat. Er hat sich immer wieder früh am Morgen erhoben und durch seine Diener, die Propheten, gemahnt [vgl. Jer 7,25]. Er macht jetzt wieder dasselbe, wie jedermann sehen kann: Er schickt sein Wort, damit es gesund mache [vgl. Ps 147,3]. Wir sehen, wie das Wort strahlt und eine solche Kraft besitzt, dass man ebenso bestimmt hoffen darf, das Volk werde jetzt in die Freiheit des Geists versetzt werden können, wie es unter Moses aus Ägypten herausgeführt werden konnte. Und ebenso sehen wir eine derart verdorbene Welt, dass sich von der Fusssohle bis zum Kopf nichts Gesundes mehr findet [vgl. Jes 1,6]. Der himmlische Hausvater liebt uns aber (wie geschrieben steht) ohne Ende und will verhüten, dass wir seinen Zorn über uns heraufbeschwören. Darum müssen wir, denen der Dienst des Wortes anvertraut ist, mit all unseren Mitteln und Kräften versuchen, den Lastern zu widerstehen und die Gewissen zu heilen, auch wenn die ganze Welt dagegen murrt und lästert und uns steinigt und tötet. Auch der himmlische Vater überwand ja die Welt durch Leiden und verschonte selbst seinen eigenen Sohn nicht [vgl. Röm 8,32]. Aber dann, als die Welt sich ganz als Sieger fühlte, hat da nicht Christus als Sieger triumphiert? So werden auch wir Christus als Sieger sehen, wenn wir alles ertragen und getreu am Dienst des Wortes festhalten. Diejenigen aber, die die Sache Christi nur als Vorwand für ihre Begierden betreiben, werden in den Abgrund fallen; denn gegen den Herrn kann man nichts unternehmen. Viele werden auf diesen Stein fallen und zerschellen; denn schliesslich wird auch der Stein auf sie fallen und wird die Gebeine derer zermalmen, die nur den Menschen gefallen wollten [vgl. Lk 20,18].

Verrichte daher weiter, aufrichtigster Bruder im Herrn, so geschickt und unerschrocken wie bisher den Dienst des Wortes! Der Herr redet und sein Wort leuchtet. Die Welt ist voll schlimmster Übel. Es ist deshalb klar, dass die Welt unbedingt erneuert werden muss, und zwar eben erneuert durch das Wort. Wir dürfen darum nirgends zögern und uns nirgends verbergen, damit nicht das Blut der Verlorenen von unserer Hand gefordert wird [vgl. Ez 33,6]. Die aber, die uns mit tausenderlei Todesqualen drohen, sind dennoch nicht zu fürchten. Gerade dann, wenn die Verfolgung kein Ende nimmt, dürfen wir am Sichersten sein, dass wir den Dienst des Wortes richtig versehen. Was sollte denn sonst das Fleisch tun? Je schrecklicher darum die Verfolgung wird, umso bestimmter darfst Du überzeugt sein, dass das Wort Zuwachs erhält. Und können wir einen grösseren Nachruhm erwerben als den: Der Herr hat uns im Dienste seines Wortes verbrauchen wollen? So wollen wir gegen die Stürme dieser Welt beherzt und tapfer streiten, alles andere aufgeben und nur darauf achten, wie wir dem gefallen können, der uns für seinen Kriegsdienst angeworben hat. Das bewirke der, der uns ja auch erschaffen hat! Wozu es ihm gefällt, soll er uns brauchen.

Nimm diese Zeilen gut auf, so wie sie sind; ich habe sie eben eilends geschrieben und ungeordnet, wie immer. Du aber sei mutig und sei stark! Was sonst bei uns vorgeht, wird Dir Ludwig Hätzer[112] alles genau erzählen, ein in der christlichen Sache sehr wohl unterrichteter Mann, den wir auch Dir empfehlen.

Lebe wohl, und Christus erhalte Dich samt unserer Gemeinde unversehrt! Grüsse alle Brüder!

Von Herzen Dein Huldrych Zwingli.

Dem frommen und treuen Jünger Christi, Johannes Frosch, dem Karmeliter, Diener des Wortes in Augsburg, seinem lieben Bruder im Herrn.

Edition der Originaltexts (lateinisch): Z VIII, Nr. 340, 197–200
Deutscher Text: F 2, Nr. 85, 26–32 (übersetzt von Oskar Farner) und G, Nr. 13, 221–224 (übersetzt von Gottfried Wilhelm Locher), kritisch überarbeitet

Bearbeitet von Ernst Saxer

---

112 Ludwig Hätzer war der Überbringer des Briefs an Frosch.

Brief an Franz Lambert und die anderen Brüder in Strassburg (16. Dezember 1524)

EINFÜHRUNG

Franz Lambert von Avignon (1486/87–1530) kam als reformistisch wirkender Franziskanerprediger 1522 auf einer Reise nach Zürich und wurde dort nach Predigten im Fraumünster über die Heiligenverehrung von Zwingli zu einer Disputation herausgefordert. Beeindruckt von Zwingli und nach kurzem Studium in Wittenberg trat er ein Jahr später aus dem Orden aus. Er wirkte 1524–1526 in Strassburg und ab 1526 als Reformator in Hessen. 1527 wurde er Professor an der neu gegründeten Universität Marburg.

In Strassburg war 1523/24 die reformatorische Bewegung in Gang gekommen, da man reformierte Prädikanten angestellt hatte. Diese suchten nun Zwinglis Rat. Der Brief gibt Antwort auf verschiedene an Zwingli gerichtete Fragen. Wir geben die Antworten auf die erste und die vierte Frage wieder.

Die erste Frage wurde Zwingli in einem Brief von Franz Lambert gestellt, der nicht erhalten ist. Es ist deshalb nicht klar, zu welchen äusserlich christlichen Massnahmen die damals noch nicht definitiv reformatorisch gesinnte Strassburger Obrigkeit bewegt werden sollte. Der Brief macht aber Zwinglis Sicht des Verhältnisses von Evangeliumspredigt und Gesetzespredigt deutlich. Während Luther zuerst das «Gesetz» und dann das «Evangelium» predigte, kehrte Zwingli die Reihenfolge um.

Auch Zwinglis Antwort auf die Frage zur Taufe (für das Abendmahl verweist Zwingli auf eine andere Schrift) ist aufschlussreich. Gestellt hatte sie der Strassburger Reformator Martin Bucer in einem Brief von Mitte November 1524 (Z VIII, Nr. 351, 245–253). Auch in Strassburg diskutierte man über radikale und täuferische Standpunkte. In Waldshut war der ursprünglich von Zwingli beeinflusste Täuferführer Balthasar Hubmaier gerade daran, die ganze Stadt für seine Lehre zu gewinnen. Gleichzeitig fanden in Zürich die sogenannten «Dienstagsgespräche» statt. Es waren nicht öffentliche Gespräche zwischen den Leutpriestern und den Führern der Täuferbewegung. Die Anwesenheit von vier Ratsherren garantierten den amtlichen Rahmen. Erst nach dem Scheitern dieser Gespräche setzte die Obrigkeit öffentliche Disputationen an und erliess Mandate, die gegen die Täufer gerichtet waren. Der Ratsbeschluss vom 18. Januar 1525 machte die Säuglingstaufe obligatorisch und drohte mit der Ausweisung aus der Stadt.

Es ist deshalb anzunehmen, dass dieser Brief die Argumente dieser «Dienstagsgespräche» widerspiegelt. Damit wäre er die ursprünglichste schriftliche Fixierung der Haltung Zwinglis in dieser Frage.

TEXT
Zwingli an Franz Lambert und die andern Brüder in Strassburg

[...]

Im ersten Brief wurde ich gefragt: Darf man eine ungläubige Obrigkeit dazu bewegen, nach Gottes Gesetz zu handeln und sie damit Heuchelei lehren? Auf diese Frage gebe ich kurz die Antwort: Ist die Obrigkeit wirklich ungläubig, so wird zu befürchten sein, dass sie überhaupt nicht auf das Gesetz hört. Denn nur die hören auf das Wort Gottes, die aus Gott sind [Joh 8,47]. Wer nicht aus Gott ist, hört folglich nicht auf sein Wort. Das Gesetz ist nun aber nichts anderes als das Wort Gottes. Denn wir reden jetzt ja von göttlichen Gesetzen. Wenn also die Obrigkeit nicht gläubig ist, so wird sie nicht auf das Gesetz Gottes hören. Darum muss man andauernd den Glauben predigen, damit er zum Fundament wird, auf dem man das Gesetz aufbauen kann. Doch was sage ich hier: Der Glaube sei das Fundament des Gesetzes? Das ist eine ungewohnte Rede. Doch es soll sich niemand daran stossen! Was ich sage, ist wahr. Denn wenn kein Glaube vorhanden ist, so wirst Du vergeblich das Lied vom Gesetz anstimmen. Das ist ja eigentlich klar, weil nur die auf die Stimme des Hirten hören, die zu seinen Schafen gehören [Joh 10,27]. Willst Du also, dass jemand das Gesetz annimmt? Dann lehre den Glauben und bitte Gott, er möge diesen Menschen zu sich ziehen [Joh 6,44], sonst ist Deine Mühe umsonst. – Trotzdem halte ich es vorläufig so, dass ich wegen der Verschiedenartigkeit der Gläubigen zugleich das Gesetz und den Glauben predige. Manche sind nämlich so träge, dass sie nur noch lauter schnarchen, wenn man sie nicht auch mit den Stacheln des Gesetzes aufweckt, obschon man nicht sagen kann, sie hätten keinen Glauben. So galt das von den Aposteln, wenn sie gelegentlich von Christus Kleingläubige genannt werden [Mt 6,30; 8,26; 16,8] und wenn sie die Schwachheit ihres Glaubens einsehen und sehnlichst bitten: «Gib uns mehr Glauben!» [Lk 17,5] Man kann in Wahrheit also auch solch schläfrige Leute noch zu den Gläubigen zählen, auch wenn andere schon so begeistert sind, dass sie im nächsten Augenblick im Dienst der guten Sache loseilen möchten. Gott gibt eben den Geist nicht allen in gleichem Masse. Christus ist ja geduldig und verlangt, dass man den glimmenden, noch nicht brennenden Docht nicht auslöscht [Mt 12,20]. Damit will er zweifellos die Hoffnung in uns wecken, dass auch dort, wo zuerst nur wenig Rauch ist, einmal ein mächtiges Feuer entstehen kann. – Wenn wir es also mit solchen Obrigkeiten zu tun haben, muss man mit ihnen so umgehen wie mit Ochsen. Man muss sie zugleich aufmuntern und schlagen, das heisst, sie unablässig über den Wert des Glaubens belehren und sie gleichzeitig mit dem Stachel des Gesetzes antreiben. Wenn Du einwendest, mit dem Glauben lasse man sich eher antreiben als mit dem Gesetz, so ist das richtig, und ich bin damit ganz einverstanden. Aber auch unter den Soldaten gibt es solche, die nur aus Furcht vor Strafe auf ihrem Posten bleiben, und andere, die es aus persönlicher Tapferkeit tun. So sind die durch den Glauben Angetriebenen mit den Tapferen zu vergleichen, die vom Gesetz Getriebenen aber mit den Ängstlichen. Man kann mit denselben Worten Unterschiedliches meinen und mit unterschiedlichen Worten ein und dieselbe Sache. Mir selber würde es beim Herkules schwerfallen zu sagen, welcher Teil unter den Christen den anderen übertrifft: ob der, der im Glauben so brennt, dass er keinen Ansporn nötig hat, oder der, der zwar glaubt, aber wegen der Schwachheit des Fleisches untätig bleibt. Man soll darum andauernd den Glauben predigen und zugleich das Gesetz, an dem sich der Glaube erfreut, niemals vernachlässigen: Denn «wohl dem, der über dem Gesetz des Herrn sinnt Tag und Nacht» [Ps 1,2]! Wo aber der Glaube kalt und träge ist, wird er vom Gesetz angespornt. Wenn wir nämlich bisher allgemein vom Gesetz gesagt haben, es schrecke auf, so gilt dies nur für diejenigen, die an Gott glauben. Die Gottlosen, die tief in die Sünden verstrickt sind, verachten es ja, wie Salomo sagt [Spr 18,3]. Wenn das Gesetz Gottes jemanden schreckt, dann gilt dies nur für den, der sich zu dem Gott bekennt, auf dessen Gesetz er hört, und der glaubt, dass eben dieses Gesetz von Gott ist. Das Gesetz darf man also niemals vernachlässigen oder ausser Acht lassen. Aber die Lust an dem, was das Gesetz befiehlt, muss aus dem Glauben hervorgehen. Gerade das meint auch Christus, wenn er aus den Schriften klarmacht, dass man in seinem Namen allen Völkern Busse und Vergebung der Sünden predigen soll [Lk 24,47]. Busse entsteht aber da, wo der Mensch sich selber missfällt. Das geschieht dann, wenn er sich selbst erkennt. Und dazu wiederum braucht es das Gesetz; denn durch das Gesetz kommt es zur Erkenntnis der Sünde [Röm 3,20]. – Doch ich will wieder zur Sache kommen. Den Glauben wollen wir also immer predigen und das Gesetz wollen wir wegen der trägen Christen nie beiseite lassen. All unser Tun soll sich aber auf die Gnade Gottes stützen, nicht auf die Kraft der Menschen. Wenn Obrigkeiten aber ganz und gar gottlos sind, wie leider heutzutage manche mehr als nur gottlos, so rate ich keineswegs dazu, dass man sie einfach zum rechten Handeln antreibt. Denn sind sie gottlos, so bringt man sie nie dazu, dass sie etwas in der Absicht tun, Gott oder den Menschen zu gefallen. Gott nicht – denn sie sind gottlos. Den Menschen nicht – denn wo keine Gottesfurcht ist, da herrscht Tyrannei, die Böses tut, soviel sie kann. Und wenn sie nichts Böses tut, dann nicht aus Gottesfurcht, sondern aus Furcht vor den Menschen. Trotzdem machen wir es gewöhnlich so: Wenn wir von der gottlosen Gesinnung einer Obrigkeit überzeugt sind, zerren wir sie so lange an die Öffentlichkeit, bis ihre Gottlosigkeit allen deutlich geworden ist. Das Ziel ist: Sie sollen, soweit dies möglich ist, für den Frieden in unserer Zeit besorgt sein. Und wir sollen unter ihrer Regierung Christus predigen können, den sie zu kennen behaupten, aber mit ihrem Verhalten leugnen. Gerade dies, dass sie den Anschein des Glaubens erwecken wollen, müssen wir ihnen vorhalten. Denn auch die Gottlosen reden so: Ich bin gläubig, ich bin durchaus nicht vom Glauben abgefallen, ich weiss, was ich zu glauben habe, und Ähnliches mehr. In Wahrheit aber besteht zwischen ihnen und denen, die Gott nicht kennen, kein Unterschied. Was kann man da anderes tun, als den Glauben zu entfachen und ihre Gottlosigkeit an ihren Taten aufzuzeigen und an die Öffentlichkeit zu zerren? Meines Erachtens sollte man nicht nur mit den Obrigkeiten, sondern zugleich auch mit der ganzen Gemeinde so verfahren. Doch alles zur rechten Zeit! Denn wie viel wird in den Augen Gottes der gelten, der den Menschen in seinem Haushalt ihre Speise zur rechten Zeit gibt? So wichtig ist der richtige Augenblick und Zeitpunkt, dass auch Christus gelehrt hat, man solle ihn beachten. Und wenn jemand fragt, wie lange Schonung angesagt und unter welcher Bedingung die Sache anzupacken ist, so antworte ich: Man muss sich in allem an das halten, was die Liebe befiehlt; [und darauf achten,] wie lange sie zur Schonung und wann sie zum Angriff rät. Denn «die Liebe kommt niemals zu Fall» [1Kor 13,8]. Sie irrt nicht, täuscht sich nicht, erkaltet nicht und lässt nicht nach; das heisst meines Erachtens «nicht aufhören».

[...]

Viertens erkundigt Ihr Euch nach meiner Auffassung über die zwei gottesdienstlichen Handlungen, die uns Christus als einzige hinterlassen hat, die Taufe und das Abendmahl. Ich will ganz offen von beidem reden. Zuerst über die Taufe. Ich habe schon zweimal mit gewissen Brüdern über die Taufe gestritten, und zwar erfolgreich, was den Wortstreit selber und unser Auseinandergehen betraf. Wir hatten uns nämlich gegenseitig verpflichtet, wir wollten alles nach der Richtschnur der Liebe verhandeln. Wie genau dies beachtet wurde, sollen diejenigen entscheiden, die predigen und darauf bestehen, dass man die Kinder nicht mit Taufwasser berühren darf, sodass ihnen ein grosser Teil der Christen Streitsucht und Eigensinnigkeit vorwirft. Auch dem, der nur wenig von der Auslegung der Heiligen Schrift versteht, leuchtet schnell einmal ein, dass die Taufe eine Einweihung ist, sowohl für die, die schon gläubig geworden sind, als auch für die, die erst zum Glauben kommen werden. Über die Taufe für die, die schon gläubig geworden sind, streiten wir uns nicht; über die andere hingegen heftig. Es gibt Leute, die es als etwas ganz Schreckliches und Verabscheuungswürdiges bezeichnen, als offenkundige Gottlosigkeit und frechste Schandtat – und was ihnen ihre Verrücktheit sonst noch eingibt, wenn jemand, und gar noch ein Christ, ein neugeborenes Kind mit Wasser tauft. Hält man ihnen aber aus der Schrift die Gründe entgegen, die ich gleich näher darlegen werde, so macht ihnen dies nicht mehr Eindruck, als wenn man ihnen Rüben und Kraut vorgesetzt hätte. Dass die Taufe auch für diejenigen eingesetzt worden ist, die erst zum Glauben kommen sollten, geht aus Johannes 1 (Vers 26) ganz deutlich hervor. Als Johannes der Täufer den Juden Rechenschaft darüber ablegte, mit welcher Berechtigung er taufe, sagte er: «Ich taufe mit Wasser. Mitten unter euch steht der, den ihr nicht kennt, der nach mir kommt.» Johannes taufte also auf einen hin, den sie damals überhaupt noch nicht kannten. Dem kann man nicht dadurch entrinnen, indem man sagt, Johannes hätte diese Worte nur zu denen gesagt, die zu ihm herausgeschickt worden waren, also zu den Priestern und Leviten, die natürlich Christus nicht kannten. Denn kurz nachher fügt er hinzu [Joh 1,30–31]: «Dieser ist es, von dem ich gesagt habe: Nach mir kommt ein Mann, der vor mir gewesen ist, denn er war, ehe ich war. Und ich kannte ihn nicht. Aber er sollte Israel offenbart werden; darum kam ich und taufte mit Wasser.» Hier sehen wir deutlich, dass Johannes die Menschen getauft hat, um ihnen den bekannt zu machen, der nach ihm kommen sollte – nicht auf die Welt, denn Christus war damals ja schon dreissig Jahre alt – sondern als ein Stärkerer! Er sollte kommen, damit durch ihn die menschliche Sünde erkannt würde. Johannes sagt ja, er taufe, damit Christus dem Volk Israel offenbar werde. Lukas hat dies im 19. Kapitel der Apostelgeschichte [Vers 4] so erklärt: Johannes hat das Volk mit der Taufe der Umkehr getauft, indem er auf den hinwies, der kommen wird. Er taufte also auf Christus hin, der erst noch kommen musste. Und damit niemand das Gefühl zu haben braucht, es sei schwierig zu verstehen, was ich da vorbringe, beschreibe ich die Taufe von Johannes so: Johannes predigte, schon sei die Axt den Bäumen an die Wurzel gelegt. Er beteuerte, er sei die Stimme, die in der Wüste warnend auf den kommenden Christus hinweise. Er tat den Ausspruch, er sei zu gering und nicht würdig, ihm die Schuhriemen zu lösen [Mk 1,7]. Zugleich verhiess er, eben dieser sei das Lamm, das für die Sünden aller geopfert werden würde [Joh 1,29.36]. Wer seiner Predigt glaubte, gehörte nun bereits zu den Bussfertigen. Darum taufte Johannes sie schon damals mit Wasser, um sie sozusagen mit diesem Sakrament zu verpflichten und damit für ihren kommenden Anführer zu gewinnen, sodass dieser sie dann schliesslich selig machen könnte.

Johannes taufte also die Menschen in der Absicht, sie dann dem kommenden Christus zuzuführen. Die Taufe ging somit dem Bekanntwerden mit Christus voraus. Zwischen der Taufe von Johannes und der Christustaufe mache ich nun aber überhaupt keinen Unterschied; denn wenn auch beide mit jeweils anderen Worten vorgenommen wurden, so waren sie dennoch dasselbe Symbol oder Sakrament. Man darf meines Erachtens auch nicht übersehen, dass alle, die erst nach der Begegnung mit Christus von den Aposteln getauft wurden, nach ihrem Tod trotzdem nicht eher zu Gott gelangen konnten, als bis Christus gestorben und auferstanden war. Die Taufe war also auch für die Apostel, die den Erlöser schon leibhaftig vor Augen hatten, das Zeichen des zukünftigen Erlösers. Und wenn sie vor dessen eigenem Sterben das Leben hätten lassen müssen, so hätten sie sechshundertmal getauft sein und noch so fest an seine Erlösung glauben können – sie hätten die Erlösung durch Christus doch nicht erfahren, bis er als Bezwinger des Tods auferstanden war. Dazu kommt: Wenn die Apostel als Erste von allen schon am Anfang getauft wurden, so sind sie aus zwei Gründen doch auf den zukünftigen Christus hin getauft worden: Erstens, weil sie ihn erst nachträglich, als er von den Toten auferstand, richtig kennenlernten, und zweitens, weil die Auferstehung damals noch nicht geschehen war, als sie getauft wurden. Und die Taufe ist eben ein Abbild der Auferstehung; denn wir sind mit Christus durch die Taufe mitbegraben, damit auch wir in einem neuen Leben wandeln [Röm 6,4]. Mit alledem will ich nur beweisen, dass die Taufe auch für die gegeben wurde, die erst später einmal zum Glauben kommen sollten; sie sind dann eben zu dem Zweck getauft, dass

Felix Manz wird am 5. Januar 1527 als Täufer in der Limmat ertränkt

sie später Christus kennenlernen sollten. Gerade das bezeichnen jene aber mit ihrem Klagegeschrei als die ärgste Gottlosigkeit.

Doch nun will ich erklären, mit welchen Stellen der Schrift ich meine Ansicht stütze, dass man die Kinder taufen solle. Man muss eben bei einer solchen Auseinandersetzung eine Bibelstelle anführen können, in der unsere Auffassung klipp und klar enthalten ist. Dies leistet das kurze Wort im vierten Kapitel des Römerbriefs (Vers 11): «Das Zeichen der Beschneidung empfing er als Siegel der Gerechtigkeit, die aus Glauben kommt, aus der Zeit der Unbeschnittenheit.» Aber dennoch wurde sie an achttägigen Kindern vollzogen, die dann erst viele Jahre später zum Glauben kamen. Die Taufe trat nun an die Stelle der Beschneidung. Folglich muss man die Taufe so gut wie die Beschneidung auch an denen vollziehen, die erst nachher zum Glauben kommen werden. Dabei muss man allerdings die äusseren Bedingungen des Orts, der Person, der Zeit und der Umstände berücksichtigen. Dies alles ist deutlich und klar mit Ausnahme des Mittelsatzes, die Taufe sei die Beschneidung der Christen. Doch ist auch diese Behauptung so klar wie nur möglich begründet, wenn Paulus im 2. Kapitel des Kolosserbriefs (Kol 2,11–12) sagt: «In ihm habt ihr auch eine Beschneidung empfangen, die nicht durch Menschenhand vollzogen wird, sondern durch das Ablegen des vergänglichen Leibes: die Beschneidung, die in Christus geschieht. Mit ihm seid ihr begraben worden in der Taufe.» Es ist ja deutlich, was Paulus hier sagen will: Wer ein Christ wurde, ist ein neues Geschöpf [vgl. 2Kor 5,17]. – Doch ich kehre zu dem zurück, was ich beweisen wollte. Ich frage: Was hätte man deutlicher sagen können als so, dass die Beschneidung Christi dann an uns vollzogen worden ist, wenn wir in der Taufe mit ihm begraben sind [vgl. Röm 6,4]? Folglich wird auch die Beschneidung Christi gemäss der Autorität des Gotteswortes – nicht der des Papstes! – an den Kindern vollzogen, so wie einst die Beschneidung Abrahams. Weiter befahl Christus den Aposteln, sie sollten die kleinen Kinder zu ihm kommen lassen, denn solchen sei das Reich Gottes; und er umarmte sie [vgl. Mk 10,13–16]. Wenn deshalb jemand verbietet, sie auf den Namen des Vaters, des Sohnes und des Heiligen Geistes zu taufen, so verbietet er ihnen ja, zu Christus zu kommen. Dagegen wenden unsere Gegner ein: Allerdings befahl Jesus, man solle die Kinder zu ihm bringen, Aber wir lesen nichts davon, dass er sie taufte; folglich darf man sie nicht taufen. Darauf erwidern wir: Christus hat überhaupt niemanden getauft. Das ersieht man aus Johannes 4 (Vers 2): «allerdings taufte Jesus nicht selber, sondern seine Jünger tauften» in seinem Namen. Daraus würde also folgen, dass man überhaupt niemanden taufen müsste; aber wie ungereimt das ist, sieht jedermann. Nein, vorläufig gilt noch «solchen gehört das Reich Gottes» [Mk 10,14]. – Wenn wir ferner vernehmen, dass Petrus im Haus von Kornelius sah, wie sie den Heiligen Geist empfangen hatten und dann verkündete «Wie könnte man denen, die doch wie wir den heiligen Geist empfangen haben, das Wasser zur Taufe vorenthalten?» [Apg 10,47] – dann dürfen auch wir ohne Zweifel sagen: Da sie Gottes Kinder sind, wer darf dann verbieten, sie mit Wasser zu taufen? Aber nun brausen die Gegner noch einmal auf und sagen, Christus habe gesagt «solchen», nicht «diesen»; er habe also dort mehr von solchen gesprochen, die Kindern ähnlich sind, als von den Kindern selbst. Doch sie übersehen, dass das Folgende damit im Widerspruch steht: «Und er schliesst sie in die Arme und legt ihnen die Hände auf und segnet sie» [Mk 10,16]. Wen? Etwa diejenigen, die den Kindern ähnlich waren? – So verhalten sich ja die Streitsüchtigen: Stets müssen sie noch etwas sagen, auch wenn sie nicht mehr wissen was. Christus hat hier beides getan. Er hat die Kinder als die Seinen umarmt, der Berührung mit seiner Hand gewürdigt und herzlich für sie gebetet. Zugleich aber ist er, wie er es nicht selten tut, [in seiner Rede] von ihnen auf uns übergegangen, um uns von der körperlichen und sichtbaren Welt auf die himmlische hinzulenken. So sollen mir jene [Leute] doch die eine Frage beantworten: Worauf zielt denn der Glaube, ohne den niemand die Taufe empfangen darf, wie sie sagen? Sie werden ohne Zweifel antworten: Darauf, dass wir – durch den Glauben davon überzeugt, Gottes Kinder zu sein – während unseres ganzen Lebens nach dem Vorbild Christi in völliger Unschuld leben, um dann einmal in sein Reich einzugehen. In Unschuld und in Demut leben heisst also christlich leben? Gewiss. Nun aber lehrt Christus, man müsse diese Demut und Unschuld von den Kindern lernen. Folglich sind die Kinder schon jetzt das, was wir werden sollen. Wenn also wir, die wir Gott angehören, nur schwer zur Unschuld der Kinder gelangen, so ist doch klar: Christus hat nicht bloss von solchen gesprochen, die den Kindern ähnlich sind, sondern von den Kindern selbst. Er gibt uns ihr Beispiel als Ideal des Gläubigen. Sind sie aber das Ebenbild Gottes, um wie viel mehr dann nicht Gottes Ideal? Wenn sie also Kinder Gottes sind, wer wird ihnen dann, wie Petrus sprach [vgl. Apg 10,47], die Taufe verweigern? Auch Paulus sagt ja in 1. Korinther 7 [Vers. 14], Kinder aus Ehen, von denen nur der eine Teil gläubig sei, seien heilig, und gewöhnlich nennt Paulus die heilig, die gläubig sind. Wenn deshalb die Kinder, bei denen nur ein Elternteil Christ war, trotzdem schon zu den Heiligen, d. h. zu den Gläubigen gerechnet werden, warum soll man sie nicht mit Wasser taufen dürfen, wenn sie doch schon heilig sind und damit das, was wir erst noch werden sollen? Allerdings haben manche die Auffassung, die Kinder der Christen würden hier von Paulus nur darum heilig genannt, damit man mit ihnen zusammen sein dürfe. Das wäre ja nicht erlaubt gewesen, wenn sie als Kinder ungläubiger Eltern unrein gewesen wären. Dieser Ansicht kann ich, mit Verlaub, nicht beipflichten. Solch einen jüdischen Hochmut hatten diejenigen nicht, die von Heiden zu Christen bekehrt worden waren; von den Korinthern gilt das ganz sicher. Es fiel ihnen doch nicht ein, sich immer nur mit Abscheu von den Ungläubigen fernzuhalten. Sie haben doch sogar bei den Opfermahlzeiten mit ihnen zusammen gegessen, bis jemand daran Anstoss nahm [vgl. 1Kor 8,1–13]. – Wenn es übrigens im Brief von Paulus unmittelbar vorher heisst «Die ungläubige Frau ist geheiligt durch den gläubigen Mann» [1Kor 7,14], so ist das natürlich nicht so gemeint, als müsste man unter «geheiligt» fleischliche Reinheit verstehen, sondern es bedeutet, dass eine ungläubige Frau durch einen gläubigen Mann zum Glauben gebracht wurde, wie es schon oft vorkam. Er sagt ja nachher auch: «Denn was weisst du, Frau, ob du den Mann nicht doch retten wirst?» [1Kor 7,16] Nun kann aber ein Mensch einen anderen nicht selig machen. Also spricht er von der Bekehrung zum Glauben. – Doch selbst wenn wir zugeben würden, Kinder christlicher Eltern gälten nach Ansicht von Paulus nicht als Gläubige, so wird sich doch sicher ein Kind, das von einem Christen abstammt, in einer anderen Lage befinden als eins, dessen Vater ein Ungläubiger war oder einer, der vom Glauben abfällt. Ein Kind wird stets besser dran sein, wenn es im Glauben erzogen wird. Nun wurde aber am Anfang dieses Abschnitts gesagt, solche, die erst gläubig werden sollten, seien bereits mit Wasser getauft worden, wie auch die Apostel von Johannes getauft worden sind (vorausgesetzt, wir bestreiten nicht, dass sie überhaupt getauft wurden). Folglich wird man die Kinder, die zum Glauben erzogen werden, ebenso gut mit Wasser taufen dürfen.

Nun will ich kurz die Erwiderungen der Gegenpartei behandeln und diese Knoten auflösen. Die erste heisst: Wir lesen nirgends, dass die Apostel Kinder getauft haben; wenn aber das Wort und die Beispiele fehlen, darf man sie nicht taufen. Ich antworte: Das Wort fehlt nicht, aber ihr lasst es nicht gelten, nämlich jenes, die Taufe sei unsere äussere Beschneidung [vgl. Röm 4,11]. Ich sage ja in Bezug auf die äussere Beschneidung: Sie hat keinen Wert, solange wir nicht auch innerlich beschnitten sind. Und was ich von der inneren Beschneidung sage, betrifft erst einmal die äussere Beschneidung, die auf die innere hinweist; die äussere geht eben der inneren voraus. So sollte man auch in Bezug auf die Taufe reden; auch Paulus redet ja so darüber. Aber auch die Beispiele fehlen nicht, wie weiter oben ersichtlich ist, wo ich von Johannes schrieb, der auf den kommenden Christus hin taufte [vgl. Joh 1,26]. Dazu nehme man, dass Paulus das Haus von Stephanus taufte [vgl. 1Kor 1,16] und auch den Kerkermeister mit seiner ganzen Familie [vgl. Apg 16,33], wobei es in beiden Fällen wahrscheinlicher ist, dass auch Kinder dabei gewesen sind. Genauso wahrscheinlich ist es, dass zur Familie auch Erwachsene gehörten, die bis zu jenem Tag vom Glauben keine Ahnung hatten, und doch wurden sie wie ihr Hausherr getauft. – Ihr zweiter Einwand lautet: Wenn die Apostel tauften, so haben sie zuerst die Täuflinge auf ihren Glauben hin geprüft. Ich antworte: Manchmal hat diese Prüfung in der Tat stattgefunden, manchmal aber auch nicht. Ihr belügt also das Volk, wenn ihr behauptet, der Glaube sei von den Aposteln immer verlangt worden. Nein, sie haben das nach dem Vorbild Christi nicht getan. Christus hat ja auch diejenigen, die er heilen wollte, das eine Mal nach dem Glauben gefragt, das andere Mal aber nicht. In Matthäus 9 fragte er zwei Blinde, die ihn baten, er möge sie sehend machen, ob sie glaubten, er könne das. Und als sie es bejahten, sprach er, es möge nach ihrem Glauben geschehen, und sogleich wurde ihnen das Augenlicht wieder geschenkt [vgl. Mt 9,28–29]. Ebenso machte er in Johannes 9 einen Blindgeborenen sehend, der ihn keineswegs kannte; denn als er ihm nachher gegenüberstand, fragte er ihn: «Glaubst du an den Sohn Gottes?» Er antwortete: «Sag mir, wer es ist, Herr, damit ich an ihn glauben kann!» [Joh 9,35f.] Hier kam das Zeichen vor dem Glauben. Auch wie Jesus auf den Glauben derer schaute, die einen Gelähmten vom Dach herabliessen, damit er ihn gesund mache, darf man hier heranziehen [Lk 5,17–26]. – Ihr dritter Einwand lautet: «Wer zum Glauben kommt und getauft wird, wird gerettet werden, wer aber nicht zum Glauben kommt, wird verurteilt werden» [Mk 16,16]. Der Glaube muss also zuerst da sein, sonst könnte man genau so gut einen Raben taufen. Ich antworte: Dieses Wort kann nicht auf die Kinder bezogen werden, denn unmittelbar vorher heisst es: «Predigt das Evangelium aller Kreatur» [Mk 16,15]. Und dann folgt: «Wer zum Glauben kommt und getauft wird ...», dann eben, wenn er das Evangelium vernommen hat. Da es aber nicht den Kindern gepredigt oder von ihnen vernommen wird, folgt ganz klar: In diesem freilich sehr wichtigen Ausspruch sind nicht sie gemeint, sondern allein die, die die Predigt hören und dann entweder glauben oder ausweichen. – Viertens führen sie Folgendes ins Feld: Es wäre etwas viel Wirksameres und Überzeugenderes, wenn jeder öffentlich den Glauben bekennen würde, bevor man ihn ins Wasser taucht. Ich antworte: Es wird sich leichter machen lassen, dass einer den Glauben kennenlernt, wenn er als Kind getauft worden ist, als wenn das nicht der Fall war. Die beiden Hauptlaster, die diesem Geschlecht nun einmal angeboren sind, nämlich Zügellosigkeit und Vermessenheit, können eben in einem getauften Kind besser eingedämmt werden als in einem ungetauften. Denn wenn Eltern einem unverschämten Knaben gegenüber allzu nachsichtig sind, so werden sich die nächsten Verwandten dazu verpflichtet fühlen, die Eltern so gut wie die Kinder zu warnen und zu ihnen zu sagen: Erziehst Du so Deinen Sohn, dass es uns alle empört und unser Gott gelästert wird? Und wenn dann womöglich der Zurechtgewiesene frech werden und aufbegehren wollte: Wer bin ich denn eigentlich? Ich werde ein Christ sein, wenn es mir gefällt. Was geht es Dich an [vgl. Joh 2.4]? So kommt man dem ganz sicher eher bei, wenn es sich um ein getauftes als um ein ungetauftes Kind handelt. – Die Kindertaufe ist also, wie früher die Beschneidung, ein Sakrament. Es verpflichtet uns vorläufig als Kinder, das Gesetz des Herrn zu lernen und unser Leben zu bilden. Zugleich verpflichtet es auch die Eltern, uns eine solche Bildung zu geben, durch die deutlich wird: Du stammst von Christeneltern und wirst diesem Bekenntnis entsprechend Dein Leben führen. Ganz ähnlich konnte man dies an der Beschneidung derer erkennen, die vom Fleisch oder vom Geist von Abraham abstammten. Wenn nun unsere Gegner meinen, es fehle eben doch, dass jeder den Glauben selbstständig bekenne, dann sagen wir: Dies wird bei der Feier des Abendmahls geschehen, wenn es richtig begangen wird. Dieses ist ja nichts anderes als die feierliche Danksagung derer, die sich durch Christi Tod zum Leben erweckt fühlen und sich darüber freuen. Zugleich ist es die engste Vereinigung des Leibs Christi, nämlich seiner Gläubigen. Wenn wir es so feiern, soll sich jeder innerlich prüfen, ob er die rechte Gesinnung gegen Christus und die Mitchristen hat. Und wenn es so ist, dann soll er bei der gemeinsamen Danksagung als Sakrament oder Symbol der Vereinigung das Brot essen und aus dem Kelch trinken. Und es wäre ja die ärgste Sünde, wenn man sich von dieser Verpflichtung, diesem Bund und diesem Leibe trennen wollte. – Kurz, ich brauche mich in Bezug auf die Kindertaufe nur in der einen Hinsicht zu wehren, dass wir nicht von der Taufe erwarten dürfen, was allein die Gnade Gottes vermag: Wir dürfen nicht glauben, die Seele werde durch das Taufwasser gereinigt (was wir uns ja nicht einbilden), sondern dies geschieht so, wie Gottes Geist uns lehrt. So lesen wir in 1Petr 3 [Vers 21], die Taufe versöhne uns mit Gott auf dieselbe Weise, wie einst die Sintflut die ganze Welt reinigte; nicht insofern die Taufe den Körper wäscht, sondern insofern das Gewissen sich prüft und dann mit Gott im Reinen ist. Wenn also das Heil aller Menschen von Gottes Gnade abhängt und wenn das, was Petrus hier über die Bitte um ein gutes Gewissen sagt, nicht auf die Kinder bezogen werden kann, weil sie so oder so der Gnade Gottes sicher sind – dann, sage ich, haben wir keinen Grund, wegen des Zeichens der Taufe so heftig zu streiten. Solche Streitereien ziehen ja doch nur Anstoss und Schaden nach sich. Es ist ein böser Geist, der uns in sonderbarer Weise zur Eigenliebe und zum Ehrgeiz antreibt und uns einredet, der höchste Ruhm bestehe darin [im Streitgespräch] unbesiegt zu bleiben. Der barmherzige Gott befreie uns von seiner Hinterlist! Und wenn das Taufen wirklich eine solche Lästerung ist, so möge er bewirken, dass wir nicht mehr taufen; andernfalls aber gebe er den Geist des Friedens in die Herzen der streitsüchtigen Menschen, damit sie die Kräfte, die sie bisher auf diesen Streit verwendet haben, wieder für die Förderung des Friedens und der Ruhe brauchen.

[…]

Edition des Originaltexts (lateinisch): Z VIII, Nr. 355, 261–278 hier Abschnitt: 263,18–265,24; 269,11–275,21

Deutscher Text: F 2, Nr. 93, 70–99, Abschnitte entsprechend dem lateinischen Text (übersetzt von Oskar Farner), kritisch überarbeitet

Bearbeitet von Ernst Saxer

Brief an Michael Wüst in Oberglatt (10. April 1526)

EINFÜHRUNG

Der Adressat Michael Wüst, ein Cousin und Studienkamerad von Heinrich Bullinger, war zuerst im Aargau Schulmeister und Pfarrer gewesen und hatte sich dann der Täuferbewegung angeschlossen. Zwinglis Brief an ihn zeigt, dass seine Beurteilung dieser Bewegung auf persönlichen Erfahrungen mit ihren Führern beruhte, die sich hartnäckig auf die wörtliche Auslegung einiger Bibelstellen beriefen. Deutlich wird, dass es Zwingli letztlich nicht um die Auslegung einzelner Bibelverse ging, sondern um die Einheit der an Christus Glaubenden, die in seinen Augen durch Hochmut einer Gruppe zerstört wurde: Die Täufer trennten sich von der Gemeinschaft der Kirche in der Überzeugung, die einzig wahren und reinen Christen zu sein.

TEXT
Zwingli an Michael Wüst

Gnade und Friede vom Herrn.
    Lieber Michael, [die Überbringerin dieses Schreibens,] eine mir im Übrigen völlig unbekannte Frau, kam zu mir und beschwor mich, ich möchte Dich doch mit einem Brief dazu bringen, dich von den Wiedertäufern abzuwenden. Ich schlug ihr die Bitte zuerst hartnäckig ab und gab ihr zu verstehen, ich hätte vor wenigen Tagen mit Dir gründlich darüber verhandelt. Aber schliesslich siegte die Frau mit ihrem Drängen und nötigte mich mitten in meiner vielen Arbeit zur Abfassung dieses Briefs. Er ist nicht geschickt und gründlich genug, um Dir Abscheu vor der Heuchelei jener Leute einzuflössen. Ich schreibe ihn ja auch hauptsächlich, um der Frau den Gefallen zu tun. Sie behauptet, Du

seist noch nicht wiedergetauft, doch es sei zu befürchten, ein längerer Umgang mit diesen Leuten werde Dich zu deren Wahnsinn verleiten. Aber was soll ich viel mit Dir verhandeln? – Bist Du ein Christ? Was hast Du dann mit Leuten zu schaffen, die sich von den Christen absondern? Sie sagen zwar: Wir sind die wahren Christen; die aber, von denen ihr es glaubt, sind keine. Wer bitte schön hat Euch das offenbart? Seid Ihr die, die Herzen und Nieren prüfen [vgl. Ps 7,10]? – Wenn sie wirklich Christus beständig im Herzen festhalten, mit dem Mund bekennen und ihm mit den Werken nacheifern, soweit ihnen der Herr dies gewährt, warum verurteilen sie dann den unschuldigen Bruder? Was meinst Du: Wie viele Zehntausende von Menschen werden wohl in der Kirche Christi sein, die in der Heiligkeit des Lebens, der Rechtschaffenheit des Charakters und der Bescheidenheit im Reden die Besten der Wiedertäufer übertreffen? Gesetzt der Fall, wir würden zugeben, dass die Wiedertäufer die anderen an Heiligkeit übertreffen, welcher Geist sagt ihnen dann, dass sie sich sofort über die anderen erheben dürfen, sobald sie auch nur ein wenig weiter fortgeschritten sind? Können sie etwa Christus als Lehrer dieses Stolzes anführen? Oder haben die Apostel das Vorbild dafür gegeben? Welche geschichtlichen Beispiele gibt es dafür, dass man dann, wenn man sich von der Kirche des Christenvolks abgesondert hat, ein wenig besser gewesen wäre als das gemeine Volk? Die Mönchsorden haben so gehandelt; aber waren sie etwa darum besser, weil sie eine so hohe Meinung von sich hatten? Von der gotteslästerlichen Geschwätzigkeit der Wiedertäufer, die das ganze stinkende Wirken aller Verleumder übertrifft, will ich gar nicht reden, nicht von ihrer dummen Arroganz und ihrer beständigen Heuchelei; denn was tun sie nicht alles, um von den Leuten beachtet zu werden [Mt 6,1.5]! Im Übrigen kann ein grosser Teil von ihnen leicht auf ein Luxusleben verzichten, denn sie kommen aus dem niedrigsten und hoffnungslosesten Gesindel und sind nun in diesem Hafen gelandet, um aus ihrem traurigen Dasein einen Adelsstand zu machen. Hätten sie Gelegenheit dazu – man könnte dann sehen, wie Leute vom Schlage eines Sardanapal[113] und Heliogabal[114] ihnen nicht das Wasser reichen könnten. Ich weiss, dass Grebel,[115] mag er auch das Gegenteil beschwören, sich nur

---

113 Vgl. oben S. 39, Anm. 19.
114 Vgl. oben S.39, Anm. 21.
115 Konrad Grebel (ca. 1498–1526) war Sohn von Jakob Grebel, einem Zürcher Ratsherrn. Nach Studien in Paris und Basel kehrte er 1522 nach Zürich zurück und wurde Anhänger Zwinglis. Gleichzeitig überwarf er sich mit seinem Vater wegen seiner Heirat und wohl auch wegen dessen Verbleibens bei der römischen Kirche. An der Zweiten Zürcher Disputation vom Oktober 1523 gehörte er zu den «radikalen» Kriti-

deshalb von seinen Eltern losgesagt hat, weil sie ihm nicht so viel vorstrecken wollten, wie er in seiner Frechheit verlangte. Wenn das menschliche Herz solchen Windstössen gegenüber nicht sehr fest ist, wird es von der Begierde nach Ruhm gequält. Zwar verbergen dies alle, aber den jüngeren gelingt es weniger gut; immer wieder ertappt man sie dabei. Deswegen schlage die Augen Deiner Seele auf und schau auf das, was sich für einen Christenmenschen gehört, nicht darauf, was jene tun oder reden. Diese Frau möchte Dich gerne wieder in die Stadt bringen. Ich verspreche Dir meine immerwährende Hilfe und Treue.

Lebe wohl,

Huldrych Zwingli

Für Michael Wüst, seinen besonderen Freund

Edition des Originaltexts (lateinisch): Z VIII, Nr. 467, 561–562.
Deutscher Text: F 2, Nr. 117, 178–180 (übersetzt von Oskar Farner), kritisch überarbeitet

Bearbeitet von Ernst Saxer

kern des seiner Meinung nach zu zögerlichen Fortschreitens der Reformation, aus denen sich die ersten «Täufer» formierten. In seinem Brief vom 5. September 1524 an Thomas Müntzer stellte er die Anschauungen seines Zürcher Kreises dar, ein Text, der als älteste Urkunde des protestantischen Freikirchentums bezeichnet wird. Grebel vollzog als erster 1525 die Erwachsenentaufe. Er starb im August 1526 an der Pest.

Brief an Krautwald, Schwenckfeld und die Brüder in Schlesien (17. April 1526)

EINFÜHRUNG

Der Adressat Kaspar von Schwenckfeld (1489–1561) trat nach juristischen Studien 1511 in den Hofdienst und wurde 1518–1523 Hofrat bei seinem Landesherrn Herzog Friedrich von Liegnitz, den er 1521 für die Reformation gewann. Zusammen mit seinem Mitarbeiter Valentin Krautwald (gest. 1545) wurde er zum «Reformator Schlesiens». Nach 1525 überwarf er sich in der Abendmahlsfrage mit Luther und näherte sich der zwinglianisch-oberdeutschen Sicht an. Seine Lehren vom «inneren Wort» und vom «geistlichen Fühlen» der Gnade Gottes brachte ihm den Vorwurf des «Spiritualismus» ein. 1529–1533 hielt er sich in Strassburg auf, anschliessend in Ulm. Ab 1540 war er ein im Verborgenen lebender verfolgter «Separatist».

Der Brief lässt das Grundmotiv von Zwinglis Abendmahlslehre und seiner gesamten Theologie deutlich erkennen: Das Heil wird im Glauben an Christus erfasst, der sein Leben einmal (und für allezeit gültig) für uns gegeben hat. Das Abendmahl mit Brot und Wein kann keine Verlängerung oder gar Wiederholung dieses Heilsereignisses sein; es ist eine besondere Form der Erinnerung daran. Alles andere wäre Kreaturvergötterung.

TEXT
Zwingli an Krautwald, Schwenckfeld und die Brüder in Schlesien

Gnade und Friede vom Herrn.

Es lässt sich nicht beschreiben, liebste Brüder, was für eine grosse Freudenbotschaft unser Matthäus Winkler[116] mitbrachte – oder vielmehr Euer [Matthäus Winkler], denn wer zu Christus gehört, gehört ja allen, die ihm angehören –, als er uns von Eurem Glauben an Gott durch Jesus Christus berichtete. Wir danken dafür Gott, dem Lenker aller Dinge, der uns bereits mit einem festen Glauben erfüllt hat. Welchen Glauben Ihr besitzt, habt Ihr uns bereits deutlich genug bewiesen, indem Ihr die törichte, um nicht zu sagen abscheuliche Auffassung vollständig aufgegeben habt, dass man beim Abendmahl im Brot das leibhaftige Fleisch Christi esse. Wir können ja Gott zum Zeugen anrufen – alle, die wir in Zürich in dieser Sache nach der Wahrheit suchen –, dass uns der Glaube an der Hand führte und zu solcher Klarheit leitete; darum dürfen wir bei dieser Nachricht in aller Demut und Ehrfurcht den Herrn preisen. Je stärker und fester der Glaube ist, umso deutlicher erkennt er eben, dass uns beim Abendmahl auf keinen Fall Fleisch vorgesetzt wird, von dem es doch heisst, es vermöge nichts [Joh 6,63]. «Wer zu mir kommt», sagt Christus selbst, «wird nicht mehr Hunger haben, und wer an mich glaubt, wird nie mehr Durst haben» [Joh 6,35]. Wenn wir also bekennen, die Summe aller Religion und das Heil bestehe darin, dass man an Christus glauben soll, dann werden wir natürlich nach keinem anderen Heil mehr hungern oder dürsten, wenn wir einmal im Besitz dieses Heils sind. Wozu setzen dann jene berühmten Leute den Gläubigen ständig Fleisch vor, nach dem sie gar nicht hungern?[117] Wenn sie gläubig wären, hätten sie es ja schon längst gegessen, und zwar so, wie es etwas nützt; sie hingegen wollen es so, wie es nichts nützt; denn wer an Christus glaubt, wird nie mehr [hungern und] dürsten.

Liebste Brüder, wie ich höre, nehmt Ihr etwas Anstoss an der Formulierung: Dieses Brot «bedeutet» meinen Leib. So ist es auch schon anderen weniger wählerischen Leuten ergangen, die sagen: Dieser Ausdruck «bedeutet» ist eines Zwingli nicht würdig und gehört sich erst recht nicht für das hochwürdige Sakrament. Doch Ihr braucht daran nicht Anstoss zu nehmen, beste Brüder! Der Ausdruck ist allerdings einfach und entstammt der Umgangssprache, aber er

---

116 Vom Überbringer des Briefs, Matthäus Winkler, ist weiter nichts bekannt.
117 Gemeint ist Martin Luther.

wurde von Hoen[118] und dann auch von mir aufgegriffen, weil man damit allen deutlich machen konnte, worum es geht. Wenn ich nämlich formulieren würde: Dieses Brot «repräsentiert» meinen Leib, gibt es Leute, die der ursprünglichen Wortbedeutung nachgehen und aus der «Re-präsentation» eine «Präsenz» des Leibs machen. Sage ich aber: Dieses Brot ist das «Bild» meines Leibs, so gibt es Leute, die alles Mögliche aus dem Begriff «Bild» herauslesen; ebenso, wenn ich sage: Das Brot ist das «Symbol» des Leibs. Dem allen geht nun aber das Wort «bedeutet» aus dem Weg. Es ist nicht von mir eingeführt worden, sondern man hat es von Hoen übernommen, einem recht gelehrten und vor allem über die Massen frommen Manne. Meinetwegen kann man diesen Satz erläutern, wie man will, wenn wir bloss aus dem Brot nicht Fleisch machen und den Wein nicht gegen Blut eintauschen. Darüber habe ich deutlicher und ausführlicher an Billikan[119] und Rhegius[120] geschrieben. Ich schicke Euch durch Matthäus eine Abschrift davon. In dieser Schrift wies ich, wenn auch nicht immer deutlich genug, darauf hin, dass in den Worten Christi «Dies ist mein Leib, der für euch hingegeben wird» der Ausdruck «der für euch hingegeben wird» das sicherste und deutlichste Merkmal ist, an dem man erkennen kann, dass das Brot nicht der Leib ist. Denn wäre das der Fall, so wäre das Brot für uns dahingegeben worden. – Um den Streitsüchtigen noch besser den Mund stopfen zu können, habe ich diese Schlussfolgerungen zum Abendmahl aufgestellt: Der Leib Christi wird für uns dahingegeben. Das Brot ist der Leib Christi. Folglich wird das Brot für uns dahingegeben. Zweitens: Der Leib Christi wird für uns gebrochen. Das Brot ist der Leib Christi. Folglich wird das Brot für uns gebrochen. Drittens: Der Leib Christi stirbt für uns. Das Brot ist der Leib Christi. Folglich stirbt das Brot für uns. Das alles ist so abwegig, dass das Brot offensichtlich nicht Fleisch sein kann.

---

118   Cornelius Hendricxz Hoen (gest. 1524 in 's-Gravenhage, Rechtsanwalt am Hofe von Holland) entwickelte im Anschluss an Wessel von Gansfort die sogenannte «tropische» Interpretation der Einsetzungsworte des Abendmahls, wonach in den Einsetzungsworten beim Sakrament der Messe – *Hoc est corpus meum* («dies ist mein Leib») – das *est* («ist») als *significat* («bedeutet») zu verstehen sei. Die betreffende Abhandlung erschien im Sommer 1525 bei Froschauer in Zürich.
119   Theobald Billicanus (ca. 1490–1554), Student in Heidelberg, seit 1518 Anhänger Luthers, seit 1522 Prediger in Nördlingen.
120   Urbanus Rhegius (1489–1541), seit 1524 Prediger in Augsburg, näherte sich in der Abendmahlsfrage 1526 Zwingli, seit 1528 wieder stärker lutherisch.

Diese Widerlegung wollte ich Euch, meine liebsten Brüder, zukommen lassen; dann könnt Ihr jenen spitzfindigen Chrysippen[121] umso schlagfertiger entgegentreten, wenn es die Sache erfordert. Ich schreibe dies nicht in der Meinung, dass Euch zur vollkommenen Gelehrsamkeit und Frömmigkeit etwas fehlt; vielmehr soll diese freundliche Besorgtheit Euch dazu anleiten, auch Eurerseits in allen Fragen unbeschwert zum Rechten zu mahnen. So pflegen wir uns ja in Strassburg, Basel und Zürich gegenseitig mit den liebevollsten Briefen auf alles aufmerksam zu machen, was uns der Herr eingibt, und stets nimmt man die Hinweise gerne an. Matthäus hat ferner erzählt, der Herzog von Liegnitz[122] sei dem Evangelium Christi und der Wahrheit in Bezug auf das Abendmahl überaus gewogen. Der Herr gebe ihm seinen Geist, damit er volle Erkenntnis erhält und für die übrigen Fürsten ein Vorbild wird. Grösstenteils stimmen sie ja dem Evangelium nur zu, wenn es stumm und taub gemacht und verstümmelt wird. Möge der, der Leib und Seele gegeben hat, den erlauchtesten Herzog und Euch alle stärken! Lasst uns füreinander beten, Gott möge das stärken, was er in Euch gewirkt hat. Vor allem aber wollen wir für einen solch frommen, der Wahrheit zugeneigten Fürsten beten. Die wahre Auffassung vom Abendmahl nimmt mit jedem Tag immer mehr zu.

Lebt wohl, liebste Brüder im Herrn, kämpft nicht nur tapfer, sondern auch klug und haltet stand bis ans Ende [Mt 24,13]! Die Wahrheit wird siegen.

Die Brüder, die bei uns sind, empfehlen den frommen und gelehrten jungen Matthäus Winkler auf das Allerherzlichste, denn seine gottesfürchtige Jugend und liebenswerte Frömmigkeit hat [uns allen] ungemein gefallen.

---

121 Chrysippos war nach Kleanthes von 232–208 Leiter der stoischen Schule in Athen und u. a. als Dialektiker berühmt.
122 Friedrich II., Herzog von Liegnitz, gestorben 1547, beförderte seit 1524 offen die Reformation.

Es grüssen Euch Leo[123], Grossmann[124], Myconius, Ammann[125], Collin[126], Binder[127], Hofmeister[128] und alle, auch Pellikan.[129]

Euer Huldrych Zwingli.

Edition des Originaltexts (lateinisch): Z VIII, Nr. 470, 567–570
Deutscher Text: F 2, Nr. 118, 181–185 (übersetzt von Oskar Farner), kritisch überarbeitet

Bearbeitet von Ernst Saxer

123   Zu Leo Jud und Oswald Myconius vgl. die Briefe an Myconius und an Wyttenbach.
124   Kaspar Megander (Grossmann) (1495–1545), seit 1518 Kaplan am Grossmünster, wurde sogleich konsequenter Anhänger Zwinglis, 1528 auf Zwinglis Empfehlung Professor und Münsterprediger in Bern, 1537 wegen seiner Opposition gegenüber Bucers Einigungsbestrebungen entlassen, dann bis zu seinem Tode Archidiakon am Grossmünster.
125   Johann Jakob Ammann (1500–1573), Student in Paris, Basel und Mailand, 1524 Chorherr in Zürich, 1526 Professor, seit 1533 Schulherr (Rektor) in Zürich.
126   Rudolf Collin (Ambühl) (1499–1578), Studien in Wien und Italien, seit 1526 Griechischprofessor in Zürich, mehrsprachig, oft in diplomatischen Missionen unterwegs, u. a. nach Venedig und Paris als Überbringer von Zwinglis «Erklärung des Glaubens» (*Fidei expositio*).
127   Georg Binder, Mitglied des Kleinen Rats und Übersetzer Zwinglis.
128   Sebastian Hofmeister (1476–1533), ein bedeutender Mitarbeiter Zwinglis, ursprünglich Barfüssermönch, hatte 1516 in Paris den Dr. theol. erworben. Er war Reformator seiner Vaterstadt Schaffhausen und wirkte nach Vertreibung in Zürich und seit 1528 in Bern.
129   Conrad Pellicanus (Kürschner) (1478–1556), Franziskaner, Priester, Lektor und seit 1519 Guardian im Barfüsserkloster in Basel, 1523 dort abgesetzt und sogleich vom Rat zum Professor für Altes Testament ernannt, in derselben Funktion seit 1526 in Zürich.

Brief an Comander und Baling in Chur (1. März 1527)

EINFÜHRUNG

Johannes Comander (Dorfmann) (1482–1557) war der bedeutendste Reformator Graubündens. Er hatte in Basel zusammen mit Zwingli studiert und war seit 1521 Vikar und Pfarrer in Escholzmatt (Luzern). Von 1523 an war er Pfarrer an der Stadtkirche (Martinskirche) in Chur.

Der kurze Brief enthält Zwinglis Auslegung vom Ersten Brief des Johannes 5,4–8, einer der klassischen neutestamentlichen Belegstellen für die Lehre von der Dreieinigkeit. Die Auslegung lässt einen theologischen Grundgedanken Zwinglis erkennen: Wie vor ihm Augustin betonte Zwingli, dass jedes göttliche Wirken immer das Wirken des einen und ganzen, dreieinigen Gottes sei. Zudem findet sich hier Zwinglis Lehre vom «inneren Zeugnis» und Wirken des Heiligen Geists, der im Menschen Glauben schafft und damit Erlösung und Heil. Es ist eine Lehre, die später von Calvin aufgenommen wurde.

TEXT
Zwingli an Comander und Baling

An Johannes Comander und Niklaus Baling,[130] Pfarrer und Schulmeister in Chur, Graubünden, Huldrych Zwingli

Gnade und Friede vom Herrn!

Den Text 1Joh 5 [Verse 4–8] würde ich folgendermassen umschreiben: Was aus Gott geboren ist – gemeint ist: von Gott stammt –, besiegt die Welt. Und das ist der Sieg (wobei «der Sieg» hier «Sieger» bedeutet), also der Sieger und Überwinder, der die Welt überwindet, nämlich unser Glaube. Denn wer würde die Welt besiegen, wenn nicht der, der glaubt, dass Christus der Sohn Gottes ist? Er sieht sich zu einem besseren Leben berufen, als es das gegenwärtige ist. Aber auch das sieht er, dass der Vater ihm nichts abschlagen kann, weil er den Sohn zu unserer Erlösung gegeben hat. Dieser Jesus «kam durch Wasser und Blut», was bedeutet: er kam, um die himmlische Weisheit zu lehren, die als «Wasser» bezeichnet wird (wie aus Joh 3 und 4 ersichtlich ist), und um sich selbst zur Bezahlung für unsere Sünden zu machen, was mit «Blut» bezeichnet wird. Dies alles nimmt aber niemand an, wenn er nicht durch eine innerliche Belehrung des Geists erleuchtet wird. Der Geist also lehrt im Herzen der Gläubigen, dass es wahr ist, was Christus gelehrt und vollbracht hat. Denn der Geist kann weder irren noch täuschen; er ist ja selbst die Wahrheit.

Drei sind es also, in deren Zeugnis die Heilslehre besteht. (In der Bibel stehen oft «Zeugen» und «Zeugnis» für «Lehre» und «Lehrer». So sagt Christus zu den Jüngern: «Und auch ihr legt Zeugnis ab» [Joh 15,27], und gemeint ist: lehren, was zur Seligkeit dient.) Es sind also drei Zeugen: Das Wasser als die himmlische Lehre, denn die menschliche kann dies nicht leisten; das Blut als die Versöhnung, die der Sohn Gottes umsonst gewährt hat, weil ohne sie niemand vor Gottes Gerechtigkeit bestehen kann; und der Geist, den Gott in unsere Herzen sendet, damit wir zur Erkenntnis und zum Glauben kommen. «Und diese drei sind eins», anders gesagt: Keines ist ohne das andere. Dies nämlich steckt im «diese drei sind eins». Die himmlische Weisheit, die Erlösung selbst

---

130   Niklaus Baling(er) (gest. 1553), aus dem schwäbischen Balingen, war zunächst Diakon in Zürich und kam Anfang 1527 nach Chur als Leiter der deutschsprachigen Stadtschule. 1535–1539 wirkte er in Bern, wurde dann an die Lateinschule in Chur zurückberufen und 1542 wieder abgesetzt. Danach amtete er als Lehrer und 1553 als Rektor der Lateinschule in Bern.

und der Geist selbst sind [für uns] dasselbe oder – anders gesagt – sie bewirken als Einheit, dass der siegreiche Glaube entsteht, der die Welt überwindet.

Es ist mir nun völlig unmöglich, noch über vieles anderes zu schreiben, derart drängt meine Arbeit. Die anderen Dinge habe ich mit Christoph[131] besprochen; er sagt, die Sache falle in die Rechnungsführung Michaels[132]; er selbst wisse von allem nichts, werde aber mit dem Burschen reden, damit dieser seine Forderungen nicht allzu rigoros eintreibt.

Lebt wohl und seid wachsam!

Edition des Originaltexts (lateinisch): Z IX, Nr. 596, 63f.
Deutscher Text: G, Nr. 25, 254f. (übersetzt von Gottfried Willhelm Locher), kritisch überarbeitet

Bearbeitet von Ernst Saxer

131   Christoph Froschauer (ca. 1490–1564) stammte aus der Gegend von Altötting in Bayern. Seit 1517 war er Drucker in Zürich. Er erhielt 1519 aufgrund seiner Kunst das Bürgerrecht geschenkt. Er war ein früher Anhänger Zwinglis und führender Drucker der Zürcher und Berner Reformation. Beim Fastenbruch von 1522 war er massgeblich beteiligt.
132   Michael Schwyzer, der Knecht Froschauers.

Brief an Konrad Sam in Ulm (1. September 1527)

EINFÜHRUNG

Konrad Sam (1483–1533) hatte in Freiburg und Tübingen studiert. 1520 wurde er Prediger in Brackenheim bei Heilbronn. Nachdem er sich der Reformation zugewandt hatte und mit Luther in Briefkontakt getreten war, wurde er dort abgesetzt. Seit 1524 amtete er als Prädikant am Ulmer Münster. Dort wirkte er als Reformator im Sinne Zwinglis. Wie in Zürich, so war auch in Ulm die Täuferbewegung ein Thema.

Zwinglis Brief gibt Einblick in seine Erfahrungen und in seine Sicht dieser in den ersten Jahren noch vielgestaltigen, von Bauernaufruhr nicht immer klar zu unterscheidenden Bewegung, die in seinen Augen den Erfolg der Reformation bedrohte.

TEXT
Zwingli an Konrad Sam

Huldrych Zwingli an Konrad Sam

Gnade und Friede vom Herrn!

Mein lieber wachsamer, treu sorgender Sam, ich musste Dir unbedingt so rasch wie möglich schreiben, vor allem nachdem ich aus einem Brief unseres gemeinsamen Freunds Andreas[133] erfahren habe, wie Du unter den Wiedertäufern zu leiden hast. Mit diesen Leuten habe ich mich nun eine Weile herum-

---

133 Gemeint ist wohl Andreas Zierlein, Kaplan in Ulm.

geschlagen, eine vollkommen abscheuliche Sorte Mensch. Man schämt sich in der Tat, ihre ganze Vermessenheit darzustellen. Es schmerzt mich, dass Gläubige von ihnen verführt worden sind. Aber sei guten Muts! Sie kommen wieder zurück, wenn man nur richtig mit ihnen umgeht. Wir haben die Erfahrung gemacht, dass viele, die ihnen zugehört hatten, sich anfangs ziemlich auf sie eingelassen haben. Die Wiedertäufer hatten nämlich durch ihre Lügen, ihr Jammern und, womit sie besonderen Erfolg hatten, ihre Heuchelei recht viele zum bittersten Hass gegen uns getrieben. Als wir aber, beschützt mit dem Schild der Wahrheit [vgl. Eph 6,16], alle ihre Attacken unablässig abwehrten und parierten, kam schliesslich ans Licht, worauf sie aus sind. Sie schweifen umher und umgarnen die armen Frauen [vgl. 2Tim 3,6], ja sogar die Männer, damit diese auch ihre letzten Ersparnisse hervorholen. So haben diese Leute, die nirgends lange bleiben können, weil sie nirgends sicher sind, nie Mangel. Überall beklagt man sich, dass sie nur von ihrer Angeberei leben. Die einfachen Gemüter ziehen sie durch ihre Rede in den Bann, nicht anders als die Phäaken den Geschichten des schlauen Odysseus mit offenem Munde lauschten.[134] Hier wähnen sich die Wiedertäufer schon halb im Himmel und fahren auf weissen Viergespannen.[135] Bleib wachsam wie immer, bis man ihre Heuchelei aufdecken kann. Dieser Wilhelm,[136] von dem Du Andreas geschrieben hast, ist ein verlogener Nichtsnutz. Bei uns gibt es ein Dorf namens Witikon, wo er eine Zeitlang Pfarrer war. Dabei hat er den dortigen Bauern in Aussicht gestellt, er werde es fertigbringen, dass sie von den jährlichen Abgaben und Zehnten frei würden. Er ist ein Dummkopf, aber ein Draufgänger; er hat eine grosse Redegewandtheit, aber umso weniger Weisheit. – Die Wiedertäufer werden die Sache Christi eine Zeit lang aufzuhalten vermögen; aber sie werden auf die Dauer nichts Bleibendes zustande bringen. Die verkommensten Taugenichtse machen bei ihnen mit. Wenn diese dann sehen, dass dort nichts

---

134 Odysseus gelangte nach seinem Aufenthalt bei der Nymphe Kalypso als Schiffbrüchiger zu den Phäaken, wo er seine Irrfahrten erzählte (Homer, Odyssee, 9.–12. Gesang).
135 Die Himmelfahrt «auf weissen Viergespannen» (mit offenbar katastrophalen Folgen dieser Anmassung) ist eventuell eine Anspielung auf die Phaeton-Sage oder (u. E.) auf die sagenhafte Himmelfahrt Alexanders d. Gr. im Greifenwagen, die den mittelalterlichen Predigern als klassisches Beispiel des Hochmuts galt.
136 Wilhelm R(o)eubli(n) (ca. 1490–1559), 1522 aus Basel wegen aufrührerischer Predigt ausgewiesen, wurde Pfarrer in Witikon bei Zürich. Dort griff er die sozialen Forderungen und Anklagen der Bauern auf und wurde 1525 als Täufer aus Zürich ausgewiesen. Er starb vermutlich 1559 in Mähren.

zu holen ist, fallen sie von der Sekte wieder ab; und dann behaupten sie, das ganze Christentum sei ein Ammenmärchen. Kurz – nie hat man etwas Erbärmlicheres gesehen als diese Leute.

Weil wir dies öffentlich in aller Deutlichkeit aussprechen, ziehen sie gegen uns los und bekämpfen uns noch grimmiger als der Teufel selbst; Aber sie können nichts mit Berechtigung gegen uns vorbringen. Sie machen uns zum Vorwurf, wenn wir lehren, der Rat müsse gegen Übeltäter vorgehen. Zugleich verschweigen sie, dass sie selbst schon öffentlich nach Deuteronomium 13 [Vers 6] gelehrt haben, falsche Propheten seien zu töten. Und dabei wollten sie unter den falschen Propheten alle die verstanden wissen, die mit ihrem Gefasel nicht einverstanden waren! Nur wenige wissen, was für ein Bild das schweizerische Staatswesen gegenwärtig bietet. Denn ausser Zürich und Bern befinden sich fast alle Kantone in der Gewalt von Oligarchen. – Die Wiedertäufer haben es bei uns genauso getrieben wie anderswo. Damit uns aber beides, die evangelische und auch die bürgerliche Freiheit, bewahrt bleibt, bestehen wir darauf, dass man ihrem scheusslichen Treiben ein Ende macht.

Ich selber habe jedes Mal, wenn vor dem Rat mit ihnen verhandelt wurde, eindringlich Fürsprache für die Wiedertäufer eingelegt. Es ist unseren Bitten zu verdanken, dass der Rat so zurückhaltend mit ihnen umgegangen ist. Aber man kann ihnen nur dadurch beikommen, dass die Urheber und Häupter dieser Häresie des Lands verwiesen werden. Und so wie sie andere tauchen, werden sie nun selbst getaucht. Das haben sie mit ihrer Hinterlist, ihrem Betrügen und Lügen selbst fertiggebracht. Kein Rat ist gnädiger als der unsere, sodass man sich bei uns heftig darüber streitet, dass er gewisse Verbrecher so glimpflich bestraft. Der Vorwurf, er habe unüberlegte Beschlüsse gefasst, ist also ganz unberechtigt. Zwar wenden die Täufer ein, man dürfe niemanden töten. Das würde darauf hinauslaufen, dass man jedem Laster freien Lauf liesse. Lesen wir doch die Propheten und sehen wir nach, wofür die sich bei den Richtern eingesetzt haben! – In welcher Gefahr wir selber schweben, wenn wir uns dafür einsetzen, dass die Frechheit der Übeltäter bekämpft wird, das wissen nur die, die bei mir ein- und ausgehen. Ihr dürft nämlich ein schweizerisches Staatswesen nicht mit einem schwäbischen vergleichen. Denn wir haben vollständig korrupte Zustände; bei Euch aber gibt es noch viele Städte – und Deine gehört dazu –, die bis heute ein Ebenbild der altehrwürdigen Rechtschaffenheit der Sabiner[137] sind. Bei uns ist sicherlich ein schärferes Heilmittel ange-

---

137 Sabiner: Urvolk Mittelitaliens, schon bald mit den Römern vereinigt. Sie wurden als Träger alter Sitte und Kraft gerühmt.

bracht. Solange die Wiedertäufer das nicht wissen oder es verschleiern können, unterstützen sie ihre Sache damit, indem sie uns schlechtmachen. Gerade dies, dass ich auf das Wohl des Lands bedacht bin und überall auf Gerechtigkeit und unsträfliches Leben bestehe, spielt bei ihnen eine grosse Rolle zur Verteidigung ihrer törichten Abspaltung. Ist denn die Wiedertäuferei schon ausreichend begründet, wenn sie nachweisen, dass ich schlimmer als Hannibal[138] und grausamer als Dionysius[139] bin? So ist der Menschenschlag, den wir bekämpfen. Er verfolgt nicht nur die Frommen, sondern verdirbt auch die Sittlichkeit und führt eine Zügellosigkeit ein, krasser als die von Kroton[140] und Milet[141]. Wir werden darum fortfahren, ihn zu bekämpfen, und keine Rücksicht nehmen auf Menschen, die sich nur den Bauch vollschlagen wollen und zu diesem Zweck die einfachen und rechtschaffenen Leute umschmeicheln, um sie dann zu betrügen.

Leb wohl und bleib wachsam, wie Du bist.

Edition des Originaltexts (lateinisch): Z IX, Nr. 650, 209–211
Deutscher Text: G, Nr. 28, 263–265 (übersetzt von Gottfried Willhelm Locher), kritisch überarbeitet

Bearbeitet von Ernst Saxer

---

138 Hannibal: karthagischer Feldherr (247–183) und Hauptfeind Roms.
139 Dionysius I. (431–367), Tyrann von Syrakus.
140 Kroton: mächtigste griechische Stadtsiedlung an der Ostküste Unteritaliens.
141 Milet: ionische Koloniestadt in Kleinasien, blühende Seehandelsstadt. Die Mileter dienten den Alten zur sprichwörtlichen Bezeichnung verkommener Glückskinder.

Die beiden Berner Predigten (Januar 1528)

EINFÜHRUNG

Der Stadtstaat Bern, die politisch und militärisch stärkste Macht der Eidgenossenschaft, hatte sich zunächst längere Zeit zurückhaltend bzw. vermittelnd zu der in Zürich begonnenen Reformation verhalten. Einerseits hatte Bern die Zürcher Einladung, eine Delegation an die Zweite Zürcher Disputation vom Oktober 1523 zu senden, abgelehnt; andererseits verhinderte Bern nicht nur mehrfach einen Ausschluss Zürichs aus der Eidgenossenschaft, sondern verunmöglichte durch seine Haltung auch ein gewaltsames Vorgehen der «altgläubigen» Orte gegen Zürich. Im Anschluss an die von diesen Orten einberufene und durchgeführte «Badener Disputation» von 1526 war Bern zur Stellungnahme genötigt. Gleichzeitig hatten nach längerem inneren Ringen die reformationsfreundlichen Kreise in der Bürgerschaft und den Zünften Berns eine Stärke erreicht, die auch im sehr zurückhaltenden Kleinen Rat nicht mehr ignoriert werden konnte. Schliesslich wurde eine Disputation zur Glaubensfrage angesetzt, die zwischen dem 6. und dem 26. Januar 1528 stattfand. Die beiden Berner Prediger Berchtold Haller und Franz Kolb, beide stark von Zwingli beeinflusst, hatten zehn Thesen aufgestellt, die sie dort erläuterten und zur Diskussion stellten. Sie hatten Unterstützung von prominenten Reformatoren aus dem schweizer-oberdeutschen Raum. Neben Johannes Oekolampad, Wolfgang Capito und Martin Bucer war auch Zwingli der dringlichen Einladung nach Bern gefolgt und beteiligte sich an der Diskussion, zugleich darauf bedacht, den lokalen Reformatoren die Führung zu überlassen. Im Zeitraum der Disputation wurden im Berner Münster Predigten gehalten. Zwingli predigte dort am 19. Januar und am 30. Januar, nach dem Ende der Disputation, die die Einführung der Reformation in Bern zur Folge hatte.

Während Zwinglis zweite Predigt am Tag vor seiner Rückreise nach Zürich aus einer Ermahnung und Ermutigung zur konsequenten Durchführung der Reformation und zur Standhaftigkeit besteht, ist seine erste Predigt eine Auslegung des Apostolischen Glaubensbekenntnisses. Damit stellte sich Zwingli bewusst in die Tradition des unbestrittenen, gemeinsamen christlichen Bekenntnisses zum dreieinigen Gott in seiner Zuwendung zur Welt, wie es die alten, geltenden Bekenntnistexte zusammenfassen. Er begegnete damit dem Vorwurf, ein Ketzer zu sein. Indem er von den Aussagen des Apostolikums her für seine «reformierte» Lehre argumentierte, stellte er seinen Kontrahenden gewissermassen im Gegenzug die Frage, inwiefern sich deren Lehren mit den Formulierungen des Apostolikums vertragen.

Im ersten Artikel, dem Bekenntnis zu Gott dem Schöpfer, findet ein kritisches Gespräch mit «philosophischen» Gotteskonzeptionen statt. Wie schon im 1525 erschienenen «Versuch über die wahre und falsche Religion» geht es Zwingli darum, seinen den biblischen Gotteszeugnissen entnommenen Glauben auch vor den Vertretern der Weltweisheit zwar nicht zu begründen, wohl aber zu verantworten und ihn mit Bezug auf deren Begriffe und Gedanken zu erläutern. Einerseits sind dies die von Aristoteles inspirierten «scholastischen Philosophen» also die mittelalterliche Scholastik, deren Aussagen über Gott kritisch bedacht werden müssen. Andererseits blickt Zwingli auf «philosophische» Gedankengänge aus der antiken Philosophie, wie sie im zeitgenössischen Renaissancehumanismus Verwendung fanden. Zwingli war offensichtlich vertraut mit diesen Konzeptionen. Einen fliessenden Übergang von philosopischen Gottesgedanken zur christlichen Gotteserkenntnis gab es für den Zürcher Reformator so wenig wie für Luther. Anderseits schliesst der christliche Glaube für Zwingli ein Nachdenken und Explizieren, das verstehen will, nicht aus, wie auch seine Behandlung der göttlichen Versöhnungstat in Christus zeigt. Dabei war er bemüht, den von Paulus im Römerbrief (Röm 1,19–20) skizzierten Argumentationsraum auszunützen und gleichzeitig nicht zu überschreiten. «Philosophische Spekulation oder eine Konstruktion der Vernunft» sei abzulehnen. Aber in «beschränktem Umfang» könne die «ewige Kraft und Gottheit beim Betrachten der erschaffenen Dinge erkannt werden». Wichtig ist, den gesamten Argumentationsbogen Zwinglis nicht aus den Augen zu verlieren. Während die Pointe im «Versuch über die wahre und falsche Religion» darin bestand, dass man wahre Gotteserkenntnis in Gottes eigenem Wort suchen muss (ZS III, 58f.), besteht die Pointe in der Ersten Berner Predigt darin, dass das, was wir über Gott aus der Schöpfung erkennen können, über die gesamte Schöpfung hinausweist und «jedes Vertrauen in die Kreaturen» ebenso verbietet wie die Identifizierung von irgendetwas Weltlichem mit dem wahrhaft «Guten», nach dem die Philosophen streben. Die kategoriale Unterscheidung zwischen Gott und Welt, zwischen Gottesdienst und Götzenverehrung ist eine Folge des Bekenntnisses zu Gott dem Schöpfer.

Auch der zweite Artikel des Apostolikums nötigt zu dieser Unterscheidung, geht es doch hier um das Bekenntnis zu Christus dem «einziggeborenen Sohn» Gottes, der allein Versöhnung bewirkt und also Gegenstand des vertrauenden Glaubens sein kann. Das Bekenntnis zum auferstandenen Christus, der nun «zur Rechten Gottes» sitzt, führt gewissermassen von selbst in einen breiten Exkurs über die meistumstrittene Frage: die Frage der Gegenwart Christi im Abendmahl. Die Bedeutung dieses Streits – und damit der Raum, den Zwinglis Exkurs einnimmt – wird dann verständlich, wenn berücksichtigt wird, dass die Messe und der dort anwesende wahre Leib Christi («Fronleichnam») im religiösen Leben der zentrale Ort der Gottesgegenwart überhaupt war. Zwingli hat hier sein Abendmahlsverständnis sowohl gegen die römischen Theologen Eck und Faber als auch gegen Luther zu verteidigen.

Der dritte Artikel wird demgegenüber kürzer behandelt. Aber auch hier geht es um wichtige kontroverse Fragen. Vor allem hat Zwingli seine Lehre von der Kirche gegen das römische Kirchenverständnis zu erläutern und zu verteidigen. Aber auch ein täuferisches Kirchenverständnis muss zurückgewiesen werden, ebenso wie die Lehre vom Seelenschlaf, wie sie in täuferischen Kreisen kursierte.

Zwinglis Auslegung des Apostolikums ist geprägt vom Bestreben, den einen, dreieinigen Gott in seinem Handeln und seiner Zuwendung zur Welt so ernst wie möglich zu nehmen und Gott so die ihm zukommende «Ehre zu geben» – ein Ausdruck, der bei Zwingli immer wieder begegnet. Diesem Ziel dient auch das, was Zwingli über das innere Verhältnis der Trinität sagt – so wenig wie möglich, aber so viel wie nötig, um festzuhalten, dass Gott als Schöpfer und Erhalter der Welt, ebenso wie als Versöhner und Erlöser der Menschen, stets derselbe und eine Gott ist, der in seiner Souveränität und Freiheit die Schöpfung erhält und sich rettend den Menschen zuwendet. Als das – einzig wahrhaft so zu nennende – Gute in Person und als Schöpfer ebenso wie als Erlöser ist er lebendig, aktiv und ununterbrochen tätig.

Zwingli hat seine Predigten ohne ausführliches Manuskript gehalten. Erst Monate später wurden sie in schriftlicher und sicherlich erweiterter Form gedruckt.

TEXT
Die Erste Berner Predigt (19. Januar 1528)

Diese Predigt hat Huldrych Zwingli gehalten

Rechtschaffene Christen! Da ich von meinen missgünstigen Gegnern als Verführer und Ketzer hingestellt werde,[142] will ich gerne vor dieser Versammlung Rechenschaft über meinen Glauben ablegen [vgl. 1Petr 3,15]. Zuerst aber will ich vor euch bezeugt haben, dass ich in allen Artikeln, die im gemeinsamen Glaubensbekenntnis[143] enthalten sind, mit allen Rechtgläubigen und Verständigen übereinstimme.

---

142 Seit Langem schon wurde Zwingli als «Ketzer» beschimpft. An der Badener Disputation von 1526, veranstaltet durch die «altgläubige» Mehrheit innerhalb der Eidgenossenschaft, war dieses Urteil gewissermassen eidgenössisch offiziell geworden. Wichtige theologische Gegner, die Zwingli mit Schriften bekämpften und ihn regelmässig als Ketzer bezeichneten, waren Johannes Faber, Johannes Eck und Thomas Murner. Sie hatten unter anderem eine Protestschrift gegen die Berner Disputation an den Berner Rat gesandt.

143 Apostolikum. Seit dem 13. Jh. waren die folgenden drei altkirchlichen Bekenntnisse verpflichtend, auf die sich auch Zwingli in der vorliegenden Schrift bezieht: a) *Apostolicum* (*[Symbolum] Primo Conditum, Credo, Der Glaube*): Ursprung in römischen Tauformularen des 2. Jh., im 8. Jh. in die endgültige Form gebracht. In der spätmittelalterlichen Diözese Konstanz im Taufritual durch den Presbyter, nach der Pfarrpredigt durch die Gemeinde rezitiert (Offenes Bekenntnis). In Zwinglis Abendmahlsliturgie («Aktion und Brauch des Nachtmahls», 1525) wurde es wechselweise von Frauen und Männern gesprochen; in der Zürcher Kirchenordnung 1529–1565 hatte es ebenfalls seinen festen Platz. b) *Nicaeno-Constantinopolitanum* (*Secundo Conditum*, im reformatorischen Schrifttum *Nicaenum* oder *Patrem*): offizielle Datierung 381, Entstehung früher. Zuerst als Taufsymbol verwendet, dann zunehmend auch in der Messliturgie, im Bistum Konstanz als Teil der Pfarrmesse. c) (*Pseudo-*) *Athanasianum* (*Tertio Conditum, Quicumque, Fides Catholica*): bis 2. Hälfte 16. Jh. dem Kirchenlehrer Athanasius (gest. 373) zugeschrieben, entstanden im 6. Jh. in Südfrankreich. Lehrformel der Trinitäts- und Zweinaturenlehre. – Diese drei «Ökumenischen Symbole» fasste das Mittelalter als einander ergänzend auf.

Also bekenne ich den Glauben wie folgt:

Ich glaube an einen Gott, den allmächtigen Vater, den Schöpfer des Himmels und der Erde. Und an Jesus Christus, seinen einzig geborenen Sohn, unseren Herrn, der empfangen ist vom Heiligen Geist, geboren von der Jungfrau Maria. Der gelitten hat unter Pontius Pilatus; ist gekreuzigt worden, gestorben und begraben worden; ist niedergefahren zu den Höllen; am dritten Tag wieder auferstanden von den Toten. Ist aufgefahren zum Himmel, sitzt zur Rechten Gottes, des allmächtigen Vaters, von wo er kommen wird zu richten die Lebenden und die Toten. Ich glaube an den Heiligen Geist; eine heilige allgemeine christliche Kirche, welche die Gemeinschaft der Heiligen ist; Vergebung der Sünde; Auferstehung des Leibes und ewiges Leben. Amen.

Jetzt will ich auch erläutern, was ich unter diesem soeben rezitierten Glaubensbekenntnis verstehe. Wenn ich als erstes bekenne und spreche:

Ich glaube,

so verstehe ich unter dem Wort soviel wie «vertrauen», obwohl einige Artikel im Glaubensbekenntnis sind, in denen «glauben» im Sinne von «für wahr halten» zu verstehen ist[144] – doch davon später. An dieser Stelle jedenfalls steht «glauben» für «vertrauen». Glaubte nämlich der Mensch nur, dass es Gott gibt, ohne sich ihm unbedingt anzuvertrauen, so täte er gleich viel, wie wenn einer von uns für wahr hält, dass die Türken Mohammed verehren, ohne dies auch selbst zu tun. Ein solcher «Glaube» kann ihm nicht schaden, denn er setzt ja kein Vertrauen auf Mohammed. Ebenso, wenn wir nur die Existenz Gottes «glaubten», nicht aber darauf vertrauten, dass er unser Gott und Vater sei [vgl. Joh 8,42]. Das würde uns genauso wenig nützen, wie es zu wissen schadet, dass man Mohammed verehrt und ihm vertraut, solange wir es selbst nicht tun. Denn nach dem Jakobusbrief 2,19 «glauben und zittern» auch die Dämonen, das heisst, sie wissen sehr wohl, dass Gott existiert. Sie zittern vor ihm, weil sie das erkannt haben, doch sie vertrauen ihm nicht: sie erhoffen sich nichts Gutes von ihm und haben ihn auch nicht lieb.

---

144 Zwingli unterscheidet drei Glaubensbegriffe: a) persönlicher geistgewirkter Vertrauensglaube (*fiducia*). Er erläutert ihn mit: «sich lassen» (loslassen, von sich absehen, sich anlehnen), oder «sich ergeben» (übergeben); b) Fürwahrhalten (*fides historica*); c) persönliche Ansicht (*opinio*).

An einen [einzigen] Gott

Obschon «einen» im lateinischen Apostolikum nicht ausdrücklich dasteht, pflegen wir dieses Wort auch im Deutschen einzusetzen, und zwar zu Recht, denn im Nicaenischen Glaubensbekenntnis, das wir das *Patrem* nennen, ist es mit guten Gründen erläuternd hinzugefügt.

Gott

Wir Deutschen haben den Namen «Gott» von «gut» abgeleitet und ihn dem höchsten Guten beigelegt.[145] Die Hebräer haben *jhwh*, den höchsten Namen Gottes, aus lauter Hauchlauten[146] zusammengesetzt, womit sie zu verstehen geben, dass Gott jenes Gut ist, in dem alle Dinge wachsen, atmen, leben und bestehen [vgl. Apg 17,28]. Weil nun der Atem das untrüglichste Lebenszeichen ist [vgl. Apg 17,25], so haben die Hebräer dem Guten, welches das Leben und Wesen aller Dinge ist, einen Namen gegeben, der aus atmenden Buchstaben besteht: *Jehova*. Sie halten ihn jedoch derart in Ehren, dass sie ihn nicht so aussprechen, weil sie meinen, der heilige höchste Gottesname dürfe nicht über Menschenlippen gehen. Die Griechen aber haben, wie auch Plato[147] feststellt, den Namen Gottes von «théesthai» abgeleitet, das heisst «helfen» oder «beispringen». Sie dachten sich Gott als den, der überall sei und der alle Dinge so durchdringe, dass man ihn an keinem Ort entbehren könne, dass er überall zu Hilfe komme und eile [vgl. Ps 71,12]. Die Lateiner haben den Namen *Deus* mit den Griechen gemeinsam. Mit alledem will ich nur erklären, was wir in diesem Artikel des Apostolikums bekennen, nämlich: Unser Glaube, unsere Erwartung, unser Vertrauen stützt sich allein auf den, der das wahre und höchste Gut, das Leben, Wesen und die Kraft aller Dinge ist. Wir trauen keinem andern

---

145 Im «Versuch über die wahre und falsche Religion» war der Ausgangs- und Zielpunkt der Gotteslehre das «wahre Sein» Gottes (vgl. ZS III, 54–75). Hier, in der Berner Predigt, geht Zwingli vom *summum bonum* aus (Plato, Augustin, Thomas von Aquin): Gott ist der einzige aus eigenem Wesen «Gute» (Mk 10,18!), er ist die spendende Güte in Person. Aus dieser grundlegenden Wesensbestimmung leitet Zwingli im Folgenden die weiteren Eigenschaften Gottes ab. Er nimmt damit die Hauptgedankengänge seiner Schrift über «Die Vorsehung» (1530) vorweg.

146 Im Original: *uss athmenden bůchstaben*. Die hebräische Schriftsprache kennt ursprünglich nur Konsonanten. Im «Versuch über die wahre und falsche Religion» (vgl. ZS III, 31ff.) leitet Zwingli «jhwh» nach Ex 3,14 vom Verb «hjh» = sein ab.

147 Plato, Kratylos XVI.

Guten etwas zu als dem, der das Gute selber vom Ursprung her auf diese Weise ist, dass ausserhalb seiner nichts gut sein kann [vgl. Mk 10,18]. Hier fällt jedes Vertrauen in die Kreaturen dahin, denn sobald wir auf diese vertrauen, misstrauen wir Gott [vgl. Jer 17,5].[148] Auch ist kein Geschöpf jemals so heilig gewesen, dass es hätte lehren können, ihm zu vertrauen – und wenn [es dies getan hätte], hätte es sich gerade nicht «heilig» nennen dürfen. Im Unterschied zum Glauben ist das Vertrauen, das etwa ein Freund zum andern hat, nicht völlig unverbrüchlich. Mit entsprechend vielen Sprichwörtern warnen wir ja selbst davor, uns allzusehr auf einen Freund zu verlassen, und wäre der noch so verlässlich [vgl. Sir 6,13; Jer 9,4]. Dass uns aber Gott durch den Mitmenschen Gutes tut, geht nach folgender Ordnung: Gott hat uns die Liebe zu ihm auf diese Weise ans Herz gelegt, dass er sich selbst nicht als geliebt betrachtet, wenn wir nicht zugleich auch den Nächsten lieben [vgl. 1Joh 4,20]. Wir sollen Gott, die Quelle und den Ursprung des Guten, mit ein und derselben Liebe umfangen wie den Menschen, durch den hindurch er uns wie mit einer Rinne oder Brunnenröhre das Gute zuleitet. Also ist der Gott, auf den wir vertrauen, das einzig untrüglich Gute. Somit ist alles, was in ihm ist und was er selbst ist, untrüglich, Sicherheit gewährend wie kein anderes und unerschöpflich. Nun kann das Gute nicht unweise sein. Ist es aber weise, so muss seine Weisheit so beschaffen sein, dass sie alle Dinge sieht, und zwar eindeutig, ohne jede Verfinsterung und Unwissenheit. Denn das Gute ist alles in letzter Vollkommenheit. Und wie es allein gut ist, so ist es auch allein weise [vgl. Röm 16,27], sodass es unfehlbar ist.[149] Wie wir nur in dem Masse gut sind, wie Gott uns gut macht, so sind wir auch nur weise, soweit er uns weise macht [vgl. Röm 11,36]. Wenn er nun die Weisheit schenkt, so muss er genug davon haben; sie darf ihm nicht ausgehen, sobald er sie austeilt, sonst wäre sie ihm schon längst um ein bestimmtes Mass geschwunden, was aber keineswegs der Fall ist. Es kann auch diese Weisheit nicht ein in sich ruhendes untätiges Vermögen sein, wie wir das zuweilen bei Menschen beobachten, denen wir Weisheit zuschreiben. Sie erwägen und durchschauen manches, doch ihrer Weisheit entsprechend zu handeln, sind sie nicht geübt – also sind sie nicht wirklich weise. Auch Sokrates

148 Die alleinige Heiligkeit Gottes, sein absolutes Gut-Sein, stellt den Menschen vor die Frage «Gott oder die Kreatur?» bzw. «rechte oder falsche Religion?». Diese radikale Alternative ist Zwinglis zentrales reformatorisches Thema.
149 Vgl. Thomas von Aquin, *Summa Theologiae* I 23: «Die Ordnung der Vorsehung ist unfehlbar [*infallibilis*]».

sagt, ein Weiser gehöre nicht sich selbst an, er sei vielmehr ein Allgemeingut.[150] Demzufolge ist Weisheit ohne Gut-Sein nicht Weisheit, sondern treulose böse Verschlagenheit.[151] Wenn aber Gott das Gute ohne jeden Mangel ist, so muss auch seine Weisheit ohne jeden Mangel sein. Ist sie das, so gibt es nichts, was sie nicht sähe, und sie tut auch nichts, was nicht gut wäre. Ebenso kann nichts geschehen oder unterbleiben, was Gott in seiner Weisheit nicht zu ermöglichen oder zu unterbinden und kraft seines Gut-Seins nicht zu einem rechten und guten Ende zu bringen wüsste.[152] Das nennen wir die Vorsehung.[153] Diese ist, wie auch die scholastischen Theologen sagen, nichts anderes als die tätige Weisheit Gottes,[154] mit der er alle Dinge nach seinem Willen ordnet, schafft, ermöglicht und verhindert, und zwar zum Besten, denn Gott kann nichts als Gutes wollen. Hierzu bedarf es der Allmächtigkeit. Es genügt nämlich nicht, dass einer etwas weiss, er muss auch die Möglichkeiten haben, es zu können und zu vollbringen [vgl. Phil 2,13]. Da wir aber auf die Allmacht Gottes noch zurückkommen, wollen wir uns wieder der Vorsehung zuwenden.

150 Plato, Der Staat (*Politeia*), 519 E ff.
151 Gott, das «höchste Gut» (bei Zwingli liegt der Akzent mehr noch auf dem aktivistischen Gut-Sein), verleiht dem Menschen Teilhabe an seiner Weisheit. Dieses «Lehen» enthält damit immer auch die ethische Verpflichtung, im Sinne des gütigen Gebers Gutes zu tun (vgl. Mt 5,48): Weisheit ohne das Gut-Sein ist nach Zwingli Betrug.
152 Der Gedanke, dass alle Weisheit von Gott stammt, ja Gott die Weisheit selber ist, begegnet bei Zwingli immer wieder und begründet seine kritisch-positive Wertung auch der «Weltweisheit»: Weisheit ist Gottes Natur, durch die er nicht nur alles weiss, sondern auch alles lenkt – und die in Christus Mensch geworden ist (1Kor 1,30 usw.), vgl. Z V, 627f.
153 Der Glaube an Gottes Vorsehungshandeln ist somit weder eine metaphysische Spekulation noch die Ergebung in ein dunkles «Geschick» oder «Verhängnis»; er ist das Vertrauen auf die Bewährung der göttlichen Güte, in der sich Gott als Schöpfer, Erhalter und Erlöser den Menschen, der Welt und den Dingen aktiv zuwendet und seinen Heilswillen gegen alle Widerstände durchsetzen wird.
154 Zwingli formuliert den Gedanken des göttlichen, weisen, ans Ziel kommenden Vorsehungshandelns auch mit Anspielungen auf die Sprache der Scholastik, etwa auf den von Aristoteles stammenden Gedanken der *Entelechie* (Aristoteles, Metaphysik IX 8), der von Thomas von Aquin übernommen wurde. Gemeint ist die Eigenschaft von etwas, durch eine ihm innewohnende Kraft sich selbst auf ein immanentes Entwicklungsziel hin verwirklichen zu können. Damit wird das «Mögliche» erst zum «Wirklichen». Gottes Vorsehung ist nach Zwingli das zielgerichtete Handeln der Weisheit Gottes, vgl. «Die Vorsehung» (1530).

So offenkundig regiert und lenkt die Vorsehung Gottes alle Dinge,[155] dass es verwunderlich ist, wie wir dieselbe im Allgemeinen nicht besser erkennen. Denn Gott denken wir uns gerade wie einen, der beim Hausbau jedem Zimmer und Winkel einen eigenen Gebrauch und Nutzen zuweist. Allem, was er geschaffen hat, hat er im voraus einen Zweck gegeben. Und weiter: Ein Handwerker kennt alle seine Werkzeuge, er benützt sie nach freiem Ermessen oder lässt sie ruhen. Er vergisst kein einziges, auch wenn er es längere Zeit dem Rostfrass überlässt – sofern er vollkommen ist, wie wir glauben, dass bei Gott alles ganz und gar vollkommen ist [vgl. Hi 11,7]. Genauso kennt Gott all seine Geschöpfe [vgl. Sir 17,21]. Er braucht, handhabt und benützt sie wie er will, und er vergisst kein einziges [vgl. Lk 12,6]. Er kann nicht vergessen, denn Vergesslichkeit ist eine Schwäche; Gott aber ist ein Gut, das keine Schwächen kennt. Wir müssen uns seine Vorsehung daher ganz anders vorstellen, als wir dies zu tun pflegen: Wird uns Ehre oder Reichtum zuteil [vgl. Pred 6,2], so sollen wir stets daran denken, dass solches aus Gottes Fügung geschieht. Vergiss Dich nicht und setze Dich nicht über Gott hinweg, indem Du mit seiner Gabe prahlst [vgl. Spr 25,14]. Pass auf: solche Leute hat er auch schon um Ehre und Reichtum gebracht, denn er will sie nun einmal beiseitestellen wie Werkzeuge, die ausgedient haben, vielleicht auch, weil sie ungeeignet oder schlecht sind. Bemühe Du Dich nur darum, dass Du es nicht verdienst, verworfen zu werden! Kommt aber Kummer oder Krankheit über uns, so denket immer: Jetzt legt Dich Gott beiseite, gerade wie der Schlosser eine stumpfe Feile. Vielleicht zieht er Dich bei Gelegenheit wieder hervor. Wenn nicht, so kannst Du nicht selbst zum Vorschein kommen, sondern Du musst Dich seinem Willen geduldig unterwerfen. – Wenn wir Gottes Vorsehung auf diese Weise ins rechte Licht rückten, so wäre bei uns viel mehr Mässigung, Geduld, Freude und Seelenfrieden und es gäbe nicht so viel Krieg, Spaltung und Elend auf Erden! Sogar bei den Fürsten dieser Welt kann man sich die Vorherbestimmung und Vorsehung Gottes veranschaulichen: Wenn diese einen Krieg vom Zaun brechen, so versehen sie sich mit soviel Rüstung, Geld, Proviant, Waffen, Maschinen, Büchsen, Pferden, Soldaten, Offizieren, Kriegsexperten, mit soviel Verrat und erkaufter Volksgunst, dass nicht nur die einfachen Leute, sondern auch die Welterfah-

---

155 Vgl. Weisheit Salomos 14,3; dieses Buch (*Sapientia Salomonis*) wurde (ebenso wie etwa das Buch Jesus Sirach) nicht in den reformierten Bibelkanon aufgenommen. Es ist aber Teil der lateinischen Vulgata und der griechischen Übersetung des Alten Testaments (Septuaginta), mit der Zwingli wohl vertraut war. So nimmt Zwingli gelegentlich auch auf solche Bücher Bezug.

renen sagen, es sei nicht möglich, dass dieser oder jener nicht siegen werde. Doch wie laut das Imponiergehabe auch immer war, kurz darauf kommt uns das ebenso laute Lamento über ihre Flucht und Niederlage zu Ohren. – Wir sehen: «Es liegt nicht an unserem Wollen oder Laufen» [Röm 9,16], sondern an Gottes Fügung und Gnade. Soviel in Kürze vom «Glauben an einen Gott», von seinem Gut-Sein, von seiner Weisheit und Vorsehung.

Die Zeit erlaubt es nicht, die Schriftbelege hervorzuziehen. Es genügt uns, wenn hier klar geworden ist, dass gegen unsern Glaubensbegriff kein Einsichtiger, erst recht kein Gläubiger, irgendeinen Verdacht hegen kann. Sogar wenn hier alle Philosophen und Weisen beieinander wären, wollten wir unsern Glauben mit diesen Worten bekennen: «Wir setzen unser Vertrauen auf den einzigen Gott: er ist das höchste Gut; nur er ist ohne jede Einschränkung vollkommen gut, weise, wissend, mächtig, stark, ewig derselbe; nur er ist ‹Gott›.» Und diese Philosophen alle – obwohl auch sie etwas vom «einzigen Vollkommenen»[156] zu sagen wissen –, müssten zugeben, dass unser Glaube der zuverlässigste, sachgemässeste, einfachste[157] und allen Bekenntnissen der Welt überlegen ist. Wenn wir somit diesem «Einzigen anhangen» [1Kön 11,10], so kann unser Glaube nicht einmal von den Ungläubigen verklagt werden. Da sieht man wieder, wie unchristlich jene handeln, die uns vor aller Welt verketzern, wenn wir lehren, auf den einzigen Gott zu vertrauen gemäss dem ersten Wort unseres Glaubensbekenntnisses, das wir doch alle bekennen![158]

---

156 Der 4. Gottesbeweis des Thomas von Aquin (Summa Theologiae I, 2,3) schliesst mit dem griechischen Philosophen Aristoteles von den verschiedenen Vollkommenheitsgraden der Dinge und des Gut-Seins auf ein einziges absolut Vollkommenes und Gutes als Ursache allen Seins, aller Vollkommenheiten und allen Gut-Seins: Gott. Im Verlauf seiner Predigt wird Zwingli auf weitere Gottesbeweise von Thomas von Aquin Bezug nehmen.

157 Thomas von Aquin beginnt seine Lehre von Gott nach der Frage nach Gottes Existenz mit der Behandlung von Gottes «Einfachheit», vgl. Summa Theologiae I, 3.

158 Indem Zwingli die scholastische Theologie als philosophische Konstruktionen ablehnt und stattdessen die Einheit und Einfachheit Gottes und des Glaubens betont, setzt er sich der Kritik scholastischer Theologen aus. Andererseits wirft ihm etwa Luther vor, der menschlichen Vernunft zu viel Raum zu gewähren. Gegenüber beiden Seiten beruft er sich auf das allen Gemeinsame: den ersten Artikel des Glaubensbekenntnisses.

An den Vater, den Allmächtigen

Ich bekenne, dass Gott dem Wesen nach ein Einziger ist, aber als Vater, Sohn und Heiliger Geist ist er drei Personen; nicht dass drei Götter wären, sondern ein einziger Gott; nicht dass er, dem einen Wesen entsprechend, nur eine Person wäre, sondern es sind drei Namen und drei Benannte.[159] Zu seinem Ebenbild hat Gott den Menschen erschaffen [vgl. Gen 1,26], sodass auch dieser über Verstand, Gedächtnis und Willen verfügt. Es sind dies drei verschiedene Funktionen der einen Seele. Der Verstand ist vom Gedächtnis stets unterschieden wie dieses vom Willen: Der Verstand ist das Licht, das die Dinge erkennt und unterscheidet; das Gedächtnis ist die Fähigkeit, das einmal oder öfter Erkannte und Festgehaltene und dann Beiseitegelegte wieder hervorzubringen; der Wille ist es, der sich entscheidet, das vom Verstand Erwogene und Beurteilte in sich aufzunehmen oder nicht. Wie nun diese drei Kräfte eine Seele sind, so sind, nach dem Urteil aller Theologen, die drei Personen ein Gott. Das ist das übliche Beispiel der Gelehrten,[160] wobei das Bild die Sache natürlich nur gleichnishaft wiedergibt.[161] Wem dieser Vergleich unverständlich ist, für den habe ich ein selbstgemachtes Beispiel. Stell Dir eine dreieckige Quellfassung mit drei Röhren vor. Dieser dreieckige Brunnen ist ein einziger Brunnen, ein einziges Wasser, eine einzige erfrischende und durststillende Kraft. Wir bezeichnen ihn dennoch als «dreieckig», weil keine Ecke zugleich die andere ist, und doch alle drei zusammen ein einziger Brunnen sind. Wie alle Beispiele, so hat auch dieses nur katechetischen Zweck: Die einfachen Leute sollen, wie man dies bei Kindern zu tun pflegt, etwas zum Anschauen in die Hand bekommen. Die Gottheit selbst übertrifft jedoch aller Geschöpfe Bild und Vollkommenheit.

Allmächtigen

Unter «allmächtig» verstehe ich, dass Gott alles vermag, sowie, dass es ausserhalb Gottes weder eine Kraft noch eine Möglichkeit gibt. Das heisst, dass er

---

159 Zwingli bekennt sich hier zur «orthodoxen» kirchlichen Trinitätslehre, wie sie etwa im Athanasianum formuliert ist.

160 Der Vergleich und die Begründung stammen von Augustin, «Über die Dreieinigkeit» (De trinitate), Buch 15 Kap. 21. Im alten Druck steht das bedeutsame Marginal: «Also ist der Mensch eine Anleitung zur Erkenntnis Gottes.»

161 Auf die Grenzen dieses psychologischen Vergleichs zur Erläuterung des göttlichen Personenbegriffs macht Zwingli auch sonst aufmerksam, vgl. «Die Klarheit und Gewissheit des Wortes Gottes».

nicht nur etwas bewirke, wenn er es vielleicht gerade wollte – so wie ein Mensch zuweilen will und zuweilen nicht –, sondern, dass er das Vermögen aller Dinge in dem Sinne ist, dass ohne ihn kein Ding irgendwelche Kraft besitzt. Denn er ist aller Dinge Kraft, sodass es Kraft und Vermögen nur insofern gibt, als sie von ihm kommt. Er ist «allmächtig», weil alles, was Vermögen und Kraft ist oder hat, nur deswegen besteht, weil Gott ist und weil Gott es ins Dasein gerufen hat. Die Kraft, die den Dingen innewohnt, ist Gott selbst.[162] Kurzum: hier fällt die Lehre vom freien Willen[163] in sich zusammen. Denn woher kommen wir? Wer sind wir? Worin bestehen wir? Verdanken wir uns uns selbst? Warum sind wir dann nicht stärker, weiser, schöner? Kommen wir aber von unseren Vätern und Müttern her, warum sind wir dann nicht liebenswerter, angesehener, selbstbewusster und bedeutender? Käme es auf uns selbst oder unsere Väter an, wir wären gewiss überaus weise, stark, schön und dergleichen mehr, ja wir würden nach den Sternen greifen und über Gott hinaus! Wer sind wir aber in Wirklichkeit? Sind wir Schöpfer oder Geschöpfe [vgl. Jes 29,16]? Wir sind zweifellos Erschaffene, und zwar nicht von uns selbst, wie wir soeben gehört haben. Warum massen wir es uns dann an, wo wir doch einsehen, dass kein anderer als unser Schöpfer «alle Dinge erschaffen hat» [Eph 3,9]? Noch einmal: Worin bestehen wir? Haben wir unsern Bestand in uns selbst, warum sorgen wir dann nicht auch selbst dafür, dass wir nicht altern, krank werden

---

[162] Der Zusammenhang der Argumentation Zwinglis macht auch für diesen Abschnitt deutlich: Gott ist nach Zwingli nicht inneres Prinzip der Schöpfung oder gar mit ihr identisch wie im Pantheismus. Er ist deshalb auch nicht aus der Geschöpfwelt zu erkennen. Zwinglis Argument verläuft umgekehrt: Alles Sein hat seinen Bestand nur deshalb, weil es vom göttlichen, stets aktiven Sein – dem Gott, der als Schöpfer ins Sein ruft und als Erhalter im Sein erhält – abhängt. Was nach Zwingli bedeutet: Wer sein Sein, Können, Wissen und Tun, das er allein Gott verdankt, nicht dankbar von ihm annimmt und auf ihn bezieht, verfehlt seine Bestimmung, die schon seinem Sein eingestiftet ist; und umgekehrt kommt der Mensch gerade durch die Anerkennung Gottes zu sich selbst (vgl. «Die Klarheit und Gewissheit des Wortes Gottes»).

[163] Für Zwingli ist ein «freier Wille» des Menschen – im Sinne der Möglichkeit, an seinem Heil aus eigenen Kräften mitzuwirken, und deshalb der Verdienstgedanke – schon deshalb unmöglich, weil jeder Mensch als Geschöpf vollständig von der schöpferischen göttlichen Kraft lebt. Noch vor der berühmten Antwort Luthers auf die Behauptung von Erasmus, der Mensch habe eine gewisse Mitwirkungsfreiheit an seinem Heil («Vom unfreien Willen», 1525) hatte Zwingli dies in seinem «Versuch über die wahre und falsche Religion» dargelegt (vgl. ZS III, S. 68f.).

und sterben? Wenn weder Sonne und Mond noch Luft, Wärme, Feuchtigkeit[164] oder Kälte imstande sind, unserem Dasein Dauer zu verleihen, und wenn auch wir selbst und unsere besten Freunde es nicht vermögen, so geht daraus mit Leichtigkeit hervor: Wir können keinen Atemzug tun, ohne dass Gott die Kraft wäre, die unsern Atem «zieht». – Gott ist der Atem im Atem.[165] Warum aber hält dann der Mensch so grosse Stücke auf sich selbst? Wenn wir es nach den Worten Christi weder vermögen, unseren Körper wachsen zu lassen, noch unser Leben zu verlängern [vgl. Mt 6,27], um wie viel weniger können wir dann etwas beabsichtigen, erwägen, unternehmen, wissen, erreichen, erfinden und wollen ohne jene Kraft, die unserer Seele gibt, dass sie leben, verstehen, sich entschliessen und tätig sein kann.

Dies alles könnte jemand eine philosophische Spekulation oder eine Konstruktion der Vernunft nennen. Das ist es aber nicht. Es leitet sich vielmehr direkt aus unserer Kenntnis des höchsten Guts und der Geschöpfe ab. Schliesslich sagt ja auch Paulus im Römerbrief 1,20, dass die «ewige Kraft und Gottheit beim Betrachten und Bedenken der erschaffenen Dinge erkannt werden könne» – wohlverstanden: nur in beschränktem Umfang![166] Betrachten wir also jetzt alle erschaffenen Dinge, so stellt sich heraus, dass auch sie weder aus sich selbst entstanden sind, noch dass sie in sich selbst oder aus eigener Kraft bestehen – gerade wie wir dies soeben beim Menschen festgestellt haben. Betrachten wir die Erde: Ist sie aus sich selbst heraus entstanden? Wo hat sie sich aufgehalten, bevor sie sich selbst erzeugte?[167] Ist sie vorher Geist gewesen und später erst Materie geworden? Oder wie konnte sie ins Auge fassen, sich selbst hervorzubringen, bevor sie überhaupt vorhanden war? War sie dazu imstande, warum

---

164 Im Original: *früchte*. Vermutlich ein Druckfehler der Ausgabe 1528. Naheliegender ist: *fuechte*. Mit Aristoteles unterschied die mittelalterliche Alchemie die vier Qualitäten/Kräfte: feucht – trocken (hier: «Luft»), kalt – warm.

165 Der 3. thomasische Gottesbeweis lautet: Die Dinge haben ihren Seinsgrund nicht in sich selbst, sonst müssten sie notwendig existieren. Also gründen sie in einem andern, das seinerseits wieder in einem andern gründet. Es muss daher letztlich ein aus sich notwendiges Wesen geben, das allen nicht notwendigen Dingen das Sein verleiht: Gott (*Summa Theologiae* I, 2,3).

166 Zwingli schliesst damit eine «natürliche Theologie» aus: Gotteserkenntnis ist an nichts Kreatürliches gebunden. Als Werk der göttlichen Vorsehung gibt die Natur bestenfalls Gotteshinweise. Volle Gotteserkenntnis schenkt nur Gott in seiner (geschichtlichen) Selbstmitteilung.

167 Der 2. thomasische Gottesbeweis lautet: In der Welt finden sich Ursachen, die ihrerseits von anderen Ursachen abhängig sind. Eine unendliche Kette ist unmöglich, also muss es eine erste unverursachte Ursache geben: Gott («Summa Theologiae» I, 2,3).

hat sie sich dann zum niedrigsten von allen Geschöpfen gemacht und nicht vielmehr zu Wasser, Luft, Feuer oder etwas noch Höherem?[168] Besteht sie aber dank eigenen Wesens, warum erschöpft sie sich, wenn man sie nicht bebaut? Warum bringt sie nicht aus eigener Kraft alle Jahre Frucht genug hervor? Ist sie etwa missgünstig? Oder besteht sie mithilfe eigenen Wesens aus sich selbst? Nun kann jedenfalls nicht nachgewiesen werden, dass die Erde über Vernunft und Wissen verfüge, wodurch sie sich hätte gestalten und erschaffen können, zumal sie ja auch heute weder das eine noch das andere besitzt. Schlagen wir uns auch den Gedanken aus dem Kopf, wonach sie sich mit Vernunft selbst erzeugt, dann aber Vernunft und Wissen verloren habe. Denn welche Vernunft würde sich wohl selbst vernichten? Ist die Erde aber von Natur aus vernunftlos und zugleich eigenen Wesens, dann muss sie ewig sein. Hätte sie sich nicht selbst erschaffen und wäre sie auch von keinem anderen erschaffen worden und existierte gleichwohl, wenn auch ohne Vernunft, dann müsste sie unstreitig ewig sein! Wäre sie aber ewig, ohne Anfang und Ende, dann müsste sie unendlich sein und alle Dinge wären nichts als Erde! Ich weiss sehr wohl, was die scholastischen Philosophen vom «infinitum quantum» sagen,[169] doch ich lasse mich nicht beirren: Wäre die Erde ohne Anfang und Ende und eigenen Wesens, so müsste sie auch unendlich sein, denn sie ist ein Element, ja das grösste von allen. Weil sie jedoch nicht unendlich und gleichwohl ein Element ist, so muss sie erschaffen sein, und sie darf kein eigenes Wesen besitzen. Daraus folgt nun aber, dass diese Herberge und die Heimat, die wir derzeit bewohnen, von einem anderen erschaffen ist. Dieses «andere» kann nicht Sonne, Mond oder irgendein Element, Gestirn oder Geschöpf sein, sondern: es muss ein Gutes sein, das alle Dinge erschaffen hat. Und das ist das Gut: der Gott und Herr, «der alle Dinge erschaffen hat» [Eph 3,9], und der auch aller Dinge Dasein ist. Beim Erdbeben kann man ebenfalls beobachten, dass diese Erde nicht kraft eigenen Vermögens besteht. Sie bewegt sich nicht von selbst,[170] denn sie hat weder die Vernunft, sich selber zum Bewegen zu entschliessen, noch hat sie Empfindung, dass sie sich sozusagen vor Schmerzen wälzen müsste. Daraus folgt, dass sie von einem anderen bewegt wird. Dieses «andere», obwohl man es zunächst den

---

168 Begrifflichkeit und Vorstellung stammen aus der «Physik» von Aristoteles.
169 Im Original: *de infinito quanto* = vom unbegrenzten Mass. Zwingli meint wohl Thomas von Aquin, der in der *Summe der Theologie* (*Summa Theologiae* I 7,3) unter anderem die Frage nach der Quantifizierbarkeit des Unendlichen erörtert.
170 Der 1. thomasische Gottesbeweis lautet: Es gibt in der Welt Bewegung. Was bewegt wird, wird immer von einem anderen bewegt. Es muss also letztlich einen ersten unbewegten Beweger geben: Gott.

«eingeschlossenen Wind» genannt hat,[171] tut es ebenfalls nicht aus sich heraus, denn auch der Wind hat keine Vernunft. Hätte er nämlich welche, so schlösse er sich nicht ein, auch nähme er sich nicht selbst gefangen, zumal er ja nicht wüsste, wann er wieder herauskäme ... Es muss darum ein Ding geben, das alle Dinge hervorbringt, ordnet, bewegt, erhält. Was wir von der Erde gesagt haben, gilt ebenso für Luft, Wasser und Feuer, ferner für alle Planeten, Sterne und Himmelssphären.[172] Denn bei ihnen finden wir gerade wie bei der Erde, dass sie weder aus sich selbst heraus noch durch sich selbst noch in sich selbst bestehen, sondern dass sie von einem anderen herrühren. Und dieses «andere» kann vor allem keine Kreatur sein, denn es müsste ja für dieses «andere» auch immer wieder einen andern Schöpfer geben. Und man müsste immerzu suchen, bis man ein Ding fände, das von keinem anderen herrührt als von dem, von dem alle Dinge sind. Das aber ist der «allmächtige» Gott, den die Philosophen das «primum movens» nennen, das heisst: das «Erste Bewegende».[173]

Dass aber die Allmacht Gottes nicht nur alles kann, sondern dass sie auch unablässig alle Dinge fügt und erhält, ist vorhin anhand von Gottes Vollkommenheit, Gut-Sein und Weisheit abgehandelt worden. Denn wie das höchste Gut vollkommen weise ist, so ist es auch vollkommen mächtig. Das ist die «Allmacht».

Soviel zum Wort «allmächtig», worunter wir verstehen, dass der Gott, an den wir glauben, der Inbegriff jeder Macht und Kraft ist, sodass ohne ihn nichts das Vermögen hat, irgendetwas zu tun, zu sein oder zu bleiben.

---

171 So in der Enzyklopädie «De Imagine Mundi» vom Anselmschüler Honorius von Autun (gest. um 1250).

172 Im Original: *gestirn, liechter und himmel*. Gemäss der aristotelisch-mittelalterlichen Kosmologie ist die Erde von konzentrischen Sphären umwölbt: Planeten – Fixsterne – kristallinischer Himmel – erste Ursache (*primum movens*) – feuriger Himmel (Haus Gottes).

173 Das *primum movens* ist bei Aristoteles das erste Glied der Kausalreihe. Ohne zureichenden Grund vorhanden, entlässt es Wirkungen, ohne selbst bewirkt zu sein. Im Gespräch mit den Philosophen und der scholastischen Theologie macht Zwingli die christliche Gotteserkenntnis wie er sie versteht geltend: Statt eines nur logischen Wissens um einen aristotelischen Weltenmotor haben die Christen lebendiges Vertrauen zum allmächtigen Gott *und* Vater.

Der ein Schöpfer ist

Dass dem Vater Allmacht zugeschrieben wird, hat zur Folge, dass wir ihm auch die Schöpfung zuschreiben. Nicht dass der Sohn und der Heilige Geist nicht ebenso allmächtig wären wie der Vater – sie sind es jedoch nur mit ihm zusammen –, sondern dies: So wie wir jeder Person eine spezielle und individuelle Eigenschaft beilegen, so legen wir auch jeder das bei, was freilich zum Wesen und zur Substanz Gottes gehört und somit allen drei Personen gemeinsam ist.[174] Ein Beispiel: Dass der «Vater ungeboren ist, der Sohn geboren»,[175] und dass der «Heilige Geist von ihnen beiden kommt»,[176] das sind persönliche Eigenschaften, sodass sie keiner anderen Person zukommen als nur gerade der, der sie zugesprochen werden. «Der Sohn ist nicht ungeboren, sondern geboren; der Vater jedoch ist nicht geboren, sondern ungeboren»; der Heilige Geist wird als «weder geboren noch ungeboren» bezeichnet, sondern als der, «der vom Vater und vom Sohn kommt».[177] Hier ist freilich Folgendes anzumerken: obwohl die persönlichen Eigenschaften nicht gegenseitig austauschbar sind, können sie doch mit Recht der reinen Gottheit zugesprochen werden. Zum Beispiel: Gott ist ungeboren; «Gott [Christus] ist geboren oder Mensch geworden; Gott kommt von Gott»[178] und dergleichen mehr. Der Grund dafür ist dieser[179]: Jeder der drei Personen kommt das Wesen zu, das allein der Gottheit gehört, nämlich Vater, Sohn und Heiliger Geist zu sein. Die Eigenschaften aber, die zwar dem Wesen der Gottheit zukommen, aber jeder Person gesondert zugeschrieben werden, obwohl sie allen drei Personen gemeinsam sind, sind folgende: Dem Vater wird Allmacht und Schöpferkraft beigelegt [vgl. Ex 6,3; Ps 146,6]; es sind aber «der Sohn und der Heilige Geist mit ihm zugleich allmächtig.»[180]

---

174 Das Athanasianum formuliert: «weder die Personen vermischend noch die Substanzen trennend». Im Folgenden wendet Zwingli ausnahmsweise die rhetorische Form der «Alloiosis» (vgl. unten S. 227, Anm. 220) auf die Trinitätslehre an; ansonsten dient sie ihm zur Wahrung der Zweinaturenlehre.

175 Athanasianum: «der Vater [...] nicht erschaffen noch gezeugt; der Sohn [...] nicht geworden noch erschaffen, sondern gezeugt».

176 Gemäss der abendländischen Tradition geht der Heilige Geist «aus dem Vater und dem Sohn» hervor (*filioque*). So formuliert das Nizänum.

177 Auch das Athanasianum formuliert: «der Heilige Geist, nicht geworden, nicht erschaffen, nicht gezeugt, sondern aus dem Vater und dem Sohn hervorgehend.»

178 Nizänum: «[Christus ...] gezeugt [...] und Mensch geworden. Gott von Gott [...]».

179 Im Folgenden wendet Zwingli die scholastische Methode der «Appropriation» (*attributio*) an, die Einheit und Dreiheit unterscheidet und zugleich verbindet.

180 Athanasianum: «der allmächtige Vater, der allmächtige Sohn, der allmächtige Geist.»

Dem Sohn wird Weisheit beigelegt [vgl. 1Kor 1,24], es kommt aber dem Vater und dem Heiligen Geist dieselbe Weisheit zu [vgl. Röm 16,27; Kol 1,9]. Dem Heiligen Geist wird die Kraft des Tröstens, des Entflammens der Liebe und anderes mehr beigelegt [vgl. Joh 16,4ff.; Röm 5,5], aber ebenso trösten der Vater und der Sohn [vgl. 2Kor 1,4; 2Thess 2,17], denn dies sind die Eigenschaften des göttlichen Wesens. Biblische Belegstellen hierfür anzufügen fehlt jetzt die Zeit, ist doch das ganze Neue und Alte Testament voll davon. Ja man kann sich ohne diese Unterscheidung der Personen und der Gottheit in der Schrift gar nicht zurechtfinden. – Also gibt es nicht drei Schöpfer, sondern nur einen, und dieser ist der «Gott des Himmels und der Erde» [Gen 24,3]. Unter «Himmel und Erde» verstehen wir alle Geschöpfe, die im Himmel und auf der Erde sind.

Und an Jesus Christus

«Jesus» ist der Name des Heils [vgl. Sir 46,1b], er bedeutet so viel wie Heiland, Gesundmacher oder Arzt, Beschützer oder Retter. «Christus» ist sein Hoheitstitel, denn Christus bedeutet «der Gesalbte». Darunter verstanden die Hebräer den bevollmächtigten König, weil man Könige zu salben pflegte. Da nun der Sohn Gottes «voll Macht» [Röm 1,4] ist und mit dem Vater über alle Dinge herrscht [vgl. Offb 3,21], heisst auch er «der Gesalbte», denn alle Wohlgerüche [vgl. 2Kor 2, 14] alles Wissens und alle Tugenden sind in ihm.

Seinen einziggeborenen Sohn

Jesus Christus ist der Sohn Gottes von Geburt, weil Gott keinen zweiten solchen Sohn hat. Denn obgleich auch wir «Söhne» [vgl. Mt 5,9] oder «Kinder Gottes» [vgl. Joh 1,12] genannt werden, sind wir doch nur angenommene, nicht leibliche Kinder.[181] Jesus Christus aber ist sein «einziggeborener»[182] Sohn [vgl. Joh 1,14.18]. Daraus sehen wir, dass er nicht wie wir «Sohn» ist, denn sonst wäre er nicht der «einziggeborene» und alle «Kinder Gottes» wären mit ihm Kinder. Wenn er aber der «Einziggeborene» ist, so ist offensichtlich, dass er der leibliche Sohn Gottes ist. An dieser Stelle sollten wir armen Sünder uns ausdrücklich zu Herzen nehmen, dass Gott seinen eigenen einzigen Sohn hat Mensch werden lassen, «dass er ihn uns gegeben und für uns dahingegeben» [Röm 8,32] hat. Ein solches Wunder ist sicher nicht grundlos vor unsern

---

181 So Augustin im «Johanneskommentar» XXX,3.
182 So im Nizänum.

Augen geschehen! Hätte Gott alles andere als seinen einzigen Sohn für uns dahingegeben, es wäre dem menschlichen Denken zu wenig gewesen, um darauf sein ungeteiltes Vertrauen zu stellen. Abgesehen davon, dass vielen Menschen selbst Christus zu gering ist, sodass sie anderswo «ihre Zuflucht suchen» [vgl. Hebr 6,18]. Hätte Gott den obersten Engel in die gleiche Menschennatur gekleidet wie seinen Sohn, so wäre uns damit die väterliche Liebe, die er uns gegenüber hegt [vgl. 1Joh 3,1], nicht vor Augen geführt worden. Denn das sehen wir auch bei den Menschen: Wenn sich einer nicht ganz verausgabt, so kann er all seine Wohltaten leicht ersetzen. Hält er sich aber dabei nicht zurück, dann ermessen wir die ganze Tiefe seiner Liebe zu uns. Als Gott sich selbst nicht schonte, indem er statt eines Engels oder sonst eines erhabenen Geschöpfs seinen einzigen Sohn sandte [vgl. 1Joh 4,9], um menschliche Natur anzunehmen – als Gott sich selbst für uns gab –, da sahen wir, «wie überaus lieb er uns hat» [1Joh 3,1], ja «so lieb wie sich selbst» [Mt 22,39]. Welch unergründliche Gnade Gottes [vgl. Röm 5,17.20]! Wir, die wir Sünder sind und seine Feinde [vgl. Röm 5,8.10] – für uns gibt er sich hin! Dies alles aber ist deswegen geschehen, damit wir seine Güte und Vollkommenheit erführen: die Güte an der Gnade und Barmherzigkeit, die Vollkommenheit daraus, dass er damit seiner eigenen Gerechtigkeit Genüge getan hat[183] – dass er uns auf sich selbst erbaut und gegründet hat, und nicht auf irgendein Geschöpf. Dass Gott seine Gerechtigkeit nicht nur durch eine Kreatur zufriedenstellen liess, zeigt uns, wie hoch, wie gross [vgl. Eph 3,18], wie unverrückbar und ewig diese Gerechtigkeit ist. Wir sollen sie nie geringachten! Dass er selbst die menschliche Schwachheit auf sich genommen hat, lehrt uns, sich auf kein Geschöpf mehr zu verlassen.

183 Zwingli formuliert sein Verständnis der Versöhnung in der Tradition der Satisfaktionslehre des Anselm von Canterbury (*Cur Deus Homo*, 1098), aber mit eigenen Akzenten. So lautet die zweite These seiner *67 Artikel*: «Die Hauptsache des Evangeliums ist kurz zusammengefasst die, dass unser Herr Christus Jesus, wahrer Gottessohn, uns den Willen seines himmlischen Vaters mitgeteilt und uns durch seine Unschuld vom Tod erlöst und mit Gott versöhnt hat.» Stärker als Anselm (und auch als Luther) betont Zwingli die Einheit von Gottes Gerechtigkeit und Barmherzigkeit; beides sind Ausstrahlungen der einen Güte Gottes (*summum bonum*) und nicht göttliche Eigenschaften, die miteinander in Konflikt kommen können. So ruft nach ihm nicht nur die Gerechtigkeit Gottes («jedem das Seine»), sondern auch die Barmherzigkeit Gottes nach «Satisfaktion»: Wie Gott nur durch Gott selbst versöhnt werden kann, so ist die Versöhnung zwischen Gott und den Menschen vollständig Gottes eigenes Werk und Ausdruck seiner überschiessenden Gnade: Gott will uns mehr geben, als uns gebührt; Gott will uns sich selbst geben. Zwingli korrigiert Anselm mit Paulus (Röm 8,32; 2Kor 5,19).

Wäre nämlich ein solches imstande gewesen, dieses schwere Geschäft zu vollbringen, so hätten wir auf die Geschöpfe durchaus vertrauen können. Wenn es aber nur Gott ist, in den man gesichertes Vertrauen haben darf, so musste das Opfer für unsre Sünde ebenfalls Gott sein, damit wir bei ihm allein unserer Sicherheit gewiss würden.

Nun ist die göttliche Natur dem Leiden nicht unterworfen; der aber, der die göttliche Gerechtigkeit zu versöhnen hatte, musste ein Opfer und ein Lösegeld [vgl. Eph 5,2; 1Tim 2,6] werden; solches war aber mit nur einer der beiden Naturen nicht zu erreichen. Denn als es galt zu sterben und geopfert zu werden, da konnte die göttliche Natur nicht sterben, leiden oder Opfer werden. Dazu bedurfte es der menschlichen Natur, die dafür taugt.[184] Andererseits musste der göttlichen Gerechtigkeit Genugtuung geleistet und dem Menschen eine sichere Zuflucht gewährt werden, wozu jedoch kein Mensch noch überhaupt ein anderes Geschöpf imstande war. Deshalb erschien es der göttlichen Weisheit unerlässlich, beide Naturen in einer Person zu verbinden: damit es dem einen gelänge, «unsere tödliche Krankheit[185] auf sich zu nehmen» und um uns mit seinem Sterben «gesundzumachen» [vgl. Jes 53,4–5] – dem andern aber, weil er nach seiner göttlichen Natur das Leben ist, unsere ewige verlässliche Zuflucht zu sein. In Christus Jesus, dem Sohn Gottes, sind beide Naturen in einer Person so vereinigt, dass gleichwohl jede von beiden ihre Eigenschaft behält.[186] So ist auch ein glühendes Eisen – die Alten bringen dieses Beispiel[187] – nur *ein* Ding.

---

184 Im Original: *unlidenhatt*. Gott unterscheidet sich von allem Geschöpflichen, das stets der Zeit unterworfen ist, dadurch, dass er «ewig» ist. Er ist damit nicht Teil des Wechselspiels von Werden und Vergehen, Tun und Erleiden, dem alles Seiende angehört. In der Alten Kirche hat man dafür auch den griechischen Begriff der *Apatheia* aufgenommen, der in seinem Grundsinn die Eigenschaft bezeichnet, von keinen (zufälligen) äusseren Einflüssen und Umständen bestimmt zu sein, etwa von destruktiven Affekten wie Zorn, Hass, Rache oder Neid als Reaktion auf etwas von aussen Kommmendes. Die christliche Botschaft ist allerdings, dass Christus, der wahre «Gottessohn» als Mensch gelebt und gelitten hat. Die «Zweinaturenlehre» (eine göttliche und eine menschliche «Natur» im einen Christus) ist der klassische Versuch, die «Menschwerdung Gottes» zumindest denkend zu umschreiben und damit auch das Geheimnis zu sichern. Zwingli schliesst sich selbstverständlich dieser «orthodoxen» christlichen Lehre an, durchdenkt sie aber neu von seinem reformatorischen Standpunkt aus.

185 Im Original: *prästen*.

186 Athanasianum: «[Christus] ist einer, nicht durch die Vermischung der Naturen, sondern durch die Einheit der Person.»

187 Klassisch formuliert bei Johannes von Damaskus (gest. 750?) in *De Fide Orthodoxa*.

Es besitzt aber zwei verschiedene Naturen: die des Feuers und die des Eisens. Durchschneide etwas mit einem glühenden Schwert, und Du siehst die Eigenschaft jeder Natur für sich: die des Eisens schneidet, die des Feuers versengt oder brennt. In gleicher Weise sind in Christus Jesus die beiden Naturen in je ihren Wirkungen und Eigenschaften voneinander unterschieden, und doch ist nur *ein* Christus, *ein* Sohn Gottes, *eine* Person. Nach der göttlichen Natur vollbringt er Wunder, macht Blinde sehend, Taube hörend und Tote lebendig [vgl. Mt 11,5]; der menschlichen Natur entsprechend aber hungert und dürstet ihn [vgl. Mt 4,2; Joh 19,28], friert, trauert und fürchtet er sich, will er nicht sterben [vgl. Mt 26,39] und leidet Schmerzen [vgl. Jes 53,3]. Und doch ist er, der er ist, nämlich eine einzige Darstellung des Sohnes Gottes. Athanasius sagt es so: «Gleich wie der Mensch aus den zwei Naturen ‹Leib› und ‹vernünftige Seele› zusammengesetzt, und doch nur *ein* Mensch ist, so ist die göttliche und die menschliche Natur nur *ein* Christus.» Davon soll später noch die Rede sein.

Unseren Herrn

Diejenigen, die behaupten, der Apostel Paulus habe «Christus nie oder nur selten Gott genannt»,[188] beweisen ihre weitgehende Unkenntnis des hebräischen und griechischen Alten Testaments. Wären sie darin besser bewandert, so hätten sie längst bemerkt, dass «jhwh», der höchste Name Gottes, im Griechischen mit «kyrios» übersetzt wird. Es trifft zwar zu: «kyrios» heisst bei den Griechen so viel wie bei uns «Herr». Wenn aber der hebräische Name «jhwh» nicht nur «Herr», sondern auch das Wesen und Leben Gottes bedeutet, die Griechen diesen Namen mit «kyrios» übersetzen, und wenn auch Paulus den Titel «kyrios» in der Meinung braucht, es sei darin das hebräische «jhwh» enthalten, so folgt, dass jedesmal, wenn er Christus den «kyrios» nennt, das heisst: den Herrn [vgl. 1Kor 12,3; Phil 2,11. u. ö.], er ihn immer auch jhwh nennt, das heisst: den Herrn und Gott, den Lebendigen, den höchsten Regenten. Damit die ganze Kraft des höchsten Namens Gottes zum Ausdruck komme, haben auch die Griechen «jhwh» oft auch «kyrios pantokrátor» übersetzt, das heisst:

---

188 Diese Behauptung ist wohl in der antitrinitarischen Bewegung an den Rändern des frühen Täufertums zu suchen. Infrage kommen Hans Denck (gest. 1527), vor allem aber Ludwig Hätzer (gest. 1529), dem die Zeitgenossen vorwarfen, er habe die Gottheit Christi geleugnet. Dencks und Hätzers Prophetenübersetzung (Worms, 1527) hatten die Zürcher mit der Begründung abgelehnt, dass die Übersetzer unter anderem «bestreiten, dass Christus Jesus wahrer Gott sei» ([Zwinglis?] «Vorrede zur Zürcher Prophetenbibel», 1529, Z VI/2, 290).

Herr, Gott, Allmächtiger. Aus dem allen ergibt sich, dass Paulus Jesus Christus, unsern Herrn, nicht den «Herrn» genannt hat, um ihm damit sozusagen die Gottheit zu entziehen. Im Gegenteil: Weil die Griechen mit «kyrios» dasselbe sagen wollten wie die Hebräer mit «jhwh», Paulus aber griechisch geschrieben hat, so ist offensichtlich, dass er Jesus Christus auf diese Weise den höchsten Namen hat beiliegen wollen. Auf diese Weise anerkennen auch wir ihn als unseren «Herrn» *und* Gott.

Der empfangen ist vom Heiligen Geist.

Wer aller «Welt Sünde hinwegnehmen» sollte [Joh 1,29], musste auch ohne «sündige Leidenschaft des Fleisches» [Röm 7,5; Gal 5,24] empfangen werden. So wurde er, wie Augustin[189] sagt und Paulus in Hebräer 7,3 andeutet, von Ewigkeit her im Himmel ohne Mutter vom Vater geboren, und auf der Erde ohne leiblichen Vater. Dies, damit die reine Jungfrau als Braut und Gattin Gottes von Gott empfinge, den sie als wahren Gott nach seiner menschlichen Natur gebären sollte.

Geboren von der Jungfrau

Ihr wahrheitsliebenden Brüder! Da man das Gerücht über mich ausstreut, es sei mein Ziel, die Ehre der Jungfrau Maria zu schmälern, gebe ich hier die folgende Erklärung ab: Dass ich gepredigt haben soll, Maria hätte mehr Söhne als nur Jesus Christus gehabt und dergleichen mehr, ist eine unchristliche, gotteslästerliche, in verbrecherischer Absicht erfundene wahrheitswidrige Unterschiebung! Dafür berufe ich mich auf die redliche Kirche von Zürich und auf all meine Schriften, die ich veröffentlicht habe.[190] *Mit dem Schriftzeugnis der Propheten – nicht ohne, wie Faber[191] behauptet – bezeichne ich Maria als die ewig keusche Jungfrau.* Mehr davon zu sagen, fehlt die Zeit.

Der gelitten hat unter dem Richter Pontius Pilatus. Ist gekreuzigt, gestorben und begraben worden

---

189   Augustin, z. B. in «Sermo» 215 (*Sermones ad populum*).
190   Namentlich «Eine Predigt von der ewig reinen Magd [=Jungfrau!] Maria» (1522).
191   Zwingli bezieht sich auf Johannes Fabers «Eine wahrliche Unterrichtung» (1523). An der Berner Disputation waren Zwinglis mariologische Stellen Jes 7,14 und Ez 44.

Alle diese Artikel, ebenso wie die Empfängnis und die Geburt, sind bei den Evangelisten, Matthäus 26,27 und Lukas 22,23, so ausführlich beschrieben und den Gläubigen so bekannt, dass es nicht nötig ist, sie hier auszubreiten.

Ist hinuntergefahren zu den Höllen

Wir müssen wissen, dass die Lateiner unter «inferi» nicht nur die Hölle der Qualen oder der Entfremdung [vgl. Ps 88,15] verstehen, sondern die in einer andern Welt liegende Fremde, Niederlassung oder Wohnung. Eben das bedeutet auch das deutsche «Hölle», [das hebräische] «scheol» und [das griechische] «Hádes». Darum verstehe ich diesen Glaubensartikel nicht so, als habe Christus alle Menschen aus der ewigen Hölle der Qualen befreit, sondern dass er nur jene befreit hat, die im wahren Glauben und im Vertrauen auf den verheissenen Heiland aus dieser Zeit geschieden sind. Diese aber hatte Gott nach seinem Gefallen an einem gewissen Ort in schmerzlosen [vgl. Offb 21,4] Gewahrsam genommen – ausser die Entbehrung des Antlitzes Gottes [vgl. Ps 88,15] und das Warten darauf hätten ihnen Schmerzen bereitet. Ja, diese hat Christus mit der Ankündigung seines Kommens erfreut und einige von ihnen auferstehen lassen. Alle des Heils Würdigen aber hat er mit sich in den Himmel geführt. Das lernt man im Lukasevangelium 16,19–26 sowie im 1. Petrusbrief 3,18–22 und 4,6.

Am dritten Tage auferstanden von den Toten

Die Auferstehung Christi ist unsere Auferstehung, denn dass er auferstanden ist, gibt uns die Gewähr, dass auch wir auferstehen werden. Er ist nämlich der «Erstling der Gestorbenen» [1Kor 15,20]: sein Sterben ist unser Leben und seine Auferstehung ist unsere Erhöhung. Denn Paulus sagt im 1. Korintherbrief 15,16: «Wenn die Toten nicht auferstünden, so wäre auch Christus nicht auferstanden.» Auf den ersten Blick scheint es, als ziehe Paulus hier nicht den richtigen Schluss: Aus dem Umstand, dass wir nicht auferstünden, folge nicht zwingend, dass auch Christus nicht auferstanden sei, denn Gott hätte es doch ohne Weiteres vermocht, Christus, den eigenen leiblichen Sohn, gleichen Wesens[192] und gleicher Macht, auferstehen zu lassen, uns aber nicht. Wenn wir allerdings das

---

192 Das Konzil von Nicaea (325) formulierte: «wesensgleich» (*homooúsios*).

«enthymema»[193] genauer betrachten, so stützt Paulus seine Worte auf das zu unserem Seelenheil Dienlichste ab, das wir von Gott erhoffen dürfen, nämlich: Dass Christus der Unsere und dass wir die Seinen sind, dass wir seine Glieder sind [vgl. Eph 5,30] und mit ihm als unsrem Haupt [vgl. Eph 1,22] *einen* Leib bilden [vgl. Röm 12,5; 1Kor 12,12; Kol 1,18]. Nun kann weder ein Haupt ohne die Glieder existieren, noch können es die Glieder ohne das Haupt, sondern: Wenn das Haupt umkommt, so kommen auch der Leib und die Glieder um. Und ebenso: Wenn das Haupt lebt, so lebt auch der Leib. Und wenn der Leib lebt, so ist gewiss, dass auch das Haupt lebt. Denn der Leib lebt nicht, wenn das Haupt nicht lebt. Daraus schliesst Paulus: Da Christus nun einmal unser Haupt ist und wir sein Leib sind, so folgt: Wenn er stirbt, so sterben auch wir, und wenn er lebt, so leben auch wir. Ist er gestorben, so müssen auch wir unseren Tod sterben [Röm 6,4–11], ist er an Leib und Seele ins Leben auferstanden, so werden auch wir mit Leib und Seele auferstehen. Der einzige Grund für sein Sterben waren wir, damit der Tod von uns genommen würde [vgl. 1Thess 5,10]. Und dass Christus leiblich auferstanden ist, ist unseres Leibs wegen geschehen, damit wir sähen, wie unser Leib mit seinem Leib zusammen aufersteht und lebt [vgl. Kol 3,1]. Jetzt ist der Schluss von Paulus unanfechtbar: «Würden die Toten nicht auferstehen, so wäre auch Christus nicht auferstanden.» Und umgekehrt: Ist aber Christus auferstanden, so folgt notwendig, dass auch wir auferstehen, denn «er musste den Brüdern gleich sein» [Hebr 2,17a]. Hat er zu diesem Zwecke unseren Leib angenommen, so hat er ihn auch zur Herrlichkeit angenommen. Und hat er ihn angenommen, um darin zu sterben und ihn zum Himmel zu führen, so hat er auch unsere Leiber dazu bestimmt, dass sie in den Himmel kommen. Denn seine ganze Herrlichkeit und Ehre garantieren uns, dass auch wir zu seiner Herrlichkeit und Ehre kommen [vgl. Phil 3,21]. Das ist es, was Irenäus mit seinem «der Leib Christi speist uns zur Auferstehung»[194]

---

193 *enthýmema*: Grammatisch-rhetorischer Ausdruck für einen logischen Schluss mit fehlendem Zwischenglied: 1. Christus ist auferstanden, 3. folglich auferstehen auch wir. Hier ist das Zwischenglied vorausgesetzt: 2. Er ist unser Haupt, wir sind seine Glieder.

194 Der Kirchenvater Irenäus von Lyon (gest. um 202) formuliert in seiner Schrift «Gegen die Häretiker» (*Adversus Haereseos*) V, 2: «So werden auch unsere Körper aus ihr [der Eucharistie] gespeist, und wenn sie in der Erde geborgen und aufgelöst sein werden, dann werden sie zu ihrer Zeit auferstehen, indem das Wort Gottes ihnen zu auferstehen verleiht.»

meint – und worauf Faber und Eck zu Unrecht pochen[195] –, nämlich, dass uns die Auferstehung des Leibes Christi die Zuversicht und die Gewissheit schenkt, dass auch unsre Leiber auferstehen werden. Als *Auferstandener* sichert er uns die Auferstehung zu, nicht als Gegessener! Weil aber Faber, Eck und andere, die mit der Heiligen Schrift nicht umzugehen wissen, das nicht einsehen wollen, so wüten sie über alle Massen herum. Dabei stimmt doch, was wir soeben dargelegt haben, mit der Ansicht der Kirchenväter überein!

Ist aufgefahren zum Himmel. Sitzt zur Rechten Gottes, des Vaters, des Allmächtigen. Von da her wird er kommen, die Lebenden oder die Toten zu richten

Dies sind jene drei Artikel des Glaubensbekenntnisses, die im offenen Widerspruch zur Gegenwart des Fleischs und Bluts Christi im Abendmahl stehen.[196] Wie schon gesagt, behalten die beiden Naturen in Jesus Christus ihre jeweilige Eigenschaft bei. Nun fährt die göttliche Natur nicht auf und nieder, sondern sie ist ewig überall zugleich. Also wird man von ihr nicht behaupten können, dass sie zum Himmel aufgefahren sei. Solches kann man nur von der menschlichen Natur sagen, denn im Bezug auf die göttliche Natur sagt Christus im Johannesevangelium 3,13, er sei im Himmel (während er doch als Gott und Mensch hier unten auf der Erde war!). Im Zusammenhang mit dem «Sitzen zur Rechten Gottes» gibt es heutzutage etliche, die sich bei der Frage, was das sei, in mutwilligen Spitzfindigkeiten ergehen.[197] [Sie sagen:] «Es ist die Macht Gottes» – dem pflichten wir bei. «Es ist Gott selbst» – dazu sagen wir ebenfalls ja. «Wenn Gott allgegenwärtig ist, sofern seine Macht allgegenwärtig ist und seine Rechte seine Macht ist, so folgt daraus, dass auch die Menschheit Christi allgegenwärtig ist,

---

195 In der Abendmahlsdebatte, der sich Zwingli in seiner Predigt unaufhaltsam nähert, beriefen sich die römischen Theologen Johannes Faber und Johannes Eck, aber auch der hier diplomatisch verschwiegene Martin Luther (in seiner Schrift «Dass diese Worte Christi ‹das ist mein Leib› noch fest stehen» (1527, WA 23, 38–320) wiederholt auf die erwähnte Irenäusstelle.

196 So auch Franz Kolbs Begründung seiner 4. Berner Disputationsthese wohl im Rückgriff auf Zwinglis Schrift «Eine klare Unterrichtung vom Nachtmahl Christi» (1526), in der dieser erstmals konsequent die Christologie auf Luthers Postulat der leiblichen Realpräsenz angewendet hatte (Z IV, 789–862).

197 In der Schrift «Dass diese Worte Christi ‹das ist mein Leib› noch fest stehen» (1527) stellt Luther fest, neben Joh 6,63 sei «das Sitzen zur Rechten» der Zwinglianer «einziger, bester Grund». Zwingli selbst hatte diesen Aspekt erstmals 1525 im «Subsidium sive coronis de eucharistia» (Z IV, 458–504) in die Debatte eingebracht.

sofern seine Macht allgegenwärtig ist» – dem können wir keineswegs zustimmen. Denn Christus ist nach der menschlichen Natur bis in alle Einzelheiten so sehr ein Mensch – ausgenommen, freilich, was sündig ist [vgl. 2Kor 5,21] –, dass er auch alle Eigenschaften besitzt, die einem Menschen zu schaffen machen. Nun kann kein Mensch und kein Geschöpf, auch kann es niemand erlangen, überall zugleich zu sein. Weil aber die Menschheit Christi geschöpflich ist, so kann sie nicht allgegenwärtig sein. Dies alles geht aus den Schriftbelegen hervor, die wir noch liefern wollen, damit uns keiner vorwerfen kann, unsere Argumente seien «blosse Konstruktionen der Vernunft» [vgl. Apg 17,29].[198] Zwischen Gott und der Kreatur unterscheiden zu können, ist schliesslich kein «Werk des Fleisches» [Gal 5,19]! Dass der Leib Christi gleichzeitig an mehreren Orten gewesen sei, dafür hingegen gibt es keinen einzigen Schriftbeweis. Doch davon später. Bei alledem kann jetzt nicht gefolgert werden: «Die Menschheit Christi ist zur Rechten Gottes; Gottes Rechte ist allgegenwärtig; also ist auch der Leib Christi allgegenwärtig.» Denn auf diese Weise sind alle Kreaturen bei Gott, ohne dass sie notwendig allgegenwärtig wären. Darum sagt Jesus im Johannesevangelium 17,24: «Vater, dies will ich, dass die bei mir seien, die Du mir gegeben hast.» Hier frage ich: Bezieht sich das «Sein, wo Christus ist» auf seine menschliche oder auf seine göttliche Natur? Wenn es sich auf die göttliche Natur bezöge, so müssten auch Petrus, Paulus und alle Auserwählten hier und jetzt anwesend sein, denn Gott ist hier und Gott ist da, wo man «um seinetwillen beisammen ist» [Mt 18,20]. Weil aber die Auserwählten nicht allgegenwärtig sind, ist bereits erwiesen, dass diese Worte sich nicht auf die Gottheit Christi beziehen können. Denn sonst müsste folgen, dass auch die Auserwählten schon existierten [vgl. Joh 1,1–2; Phil 2,6–7], bevor sie geboren waren. Allgegenwärtig zu sein, kommt keinem anderen zu als dem Guten, dem «Nichtgeschaffenen»[199], «von dem alle Dinge sind» [1Kor 8,6], in dem alle Dinge sind und der in allen Dingen ist. Wären jetzt die Auserwählten allgegenwärtig, so müssten sie von Ewigkeit her sein, noch ehe sie geschaffen waren. Das wäre eine völlig absurde Behauptung! Bezieht sich aber «Sein, wo Christus ist» auf seine Menschheit, so müssen die Auserwählten ebenfalls im Brot und

---

198 Luther hatte in «Dass diese Worte Christi ‹das ist mein Leib› noch fest stehen» (1527) behauptet, für Zwingli sei die vernunftmässige Unmöglichkeit der leiblichen Realpräsenz der Ausgangspunkt gewesen, erst hinterher habe er den Schriftbeweis gesucht und angeblich gefunden.
199 Athanasianum: «unerschaffen der Vater, unerschaffen der Sohn, unerschaffen der Heilige Geist».

Wein des Nachtmahls sein, denn unser Gegner behauptet ja, das Fleisch und das Blut Christi seien darin anwesend. Sind aber die Auserwählten da, wo Christus ist, und ist er im Brot, so müssen auch die Auserwählten drin sein. Da wird sich aber der lange Christoffel zusammenkauern müssen in einer so kleinen Hostie ...[200] Man verzeihe mir den Scherz – Christophorus ist doch nur ein Lügengebilde der Legendendichter.[201] Würde aber jemand behaupten, die Auserwählten seien bei Christus nach seiner Gottheit und Menschheit, so wäre das gläubigen Ohren zu viel. Ginge es nämlich nach ihnen, so müsste, wie wir soeben dargelegt haben, auch die heilige Gertrud[202] zur Rechten des Vaters sitzen und im Brot sein. Wir jedoch stellen fest, dass die Geschöpfe bei Gott sein können, ohne dass sie deswegen allgegenwärtig sein müssen. Da, wo sie sind, haben sie ihre «vollkommene Freude» [Joh 15,11] in und mit Gott. Auf diese Weise sitzt auch die Menschheit Christi zur Rechten des Vaters. Obschon die Rechte Gottes allgegenwärtig ist, ist die menschliche Natur Christi nicht zwingend allgegenwärtig, denn sie ist ein Geschöpf. Verstehe mich freilich recht: ich bezeichne nur die menschliche Natur als eine Kreatur und keineswegs die göttliche! Dass Gottes Sohn und der Mensch Jesus, geboren von Maria, nur *ein* Christus ist, das weiss ich wohl. Wie nun aber die Auserwählten Gott «vollkommen besitzen» und «in sich aufnehmen», wie sie ihn «geniessen» und sich «speisen lassen»,[203] obschon er allgegenwärtig ist, sie aber nicht – dafür hat uns Gott mit der Sonne ein schönes Bild gegeben.[204] Die Sonne wird von allen

---

200 Zwingli erinnerte bereits in «Eine klare Unterrichtung vom Nachtmahl Christi» (1526) an die in ländlichen Gegenden verbreiteten meterhohen Gemälde des wegbegleitenden Christophorus an der Apsis oder beim Kirchenportal. Den Bernern stand überdies seit 1489 ein 9,7 m hoher Christoffel am gleichnamigen (1865 abgebrochenen) Turm vor Augen.

201 Gemeint ist Jacobus de Voragine (gest. 1298) in der von Zwingli oft kritisierten *Legenda Aurea*.

202 Die historisch gesicherte «Grosse» Gertrud von Helfta (gest. 1302). Nach der Legende hatte ihr Christus offenbart, wo er zu finden sei: im Tabernakel oder in ihrem eigenen Herzen.

203 Die in der römischen Kirche wie bei den Lutheranern übliche Terminologie für den eucharistischen Genuss.

204 Auf die Kritik an seiner Behauptung, nicht nur die göttliche Natur Christi, sondern auch seine menschliche Natur sei «überall» (Ubiquitätslehre) hatte Luther zur Illustration seiner Lehre auf die Sonnenstrahlen hingewiesen, die überall sind, was trotzdem nicht bedeutet, dass man sie in eine Kiste sperren und mit sich herumtragen kann («Dass diese Worte Christi ‹das ist mein Leib› noch fest stehen, 1527, WA 23, 151,1–24). Zwingli nimmt das Bild auf und interpretiert es in seinem Sinne.

Menschen auf der ganzen Welt gesehen. Sie erleuchtet alles, macht alle Dinge fruchtbar zur gleichen Zeit und erwärmt sie. Es geniesst und labt sich an der ganzen Sonne das kleinste Gräschen wie auch der grösste Berg oder Baum, und trotzdem ist kein Ding deswegen allgegenwärtig wie sie. Ja, es möchte auch keines bei ihr sein oder mit ihr wandern, sondern es genügt ihm, von ihr durchwärmt und lebendig gemacht zu werden. Und doch sind alle Dinge unter der Sonne nur durch sie lebendig. Sie geniessen und sie sehen sie, nicht teilweise, sondern ganz! Ebenso durchdringt auch Gott alle Dinge, ist allgegenwärtig, erfreut und belebt sie alle, wird von allen genossen, genutzt und aufgenommen – sogar von den Ungläubigen, obschon diese davon nichts wissen. Und trotzdem ist kein Geschöpf allgegenwärtig wie er, sondern es begnügt sich, an seinem Ort zu bleiben. Wie wir die Sonne, sehen also die Auserwählten Gott ganz und sättigend, und es ist dennoch keiner überall dort, wo er ist. Dieses Gleichnis lehrt uns, dass die Menschheit Christi nicht allgegenwärtig zu sein braucht, ja dass sie es auch nicht vermag, wie die Gottheit überallhin zu dringen. Denn niemals kann das, was der Schöpfer besitzt, zum Eigentum eines Geschöpfs werden. Aber dennoch sitzt derjenige «zur Rechten Gottes», der die Kraft Gottes mithilfe seiner Gottheit ist. Obschon alles, was der Menschheit Christi gegeben wurde, derart überquellend [vgl. 2Kor 1,5; Phil 1,26] und überragend [vgl. 2Kor 4,7] ist, dass wir dagegen verblassen, so erlernen wir doch am Kleinen das Grosse, etwa am Leiten eines Hauswesens die Leitung der ganzen Kirche – ein Vergleich, den auch Paulus anstellt [vgl. 1Tim 3,4–5]. Meine Darlegung wollte nur den einfachen Leuten dienen, die sich von diesen Streithähnen beeindrucken lassen durch Fehlschlüsse wie: «Die Rechte Gottes ist allgegenwärtig; zur Rechten Gottes sitzt die Menschheit Christi; folglich muss auch sie allgegenwärtig sein.» Die Menschheit Christi sitzt aber nicht so zur Rechten Gottes, dass sie wie diese allgegenwärtig wäre. Das Erschaffene hat es nicht nötig, kann es auch gar nicht und ist für ewig so eingerichtet, dass sie es nicht einmal will. In dem Sinne aber ist sie zur Rechten Gottes, damit ihr die höchste Ehre [vgl. Hebr 2,9] und Freude zuteil werde, die einer Kreatur überhaupt geschenkt werden kann. Jetzt wollen wir die entsprechenden Schriftbeweise hören: Im Johannesevangelium 17,22 spricht Jesus: «Vater, die Ehre, die du mir gegeben hast, habe ich ihnen gegeben, damit sie eins seien, wie auch wir eins sind: Ich in ihnen und du in mir, damit sie vollkommen eins seien.» Hier sehen wir, dass, obwohl Christus der unsere und in uns ist, wir deswegen nicht da sind, wo er ist – weder nach der göttlichen noch nach der menschlichen Natur. Aber trotzdem ist er in uns. Im 1. Johannesbrief 4,16 heisst es: «Gott ist die Liebe. Und wer in der Liebe bleibt, der bleibt in Gott, und Gott in ihm.» Jetzt haben wir zwei Aussagen: erstens, dass Gott in uns ist, zweitens, dass wir in Gott sind. (Damit liesse sich übrigens noch stichhaltiger als mit der «Rechten Gottes» beweisen, dass wir wie Gott allgegenwärtig sind. Denn bei einem Ding zu sein ist sehr viel weniger, als wenn wir in ihm sind und es in uns ist.) Daraus aber, dass wir in Gott sind und Gott in uns ist, kann jetzt trotzdem nicht abgeleitet werden, dass wir ebenfalls allgegenwärtig seien, haben wir doch schon in diesem Leben genug von Gott in uns: soviel und derart, wie er zumisst. Und wenn wir dort bei ihm sein werden, so wird uns wiederum im gleichen Mass genug von Gott zuteil. Und trotzdem sind wir weder hier noch dort wie Gott allgegenwärtig oder unendlich. Auf diese Weise hat auch die Menschheit Christi ihren Sitz zur Rechten Gottes: sie ist in Gott und Gott ist in ihr, ohne dass sie deswegen allgegenwärtig wäre. Ein Beispiel: Die Luft ist in uns, und wir sind in ihr, und doch sind wir nicht allgegenwärtig wie sie. Aber wir sind auch nirgends, wo sie nicht wäre, weshalb wir an ihr keinen Mangel leiden. Doch abgesehen davon will ich jetzt in Kürze begründen, wie wir zum Urteil gekommen sind, dass Christi Leib und Blut im Abendmahl nicht nach der Substanz oder leiblich gegessen wird. Bei dieser Gelegenheit werden wir noch besser lernen, auf welche Weise Christus zur Rechten Gottes sitzt. Wir tun dies, indem wir jene Schriftstellen einander gegenüberstellen, die den Irrtum nicht ertragen können. Die Schrift durch den Vergleich von gleichlautenden oder widersprechenden Stellen zu ergründen[205] ist eine Methode, die nicht nur auf das Wort Gottes, sondern auf alle Lehren, Gesetze und Bestimmungen anzuwenden ist. Deshalb hatten die Athener die «Antinomien»[206] zum Brauch.

Erstens[207] erkläre ich, dass mich nichts anderes als das Glaubensbekenntnis selbst auf das rechte Abendmahlsverständnis gewiesen hat. Das mag man

---

205 Zwingli: Die Schrift legt sich selbst aus. Sie führt uns von den leichteren Texten zu den schwereren. Im Zweifelsfall trifft diejenige Auslegung den rechten Sinn, die Gottes Ehre und unsere Demut mehrt. Letztlich bewirkt Christus, bzw. sein Geist die Klarheit der Bibel (vgl. «Die Klarheit und Gewissheit des Wortes Gottes»). Altkirchliche Dogmen und Bekenntnisse sind als legitime Zusammenfassung der biblischen Botschaft anerkannt.

206 *Antinomien* sind Gesetze und Prinzipien, die sich als widersprüchlich erweisen, ohne dass bei ihrer Aufstellung offensichtliche Fehler in die Voraussetzungen oder Folgerungen eingegangen wären. Mit dem Ziel der Findung des Rechtswillens berief sich in der antiken Rechtsprechung die eine Partei auf den einen, die Gegenpartei auf den widersprechenden Rechtssatz.

207 Die folgenden *Zwölf* Gründe (vielleicht in Anspielung auf die gegen Zwingli gerichteten zwölf Thesen über das Abendmahl an der Badener Disputation von 1526) entsprechen weitgehend dem Duktus von Zwinglis umfangreichstem Votum, das er an

mir abnehmen oder nicht! Nachdem ich aber endlich zur Einsicht gekommen war, dass – gemäss Johannes 6,35: «Wer zu mir kommt, der wird nicht hungern, und wer mir vertraut, nicht dürsten» – alle Sicherheit der Seele allein auf dem Vertrauen zu Gott beruht, so habe ich nichts Materielles mehr entdecken können, das «die Seele zu speisen» vermöchte. Der gute gnädige Geist muss das selbst tun![208] Denn sogar der kostbare Tod Jesu Christi macht nur den lebendig, den der Vater «gezogen» hat, wie Jesus sagt: «Niemand kommt zu mir, ausser der Vater habe ihn gezogen» [Joh 6,44].[209] Das zeigt uns die tägliche Erfahrung: Wir alle hören, wie man uns die in Jesus Christus bewiesene Gnade Gottes verkündigt. Annehmen können das freilich nur die, deren Herzen von Gott erleuchtet, zu seiner Liebe bewegt und gezogen worden sind.

Sodann ist mir aufgefallen, dass Christus besonders häufig im Johannesevangelium – die einschlägigen Stellen anzuführen würde hier zu lange dauern – unseren Blick von seiner leiblichen Gegenwart weglenkt.[210] Er hat auch keine Verheissung an das «leibliche Essen seines Leibes» gebunden, ja er hat uns im Gegenteil gesagt, es sei zu unserem Besten, wenn er von uns fortgehe. Vom Geist aber sagt er Folgendes: Ich werde euch «einen anderen Beistand schicken: den Geist der Wahrheit. Der wird bei euch bleiben in Ewigkeit» [Joh 14,16–17]. Schau, kann man noch deutlicher werden? Seinen Leib will er uns entziehen, aber ohne Hilfe will er uns nicht lassen! Womit verheisst er uns aber «Beistand»? Nicht indem er uns sein Fleisch und Blut zu leiblichem Genuss gibt, sondern mit reinem Geist! Der sei die Wahrheit und der bleibe ewig bei uns.

---

der Berner Disputation am Nachmittag des 18. Januar 1528 vom Manuskript las. Die Argumentation der ersten drei Gründe scheint dem «Versuch über die wahre und falsche Religion» (1525) entnommen zu sein.

208 Zwinglis Spitze richtet sich gegen das Verständnis der Sakramente als «Transportmittel» des göttlichen Heils, wie er es in Rom und Wittenberg zu sehen glaubte: Nicht das Sakrament, sondern Christus selbst ist unser Heil! Der Glaube als «Seelenspeise» hat das stellvertretende Sterben Christi zum Gegenstand. Die Vergebung und ebenso die Vergewisserung des Heils hat Gott sich selbst vorbehalten und nicht an Gegenstände oder Riten gebunden.

209 Eine der häufigsten zitierten Bibelstellen Zwinglis überhaupt: Der Glaube an Christus ist freie Gabe des Geistes Gottes, der die Menschen, denen er den Glauben schenkt, zugleich auf Gott hin in Bewegung setzt. Joh 6 ist nach Zwingli der Massstab, an dem alles gemessen werden muss, vgl. «Versuch über die wahre und falsche Religion» (ZS III, 281).

210 Im «Versuch über die wahre und falsche Religion» paraphrasiert Zwingli Joh 6,51 mit: «Weil ich nicht dazu gekommen bin, um den Leib zu nähren, sondern um die Menschenherzen wieder zu Gott zu ziehen» (ZS III, 139).

Also brauchen wir nicht mehr auf die kindlichen Trostmärchen zu hören, die da erzählen: «Das Fleisch Christi, leiblich genossen, stärkt die Seele, tilgt die Sünde»[211] und dergleichen unbegründetes Geschwätz.

Drittens ist das, was Christus im Johannesevangelium 6,63 sagt, eines der wichtigsten Worte gewesen, die mich vom leiblichen Essen des Fleischs Christi weggebracht haben: «Der Geist ist's, der lebendig macht, das Fleisch gibt gar nichts her.» Bei dieser Stelle darf man sich nicht auf das Gelärme etlicher einlassen, die uns einreden, hier rede Christus von der [unterschiedlichen] Beschaffenheit des Geists und des Fleischs, und nicht von seinem eigenen Fleisch.[212] Dabei verdeutschen sie die Stelle zu «Fleisch ist nichtsnützig» und unterschlagen absichtlich das Wörtlein «das»[213]. Sie wollen eben nicht sehen, dass Christus hier auf das Gemurre der Juden antwortet, in das sie deswegen verfielen, weil sie verstanden hatten, sie müssten sein Fleisch leibhaftig aufessen [vgl. Joh 6,52]. Darum sagt er: «Der Geist ist's, der das Leben gibt, von dem ich rede. Wenn aber, wie ihr meint, das Fleisch gegessen würde, so gäbe es gar nichts her.» Unmittelbar davor steht nämlich Folgendes: «Als Jesus sah, dass seine Jünger darüber murrten, sprach er ...» [Joh 6,61]. Selbstverständlich begehrten die Jünger nicht deswegen auf, weil er ihnen etwa die bösen Eigenschaften des Fleischs erklärt hätte, denn davon ist an dieser Stelle überhaupt nicht die Rede. Wohl aber hatte er zu ihnen vom «Essen seines Fleischs» gesprochen, das er anders verstand als sie. Denn die Jünger waren auf das «leibliche Essen» verfallen und hatten gemeint, sie müssten sein Fleisch verspeisen. Da sprachen sie: «Wie kann er uns sein Fleisch zu essen geben?» [Joh 6,52]. Das war es, worüber sie sich aufhielten. Jesus nahm es wahr und klärte sie auf. Darum steht es unwiderleglich fest, dass Jesus vom Essen seines leiblichen Fleischs redet, wenn er sagt: «Das Fleisch gibt gar nichts her.» Dass Jesus hier nicht vom «fleischlichen Verstand» oder von unserer «fleischlichen Art» redet, haben wir in unsern Büchern öfter und mit verschiedenen Begründungen dargelegt.[214]

---

[211] So Luther im «Sermon von dem Sakrament» (1526). In Luthers Verlangen nach greifbarer Heilsdarbietung («Trost» für das angefochtene Gewissen) fürchtete Zwingli einen Rückfall in eine Verdinglichung der Gnade.

[212] So Johannes Eck (Baden 1526), Melanchthon und Luther in seiner Schrift «Dass diese Worte Christi ‹das ist mein Leib› noch fest stehen» (1527).

[213] Die lateinische Fassung des Satzes in der Vulgata: «caro non prodest quidquam» erlaubt eine deutsche Übersetzung mit oder ohne Artikel.

[214] Dass Joh 6,63 auf das geistliche Essen und somit auf den Glauben zielt, ist das Grundpostulat aller Abendmahlsschriften Zwinglis seit dem «Brief an Matthäus Alber» (1524). Immer wieder beruft er sich dazu auf Augustin, der «glauben» und

Obwohl sich viele Widersacher ihre Nase daran stossen, reden sie doch daran vorbei. Sie müssen es daher stehen lassen, dass Christi Fleisch zu essen «gar nichts hergibt». Man wird freilich beachten, dass wir nicht behaupten, der Leib Christi tauge oder nütze zu gar nichts. Denn wer wollte derart von Sinnen sein und sagen, es tauge, nütze und bewirke nichts, dass Christus menschliche Natur angenommen habe! Freilich: *leiblich* gegessen bringt er keinen Nutzen, denn dazu ist er wahrhaftig nicht in die Welt gekommen![215] Also bestreitet diese Stelle die leibliche Gegenwart des Fleisches Christi im Abendmahl auf das entschiedenste. Denn wenn sein Fleisch zu essen «nichts hergibt», so ist es auch nicht erlaubt, die Worte «Das ist mein Leib, der für euch gegeben wird» [Lk 22,19] so auszulegen, als habe er uns damit sein Fleisch zu essen gegeben.

Viertens spricht Christus im Matthäusevangelium 26,11: «Mich werdet ihr nicht allezeit haben» und bei Matthäus 28,20: «Siehe, ich werde immer bei euch sein bis zum Ende der Welt.» Auf den ersten Blick scheinen sich die beiden Stellen glatt zu widersprechen – sofern wir die beiden Naturen in Christus nicht sorgfältig unterscheiden. Wer das erste Zitat so versteht, als ob wir ihn nach seiner Gottheit oder Gnade «nicht allezeit» bei uns hätten, trifft den Sinn nicht, denn nach der Gottheit muss er nicht nur bei uns, sondern allgegenwärtig sein. Also ist diese Stelle nur auf seine Gottheit, die andere aber: «Mich werdet ihr nicht allezeit haben» nur auf seine Menschheit zu beziehen. Wäre nun aber der Leib Christi im Brot, so hätten wir ihn in beiderlei Natur bei uns. Nun wird ja Christus kaum lügen, und trotzdem schlägt er uns seine Gegenwart ab. Kann er aber nach seiner Gottheit nicht abwesend sein, so folgt, dass dieses Wort sich allein auf seine Menschheit bezieht. Ist er somit nicht leiblich bei uns, so sind die Sakramenthäuschen, das Messelesen und andere Dinge, die zur Verehrung seines gegenwärtigen Leibs errichtet und gebraucht werden, bloss Kindereien: «Der Geist macht lebendig», nicht das Fleisch [Joh 6,63]!

Fünftens sagt er selbst im Johannesevangelium 3,6: «Was aus dem Fleisch geboren ist, ist Fleisch; und was aus dem Geist geboren ist, ist Geist.» Hier kümmern wir uns nicht um das ganze Getratsche der Gegner – ihre Argumente sind uns zu schwach. Unsere Meinung ist nach wie vor die: Würden wir den Leib Christi leiblich essen, so müsste er etwas in uns hervorbringen.

(das Abendmahlsbrot) «essen» gleichgesetzt hatte: «glaube, und du hast gegessen» («Kommentar zum Johannesevangelium», Traktat 25).
215 Prägnant formuliert Zwingli im «Versuch über die wahre und falsche Religion»: «Das getötete [Fleisch] rettet uns vom Tod, aber das gegessene hilft gar nichts.» (ZS III, 267).

Also fragen wir, ob die Seele mit Fleisch gespeist werden kann. Es gibt nur diese Antwort: Nein! Denn was den Geist erneuern, ermutigen und lebendig machen soll, kann nur Geist sein [Joh 6,63]. Wenn also kein leibliches Essen die Seele lebendig machen kann, ja im Gegenteil: wenn «was vom Fleisch geboren wird, Fleisch ist», so folgt, dass wir den Leib Christi nicht leiblich essen, denn auf diese Weise genossen, vermöchte er die Seele nicht zu speisen. Auch hat der Leib des Menschen eine solche Speise gar nicht nötig. Wenn nämlich der Genuss des Leibs Christi unsere Seele retten könnte, so hätte es seines Sterbens gar nicht bedurft!

Sechstens spricht wiederum Christus selbst im Matthäusevangelium 24,23: «Wenn man euch dann sagen wird: ‹Schau – da oder dort ist Christus!›, so glaubt es nicht.» Hier warnt er uns, denen zu glauben, die ihn uns an diesem oder jenem Orte zeigen. Hier wie überall und immer verhaspeln sich die Gegner und kleben dem Wort Gottes ihren Kommentar an: «Ja sollen wir›s denn nicht glauben, wenn man uns das Heil an diesen oder jenen Ort gebunden zeigt?»[216] Aus dem Lukasevangelium 17,20–37 geht jedoch klar hervor, dass er hier von seiner leiblichen Gegenwart bei der Wiederkunft zum Gericht redet. Vorher aber sollen wir es nicht glauben, wenn man ihn hier oder dort zeigt. Dies ausführlich zu erörtern, würde zu lange dauern, es ist anderswo[217] schon dargelegt worden. Es genügt zu wissen, dass auch das Heil an keinen Ort oder «Orden»[218] gebunden ist.

Siebtens spricht nochmals er selbst im Johannesevangelium 16,28: «Ich bin vom Vater ausgegangen und in die Welt gekommen. Wiederum verlasse ich die Welt und gehe zum Vater.» Hier sehen wir erneut, dass er die Welt nur leiblich verlässt, denn nach der Gottheit kann er sie nicht verlassen. Und wenn die Gegner sagen: «Wir haben das Wort Gottes: ‹Das ist mein Leib›, und dieses Wort kann nicht lügen!»,[219] so fragen wir: Wie kann dann *dieses* Wort lügen, wenn er sagt: «Wiederum verlasse ich die Welt»? Als ob unsere angeführten Stellen und die noch folgenden nicht auch Gottes Wort sind! So ganz von Sinnen pflegen

---

216 So Luther («Wider die himmlischen Propheten», 1525; «Dass diese Worte Christi ‹das ist mein Leib› noch fest stehen», 1527).

217 Beispielsweise in Zwinglis «Antwort auf Straussens Büchlein» (1527) und in «Dass diese Worte: ‹Das ist mein Leib› usw. ewiglich den alten Sinn haben werden», 1527.

218 Hier kehrt Zwingli Luthers Glosse zu Mt 24,23, «Das sind die Sekten und Orden, die ein gutes Leben an äusserlichen Dingen suchen» («Septembertestament», 1525), gegen Luther selbst.

219 Luthers Standardargument lautete: Die leibliche Realpräsenz «bleibt gefangen und gebunden in diese Worte des Herrn!» (So am Marburger Religionsgespräch 1529).

wir immer dann zu schwatzen, wenn man uns einen Irrtum nachgewiesen hat. Wir führen diese Worte darum ins Feld, weil es unkomplizierte, helle und klare Worte Gottes sind, die dem Wort «Das ist mein Leib» widersprechen. Daher müssen wir uns über unser Textverständnis einigen, denn das Wort Gottes stimmt zweifellos mit sich selbst überein. Wenn Christus also die Welt verlassen hat, so ist er jedenfalls nicht mehr hier – freilich: nur leiblich ist er nicht mehr hier! Ausser der Figur des Gegenwechsels[220] enthält die Stelle keinen «Tropus»[221]. Diese Figur lässt jedoch an der menschlichen Natur die Wörter und den Wortsinn unverändert. Diese besagen ganz schlicht, dass er die Welt in menschlicher Natur verlassen hat und zum Himmel, zum Vater, aufgefahren ist. Er sagt auch nicht: «Ihr werdet mich in der Welt nicht mehr sehen», wie die Papisten diese Stelle gerne verfälschen möchten. Sie sagen: «Er verlässt sie doch nur nach der sichtbaren Gestalt, sodass wir ihn nicht sehen!»[222] – was aber nichts beweist, denn nach dem «Verlassen» folgt unmittelbar «und ich gehe zum Vater». Damit zeigt er uns, wohin er kommt, nachdem er uns verlassen hat. Die Erklärungen, nach denen sie suchen, berühren uns wenig, denn sie sind lahm und haben keine biblische Grundlage. Es soll ja [hier in Bern] keine Auslegung gelten, die sich nicht aus der Schrift begründen lässt.[223] Wir aber

220 *Allóiosis* (griechisch): Grammatisch-rhetorischer Begriff, der die Vertauschung von Personen oder von Eigenschaften zweier Dinge beschreibt. In «Dass diese Worte: ‹Das ist mein Leib› usw. ewiglich den alten Sinn haben werden» (1527) hatte Zwingli gegen Luthers Lehre von der *communicatio idiomatum*, der Vereinigung und gegenseitigen Durchdringung der Eigenschaften der menschlichen Natur Christi (wie etwa seiner Sterblichkeit) und seiner göttlichen Natur (wie etwa seine Ewigkeit) argumentiert: Gemäss den altkirchlichen Symbolen dürfen die Naturen Christi nicht «vermischt» werden, in seiner Person sind sie jedoch verbunden. Nur von dieser Personalunion aus kann anhand der *Alloiosis* gesagt werden: «Christus ist ewiger Gott» sowie «Christus ist für uns gestorben». Daran hängt die Gewissheit des Glaubens, im Menschen Jesus wirklich Gott zu begegnen.
221 Das griechische Wort *trópos* ist ein grammatisch-rhetorischer Ausdruck zur Bezeichnung von Wörtern oder Wendungen, die nicht im eigentlichen Sinn, sondern in einer übertragenen, bildlichen Bedeutung verwendet werden, etwa «seinen Leib geben» für «sterben».
222 So Johannes Eck und Johannes Faber (an der Badener Disputation 1526). Das 4. Laterankonzil (1215) bestimmte: Im Sakrament wird die Substanz des Brots in die Substanz des Leibs Christi verwandelt (Transsubstantiation). Hierbei ist Christus nach der Substanz anwesend, nach seiner Gestalt (Akzidens) aber abwesend, also unsichtbar.
223 Die Ausschreibung der Berner Disputation vom 17. November 1527 hatte bestimmt, «dass in diesem Gespräch keine andere Schrift als biblisches Altes und Neues Testament, Gottes Wort, erlaubt ist und gelten darf».

haben jetzt zwei untrügliche Stellen: «Mich werdet ihr nicht immerzu haben» [Mt 26,11] – er sagt «haben», nicht «sehen», sowie: «Ich verlasse die Welt» [Joh 16,28] –, nicht: «Ich bin in der Welt nicht mehr sichtbar.»

Achtens folgt, wiederum aus dem Mund des Gottessohns, die dritte Stelle, Johannesevangelium 17,11: «Fortan werde ich nicht mehr in der Welt sein, sie aber (die Jünger) werden in der Welt sein.» Wohlan! Was hat die gegnerische Partei wohl jetzt dazu zu sagen? Wir haben hier genauso unumstösslich die Vokabel «sein» wie sie ihr «ist» [vgl. Mt 26,26]. Wenn das Wort Gottes nicht nur soweit gilt, als sie es zulassen, so stehen wir auf viel festerem Boden als sie. Wir haben hier nämlich eine Stelle, die keine bildliche Deutung duldet, denn es folgt «wenn ich zu dir gehe» [Joh 17,13]. Ihre Stelle aber ergibt nur einen Sinn, wenn man sie als Bildwort oder Tropus versteht: «Das ist mein Leib» mit anschliessendem «der für euch hingegeben wird», denn wir werden niemals den Leib so essen können, wie er für uns geopfert wurde. So haben wir jetzt also ohne die Stellen, an denen Christus selbst so häufig vom «hingehen» oder «weggehen» redet, bereits drei unwiderlegbare Stellen: dass wir ihn «nicht immerzu haben» [Mt 26,11], dass er «die Welt verlassen wird» [Joh 16,28] sowie, dass er «fortan nicht mehr in der Welt sein wird» [Joh 17,11]. Diese Worte stehen so unverrückbar fest, dass jeder erlogene Kommentar im Nu daran zerbricht.

Neuntens. Gegen den erlogenen Zusatz, den sie folgendermassen vorbringen: «Doch! Wir essen den Leib Christi, wie er von den Toten auferstanden ist!»[224], haben wir erstens die Stelle «der für euch hingegeben wird» [Lk 22,19]. Diese lehrt uns, dass Christus sich uns nicht als der Auferstandene zu essen gibt, sondern, wenn schon ihrer Logik folgend, als Gekreuzigter. Zweitens haben wir aber Apostelgeschichte 1,11, wo die Engel zu den Jüngern sagen: «Was steht ihr da und schaut zum Himmel? Dieser Jesus, der von euch weg emporgehoben worden ist, wird gerade so wiederkommen, wie ihr ihn habt zum Himmel fahren sehen.» Hier haben wir zum einen «... der von euch weg emporgehoben ist» – folglich ist er immer da oben und «sitzt zur Rechten des Vaters» [Mk 16,19]; und zum andern, dass er «... gerade so wiederkommen wird», wie er aufgefahren ist – also «leiblich», «sichtbar» und so weiter. Hier ist

---

224 Infrage kommen römische Theologen (Johannes Eck an der Badener Disputation von 1526), die Lutheraner (vgl. Zwinglis Schrift «Antwort auf Theodor Billican und Urbanus Rhegius», 1526) sowie die Erasmianer (vgl. Zwinglis Schrift: «Eine klare Unterrichtung vom Nachtmahl Christi», 1526).

sehr wohl von der Wiederkunft zum Gericht die Rede, aber von einer «Ankunft ins Brot» oder von der «Gegenwart darin»[225] ist nichts zu finden.

Zehntens spricht Paulus im 2. Korintherbrief 5,16: «Von jetzt an kennen wir keinen mehr nach dem Fleisch. Und selbst wenn wir Christus nach dem Fleisch gekannt haben, werden wir ihn künftig so nicht mehr kennen», nämlich nach dem Fleisch. Im gleichen Kapitel will Paulus darlegen, wie er so ganz von jedem äusserlichen Mittel der Vergewisserung befreit sei, dass er, unabhängig von Tadel oder Lob, nur noch darauf sehe, sein Leben Gott zu widmen, und dass ihn sogar die leibliche Gegenwart Christi nicht mehr kümmere: Selbst wenn er Christus nach dem Leib gekannt hätte, als dieser noch in der Welt wohnte – auf diese Weise kenne er ihn jetzt nicht mehr.[226] Das heisst, jetzt setze er keine Hoffnung mehr auf seine leibliche Gegenwart. Denn was Gott mit dem Leib Christi beabsichtigt habe, unsere Rettung durch seinen Tod, das sei längst vollbracht. So hätte Paulus nicht reden können, wenn wir Christus leiblich im Abendmahl essen müssten, und niemals hätte er das Fleisch Christi, beziehungsweise die «leibliche Hoffnung», derart geringschätzen dürfen. Doch der Geist, aus dem heraus Paulus redet [vgl. 1Kor 2, 13], ist überall mit sich selbst einig [vgl. 1Kor 12,4]. Er hat schon früher aus dem Munde Christi Folgendes geredet: «Das Fleisch (zu essen) gibt gar nichts her» [Joh 6,63]. Hier sagt Paulus, dass Christus von den Gläubigen nicht mehr äusserlich oder leiblich erkannt wird, das heisst, dass sie ihre Hilfe nicht mehr in seinem Fleische suchen. Selbstverständlich anerkennen wir, dass er im Fleisch gestorben und vom Tod auferstanden ist, und dass er mit seiner leiblichen Auferstehung unsere Auferstehungshoffnung «speist» und «stärkt». Dies alles ist aber bereits vollbracht. Wir haben das erkannt, und eben darauf stützt sich unsere Gewissheit, sodass wir im Fleisch Christi keine weitere Zuflucht mehr suchen [vgl. Hebr 6,18]. Alles läuft darauf hinaus, dass uns Gott nach dem Weggang Christi nur noch mit seinem Geist [vgl. Joh 14,16–17] und nicht mit dem leiblichen Essen seines Fleischs hat stärken wollen. Wir Menschen haben es nicht zum Brauch, Menschenfleisch zu essen, und wir besitzen auch nicht die Veranlagung gewisser Tiere, dass wir aufessen möchten, was wir über alles lieben. Darum ist es nur eine Irreführung, wenn man uns glauben machen will, unsere

---

225 So Luthers Formulierung in «Dass diese Worte Christi ‹das ist mein Leib› noch fest stehen» (1527).
226 Zwingli hat sich an der Berner Disputation (19. Januar 1528) ausführlicher zu dieser Bibelstelle geäussert: 2Kor 5,16 ist mit 2Kor 12,2 zu lesen. Christus ist vor Damaskus nicht herabgefahren, vielmehr hat Paulus ihn im Paradies geschaut.

Seelen hätten «Hunger», den Leib Christi leibhaftig zu essen. Denn wenn wir den unverfälschten Glauben fragen, ob er ihn essen wolle, antwortet dieser: «Ich habe Christus ‹nach dem Fleisch› ausreichend erkannt an seiner Lehre, seinem Leben und Tod und an seiner Auferstehung. Von jetzt an erkenne ich ihn nicht mehr nach dem Fleisch.»

Elftens wollen wir die Einsetzungsworte beim Abendmahl aufgreifen, denn diese erklären selber überzeugend das rechte Verständnis, das wir von ihnen haben.[227] Hier beachte, Du rechtschaffener Christ, dass wir uns nicht beirren lassen, wenn unsere Gegner rufen: «Wir wollen uns nur auf die Worte von Matthäus und Markus beziehen, die da lauten: ‹Das ist mein Leib; das ist mein Blut› [Mt 26,26.28; Mk 14,22.24]!» Darauf beziehen wir uns ebenso wie sie, doch auf Lukas 22,19 und auf Paulus im 1. Korintherbrief 11,24 nicht weniger! Wenn sie das, wie sie vorgeben, auch wollen, warum bestehen sie dann nur auf jenen, als ob diesen irgendein Mangel anhaftete? Darf man so voreingenommen sein, wenn man die Wahrheit sucht? Doch abgesehen davon, verhält sich die Sache so: Die Evangelisten Matthäus und Markus haben das Abendmahl noch vor Lukas und Paulus beschrieben. Es ist also leicht zu verstehen, dass Letztere alle Worte ihrer Vorgänger mit noch grösserer Sorgfalt [vgl. Lk 1,1–4] zusammenfügten, um jenen Missverständnissen zu wehren, in die wir dann leider doch gefallen sind. Matthäus und Markus aber beschränkten sich auf knappe Worte, wie sie von den Hebräern leicht verstanden wurden. Bei der Stelle etwa «… das ist das ‹Vorüberschreiten› [Ex 12,11]» wussten alle Hebräer sehr wohl, dass das Passahlamm nicht das Vorüberschreiten sei, sondern das Vorüberschreiten bedeute oder vergegenwärtige.[228] Sodann, als Christus nach der Feier des alten Passahlamms, das an die Rettung aus Ägypten erinnerte, ein

---

227 Die folgenden Zusammenhänge wurden in Bern abwechselnd von Zwingli und Johannes Oekolampad vorgetragen (15.–19. Januar 1528).

228 Im Original: *gedechtnus* (lateinisch: *commemoratio*, griechisch: *anámnesis*). Zwinglis «symbolisches» Abendmahlsverständnis macht aus dem Abendmahl nicht eine blosse Erinnerungsfeier an einen Heldentod in der Vergangenheit, wie ihm von seinen Gegnern vorgeworfen werden konnte. In der Vergegenwärtigung des Sterbens Christi für uns ist Christus selbst gegenwärtig. Zwingli lehrt eine «geistliche», «anamnetische» Realpräsenz. In der «Erklärung des christlichen Glaubens» (1531) argumentiert Zwingli mit der Verheissung Christi im Matthäusevangelium: «Wir glauben, dass Christus beim Abendmahl wahrhaftig anwesend ist; ja wir glauben nicht einmal, dass es ein Abendmahl sei, wenn nicht Christus gegenwärtig ist. Das wird bestätigt: ‹Denn wo zwei oder drei in meinem Namen versammelt sind, da bin ich mitten unter ihnen› [Mt 18,20]» (ZS IV, 313f.). Christus ist im heiligen Geist in der Abendmahlsfeier der Gemeinde gegenwärtig – aber nicht nur dort.

Zeichen zur Vergegenwärtigung seines Tods setzte und sich dabei der gleichen Redewendungen bediente wie zuvor als wahrer Gott [bei der Einsetzung des Passah] [vgl. Ex 12,1–20], da konnten die Jünger die Worte «Das ist mein Leib» sehr gut verstehen, nämlich im Sinne von «Das ist die Vergegenwärtigung meines Leibes», oder «Das bedeutet meinen Leib, der für euch hingegeben wird» und ähnliches mehr. Aus diesem Grund haben Matthäus und Markus die Worte Christi knapp gefasst – so knapp, dass die Heiden sie nicht mehr verstanden. Aus diesem Grunde formulierten Lukas und Paulus alle Worte absichtlich so klar, damit man merke, was Christus gemeint hatte.

Lukas 22,15–18 drückt sich folgendermassen aus: «Ich habe mich sehr danach gesehnt, dieses ‹Vorüberschreiten› mit euch zu essen, bevor ich leide. Denn ich sage euch: Ich werde nachher nicht mehr davon essen, bis zur Erfüllung im Reiche Gottes. Und er nahm das Trinkgefäss[229], sprach das Dankgebet und sprach: Nehmt ihn und teilt ihn unter euch! Denn ich sage euch: Ich werde von diesem Rebensaft (oder: von diesem Wein) nicht mehr trinken, bis das Reich Gottes kommt.» Hier beugt Lukas vor, damit man die folgenden Worte nicht so verstehe, als bestünden der Trank und die Speise nicht aus Wein und Brot, sondern aus irgendeinem anderen Stoff – obschon es seinem Gebrauch zufolge nicht gewöhnliches Brot ist, sondern Abendmahlsbrot und Danksagung[230] für den Tod Christi. So ist auch eine Blume, die im Brautkranz steckt, prächtiger als ausserhalb desselben, obgleich sie dem Stoff nach eine und dieselbe Blume ist. Und wenn einer dem König den Siegelring vom Daumen entwendet, so wird die Strafe höher ausfallen, als es dem Goldwert entspräche, obgleich auch hier der Stoff derselbe bleibt. So ist auch beim Abendmahl der Stoff des Brots ein und derselbe wie bei allem Brot, doch der Brauch und die Würde des Abendmahls verleihen diesem Brot vor jedem anderen Brot ein unvergleichlich höheres Ansehen. Dass wir es aber «Bäckerbrot» nennen, diese verleumderische Unterschiebung dürften sich unsere Gegner darum sparen.

---

229 Im Original *trinkgschirr*: Zwingli vermeidet jede Assoziation mit dem im römischen Ritus mystifizierten Kelch. In seiner Abendmahlsliturgie von 1525, der «Aktion und Brauch des Nachtmahls», ordnete er an: «Die Schüsseln und Becher sind aus Holz, damit der Luxus nicht wiederkehre.»

230 Zwingli übersetzt das griechische Wort *eucharistía* (lateinisch: *gratiarum actio*) mit «Danksagung». Sie ist ein wichtiges Moment der Abendmahlsfeier (vgl. die «Erklärung des christlichen Glaubens»).

Ich habe diesen Ausdruck wirklich erst kennengelernt, als ihn Eck in Baden daherschwatzte.[231]

Was aber Lukas den Einsetzungsworten vorbeugend voranstellt, das fügt ihnen Paulus gemäss der «ephexégesis»[232] erläuternd an. Wir kommen darauf zurück. Jetzt aber wollen wir kurz seine Abendmahlsstelle lesen. Im 1. Korintherbrief 11,23–24a sagt er Folgendes: «Ich habe vom Herrn empfangen, was ich euch weitergegeben habe: ‹Der Herr Jesus, in der Nacht, als er verraten wurde, nahm er das Brot, sprach den Dank und sagte: Nehmt, esst, das ist mein Leib, der für euch gebrochen wird.›» Bei dieser Stelle haben wir genügend dargelegt, dass die Worte «… der für euch gebrochen wird» erstens ein sicherer Hinweis dafür sind, dass Christus nicht seinen Leib zu essen geben wollte. Denn sein Leib, der für uns «verraten» und «gebrochen» wurde, ist unter Schmerzen leibhaftig für uns gebrochen worden. Wenn er aber von den Jüngern so nicht gegessen werden konnte, so wurde er ihnen auch nicht in dieser Absicht gegeben. Zweitens trifft auch der oben kurz erwähnte Einwand nicht zu: «Freilich! Bevor er gestorben war, gab er ihnen seinen Leib: den verklärten Auferstehungsleib!» Wer so redet, gibt ihm zwei Leiber: einen verherrlichten und einen leidensfähigen Leib zugleich. Das ist jedoch unmöglich, denn im Johannesevangelium 7,39 steht: «Der Heilige Geist war noch nicht gegeben, denn Jesus war noch nicht verherrlicht.» Darum können wir ihm vor seinem Tode einen verherrlichten Leib nur zuschreiben, wenn wir die Wahrheit nicht ernst nehmen.

Es folgt: «‹Das tut zu meinem Gedächtnis!› Ebenso auch den Becher nach dem Nachtmahl und sprach: ‹Dieser Trank ist der neue Bund in meinem Blut›» [1Kor 11,24b–25a]. Wenn Paulus hier an erster Stelle den Trank als den «neuen Bund» bezeichnet, so tut er dies in der Redeform des «Umbenennens»[233]. Das heisst: man benennt das Zeichen nach dem Namen des von ihm Bezeichneten. Wir meinen mit dem Wappen ja auch den jeweiligen Herrn, der es führt, wenn wir sagen: «Das ist der Herzog von Zähringen, das ist Zürich, Bern, Augsburg,

---

231 An der Badener Disputation (1526) hatte Johannes Eck den evangelischen Theologen vorgeworfen, sie verspotteten die Messe als «Rübenschnitz», ässen aber in ihrem Abendmahl doch nur «Beckenbrot».
232 *Ephexégesis* (griechisch): Grammatisch-rhetorischer Begriff für einen erläuternden Zusatz (lateinisch: *narratio ornata*).
233 Im Original: *nachnennen*. (Der grammatisch-rhetorische Fachbegriff dafür lautet: *metonymia*). Die Metonymie verwendet ein Wort in der Bedeutung eines anderen Worts, das mit diesem in einer realen oder inneren Beziehung steht.

Nürnberg …»[234] Auch im 1. Mosebuch 17,10 wird die Beschneidung «der Bund» genannt, obwohl sie nur das Zeichen des Bunds ist. Hier wird der Trank im Nachtmahl des Herrn «der Bund» genannt, obwohl «Trank» nur eine Wiederholung, ein Deutezeichen für «Bund» ist. Wir wollen das noch besser belegen: Der «neue Bund» ist die unentgeltliche Vergebung der Sünden [Jer 31,33–34; Hebr 8,12]. Nun gibt es keine zwei solche Bundesschlüsse. Folglich kann es sich immer nur um den einen handeln, von dem wir soeben gehört haben. Also ist der Kelch nicht der Bund, sonst müsste es mehr als einen Bund geben. Ausserdem: Selbst das am Kreuz vergossene Blut Christi ist nicht der Bund, sondern dessen Gegenwert: das «Lösegeld» und das «Opfer», wodurch die unentgeltliche Vergebung der Sünde erkauft worden ist [Hebr 10,12.18]. Im 1. Korintherbrief 11,25 redet Paulus davon, dass der neue Bund im Blut Christi sei, und nicht, dass das Blut der Bund sei. Dass er aber vom «Becher» oder «Kelch» anstelle des Tranks spricht, das ist ein verbreiteter Tropus, eine «Synekdoché»[235], wie wir sie auch im Deutschen brauchen, etwa wenn wir sagen: «Er trank einen Becher Wein» – dabei trank er ja nur den Wein aus dem Becher und nicht den Becher selbst. Jetzt kommen diese Gesellen und behaupten, man dürfe die Bibel nicht mit Hilfe «tropologischer» Redewendungen, das heisst: nicht mittels allegorischer Wendungen und Bildreden, auslegen![236]

«Das tut, sooft ihr's tut, zu meinem Gedächtnis. Denn sooft ihr dieses Brot esst und diesen Trank trinken werdet, sollt ihr den Tod des Herrn verkünden (oder: loben und verdanken) bis er kommt» [1Kor 11,25b.26]. Das ist eine derart deutliche Stelle, worin Paulus selbst erklärt und begründet, was er mit «Leib und Blut Christi» bezeichnet habe, dass es verwundert, wie wir daran vorbeisehen können. Wenn er nämlich «denn sooft» sagt, so erkennen wir doch die

---

234 Berchtold V. von Zähringen war der Gründer Berns, die genannten Städte waren an der Berner Disputation vertreten.
235 Grammatisch-rhetorischer Begriff, Spielart des *Tropus* (vgl. oben S. 227 Anm. 221). Die *Synekdoche* verwendet ein Wort für ein anderes Wort, das von diesem in quantitativer Beziehung verschieden ist. Zwingli definierte in Bern am 8. Januar 1528: «Das ist eine Redeform, wo man entweder die Teile für das Ganze oder das Ganze für die Teile nimmt.»
236 Luther selbst hatte die *Synekdoche* wiederholt zum Beweis der leiblichen Realpräsenz angewendet («Wider die himmlischen Propheten», 1525; «Vorrede zum Schwäbischen Syngramma», 1526).

«Epanálepsis»[237] oder die «Epanaphorá»[238], das heisst: die Wiederholung, denn er hat ja unmittelbar davor das gleiche «sooft» [vgl. 1Kor 11,25b]. Und wenn Paulus dieses Adverb mit der kausalen Konjunktion «denn» wieder aufnimmt, so haben wir eine zuverlässige Handhabe dafür, dass er das vorher Gesagte wiederholt, um es zu erklären. Ähnlich redet Paulus im Römerbrief 8,24b: «Eine Hoffnung, die man sieht, ist keine Hoffnung. Denn was einer sieht, wie kann er darauf hoffen?» Hier haben wir auf den ersten Blick ein reichlich dunkles Wort vor uns: «Die Hoffnung, die man sieht, ist keine Hoffnung.» Der Zuhörer könnte fragen: «Warum nennst du's dann eine Hoffnung, wenn es keine Hoffnung ist, ein Ding zu sehen?» Deshalb nimmt Paulus die Wörter «sehen» und «hoffen» wieder zur Hand und sagt: «denn ...» – dieses Wort ist ein Hinweis, ist die Begründung, warum er sich so ausgedrückt hat –, «was einer sieht ...» – das heisst: jedes sinnlich wahrgenommenes Ding, das in der Hand oder im Herzen ein verfügbarer Besitz ist –, «wie kann er darauf hoffen?» Jetzt sehen wir, wie Paulus sich selbst erläutert hat und dass er der Ansicht ist, die Bezeichnung «Hoffnung» treffe nicht zu Recht auf jene Dinge zu, die man in Händen hält. Genauso verhält es sich hier bei den Einsetzungsworten. Wenn er «denn» sagt, so zeigt er an, dass er erklären will, was er mit «Leib» und «Blut» bezeichnet hat, und wie er die Worte «Tut es zu meinem Gedächtnis!» versteht. Und wenn er «sooft» sagt, so wiederholt er das vordere «sooft», damit man sieht, dass er die vorangehenden Worte näher erläutern will. Er sagt: «Sooft ihr dieses Brot essen und diesen Trank trinken werdet», als ob er sagen wollte: «Was ich gesagt habe, hat diese Bedeutung: Es ist nicht Fleisch – ich hab's zwar so bezeichnet–, es ist nicht Blut, sondern Brot und Trank.» Das erhärte ich so: Jeder, der etwas erläutert, redet nicht verhüllt, sondern er nennt das Ding, wie es in Wirklichkeit ist und wie man es auch sonst benennt. Wenn also Paulus die von ihm zuvor gebrauchten Ausdrücke erläutert, so nennt er jetzt die Dinge bei ihrem wahren Namen, nämlich: «Brot» und «Trank». Denn dass er im Glauben, hier werde der Leib Christi gegessen, zuerst «Leib» und «Blut» gesagt hätte, um es dann in der Erläuterung als «Wein» und «Brot» zu bezeichnen, das wäre undenkbar und mehr eine Verwirrung als eine Erläuterung! Weil es aber tatsächlich eine klare Erläuterung ist, so folgt, dass Paulus – soweit es sich auf

---

237 *epanálepsis*: Grammatisch-rhetorischer Begriff. Wiederholung eines Worts aus einem anderen Satzteil.
238 *epanaphorá*: Grammatisch-rhetorischer Begriff. Wiederholung eines Worts, um es eindrücklicher zu machen (*Anapher*).

den Stoff bezieht – es als «Wein» und «Brot» bezeichnet, und nicht als «Fleisch» und «Blut».

«… sollt ihr den Tod des Herrn verkünden» [1Kor 11,26b]. Hier hören die Unverständigen, was die Worte «Tut es, um meiner zu gedenken» bedeuten. Christus sagt nicht: «Esst meinen Leib, um meiner zu gedenken», denn was brauchten wir «seiner zu gedenken», wenn er selber da wäre, zumal wenn Paulus sagt: «bis er kommt»? Also ist Christus keineswegs da! Paulus aber sagt: «Sooft ihr dieses Gedächtnismahl feiern werdet, indem ihr dieses sinnbildliche Brot esst und diesen sinnbildlichen Wein trinkt, so saget Dank für den Tod, den der Herr selbst für euch erlitten hat.» Darum wird uns nicht befohlen, Fleisch und Blut daraus zu machen, denn sonst hätte Paulus sich so ausgedrückt: «Sooft ihr das Brot und den Trank in die Hand nehmt, so macht mit diesen Worten Fleisch und Blut daraus.» Das ist es, was unsere Gegner behaupten,[239] und zwar nur, um die Dinge zu verdunkeln und derart zu verfinstern, dass man ihren Irrtum nicht sieht. Paulus aber sagt etwas ganz anderes, nämlich: «Sooft ihr das Brot essen werdet, sollt ihr den Tod preisen, den der Herr erlitten hat.» Das ist es, worauf der Imperativ «Tut!» hinauswill,[240] und nicht auf «Fleisch und Blut machen», denn Paulus erläutert und deutet sich selbst und die Worte des Herrn. Was die beiden letzten Stellen betrifft: «… wird schuldig am Leib und Blut des Herrn» [1Kor 11,27b], sowie «… den Leib des Herrn nicht unterscheidend» [1Kor 11,29b], so ist anderswo[241] ausführlich gezeigt worden, dass man nicht am gegessenen «Leib schuldig wird», sondern am verachteten. Wir

---

239 Im «Schwäbischen Syngramma» (1526) hatte Johannes Brenz die von Luther gestützte Theorie vom Wort dargelegt, das als Wort Gottes den Leib Christi in die Elemente bringe, während die römische Position postulierte: Durch die Allmacht und Kraft der Worte Gottes geschieht eine Verwandlung des Brotes (Transsubstantiation). Demgegenüber hält Zwingli fest: Wie der Glaube das Zeichen der vorausgehenden Erwählung ist, so sind die Konsekrationsworte (die in der Abendmahlsfeier gesprochenen Worte «dies ist mein Leib …») Zeichen des vorausgegangenen Sühnetods von Jesus. Christus ist unser Heil. Die einzige Funktion des äusserlichen Worts ist es, dies zu bezeugen.
240 Für Zwingli ist zunächst die erinnernde, dankbare und Gott lobende Gemeinde das Subjekt der Feier. Der Akzent liegt auf dem «Tut das!», nicht auf dem «Das ist!» – wie bei Luther. Allerdings tut sie dies gemäss dem Auftrag Christi, ihrem «Haupt» und als dessen geistlicher «Leib» – gewissermassen im Raum des dreieinigen Gottes; vgl. Zwinglis «Brief an Wyttenbach» (oben S. 107) und die Abendmahlsliturgie in der «Erklärung des christlichen Glaubens» (unten S. 268–270).
241 Etwa in Zwinglis «Brief an Matthäus Alber» (1524) oder im «Brief an Bugenhagen» (1525).

«unterscheiden» den Leib dann nicht, wenn wir zum Abendmahl gehen wie sonst zu einer Mahlzeit, wenn wir also vor dem Tod des Herrn, auf den das Wort «Leib» hindeutet, keine Ehrfurcht empfinden und wenn wir uns mit der Kirche Gottes, die der «Leib Christi» ist [vgl. Eph 1,23], verbinden, ohne dabei auf ihn zu vertrauen.

Zwölftens: Wenn die Gegner sagen, der Leib Christi sei allgegenwärtig dort, wo die Gottheit sei, so halten wir uns an Matthäus 28,6 und Markus 16,6, wo die Frauen Christus suchten und der Engel zu ihnen sprach: «Ihr sucht Jesus von Nazaret. Er ist auferstanden und ist nicht hier.» Diese Worte lehren uns untrüglich, dass der Leib Christi nicht allgegenwärtig ist. Zweifellos war die Gottheit in den Herzen der suchenden Frauen, leiblich aber war er – ausser «in contemplatione», das heisst: in der inneren Betrachtung oder Anschauung – nicht vorhanden. Deshalb gehen jene fehl, die behaupten, die Menschheit Christi sei da, wo die Gottheit auch sei. Anhand von so vielen Beweisstellen und von noch viel anderen bin ich zur Einsicht gekommen, dass die Worte Christi «Das ist mein Leib» [Mt 26,26b] auf keinen Fall so verstanden werden konnten, als sei das Brot *der* Leib Christi oder als sei er *im* Brot.[242] Nach allseitiger Erwägung entdeckte ich, dass Christus sich in dieser Danksagung der gleichen Worte bedient hat, wie sie auch die alte Danksagung des Osterlamms im 2. Mosebuch 12,11 braucht:[243] «Ihr sollt es eilends essen, denn es ist das ‹paesa›[244], das heisst: ‹das Vorüberschreiten›.» Hier wird das Osterlamm «das Vorüberschreiten» genannt, es war jedoch nur ein Zeichen des Vorüberschreitens. Es ist nicht nur die Analogie, es ist auch die Auffassung der Apostel, die uns bezeugt und anleitet, diese Worte [Christi] im gleichen Sinn zu verstehen wie die soeben zitierten Worte [des Alten Testaments]. Denn Paulus sagt im 1. Korintherbrief 5,7: «Unser ‹Osterlamm›, Christus, ist getötet.» Aus diesen Worten erkennen wir klar, dass auch Paulus aus dem Osterlamm ein Zeichen

---

242 Nachdem er seine *Zwölf Gründe* vorgebracht hat (vgl. oben S. 222, Anm. 207), schlägt Zwingli den Bogen zurück zu der Frage, was ihn veranlasst habe, die leibliche Realpräsenz zu bestreiten. Die folgenden Ausführungen enthalten Autobiografisches; der Erkenntnisfortschritt war ein allmählicher.

243 Im «Subsidium sive coronis de eucharistia» (1525) erzählt Zwingli, der enge Zusammenhang zwischen Passahmahl und Abendmahl sei ihm am frühen Morgen des 13. Aprils 1525 im Traum erschienen: Beide Male handelt es sich um eine vor dem Ereignis eingesetzte Gedenkfeier; hier wie dort ist das geschlachtete Lamm Symbol dafür, dass der Zorn Gottes an seinem Volk «vorbeigegangen» ist, d. h. er verschont hat.

244 Aramäisch: *pesa(c)h*; Septuaginta: *pascha*. Die Etymologie ist allerdings umstritten.

macht, das auf unser Christuslamm hindeutet. Weil er bezüglich Zeitpunkt und Art des Fests die Parallele erkannt hat, gibt er den Worten die Gestalt, wie sie der alten Zeremonie und dem alten Sakrament entsprechen. Das Sinnbild, das Fest, das Christus begangen hat und der Zeitpunkt seines Tods zur Osterzeit – diese drei Dinge zeigen uns zur Genüge, dass er die Worte des alten Fests auf die neue Gedächtnisfeier übertragen hat.

Andere Stellen, wie etwa 1. Korinther 10,16, die unsere Gegner uns entgegenhalten,[245] würden zu viel Zeit beanspruchen, um sie hier ausführlich zu ergründen, abgesehen davon, dass schon viele Gelehrte darüber geschrieben haben.[246] Hier will ich nur nachweisen, was mich zur Erkenntnis der Wahrheit [vgl. 1Tim 2,4] geführt hat. Ich habe mir nichts willkürlich angeeignet oder zusammengelogen, sondern ich habe immer die Schrift und die Wahrheit vor Augen gehabt und dabei festgestellt, dass unsere Lehre mit der Auffassung der ältesten Lehrer der Christenheit übereinstimmt. Nach beharrlicher Arbeit habe ich die Worte «Das ist mein Leib» schliesslich auf diese verständliche Kurzform gebracht: «Das versinnbildlicht meinen Leib.»[247] Denn an unzähligen Stellen, die wir hier aus Zeitgründen nicht ausbreiten können, gehört es zur hebräischen Eigenart, jenes Wort, das wir mit «ist» verdeutschen, im Sinne von «bedeutet» zu verwenden.[248] Zudem hat mein «versinnbildlicht» Vorgänger

---

245 Luther hatte 1Kor 10 als «Donneraxt» gegen das symbolische Abendmahlsverständnis bezeichnet («Wider die himmlischen Propheten», 1525).

246 Zwingli erinnert hier wohl vor allem an Johannes Oekolampad. Er selber hatte 1Kor 10 in allen grossen Abendmahlsschriften behandelt, wobei sich seine Exegese entwickelt hat: Das griechische Wort *koinonia* hatte er anfänglich – mit der Vulgata und mit Luther übereinstimmend – als *communicatio = Austeilung* des Leibs Christi gedeutet («Brief an Matthäus Alber», 1524). Anhand des Urtexts (*Subsidium sive coronis de eucharistia*, 1525) übersetzte er *koinonia* schliesslich als *communio = Gemeinschaft, Gemeinde* («Eine klare Unterrichtung vom Nachtmahl Christi», 1526): Das Abendmahl ist Gemeinschaftsmahl; der für uns getötete Leib Christi konstituiert Gemeinde.

247 Im «Brief an Bugenhagen» (1525) gibt Zwingli Aufschluss über die Wurzeln seiner Abendmahlsanschauung: Schon länger habe er vermutet, dass in den Einsetzungworten ein «Tropus» stecke (zum Begriff vgl. oben S. 227, Anm. 221), nur habe er nicht gewusst, in welchem. Die «Epistola Christiana» des Holländers Cornelis Hoen (1525 von Zwingli herausgegeben) habe ihn schliesslich die «kostbare Perle» finden lassen, dass *est* im Sinne von *significat* aufzufassen sei.

248 In anderen Schriften gibt Zwingli in Auseinandersetzung mit Luther eine Reihe von biblischen Beispielen, vgl. etwa seine «Antwort auf die Predigt Luthers gegen die Schwärmer», 1527 (ZS IV, 1–33). Für Luther stehen generell «Glaube» und «Vernunft» stärker im Gegensatz als bei Zwingli. Im «Sermon von dem Sakrament des Leibes

bei Ambrosius und Hieronymus. Wo der eine «significamus»[249] sagt, sagt der andere «representamus»[250], was beides dasselbe ist, nämlich: «Wir versinnbildlichen den Leib Christi.» Und ich sah auch, dass es keine Rolle spielt, ob man sagt: «Das bedeutet meinen Leib», oder «Das hat die Bedeutung meines Leibs», «Das ist ein Sinnbild meines Leibs», «Das ist ein Zeichen für meinen Leib», «Das ist das Gedächtnis meines Leibs» – und anderes mehr. Das wird die ganze Welt nicht auseinanderdividieren können, wie wahnsinnig man auch wütet![251]

Kommt hinzu, dass es schon nur in unseren Gegenden viele «conjecturae» und «signa» dafür gibt, das heisst: zuverlässige Annahmen und Indizien.[252] Beispiele: Alle alten Gründungsurkunden der Stifte und Klöster, sie sind nicht älter als 300 Jahre, erwähnen zwar das Singen und Lesen, die Messe dagegen überhaupt nicht.[253] – Noch vor 250 Jahren wurde in unseren Gegenden den Kindern nach der Taufe das Sakrament unter beiderlei Gestalt gereicht.[254] – Früher wurde kein Altar, auch kein Hochaltar, mit der Kirche gleichzeitig

und Blutes Christi» (1526) hatte Luther argumentiert: «Weil Christus nun hier mit klaren Wortes sagt: ‹Nehmet, esset, das ist mein Leib› usw., bin ich gewiesen, den Worten zu glauben, so fest wie ich allen Worten Christi glauben muss. Selbst wenn er nur einen Strohhalm reichte und solche Worte spräche, sollte ich es glauben. Darum muss man Mund, Augen und alle Sinne schliessen und sagen: ‹Herr, du weisst es besser als ich›.» (WA 19, 496,15–20). Zwingli bemerkt dazu: «Es ist nun durchaus recht geredet [...] wenn man dem Wort Gottes vorbehaltlos Glauben zu schenken lehrt. Dabei muss man das Wort Gottes aber auch richtig verstehen, bevor man sein Vertrauen darauf setzt.» Schliesslich begründet auch der Papst «seine Macht durchwegs mit Gottes Wort». Auch für die Auslegung der Bibel gilt: «Nie hat es jemals Gedanken gegeben, die nicht der Gefahr des Irrtums ausgesetzt gewesen wären.» (Zwingli, «Antwort auf die Predigt Luthers gegen die Schwärmer», ZS IV, 17).

249 Hieronymus, «Matthäuskommentar» IV.
250 Ambrosius, «Kommentar zum 1. Korintherbrief» (zu 1Kor 11,26).
251 Luther («Dass diese Worte Christi ‹das ist mein Leib› noch fest stehen» 1527) hatte versucht, Zwingli von Johannes Oekolampad zu trennen: Zwingli übersetze «ist» mit «bedeutet», Oekolampad «mein Leib» mit «meines Leibes Zeichen».
252 Die folgende historische Beweisführung entnimmt Zwingli über weite Strecken seiner «Amica Exegesis» (1527).
253 Präziser in der «Amica Exegesis» (1527): Kaplaneipfründen. In der Tat sind dies relativ junge Einrichtungen des 12. Jh. Unter «Singen und Lesen» verstanden die entsprechenden Urkunden allerdings mit Sicherheit die durch den Kaplan am gestifteten Altar zu zelebrierende Messe.
254 Die Taufkommunion war in der Diözese Konstanz noch im 12. Jh. im Gebrauch, wofür Zwingli im alten Obsequiale (Liturgiebuch) von Mollis den Beweis gefunden hatte (vgl. Z II, 133). In den schweizerischen Urkantonen gab man kleinen Kindern zu Ostern noch bis ca. 1550 (ungeweihte) Hostien.

gebaut.[255] – Derjenige im Zürcher Grossmünster wurde erst 1278 vom Bischof Hartmann von Augsburg geweiht. Als der Hochaltar von St. Peter zu Zürich seinerzeit abgerissen wurde[256] und man 1527 an seiner Stelle einen Taufstein setzen wollte, stellte sich heraus, dass genau derselbe Taufstein früher genau da gestanden hatte. Bei der Räumung entdeckte man nämlich einen Wasserablauf, wie er allgemein gebräuchlich ist, und der war die ganze Zeit unter dem Altar zugemauert geblieben. – Auf der ganzen Welt findet man kein Sakramenthäuschen, das älter als 200 Jahre wäre.[257] – Die alten Kirchen hatten keine Sakristeien[258]. Das sind alles Hinweise darauf, dass früher weder die Messe im Gebrauch war, noch der Glaube herrschte, dass der Leib Christi substanziell und leiblich im Brot gegessen werde.[259] Weitere Mitteilungen, von denen es viele gäbe, müssen wir der Kürze halber übergehen.

Ich glaube an den Heiligen Geist

Das ist die dritte Person der Gottheit. Auf ihn setzen wir unser Vertrauen wie auf den Vater und den Sohn, denn er ist ein Gott mit ihnen.

255 Zwingli formuliert in der «Amica Exegesis» (1527): In Zürich sind die Altäre jünger als die Kirche, also hat es vor 800 Jahren noch keine Messe gegeben.
256 Die Altäre der drei Zürcher Pfarrkirchen waren vom 5. bis zum 7. September 1526 abgebrochen worden (gemäss der «Chronik» von Bernhard Wyss).
257 Im Original: *sacramenthüsslin*. Diese besondere Ausgestaltung des Tabernakels diente der Aufbewahrung der geweihten Hostie. Sie kam erst richtig mit der Einführung des Fronleichnamfests auf (1264), diesseits des Rheins nicht vor Anfang des 14. Jh.
258 Im Original: *sacrastyen*. Raum zur Aufbewahrung der liturgischen Gerätschaften und Gewänder. In der Ostkirche seit dem 5. Jh., in den mittelalterlichen Kirchen des Westens tatsächlich meist spätere An- oder Einbauten.
259 In der «Zweiten Antwort an Eck» (1526) argumentiert Zwingli historisch zutreffend: Das Wort «Messe» ist bis zum Jahr 500 unbekannt. Der Patristiker Johannes Oekolampad (in seiner Schrift «Genuina Verborum Domini Expositio» 1526) belegt: Wenn die Kirchenväter das Abendmahl ein «Opfer» nennen, so meinen sie damit die Danksagung für das einmalige Opfer Christi – also gerade nicht die «Messe».

Eine heilige, allgemeine, christliche Kirche

Dieser Artikel des Glaubensbekenntnisses lautete ursprünglich: «eine heilige, allgemeine Kirche»[260]. Da man aber unangefochten von der «christlichen» Kirche redet, so fügt man hier mit Recht das Wort «christlich» hinzu[261] und erläutert das Wort «ein» anhand des «Zweiten» Glaubensbekenntnisses[262], das lautet: «et unam sanctam catholicam et apostolicam ecclesiam» – «eine einzige heilige, allgemeine und apostolische Kirche». Mit dieser Formulierung haben die rechtschaffenen Kirchenväter verhindern wollen, dass die apostolischen Männer, auf deren Titel es die hohen Bischöfe[263] abgesehen hatten, nicht etwa eine Sonderkirche zu gründen versuchten,[264] sondern dass sie als Wächter, Apostel und was es sonst noch an kirchlichen Ämtern gibt, mit allem Volk *eine* Kirche, *eine* Versammlung blieben. Also glauben wir nicht *an* die Kirche, wie mir Faber und die Päpstler unterschieben. Diese wollen mir nämlich nachweisen, dass ich an die Kreatur glaube,[265] denn ich hätte auch schon geschrieben, das Verb «glauben», zum Beispiel in «Ich glaube an einen Gott», heisse «Ich vertraue auf einen Gott»[266]. Ich habe ja nie behauptet, «glauben» sei quer durch alle Artikel des Glaubensbekenntnisses so zu verstehen! Sonst müssten wir auch auf die Auferstehung des Fleischs vertrauen, was nicht der Fall ist, sondern: wir halten es für wahr, dass die Auferstehung des Fleischs stattfinden wird. Darum erklären wir diesen Artikel wie folgt: Es soll nicht mehrere Kirchen, sondern nur *eine* Kirche geben; es soll diese *eine* Kirche keine Alleinherrschaft der Apostel, keine Sonderkirche sein, sondern: alle Lehrer, Prediger, Propheten und Apostel [vgl. 1Kor 12,28; Eph 4,11] sollen nur *eine* Kirche sein. Und ebenso: Wenn man

---

260 So etwa in der weitverbreiteten südgallischen Variante (7. Jh.) des Apostolikums: *sanctam ecclesiam catholicam*.
261 So formuliert auch Luther («Grosser Katechismus», 1529): «christliche» statt «katholische Kirche».
262 Das Nizänum.
263 Ausdruck des frühen Zwingli für den monarchischen römischen Episkopat.
264 In der Tat regelte das 2. Ökumenische Konzil von Konstantinopel (381) den apostolischen Sukzessionsstreit der Bischöfe von Rom, Konstantinopel und Alexandria, indem es deren Gleichrangigkeit unter dem Primat Roms besiegelte.
265 In geschickter Anwendung von Zwinglis ursprünglich antirömischer Alternative «Gott oder die Kreatur» hatte Johannes Faber (*Sendbrief*, 1526) dem Reformator vorgeworfen, dieser habe eine neue Kirche «gepflanzt» und im Nachtmahl aus dem Schöpfer eine Kreatur gemacht (aus dem Leib Christi blosses Brot). Stillschweigender Schluss: Also «glaubt» Zwingli an seine eigenen Machwerke.
266 So an zahlreichen Stellen, vgl. etwa auch oben S. 199.

von den einzelnen Kirchen spricht, wie etwa von derjenigen in Ulm, Basel, Konstanz, Lindau,[267] so sind darunter alle ihre Glieder und Ämter zu verstehen, genauso, wenn man von der «allgemeinen Kirche» redet. Die «Kirche» und Absonderung der Täufer ist darum auch keine «Kirche», sondern eine zerschnittene [vgl. Phil 3,2-3], abtrünnige und eigenmächtige Partei[268]: Sie sind «von uns ausgegangen, doch sie waren nicht von uns» [vgl. Joh 2,19].[269] Es sagt auch das Nizäische Glaubensbekenntnis nicht: «in unam sanctam», das heisst: «an eine heilige», sondern: «eine heilige»[270]. So lautet auch das Apostolikum nicht: «Ich glaube an *die* heilige christliche Kirche», wie uns die Päpstler immer wieder wollen glauben machen, sondern: «Ich glaube an *eine* einzige heilige christliche Kirche.»[271]

... die da ist eine Gemeinschaft der Heiligen

Dieser Glaubensartikel hat nicht im Bekenntnis der ältesten Kirche gestanden,[272] er ist erst hinzugefügt worden, nachdem sich einige aus Sektiererei, andere aus Hochmut von der Kirche abgesondert oder über diese hinausgegriffen hatten. Mit diesen Worten geben wir zu erkennen, dass diese «eine allgemeine Kirche» die Summe aller Gläubigen ist. «Heilige» werden sie hier genannt, gerade wie Paulus die gläubigen Christen als «die Heiligen» von Korinth, Rom und anderswo anredet [vgl. 1Kor 1,2; Röm 1,7], denn wir sind durch das Blut Christi geheiligt [vgl. Hehr 13,12]. Auch bedeutet «sanctus» bei den Lateinern so viel wie bei uns «rechtschaffen, unbefleckt».[273] Hier aber tragen uns die Päpstler eine falsche Lehre vor, als ob der Sinn dieses Artikels der wäre: Die Seligen sind

---

267 Die genannten Reichsstädte waren an der Berner Disputation vertreten.
268 Die täuferische Separation der «reinen Gemeinde» von der Kirche, wofür die «Wiedertaufe» nur Symptom, nicht Anlass war, wertete Zwingli stets als Ausdruck eines mangelnden Sündenbewusstseins.
269 Die Führergestalten der seit Januar 1525 in Zollikon sich kristallisierenden ersten Gemeinde der «Schweizer Brüder», Felix Manz und Konrad Grebel, hatten enge biografische Bezüge zu Zwingli und zu dessen Frühwerk gehabt. Sie begannen sich seit 1524 gegen den Reformator zu stellen.
270 Nizänum: «unam sanctam».
271 Apostolikum: «Credo [...] sanctam Ecclesiam».
272 Er fehlt in den altrömischen Taufbekenntnissen (Anfang 3. Jh.) und taucht als «Credo [...] sanctorum communionem» erst im jüngeren «Apostolischen Symbol» (Südgallien, 8. Jh.) auf.
273 In diesem Sinne kann Zwingli etwa Seneca als *sanctissimus vir* bezeichnen («De peccato originali» 1526).

bei Gott und leisteten Fürbitte für uns. In der Tat sind die Seligen ewig bei Gott, denn eigens dafür gibt es den Artikel vom «ewigen Leben», aber vom Fürbitten steht hier kein einziges Wort.

Vergebung der Sünden

Dieser Artikel ist darum ins Offene Bekenntnis[274] aufgenommen worden, weil einige im Hebräerbrief 6,4–6 Paulus nicht richtig verstanden hatten und dem Menschen die ein für allemal geschehene Vergebung der Sünden verweigern wollten.[275] Wir aber bekennen, dass Gott uns, solange die Welt besteht, unsere Sünde um Jesu Christi willen vergibt, denn er ist die «ewige Versöhnung» und Begnadigung [Hebr 9,12; 1Joh 2,2].

Auferstehung des Leibs

Dass unser Leib auch auferstehen wird, wenn der Leib Christi auferstanden ist, davon haben wir vorhin genug gehört. Die Täufer aber behaupten, unser Leib und unsere Seele würden miteinander bis zum Jüngsten Tage schlafen,[276] was eine offensichtliche Irrlehre ist. Denn Christus sagt zum Schächer: «Heute wirst du mit mir im Paradies sein» [vgl. Lk 23,43], das heisst: in Freude und Wonne [vgl. Ps 21,7]. Hier frage ich, ob denn nur gerade der Mörder mit Christus zu Ruhe und Freude gekommen sei. Antwortet man: «Er war nicht der einzige», so ist schon erwiesen, dass man nicht schläft. Sagt man aber «Ja», so wirft man Gott vor, dass Christus alle seine Auserwählten, ja sogar die Mutter, die ihn geboren hatte, bis zum Jüngsten Tag seines Anblicks beraubt [vgl. Ps 88,15; Röm 14,17] und dass er nur den Mörder mit sich zum Himmel geführt und am Leben erhalten habe, während die anderen schlafen müssten. Paulus aber sagt: «Ich wollte gerne abscheiden und bei Christus sein» [vgl. Phil 1,23]. Aus die-

---

274 Gemeint ist das Apostolikum, das Zwingli hier auslegt (vgl. oben S. 198, Anm. 143).

275 Zwingli hat hier wohl den Streit um die Möglichkeit einer «zweiten Busse» für Christen, die unter Verfolgung vom Glauben abgefallen waren im Auge, wie er in der Alten Kirche ausgetragen wurde. Die Möglichkeit einer vollen Wiederaufnahme in die Kirche (unter kirchlichen Bussauflagen) wurde im Ersten Konzil von Nicäa 325 bekräftigt.

276 Die Lehre, dass die Seelen nach der Trennung vom Leib in einen Schlaf versinken und erst zum jüngsten Gericht wieder aufgeweckt werden, zirkulierte bereits zu Zwinglis Zeiten in täuferischen Kreisen und wurde von ihm zu den täuferischen Irrtümern gezählt, vgl. «In catabaptistarum strophas elenchus» (1527), Z VI/1, 188.

sen Worten geht hervor, dass die Auserwählten, wenn sie hier weggehen, dort augenblicklich eine Bleibe [vgl. 1Kor 4,11] haben. Denn wir, die wir «glauben, kommen nicht ins Gericht, sondern gehen vom Tod ins Leben» [Joh 5,24]. Doch der Irrtum passiert den Täufern deswegen, weil sie die Schrift nicht kennen und auch nicht wissen, dass bei den Hebräern «schlafen» gleichbedeutend ist wie «leiblich gestorben sein» und somit «Auferstehung» bei ihnen nicht nur die Auferstehung des Leibs, sondern auch das Lebendigwerden der Seele bedeutet. Auf diese Weise habe ich es in einem lateinischen Büchlein unter dem Titel «Elenchus» anhand vieler Schriftstellen gegen sie bewiesen. Auch das hätten sie wissen müssen, dass die Seele so beschaffen ist, dass sie so wenig wie die Sonne des Schlafs oder der Ruhe bedarf. Sie ist vielmehr eine «Entelechie», das heisst: sie gehört zu jenen Dingen, die in steter Bewegung und Tätigkeit sind und zu deren Eigenschaft somit nicht das Schlafen [vgl. Ps 121,3–4], sondern das ewige Wachsen und Wirken gehört. Vom schlafenden Leib kann aber nicht auf die schlafende Seele geschlossen werden, denn es ist ihre Eigenart, auch im Schlafe tätig zu bleiben, etwa beim Denken in den Träumen, was sonst kein Tier tut. Daraus folgt, dass es der Seele ganz zuwiderliefe, schlafen zu müssen, sobald sie vom Leichnam, vom Leib befreit ist. Sie darf vielmehr um so wacher und emsiger leben und wirken – gerade wie eine Kerze, die viel heller brennt, wenn sie vom Laternengehäuse befreit wird, als wenn sie in ihm steckt. So verhält es sich auch mit dem Licht der Seele: ihr Leben, ihre Kraft, ihr Wirken und Wachen äussern sich viel kräftiger nach dem Abscheiden des Leibs als in demselben drin. Ja, sie befindet sich in steter Bewegung, sodass sie nicht schlafen kann.

Ewiges Leben. Amen

Hier sehen wir, dass wir nach dieser Zeit ewig leben und nicht schlafen. Denn das höchste Gut, das ohne Makel ist und nichts Falsches tun kann, das muss auch in Ewigkeit die Zuflucht all jener sein, die sich auf dieses mit rechtem ganzem Vertrauen verlassen haben. Solches Vertrauen auf ihn und solches Leben bei ihm gebe uns hier der Herr. Amen.

Diese Predigt habe ich, Du rechtschaffener Christ, erst Mitte Juni niedergeschrieben, nachdem sie im Januar davor gehalten worden war. Ich bitte dich, es mir nicht zu verübeln, wenn ich etwas ausgelassen habe, das in Bern vor versammelter Gemeinde gepredigt wurde, oder wenn ich einiges wenige hinzugefügt habe, das dort nicht gesagt worden ist. Ich muss daneben auch noch an ziemlich viele andere Dinge denken.[277]

Hiermit sei Gott befohlen! Ihn sollst Du auch bitten, dass er seiner Kirche «seinen Frieden und nicht den Frieden der Welt» [Joh 14,27] senden wolle.

Edition des Originaltexts (frühneuhochdeutsch): Z VI/I, 450–492
Deutscher Text: ZS IV, 33–84 (übersetzt von Hans Rudolf Lavater), kritisch überarbeitet

Bearbeitet von Peter Opitz

TEXT
Die Zweite Berner Predigt (30. Januar 1528)

Die letzte Berner Predigt Huldrych Zwinglis

Euer Gnaden! Da ihr gerade dabei seid, Bilder, Altäre und andere Dinge zu entfernen, nachdem ihr den Sieg der Wahrheit anerkannt habt,[278] schien es mir ratsam, euch vor der Abreise noch etwas über Standhaftigkeit und «Beharrlichkeit im Guten» [Röm 11,22] zu sagen. Euer Gnaden sollen deshalb wissen, dass Standhaftigkeit eine Tugend ist, ohne die nichts Rechtes verrichtet oder zu Ende geführt werden kann. Fehlt sie, so sieht man uns Männer als Schwächlinge an, und auch die Frauen können ohne sie weder rechtschaffen noch treu sein. Ja, ohne Standhaftigkeit kann überhaupt niemand treu oder rechtschaffen sein! Wo die nicht ist, da kann weder das Vaterland noch ein Hauswesen bestehen, und es bleibt auch nichts vor Schimpf und Schande sicher. Wenn aber sämtliche Tugenden ohne Gottesfurcht und Glauben nur Heuchelei sind [vgl. Sir 1,28], sollten wir darauf achten, dass wir die Standhaftigkeit nicht bei uns Menschen, sondern bei dem Gott lernen, bei dem wir fest entschlossen sind zu bleiben.

277 Am 17. Juni 1528 schrieb Zwingli nach Strassburg, er werde «morgen» mit der Lektüre von Luthers «Grossem Bekenntnis vom Abendmahl» (März 1528) beginnen. Am 1. Juli 1528 schrieb er «Über D. Martin Luthers Buch, Bekenntnis genannt» (Ende August 1528 erschienen).

278 Am 27. Januar 1528, einen Tag nach Disputationsende, beschloss der Rat, die «alten Missbräuche zu ändern». Am Folgetag wurden die Kultbilder im Berner Münster entfernt bzw. zerstört.

Ende Januar 1528 mussten Teilnehmer der Berner Disputation auf der Heimreise in Bremgarten vor katholischen Gegnern geschützt werden

Darum richten wir den Blick auf unsern Herrn Jesus Christus, der uns die Standhaftigkeit[279] in Taten und Worten vor Augen geführt und gelehrt hat: Er ist standhaft geblieben «bis zum Tod am Kreuz» [Phil 2,8], obschon er nach seiner recht schwachen menschlichen Natur nicht sterben wollte [vgl. Mk 14,32–42]. Er hat, was er zu sagen hatte, unter dem Widerstand der Gegner weder geändert noch gemildert, obwohl er sich ihnen manchmal entzog, bis seine Zeit käme [vgl. Joh 7,6]. Er hat uns Folgendes gelehrt: «Wer ausharrt bis zum Ende, der wird gerettet» [Mk 13,13], womit er uns sagen wollte, dass wer seinem Wort und Willen gemäss leben, denken und bekennen wolle, mit Sicherheit Verfolgung, Anfechtung und Kummer zu erleiden habe, jedoch liesse sich dies alles mit tapferem Ausharren überwinden. Selbst die Heiden haben gesagt: «Ferendo vincitur fortuna»,[280] das heisst: Unglück ist nur mit Ausharren und Ertragen abzuhalten und zu besiegen. Durch den Propheten Ezechiel lehrt uns Gott, «dass der Gerechtigkeit des Gerechten nicht mehr gedacht wird, wenn er strauchelt» (Ez 3,20), denn es ist viel schlimmer, eine anstrengende Arbeit aufzugeben, als sie nie angepackt zu haben. Christus sagt: Jeder verständige Mensch, der bauen will, setzt sich zuerst einmal hin und überschlägt die Kosten, damit sich die Leute nicht vor der Zeit über ihn lustig machen und sagen: «Seht, dieser Mann hat angefangen zu bauen, aber er kann›s nicht beenden!» Es fängt auch kein Herr einen Krieg an, ohne vorher zu überlegen, mit wie viel Mannschaft er dem Feind entgegenziehen kann [vgl. Lk 14,28–31]. Und: «Wer seine Hand an den Pflug gelegt hat und zurückschaut, der taugt nicht zum Reiche Gottes», das heisst: zum Predigtamt [Lk 9,62]. – Wir sehen: Er will, dass es vorwärtsgeht.

Wer ist standhafter gewesen als Mose? Wie oft haben die Kinder Israels ihn abschätzig behandelt und zu stürzen versucht [vgl. Num 16,1–3], und doch gelang es ihnen nicht, ihn von seinen guten Absichten abzubringen, die er für das Volk hegte. Und als Gott gegen ihn zu sein schien, da wollte Mose lieber, dass Gott ihn statt des Volks auslösche [vgl. Num 11,11–15]. Aus gutem Grund wird dieser treue Haushälter Gottes darum im Hebräerbrief 3,5 vor allen anderen Dienern Gottes erwähnt. Was für ein zuverlässiger Mann ist er doch gewesen! Vierzig Jahre lang liess er sich weder brechen noch beugen. Nie erlaubte oder tat er den Freunden etwas zuliebe, das sich gegen Gott und das Wohl des Gemeinwesens gerichtet hätte, und kein einziges Mal zweifelte er an Gottes

---

279 Im Original: *standhaffte*. Alemannisch *standhaft* hat einen aktivistischen Beiklang: was standhält.
280 Vergil, Aeneis V,710: «jedes Schicksal ist zu überwinden, indem man es erträgt.»

Beistand. Wenn es an Speis und Trank fehlte, lief er immer furchtlos zu Gott [vgl. Exod 17,4] und «schaute nie zurück» [vgl. Exod 16,3; Lk 9,62]. Ein heutiger Erwachsener hat knapp vierzig Lebensjahre vor sich – er aber erduldete unerschütterlich vierzig Jahre lang viel Mühsal; darin wurde er alt und starb er. Obwohl David bereits von Samuel zum König gesalbt war [vgl. 1Sam 16,13], zog er ganze vierzehn Jahre lang [vgl. 2Sam 5,4–5] ohne zu regieren umher, bis er endlich in Chebron für einige Jahre an die Herrschaft kam [vgl. 2Sam 2,1–4]. Dennoch konnten ihn weder Armut noch Elend dazu bewegen, den Glauben an Gott zu verlieren, den Thronanspruch aufzugeben oder Saul ein Leid anzutun, obwohl er dies ohne Risiko hätte tun können [vgl. 1Sam 24.26]. Vielmehr verfolgte er das hohe Ziel und den Frieden bis zuletzt so energisch, charakterfest und rechtschaffen, dass er uns ein leuchtendes Beispiel für Standhaftigkeit ist. Der Römer Cornelius Scipio[281] war zu jung, um in den Senat aufgenommen zu werden. Als aber die Schlacht bei Cannae[282] gegen Hannibal verloren war und die überlebende Führungsschicht beratschlagte, wie sie Italien verlassen und die Flucht über das Meer antreten könnten, drang Scipio, der davon gehört hatte, mit seinen Freunden ungerufen in den Saal und erzwang mit blankem Schwert von den Senatoren den Schwur, Italien und Rom, ihre Heimat, nicht zu verlassen, sondern zu schützen. So standhaft blieb er sein Leben lang bis zum Tod. Kurz: Erst die Standhaftigkeit macht eine Tugend zur Tugend!

Hochverehrte weise und gnädige Herren! Ihr seid dabei, den Prunk der Heiligenbilder,[283] die gewinnträchtige Messe[284] und anderes eigenhändig in Angriff zu nehmen, also habt ihr jetzt keine bessere oder weitere Empfehlung oder Brechstange nötig als die Standhaftigkeit. Denn erstens haben wir einige verkehrte Klüglinge, die den Anschein erwecken, als gehe es ihnen um das Wort Gottes und die uns sagen, man solle die Heiligenbilder zuerst aus den

---

281 Publius Cornelius Scipio Africanus maior (um 235–183), römischer Feldherr, vertrieb 211–206 die Karthager aus Spanien, landete 204 in Afrika und schlug 202 Hannibal bei Zama.
282 Als Hannibal 216 v. Chr. die Römer bei Cannae durch Umfassung der Flanken und Angriff in den Rücken vernichtend schlug, war Scipio 19- oder 20-jährig.
283 Im Original: *götzen*. Damit bezeichnet Zwingli alles Materielle und Immaterielle, das sich im menschlichen Fühlen, Denken und Tun an die Stelle drängt, die nur Gott zukommt.
284 Zwingli erinnert an die vielgestaltigen frommen Messstiftungen, aus denen die Kirche bzw. der jeweilige Pfrundinhaber Gewinn gezogen hatte.

Herzen und dann erst aus den Augen räumen.²⁸⁵ Das tönt nicht unvernünftig, denn in der Tat lässt sie keiner äusserlich entfernen, dem man sie nicht vorher aus dem Herzen geräumt hat. Dafür berufe ich mich auf das Gewissen jedes Einzelnen: Wer erinnert sich nicht, wie lieb er seine Herrgöttchen gehabt hat und wer hätte es jemals zugelassen, dass jemand sie auch nur berührte? Wenn es ihn aber heute nicht einmal mehr stört, dass man sie zu Brennholz verarbeitet, so zeigt dies, wie gleichgültig sie ihm geworden sind. Sie sind ihm schon aus dem Herzen gerissen! Darum kommt jener ach so kluge Rat nur aus dem Kreise derer, die sich gerne interessant machen. Dass man die Heiligenbilder erst wegschaffen soll, bis sich keiner mehr daran stosse und bis sie aus den Herzen aller entfernt worden seien, tönt nun gerade so, als hätte Christus übereilt gehandelt, als er die Stände und Wechselbänke umwarf und die Händler mit der Peitsche hinaustrieb. Denn auch diese waren ja in ihren Herzen noch nicht unterwiesen, dass sie ihr Tun als ungehörig empfunden hätten, und sie sprachen zu ihm: «Was willst du uns mit diesem Zeichen zeigen?» [Joh 2,18]. Hätte also auch Christus bis zur Belehrung des Hintersten alles auf sich beruhen lassen sollen?

Zweitens haben wir noch viele Störrische, die Gottes Wort entweder nicht hören oder nicht annehmen wollen.²⁸⁶ Diese beiden Sorten werden euch noch viel zu schaffen machen, denn sie sind meistens nicht frei von Intrigen, und sie werden euch täglich mit neuen Schauermärchen und Drohungen kommen.²⁸⁷ Doch wenn ihr euch an das Wort Christi haltet, dass er die Welt besiegt hat [vgl. Joh 16,33], braucht ihr nichts zu fürchten. Wir werden bestimmt zu sehen bekommen, wie die Welt in seiner Gewalt ist, wenn er uns gegen diese Störrischen immer wieder obenauf schwingen lässt. Freilich soll dies niemand so verstehen, als ob er fortan aller Wachsamkeit und Sorge enthoben wäre, vielmehr befiehlt Christus uns allen zu wachen [vgl. Mt 24,42]. Aber das will ich euch

---

285   So der evangelisch gesinnte Johanniterkomtur Konrad Schmid an der Zweiten Zürcher Disputation über Bilder und Messe (26. Oktober 1523); in Bern war er einer der vier Disputationspräsidenten. Hier zielt Zwingli wohl ganz allgemein auf jene Kreise, die in seiner Sicht aus übermässiger «seelsorgerischer» Rücksichtnahme die prophetische, verändernde Dimension der reformatorischen Predigt verraten.
286   Der Disputationsbeschluss war vom bernischen Grossen Rat gegen den Willen des Kleinen Rats gefasst worden. Eine evangelische Mehrheit gab es hier erst nach den Wahlen vom Ostermontag 1528.
287   Kaiser Karl V. hatte den Bernern «ernstlich befohlen», von einer Disputation «abzusehen» (28. Dezember 1527); seit 1524 pflegten die «altgläubigen» Stände der Schweiz antireformatorische Kontakte zu Österreich.

gerne prophezeien: ich zweifle nicht, dass Gott euch solchen Gefahren aussetzt, damit ihr seht, wie seine Kraft mit euch zusammen wirkt und euch beschützt. Und wenn Gefahr naht, so lasst euch nicht einschüchtern, denn Gott lässt sie nur zu eurer Bewährung und Festigung zu. Ihr, die ihr ihm allein die Ehre gebt, sollt die Verlässlichkeit seiner Hilfe umso klarer erkennen! Denn wenn er euch in solche Not geraten lässt, woraus ihr euch selbst nicht zu helfen traut, er euch dann aber heraus hilft, so werdet ihr erst richtig sehen, wie alle Dinge von ihm abhängen und dass euch seine Hilfe sicher ist.

Lasst euch auch nicht täuschen, wenn heute einige behaupten, es würde euch alles mühelos von der Hand gehen, ihr hättet schliesslich in dieser Sache Anführer![288] Ich habe nämlich noch nie ein Werk Gottes so zielgerichtet fortschreiten sehen, dass es nicht an jenen Wendepunkt gekommen wäre, wo ein «theós apó mechanes»,[289] Gott selber, es mit seiner Gnade und Kraft zu einem guten Ende hätte bringen müssen.

Da liegen nun die Altäre und Heiligenbilder in eurer Kirche![290] Wem nun davor graut – allerdings nicht in seinem evangelischen Gewissen![291] –, der kann jetzt sehen, ob uns diese Götzen etwas bedeutet haben oder nicht. Dieser Dreck und Unrat soll aber hinausgefegt sein, damit die riesigen Summen, die ihr mehr als andere Leute für die unsägliche Dummheit des Heiligenkults ausgegeben habt, künftig den lebendigen Ebenbildern Gottes zugute kommen.[292] Es

---

288 Hinter Berchtold Haller und Franz Kolb war besonders der besonnene Stadtschreiber Peter Cyro wichtig. Am 2. Januar 1528 erbaten sich die Berner von Zürich zudem die Dienste der Theologen Kaspar Grossmann (Megander) und Dr. Sebastian Hofmeister.

289 Latein: *deus ex machina* (der «Gott aus der (Theater)maschine»). In der griechischen Tragödie konnte eine Göttergestalt von oben mittels eines Krans oder von der Seite auf einem Wagen auf die Bühne gebracht werden, der dann die Lösung eines Dramenkonflikts mitbrachte.

290 Der Berner Chronist und Stadtarzt Valerius Anshelm berichtet: «Also wurden in diesem grauenerregenden Sturm in der Leutkirche [Münster] 25 Altäre und das Sakramenthaus zerstört, die Heiligenbilder zerschlagen und im Abraumplatz des Friedhofs vergraben.»

291 Im Original: *doch nit uss conscientz*. Der Anblick des äusserlichen Zerstörungswerks kann das evangelisch belehrte und geschärfte Gewissen nicht mehr belasten. Echtes Grauen muss uns dagegen erfassen, wenn wir uns heute vergegenwärtigen, welch hohe innere Bedeutung wir diesen jetzt ohnmächtig am Boden liegenden, falschen religiösen Instanzen bis anhin beigemessen haben.

292 Am 31. Januar 1528 plante der Rat, einen Teil des Erlöses aus dem Verkauf der Kirchenzierden «den Armen auszuteilen».

müssen überaus verunsicherte [vgl. 1Kor 8,9] oder streitsüchtige Gemüter sein, die den Bildersturm beklagen, wenn sie jetzt vor Augen haben, wie wenig Heiliges doch an diesen Heiligen ist: sie krachen und poltern genauso herunter wie gewöhnliches Holz oder Stein. Da liegt einer ohne Kopf, ein andrer ohne Arme! Wenn nun «die Seligen, die bei Gott sind» dadurch entweiht worden wären und hätten sie tatsächlich die Machtmittel besessen, die wir ihnen – nicht sie sich selber – zuerkannt haben, so wäre keiner imstand gewesen, sie von der Stelle zu rücken, geschweige denn, sie zu enthaupten oder zu verstümmeln.

Ich muss euch darauf aufmerksam machen, dass das Disputieren allein noch keinem Streithahn oder Verunsicherten den geistigen Horizont vergrössert hat. Denn zum Streiten gehört es, dass einer von beiden Unrecht hat. Wenn dieser nun ebenso selbstbewusst ist wie der andere, auf dessen Seite die blanke Wahrheit ist, so wird der Streitsüchtige noch sicherer und der Verunsicherte noch angefochtener. Ist einer dagegen von gesunder, ausgewogener Geisteshaltung und gewillt, die Wahrheit anzunehmen, woher sie auch immer kommt, so sieht er auf der Stelle, was die Farbe der Wahrheit trägt und was nicht und dann geht er getrost seinen Weg. Freilich kann er diese Wahrheit nicht einfach in aller Ruhe erwägen und sich ihrer erfreuen, wie wenn er oder ein anderer oder mehrere die Schrift für sich allein auslegten.[293] Ist darum jemand unter uns, der [in seinem Gewissen] verletzt wurde, so soll er es nicht persönlich nehmen: diese Disputation ist veranstaltet worden, um den Streitsüchtigen wenn nicht die Gesinnung, so doch die Keckheit zu nehmen, mit der sie der Wahrheit widersprechen, und um der christlichen Gemeinde und Obrigkeit von nun an das Recht und die Befugnis zu geben, von keinem mehr behindert und verspottet, Gottes Willen in Ehren[294] zu vollziehen.[295] Ihr seid mit gottesfürchti-

---

293 Im Original: *prophetieren*, das Auslegen der Schrift nach 1Kor 14,28–33. Hier wendet sich Zwingli wohl – nicht ohne autobiografische Bezüge – gegen die vornehm-theoretisierende und letztlich konsequenzlose Schriftauslegung der Humanisten.

294 Im Original: *erberlich*; möglicherweise eine Anspielung an die «40 Ehrloserklärungen» Zwinglis und seiner Freunde an der Badener Disputation (1526) durch den «altgläubigen» Publizisten Thomas Murner. Die Berner Disputation war ausdrücklich als Antwort auf Baden gedacht, wo die gesamtschweizerische reformatorische Bewegung theologisch und juristisch als unrecht bezeichnet worden war; Murner selbst war – allerdings erfolglos – nach Bern geladen worden (5. Januar 1528).

295 Gemäss Zwingli war die «Disputation» ein bürgerliches Rechtsverfahren, das der Gemeinde bzw. dem Magistrat als deren Vertreter die Rechtsmittel in die Hand gab, die zerstrittene Bürgerschaft mit Hinweis auf die «errungene Wahrheit» zu befrieden und die nötigen Schritte zu deren öffentlichen Umsetzung zu veranlassen.

gen, tüchtigen und gelehrten Propheten[296] und Predigern versehen. Auf diese sollt ihr hören und sie ernst nehmen, wenn sie euch Gottes Verheissungen oder Ermahnungen vortragen. So wird alles, was ihr zu tun oder zu lassen gedenkt, eine sichere Grundlage haben, und es werden euch keine Fehler unterlaufen.

Also nehmt die Freiheit wahr, die euch Christus geschenkt hat, bleibt darin gemäss dem Wort von Paulus im Galaterbrief 5,1: «und lasst euch nicht mehr ins Joch der Hörigkeit und der Sklaverei einspannen.» Ihr wisst, wie viel Gewissenskonflikte wir durchlitten, als sie uns von einer falschen Hoffnung zur andern, von einer Vorschrift zur nächsten führten, womit sie unser Gewissen nur noch beschwerten, nicht befreiten und zuversichtlich stimmten. Jetzt aber seht ihr, wie viel Freiheit und Zuversicht ihr habt in der neuen Erkenntnis und im Vertrauen auf Gott allein durch Jesus Christus, seinen einzigen Sohn. Von dieser Freiheit und Erlösung der Seele lasst euch nie mehr abbringen! Es braucht dazu mehr Tapferkeit als in den meisten anderen Dingen. So wie unsere Vorfahren beim Verteidigen der leiblichen Freiheit gottlob immer wieder tatkräftig und beharrlich ihren Mann gestanden haben, so sollt ihr jetzt noch viel mehr bei jener Freiheit beharrlich bleiben, die uns hier in unseren Gewissen frei und dort auf ewig fröhlich macht. Zweifelt nicht daran, dass der Gott, der euch erleuchtet und «gezogen» [vgl. Joh 6,44] hat, auch unsere lieben Nachbarn, die übrigen Eidgenossen, zu seiner Zeit «ziehen» wird, damit wir in wahrer Freundschaft, die vor Gott bestehen kann, einträchtiger werden als je zuvor.

Das gebe uns und ihnen der Gott, der uns alle erschaffen und erlöst hat! Amen.

Diese Niederschrift ist stark gekürzt.

Edition des Originaltexts: Z VI/I, Nr. 116, 493–498
Deutscher Text: ZS IV, 85–91 (übersetzt von Hans Rudolf Lavater), kritisch überarbeitet

Bearbeitet von Peter Opitz

---

296 Gemäss 1Kor 14,28–33 hatte nach Zwingli jeder Prediger einen prophetischen Auftrag; vgl. etwa Zwinglis Schrift «Der Hirt», 1523.

Brief an Joachim Vadian in St. Gallen
(20. Oktober 1529)

EINFÜHRUNG

Joachim Vadian (von Watt) (1484–1551) war ein Patrizier aus St. Gallen. Er studierte in Wien (1501/02 zusammen mit Zwingli), promovierte 1517 zum Dr. med. und amtete als Rektor der dortigen Universität. Von 1518 an wirkte er als Stadtarzt in St. Gallen. 1521 wurde er Mitglied des Kleinen Rates. Von 1526 an war er neunmal Bürgermeister. In diesem Amt führte er St. Gallen der Reformation zu. Vadian und Zwingli standen über viele Jahre in engem Austausch. So verwundert es nicht, dass Zwingli dem St. Galler Reformator kurz nach seiner Rückkehr aus Marburg einen ersten, spontanen Bericht über das Marburger Religionsgespräch vom 1.–5. Oktober 1529 zukommen liess. Dort hatte er auf Einladung Philipps von Hessen mit Luther über das Abendmahl disputiert. Auch der Basler Reformator Johannes Oekolampad nahm aktiv an den Gesprächen Teil und unterstützte die «Schweizer» Sicht, während Luther von Philipp Melanchthon begleitet wurde. Am Ende konnten die beiden Verhandlungsdelegationen einer schriftlichen Übereinkunft zustimmen. Auf Luthers Seite unterzeichneten neben Luther selbst und Philipp Melanchthon Justus Jonas, Andreas Osiander, Stephan Agricola und Johannes Brenz. Für die schweizer-oberdeutsche Seite waren es neben Zwingli und Johannes Oekolampad die Strassburger Reformatoren Martin Bucer und Caspar Hedio. Die «Marburger Artikel» sind rückblickend ein eindrückliches Zeugnis evangelischer Einheit: in allen wichtigen Fragen des gemeinsamen evangelischen Glaubens wurde man sich einig. Einzig die zweite Hälfte des fünfzehnten und letzten Artikels, die Frage, wie man sich Christus im Abendmahl als gegenwärtig vorstellen sollte, blieb kontrovers und bestimmte das Verhältnis der beiden evangelischen Seiten für lange Zeit.

Zwinglis Bericht ist weit weniger polemisch als derjenige, den Luthers Begleiter Andreas Osiander verfasste. Dieser spricht von einem totalen Triumph Luthers und beschimpft die Gegner als verlogene und verwirrte Leute. Auch Zwingli, für den die bleibenden Meinungsunterschiede kein Hindernis für eine Anerkennung der Wittenberger Reformatoren als «Glaubensbrüder» dargestellt hätten, hat die Disputation eher als Machtkampf denn als ernsthaften Einigungsversuch unter Glaubensgeschwistern verstanden. Der vorangegangene literarische Streit hatte die Fronten 1529 schon zu sehr verhärtet.

TEXT
Zwingli an Vadian

Gnade und Friede vom Herrn!
Was Du so dringend erfahren möchtest, will ich Dir jetzt kurz schreiben. Nachdem wir unter sicherem Geleit nach Marburg geführt worden waren und [auch] Luther mit seinen Begleitern angekommen war, ordnete der fürstliche Landgraf an, Oekolampad[297] solle mit Luther und Melanchthon mit Zwingli je für sich, ohne jeden Schiedsrichter, den ersten Versuch zum Gespräch machen. Sie sollten gegenseitig prüfen, ob sich in ihren Lehrsätzen etwas finden liesse, das zu einer Einigung beitragen könnte. Dabei hat Luther Oekolampad so in die Zange genommen, dass dieser bei mir im Vertrauen darüber klagte, er sei von Neuem dem Eck[298] in die Hände gefallen. Aber das darfst Du nur ver-

---

297 Johannes Oekolampad (Häuserle, d. h. Häuschen oder auch Kerzenstock) (1482–1531) aus Weinsberg war Student in Heidelberg und Tübingen. 1515–1518 war er abwechselnd Prädikant in Weinsberg und betrieb Studien in Basel, wo er 1518 zum Dr. theol. promoviert wurde. Danach amtete er zunächst als Domprediger in Augsburg. 1522 von Luthers Wirken aufgestört, suchte er Ruhe in einem Klosteraufenthalt, der in eine Flucht nach Basel mündete. Seit 1523 wirkte er dort an der Universität und daneben ab 1525 als Pfarrer in St. Martin und ab 1529 am Münster. Er war der Hauptträger der Basler Reformation. Früh trat er für ein eigenständiges Recht der Kirche, den Kirchenbann auszuüben, ein. Als besonders mit den Kirchenvätern sehr vertraut, veröffentlichte er wichtige reformierte Publikationen im Abendmahlsstreit.

298 Johann(es) Eck (1486–1543) aus Schwaben war von 1510 an Professor in Ingolstadt und wohl wichtigster theologischer Bekämpfer Luthers (seit der Leipziger Disputa-

trauenswürdigen Leuten weitersagen. Melanchthon nun erwies sich als aalglatt und nahm wie ein Proteus[299] alle möglichen Gestalten an. So nötigte er mich zur Niederschrift seiner Aussagen, um ihn besser darauf behaften zu können, so wie man die Hand mit Salz trocknet, um einen entschlüpfenden Fisch besser festzuhalten. Genau so versuchte eben Melanchthon in alle erdenklichen Schlupfwinkel zu entrinnen. So schicke ich Dir die Kopie einer Niederschrift einiger aus Hunderttausenden seiner Aussagen; aber teile sie nur vertrauenswürdigen Leuten mit, nämlich solchen, die damit keine Fortsetzung der Tragödie veranlassen; denn auch Philipp [Melanchthon] selbst besitzt eine solche Kopie. Die Niederschrift stammt zwar von mir, aber er hat alles durchgesehen, gelesen und einiges selbst diktiert. Wir wollen von uns aus nicht Anlass zu einer neuen Tragödie bieten.

Dieses Gespräch dauerte bei Philipp und mir sechs, bei Luther und Oekolampad drei Stunden. Andertags stiegen vor dem Landgraf und einigen Schiedsrichtern – höchstens vierundzwanzig – Luther und Melanchthon, Oekolampad und Zwingli in die Arena; der Wortstreit zog sich über diese und über drei weitere Sitzungen hin. Denn im Ganzen waren es vier, in denen vor den Schiedsrichtern der Streit erfolgreich verlief. Wir hielten Luther nämlich entgegen, dass er die unvorstellbar leichtfertigen Sätze «Christus hat nach seiner göttlichen Natur gelitten» und «Christi Leib ist überall» aufgestellt habe und das Bibelwort «das Fleisch vermag nichts» [Joh 6,63] selbst in einem anderen Sinn, als er jetzt behaupte, ausgelegt habe. Aber liebenswürdig, wie er ist, gab er auf all das keine Antwort, ausser dass er zu dem Satz «das Fleisch vermag nichts» erklärte: «Du weisst doch, Zwingli, wie die früheren Ausleger im Verlauf der Jahrhunderte und mit wachsender Urteilskraft die biblischen Texte immer wieder anders behandelt haben.» Er sagte: «Beim Essen [des Abendmahls] verleiben wir uns den Leib Christi leiblich ein, doch zugleich will ich mir die Möglichkeit vorbehalten, ob auch die Seele den Leib esse»; kurz vorher hatte er aber erklärt: «Mit dem Munde wird der Leib Christi leiblich gegessen, die Seele isst ihn nicht leiblich.» Er sagte, der Leib Christi komme zustande durch

---

tion 1519), aber auch der Schweizer Reformation. Als «altgläubiger» theologischer Wortführer an der Badener Disputation von 1526 stritt er gegen Oekolampad. Er ist der Verfasser der *Confutatio*, einer wichtigen Widerlegungsschrift des auf dem Reichstag von Augsburg von Melanchthon vorgelegten lutherischen Bekenntnisses *(Confessio Augustana)*.

299 Proteus: Meeresgott, den man zum Weissagen zwingen konnte, wenn man es fertigbrachte, ihn festzuhalten. Er versuchte, sich dem durch allerlei Gestaltverwandlungen zu entziehen, sodass man ihn überlisten musste.

diese Worte «das ist mein Leib», gleichgültig, was für ein Bösewicht es sei, der diese [Einsetzungs]worte spreche. Er gab zu, dass der Leib Christi begrenzt sei. Er gab zu, dass das Zeichen des Leibs Christi «Eucharistie» genannt werden könne.

Wie er auch diese und ungezählte andere widersprüchliche, widersinnige und törichte Sätze so daherblökte, endlos wie das Geplätscher der Wellen am Strand, wurde er doch von uns widerlegt, sodass sogar der Fürst selbst uns zustimmte, obwohl er das in der Öffentlichkeit vor gewissen anderen Fürstlichkeiten verschleierte. Der Hessische Hof fiel so fast ganz von Luther ab. Der Fürst gestattete ausdrücklich, dass man unsere Bücher ungestraft lesen dürfe. Er duldet jetzt auch nicht mehr, dass die Pfarrer, die unserer Lehre beipflichten, abgesetzt werden.

Johann von Sachsen[300] war nicht anwesend, aber Ulrich von Württemberg.[301] Zuletzt ging man auseinander nach der Unterzeichnung der Übereinkunft, die Du demnächst gedruckt lesen kannst.[302]

Die Wahrheit hat offenkundig gesiegt. Wenn jemals jemand [im Streitgespräch] unterlegen ist, dann offensichtlich der anmassende und trotzige Luther; allerdings nur vor kundigen und gerechten Richtern, mag er auch noch so laut schreien, wie er will, er sei unbesiegt geblieben usw. Dazu haben wir als weiteren Erfolg erreicht, dass wegen unserer Einigung in den übrigen Artikeln des christlichen Glaubens die Päpstler nicht länger hoffen können, Luther werde sich ihnen zuwenden. Das schreibe ich Dir, noch ganz erschöpft von der Reise. Wenn Du zu uns kommst, wirst Du alles ausführlicher zu hören bekommen. Ich habe nämlich noch einige andere [Pläne] mitgebracht, die man zum Schutz der Religion und gegen die Herrschaft des Kaisers umsetzen sollte und die wir auch Euch zu gegebener Zeit unterbreiten müssen.

Inzwischen leb wohl und grüsse alle Freunde!

Dein Huldrych Zwingli

---

300 Kurfürst Johann von Sachsen (1486–1532) bekämpfte jeden Einfluss Zwinglis in seinem Einflussgebiet, auch durch ein Verbot von dessen Schriften. Landgraf Philipp von Hessen (1504–1567), ein Vorkämpfer für die Freiheit und Einheit des Protestantismus, wandte sich demgegenüber in diesem Zeitraum zunehmend Zwingli zu.
301 Ulrich von Württemberg (1487–1550) wurde 1519 aus seinem Besitz vertrieben und bat Philipp von Hessen um Hilfe bei der Rückgewinnung seines Lands. Er wandte sich dem Protestantismus zu und führte nach seiner Rückkehr 1534 die erste Gesamtreformation Württembergs durch.
302 Die «Marburger Artikel».

Edition des Originaltexts (lateinisch): Z X, Nr. 925, 316–318
Deutscher Text: G, Nr. 36, 280–282, (übersetzt von Gottfried Willhelm Locher), kritisch überarbeitet

Bearbeitet von Ernst Saxer

Brief an Bürgermeister und Rat zu Memmingen (10. Oktober 1530)

EINFÜHRUNG

Memmingen gehörte zusammen mit Strassburg, Konstanz und Lindau zu den vier Städten, die zusammen ein eigenes Glaubensbekenntnis zum Reichstag von Augsburg von 1530 geschickt hatten, die sogenannte «Tetrapolitana». An diesem von Kaiser Karl V. einberufenen Reichstag sollte in der Religionsfrage entschieden werden. Entsprechend wartete man im Herbst 1530 in grösster Spannung auf die Entscheide und Folgen des Reichstags. Wirkliche Hoffnung auf eine Anerkennung des eigenen Glaubens bestand allerdings nicht. So rüstete man gleichzeitig zur Verteidigung gegen einen möglichen Angriff der Truppen des Kaisers oder der lutherischen Fürsten auf.

Zwinglis Brief ist eine Ermahnung, dem evangelischen Christusbekenntnis treu zu bleiben. Er ist zudem aufschlussreich für Zwinglis Geschichtsbild. Neben Einflüssen aus dem Humanismus und der antiken Philosophie ist seine Sicht von Gottes Handeln in der Geschichte stark vom Alten Testament her geprägt, wo Gott zum Heil und zum Gericht handelt. Nach seiner Überzeugung ist auch die Reformationszeit eine solche entscheidende Epoche des Handelns Gottes und der Entscheidung über Heil oder Unheil der Menschen.

TEXT
Zwingli an Bürgermeister und Rat zu Memmingen

Hochgeachtete, weise, geneigte, liebe Herren und Brüder in Gott!

Ich bitte Euch bei unserem Herrn Jesus Christus, wegen dem Ihr in Gefahr seid: Nehmt mir mein Schreiben nicht übel! Ich schreibe nicht aus Anmassung oder Wichtigtuerei, sondern aus Sorge und Treue. Wenn wir uns mit den Fröhlichen freuen wollen und mit den Weinenden weinen [vgl. Röm 12,15], so wollen wir auch mit den Geängstigten Angst und Sorge teilen. Wir zweifeln dabei nicht an ihrem Gott. Wir wollen im Gegenteil verhindern, dass jemand durch Zweifel oder Bedrängnis zu Fall kommt. So sagt der heilige Paulus: «Wer ist schwach, und ich bin es nicht auch? Wer kommt zu Fall, und ich bin nicht in heller Aufregung?» [2Kor 11,29] Darum sende ich, liebe Herren und Brüder, Euch diesen Trostbrief in bester Absicht. Eigentlich bin ich ja zu gering, um Eure Vornehmheit zu ermahnen. Ich zweifle auch nicht an Eurer Treue und Standhaftigkeit. Jedoch möchte ich Euch warnen vor der Bedrängnis, die Euch zustossen könnte.

Als Erstes steht ja ohne Zweifel fest (wie es auch die heidnischen Philosophen vertreten): Moral und Recht sind ein so hochstehendes Gut, dass es nur der wirklich besitzt, der sein Leben dafür einsetzen würde. Es ist doch so: Alle Gerechten sind dauernd vielen heimtückischen Angriffen ausgesetzt. Deshalb könnten sie sich verleiten lassen, aus Furcht rechtlos zu handeln, wenn sie nicht bereit sind, ihr Leben einzusetzen und eher den Tod zu erleiden, als vom Recht abzuweichen. Deshalb muss die Bereitschaft zum Einsatz des eigenen Lebens auch in der allgemeinen, bürgerlichen Gerechtigkeit zuvorderst stehen, oder aber man wird schwach und nachgiebig.

Und wie ist es dann in der Sache der christlichen Religion und des christlichen Glaubens? Dieser ist ja nichts anderes als der wahre Tod des Fleischs und das Leben im Geist! Sollten wir da nicht noch viel mehr von vornherein unser Leben einsetzen und darauf eingestellt sein, nur dem himmlischen Hauptmann[303] zu gefallen, in dessen Aufgebot und Truppe wir uns haben ein-

---

303 Zwinglis Formulierung «Christus unser Hauptmann» ist eine umfassende Verbildlichung von Glaubenstreue, Gemeinschaft und Gehorsam gegenüber Christus. Sie findet sich oft, u. a. schon in der 6. These der *67 Artikel* (vgl. oben S. 79). Das Bild vom königlichen Heerführer Christus stammt aus dem auch Zwingli wohlbekannten «Handbüchlein eines christlichen Streiters» von Erasmus von Rotterdam. Zwingli begründet es mit Hebr 12,2, wo von Christus als dem Urheber oder Anfänger des Glaubens die Rede ist und übersetzt mit «Hauptmann» (lateinisch: *dux*). Damit wen-

schreiben lassen? Erwägt doch, liebe Herren und Brüder: Steht es nicht mit der ganzen Christenheit so unchristlich, sündhaft und jammervoll, dass das Gewissen jedes Menschen selbst das Urteil spricht: Entweder müssen wir uns vollständig bessern, oder Gott wird uns strafen. Das bekennen im Grunde alle. Zugleich müssen alle sehen, dass dieses sündhafte Leben unter der falschen Lehre des Papstes entstanden ist und überhandgenommen hat. Deshalb kann man von dieser Lehre nicht erwarten, man werde mit ihr auf die rechte Bahn gewiesen. Darum steht ausser Zweifel: Will man sich bessern und sich mit Gott versöhnen, so soll man sich an keine andere Lehre halten als an Gottes eigenes Wort. Denn wer kann uns Gottes Willen besser mitteilen als sein eigenes Wort?

Wo nun Gott sein Wort offenbart und uns vor Augen stellt, da werden wir sicher, dass seine Gnade uns offensteht und angeboten wird. Denn wenn er seinen Willen in seinem Wort offenbart, so tut er das allein zu dem Zweck: Was ihm gemäss seinem Wort gefällt, soll man annehmen und was seinem Wort widerstrebt, ablegen und meiden. Nun hat der allmächtige Gott Euch sein heiliges Evangelium offenbart, in dem die Gewissheit unseres Heils in Jesus Christus verheissen und die Gestalt eines unschuldigen Lebens in ihm vorgebildet ist. Darum sollt Ihr Gott auf das Höchste dafür danken, dass er Euch angesichts des drohenden Zorns Gottes [vgl. Röm 1,18] den Weg gezeigt hat, wie Ihr mit ihm versöhnt werden könnt. Und wenn die Welt sich erfrecht, Euch deshalb zu hassen, zu verachten, ja zu töten, so sollt Ihr solche Drohungen leichtnehmen! Angenommen zwei werben um die Hand einer reichen, schönen, anständigen Jungfrau. Sie wird sicher nicht demjenigen ihre Einwilligung geben, der sich dadurch abschrecken lässt, dass man ihm sagt: Tritt zurück, sonst wird Dein Nebenbuhler zu Deinem Feind. Will Euch also die Welt von der liebenswerten Jungfrau, der Kirche Jesu Christi abbringen, indem sie Euch mit Feindschaft und Verachtung droht, so sollt Ihr die Welt für unwert halten und sie nicht beachten! Denn der Gewinn und das Gut, die wir bei Gott haben, sind etwas ganz anderes, als uns die Welt verheisst. Was nützt es denn dem Menschen, wenn er alle Zuneigung der Welt erhält, aber dabei Gottes Wohlwollen verliert [vgl. Mt 16,26]? Blickt unsere Hoffnung auf Zeitliches oder auf Ewiges? Sollen wir nicht den allein fürchten, der Leib und Seele ins ewige Feuer senden kann [vgl. Mt 10,28]?

det er das humanistisch-biblische Bild in den Horizont damaliger allgemeiner Erfahrung, wie er dies in seiner gesamten Predigt- und z.T. auch Schriftstellertätigkeit generell anstrebte: eine Sprache, die «in irer eignen kleidung kumpt» (Z IV, 792,12).

Mich dünkt, die Zeit sei nun gekommen, wo Ihr aufgefordert werdet, Euren Glauben zu bekennen. So beherzigt, liebe Herren und Brüder, dass Christus, unser Hauptmann, warnt: Wer ihn verleugne, den werde auch er verleugnen vor seinem Vater. Wer ihn hingegen bekenne vor den Menschen, für den werde auch er vor seinem Vater mit seinem Bekenntnis einstehen [vgl. Mt 10,32]. So bekennt also die Wahrheit frei und lasst den Hauptmann Jesus Christus beim obersten König, dem himmlischen Vater, für Eure Sache sorgen. Seid unerschüttert in der Hoffnung! Er, der Euch sein Licht und seinen Geist gegeben hat, wird zu Ende führen, was er angefangen hat. Er hat uns anfangs durch geringen Widerstand hindurchgeführt und sollte uns, wenn es ums Ganze geht, verlassen? Schaut weder auf Eure irdischen Kräfte noch auf diejenigen Eurer Widersacher! Seht vielmehr, wie stark der ist, um dessen Sache es geht, dem Ihr glaubt und dient! Wo hat er die verlassen, die ihm vertrauen? Hat er nicht stets alle Macht dieser Welt überwältigt zerschlagen? Er, er ists, der Pharao, Amalek und die Amoriter geschlagen hat [vgl. Ex 14 und 17; Num 21]. Er ist die Kraft aller Dinge, und nichts lebt als nur in ihm; also müssen ja auch Eure Feinde aus seiner Kraft leben. Dann kann er ihnen auch alle Kraft nehmen und Euch stärken, und ohne seinen Willen wird der Feind nichts vermögen.

Achtet vor allen Dingen darauf, liebe Herren und Brüder, dass Ihr einer Meinung und geschlossen seid. Wo Einigkeit ist, da mag ein Städtchen noch so klein sein, es bleibt doch ehrenhaft. Wo hingegen Zwietracht ist, da mag eine Macht noch so gross gewesen sein, sie ging doch unter. Seid weise, liebe Herren, und seht euch auch nach anderen Christen um. Auch das gefällt Gott: Die, die denselben Geist haben, sollen auch gemeinsam für Gott wirken und kämpfen, alles im Herrn, in Einigkeit und Treue. Denn ich verspreche Euch bei Gott, den ich predige: Wenn Ihr einig seid und keine falsche Bestechlichkeit und Untreue aufkommen lasst, so wird Euch Gott gewiss nicht fallen lassen. Nur lasst Euch nicht spalten! Wenn einige in Glaubenssachen noch nicht ganz zur Einsicht gelangt sein sollten, so mögen sie bedenken: Ihr Hab und Gut würde mit dem Eurigen auf dem Spiel stehen, wenn sie sich von Euch trennten.

Seid dem starken, unbezweifelten Gott befohlen!

Folgt dem wahrhaft treuen Diener des Evangeliums Simpert Schenk[304], so wird Eure Sache Bestand haben. Nehmt alle Dinge im Besten auf.

Geschrieben am 10. Oktober 1530

---

304 Der aus dem Bayerischen Wertingen stammende Bürgermeistersohn Simpert (Simprecht) Schenk (geboren 1485) war zunächst Kartäusermönch und wurde 1522 Kaplan in Meilen. Nach seiner Hinwendung zur Reformation wurde er ein entschiedener

Eurer hochgeachteten Weisheit allzeit williger Diener Huldrych Zwingli

Dem frommen, hochgeachteten und weisen usw. Bürgermeister und Rat der Stadt Memmingen, seinen verehrten Herren.

Edition des Originaltexts (frühneuhochdeutsch): Z XI, Nr. 1114, 185–188
Deutscher Text: G, Nr. 45, 298–301 (übersetzt von Gottfried Willhelm Locher), kritisch überarbeitet

Bearbeitet von Ernst Saxer

Mitstreiter Zwinglis und amtete seit 1525 mit Unterbrüchen als Prediger in Memmingen, von wo aus er auch an der Berner Disputation von 1528 teilnahm.

Erklärung des christlichen Glaubens (1531) (Auszug)

EINFÜHRUNG

Luther hat zwar, ebenso wie Zwingli, die römische Lehre vom Messopfer scharf kritisiert; zugleich hat er aber auch als Reformator eine starke Abendmahlsfrömmigkeit beibehalten. Für ihn war das Abendmahl eine besondere Heilsgabe Gottes in Form einer persönlichen Zueignung des «Leibes» Christi, der für die Sünder am Kreuz «gebrochen» wurde, und damit eine wichtige Vergewisserung der Sündenvergebung an den Einzelnen. Im Streit mit Zwingli konnte er diesen Gedanken in schroffe Formulierungen fassen: «Der Mund isst den Leib Christi leiblich» im Abendmahl. So warf Luther zusammen mit den römischen Gegnern Zwinglis dem Zürcher Reformator und seinen Kollegen vor, dass nach ihm die Abendmahlsfeier lediglich eine Erinnerung an einen abwesenden Christus sei. In seinem «Entwurf» oder «Abriss» der «wahren und falschen Religion» (*Commentarius de vera et falsa religione*) von 1525 hatte Zwingli in der Tat das Abendmahl als Bekenntnismahl und als Dankesmahl der Gemeinde dargestellt. Dass Gott den Menschen in dieser Feier etwas Besonderes gibt und der Mensch etwas empfängt, kommt in dieser verbreiteten lateinischen Schrift Zwinglis kaum zum Ausdruck. In seinen späteren Schriften betonte Zwingli demgegenüber, was man bei genauem Hinsehen auch schon in früheren entdecken kann: Auch nach Zwingli ist Christus im Abendmahl gegenwärtig und stärkt dort den Glauben der feiernden Gemeinde – «gibt» ihr also etwas. Er ist es aber nicht als Mensch, sondern als Gott. Nach altem gemeinsamem christlichen Bekenntnis ist Christus ja der Mensch gewordene «Sohn Gottes», eine «Person» des Dreieinigen Gottes und damit Gott selbst. Vermittelt durch den Heiligen Geist, so Zwingli, ist er im Abendmahl gegenwärtig, aber eben nicht leiblich, sondern geistlich. Leiblich war Christus auf der Erde als Mensch Jesus von Nazaret zwischen Geburt und Tod am Kreuz. Das letztlich unfassbare Geheimnis, dass Gott ein wirklicher (und damit leibhafter, auf eine menschliche Lebenszeit begrenzter) Mensch wird und gleichzeitig doch nicht aufhört, ewiger Gott zu sein, hat die Alte Kirche mit der «Zweinaturenlehre» zu umschreiben versucht: Christus ist wahrer Mensch (er hatte eine menschliche «Natur») und wahrer Gott (er hatte die göttliche «Natur»), in einer Person unvermischt und ungetrennt. Die Reformatoren haben im Streit um die Frage, wie man sich die Anwesenheit von Christus im Abendmahl vorstellen soll, auf dieser gemeinsamen Grundlagen argumentiert.

Wie die Gemeinde das Abendmahl feiern soll, hat Zwingli in seiner Liturgie für die Zürcher Abendmahlsfeier («Aktion oder Brauch des Nachtmahls»), die an Ostern 1525 eingeführt wurde, dargelegt. In der «Erklärung des christlichen Glaubens» (*Fidei expositio*) von 1531, die der Zürcher Reformator an den französischen König Franz I. richtete, stellt er die Ordnung des Zürcher Abendmahlsgottesdiensts vor und erläutert ausführlich den «Nutzen» des Abendmahls. Die entsprechenden Passagen werden hier wiedergegeben.

TEXT
Die Gottesdienstordnung

Es folgt der Gottesdienst, wie wir ihn im Wesentlichen in Zürich, Bern, Basel und den übrigen Städten des christlichen Staats pflegen.

Zuerst wird in einer recht langen Predigt die Wohltat Gottes verkündet, die er uns durch seinen Sohn hat zukommen lassen, und das Volk wird zur Erkenntnis dieser Sache und zur Danksagung hingeleitet. Nachdem das getan ist, wird ein Tisch vor dem Chor aufgestellt, wie man ihn nennt, vor den Treppenstufen; dieser wird mit einem Tuch zugedeckt, ungesäuertes Brot wird darauf gestellt und Wein wird in Becher geschenkt. Dann tritt der Pfarrer mit zwei Dienern nach vorn; sie wenden sich alle dem Volk zu, sodass der Pfarrer oder das kirchliche Oberhaupt in ihrer Mitte steht; dabei hat er kein anderes Kleid an als das, das gewöhnlich von ehrwürdigen Männern und Dienern der Kirche getragen wird.

Dann hebt der Pfarrer mit lauter Stimme an – aber nicht in lateinischer Sprache, sondern in der Volkssprache –, damit alle verstehen, was sich abspielt: «Im Namen des Vaters und des Sohnes und des Heiligen Geistes.»
Die Diener antworten im Namen und an Stelle der ganzen Gemeinde: «Amen.»

[Kollektengebet]

Der Pfarrer: «Wir wollen beten.» Nun kniet die Gemeinde nieder. «Allmächtiger, ewiger Gott, den zu Recht alle Geschöpfe verehren, anbeten und lobpreisen als ihren Schöpfer, Urheber und Vater – gib uns armen Sündern, dass wir dieses Lob und diese Danksagung, die dein einzig geborener Sohn, unser Herr Jesus Christus, uns zur Durchführung aufgetragen hat, mit aufrichtigem Glauben vollbringen können, durch denselben unsern Herrn, Jesus Christus, deinen Sohn, der mit dir lebt und herrscht in der Einheit des Heiligen Geistes, Gott, in alle Ewigkeit.»

[Epistel]

Nun liest der Diener, der zur Linken steht: «Was nun vorgelesen wird, steht im Ersten Brief von Paulus an die Korinther, im Kapitel 11: ‹Wenn ihr nun an einem Ort zusammenkommt, so ist es nicht möglich, ein Mahl des Herrn zu essen ...› und dann weiter bis zu diesem Schluss: ‹... wenn er den Leib des Herrn nicht von gewöhnlicher Speise unterscheidet›» [1Kor 11,20–29].
Darauf antworten die Diener zusammen mit der Gemeinde: «Lob sei dem Herrn!»

[Gloria]

Der Pfarrer: «Ehre sei Gott in der Höhe.»
Der Diakon[305]: «Und Friede auf Erden.»
Subdiakon: «Den Menschen ein rechter Geist.»
Diakon: «Wir loben dich, wir preisen dich ...» und so weiter bis zum Schluss dieses Hymnus; die Diener sprechen wechselweise je einen Vers, wäh-

---

305 Der zur Rechten stehende Diener wird als Diakon bezeichnet; er liest das Evangelium. Entsprechend liest der zur Linken stehende Diener die Epistel; er entspricht dem Subdiakon.

rend die Gemeinde alles versteht und vorher dazu ermahnt wurde, dass jeder für sich in seinem Herzen das sagen soll, was gesprochen wird, und es im Angesicht Gottes und der Gemeinde überlegen soll.

Der Diakon sagt: «Der Herr sei mit euch!»

Die Diener antworten: «Und mit deinem Geist.»

[Evangelium]

Diakon: «Was jetzt vorgelesen wird, steht im Johannesevangelium im sechsten Kapitel geschrieben.»

Antwort: «Ehre sei dir, Herr.»

Diakon: «So hat Jesus gesprochen: ‹Wahrlich, wahrlich, ich sage euch: Wer glaubt, hat ewiges Leben. Ich bin das Brot des Lebens. Eure Väter haben in der Wüste das Manna gegessen ...›» und so weiter bis zu diesem Schluss: «Die Worte, die ich zu euch geredet habe, sind Geist und sind Leben» [Joh 6,47–63].

Nach diesen Worten küsst der Diener das Buch und der Pfarrer sagt: «Ehre sei Gott, der gemäss seinem Wort uns alle unsere Sünden vergeben möge.»

Die Diener antworten: «Amen.»

[Glaubensbekenntnis]

Der Pfarrer: «Ich glaube an den einen Gott.»

Diakon: «An den allmächtigen Vater, den Schöpfer von Himmel und Erde.»

Subdiakon: «Und an Jesus Christus, seinen einziggeborenen Sohn, unseren Herrn ...» und so weiter, bis zum Ende des Glaubensbekenntnisses, das man das Apostolische nennt, das die Diener wieder mit lauter Stimme wie vorher beim Hymnus «Ehre sei Gott in der Höhe» im Wechsel aufsagen.

[Abendmahlsvermahnung]

Die Einladung des Pfarrers, das Abendmahl würdig zu feiern: «Nun wollen wir, liebe Brüder, gemäss der Ordnung und der Vorgabe unseres Herrn Jesus Christus dieses Brot essen und diesen Trank trinken, denn er hat uns vorgeschrieben, dies zu tun zur Erinnerung, zum Lob und zur Danksagung dafür, dass er für uns den Tod erlitten und sein Blut vergossen hat, um damit unsere Sünden zu tilgen. Daher soll sich jeder gemäss dem Wort von Paulus prüfen und fragen, welches Vertrauen und welche Gewissheit er in unseren Herrn

Jesus Christus hat, damit sich niemand, der den Glauben nicht hat, als gläubig aufspielt und so am Tod unseres Herrn schuldig wird, und niemand die ganze Gemeinde Christi, die sein Leib ist, verachte und daher gegen diese sündigt. – Kniet daher nieder und betet»:

[Unservater]

«Unser Vater, der du bist in den Himmeln …» und so weiter bis zum Schluss.
Wenn die Diener geantwortet haben: «Amen» [Mt 6,9–13], soll der Pfarrer wiederum beten:

[Abendmahlsgebet]

«Herr, allmächtiger Gott, der du uns durch deinen Geist in der Einheit des Glaubens zu deinem einen Leib vereinigt hast, dem du geboten hast, Dir Lob und Dank zu sagen für diese Freigebigkeit und die Wohltat, dass du deinen einziggeborenen Sohn, unseren Herrn Jesus Christus, für unsere Sünden dem Tod übergeben hast, – gib, dass wir diesen deinen Befehl mit solchem Glauben erfüllen, dass wir dich, die unfehlbare Wahrheit, nicht durch irgend eine lügenhafte Heuchelei beleidigen oder erzürnen. Gib auch, dass wir so heilig leben, wie es sich für deinen Leib, deine Kinder und deine Familie ziemt, damit auch die Ungläubigen deinen Namen und deine Ehre kennenlernen. Bewahre uns, Herr, damit nicht dein Name und deine Ehre wegen der Schlechtigkeit unseres Lebens beleidigt werden. Immer beten wir, Herr, mehre unseren Glauben, das von allen Zweifeln freie Vertrauen auf dich, der du lebst und regierst, Gott, in alle Ewigkeit.»
Antwort: «Amen.»

[Einsetzungsworte]

Darauf beginnt der Pfarrer wie folgt und sagt dabei die heiligen Worte: «Der Herr Jesus hat in der Nacht, in der er verraten wurde, Brot genommen», – hier nimmt der Pfarrer das ungesäuerte Brot in die Hand – «und als er das Dankgebet darüber gesprochen, hat er es gebrochen und gesagt: ‹Nehmet, esset, das ist mein Leib, der für euch gegeben wird; das tut zu meinem Gedächtnis.›» – Hier hält der Pfarrer zugleich das Brot den Dienern hin, die um den Tisch stehen, die dieses sogleich mit Ehrfurcht annehmen und unter sich aufteilen und essen. Unterdessen fährt der Pfarrer wie folgt fort: «Desgleichen auch den Kelch nach dem Essen», – hier nimmt der Pfarrer zugleich den Becher in die Hand – «indem er dankte und sagte: ‹Trinket alle daraus; dieser Kelch ist der neue Bund in meinem Blute; das tut, sooft ihr daraus trinkt, zu meinem Gedächtnis! Denn sooft ihr dieses Brot esst und den Kelch trinkt, verkündigt ihr damit den Tod des Herrn, ihr preist ihn hoch und dankt, bis er kommt.›» [1Kor 11,23–26).

[Austeilung]

Anschliessend reichen die Diener das ungesäuerte Brot herum, und jeder nimmt sich mit seiner eigenen Hand einen kleinen Teil von dem dargebotenen Brot und gibt danach den Rest seinem Nächsten weiter. Und wenn jemand nicht mit eigener Hand das Brot anfassen will, dann teilt es ihm der Diener aus, der es herumbietet. Dann folgen die Diener mit den Abendmahlsbechern und wieder reicht einer dem anderen den Becher des Herrn.

Dabei soll Deine Majestät nicht von dieser Sitte des Annehmens und Weitergebens abgeschreckt werden. Denn es ist erwiesenermassen schon oft vorgekommen, dass zwei, die zufällig nebeneinander sassen, die jedoch schon vorher Zwist und Hass untereinander gehegt hatten, wegen dieser Teilnahme am Brot oder am Wein ihren Streit beigelegt haben.

Unterdessen liest ein anderer Diener von der Kanzel so lange aus dem Evangelium nach Johannes weiter, wie das Sakrament des Leibs und des Bluts des Herrn gegessen und getrunken wird; dabei beginnt er beim 3. Kapitel.

[Danksagung]

Wenn alle Becher zurückgebracht worden sind, beginnt der Pfarrer folgendermassen: «Kniet nieder!» Denn das Sakrament des Abendmahls essen und trinken wir im Sitzen und schweigend auf das Wort des Herrn horchend.

Wenn alle knien, beginnt der Pfarrer, wie gesagt: «Lobet, ihr Knechte des Herrn, lobet den Namen des Herrn!»
Der Diakon: «Der Name des Herrn sei gelobt von nun an bis in Ewigkeit!»
Der Subdiakon: «Vom Aufgang der Sonne bis zu ihrem Niedergang ...» [Ps 113,1–9]. Und so schliessen sie wiederum im Wechselgesang diesen Psalm [Ps 113] ab, von dem die Juden sagen, er sei von ihren Vorfahren jeweils nach dem Essen aufgesagt worden.

Danach ermahnt der Pfarrer die Gemeinde mit folgenden Worten: «Seid euch bewusst, liebe Brüder, was wir gemäss dem Befehl Christi jetzt zusammen getan haben. Wir haben nämlich durch diese Danksagung, die wir im Glauben vollbracht haben, bezeugt, dass wir erbärmliche Sünder sind, dass wir aber durch den Leib und das Blut Christi, die er für uns dahingegeben und vergossen hat, gereinigt und dadurch auch vom ewigen Tod erlöst sind. Wir haben bezeugt, dass wir Brüder sind. Dies wollen wir daher auch in der Liebe, im Glauben und in der gegenseitigen Achtung erfüllen. Also wollen wir den Herrn bitten, dass wir seinen bitteren Tod so tief im Herzen bewahren, dass wir zwar täglich an unseren Sünden sterben, uns aber auf alle Tugenden so abstützen und aus der Gnade und dem Geschenk seines Geistes so stark werden, dass der Name des Herrn in uns geheiligt, der Nächste aber geliebt und unterstützt wird. Der Herr erbarme sich unser und segne uns! Er möge sein Angesicht über uns leuchten lassen und sich unser erbarmen! Amen!»

[Dankgebet]

Der Pfarrer betet weiter: «Wir danken dir, Herr, für alle deine Gaben und Wohltaten, der du lebst und regierst, Gott, in alle Ewigkeit. Amen!»

[Entlassung]

Der Pfarrer: «Gehet hin im Frieden. Amen!» Danach geht die Gemeinde auseinander.

Hier siehst Du, mutigster König, dass dabei, was das Wesen angeht, nichts von dem fehlt, was für das gerechte und apostolische Feiern des Abendmahls benötigt wird. Was fehlt, ist nur das, was Verdacht erregt, es sei durch die Habsucht hinzugefügt worden.

Wenn sich nun jemand beschwert, dass wir nicht eine neue Ordnung gebrauchen dürfen, auch wenn einiges bei der Messe irrig ist? Wenn wir das wagten, so wäre das nicht andres, als wenn einer in einem Königreich oder in einer Stadt die öffentlichen Gesetze vernachlässigte und für sich selbst private Gesetze festlegte; indem er fortan nach diesen lebte, stürzte er die übrigen ins Durcheinander und in den Streit. Daher würden wir zu Recht Ketzer genannt; allenfalls könnten Irrlehren eine Zeitlang nach dem Vorbild der Apostel geduldet werden, bis ein öffentlicher Rat der Kirche etwas anderes festlegt [vgl. Apg 15,1–34; Gal 2,1–10]. – Der soll doch, ich bitte ihn, einmal einsehen, dass es einen gewaltigen Unterschied gibt zwischen Gesetzen von Staaten und Städten und den göttlichen Gesetzen, nämlich der Freiheit der Wahrheit und des Glaubens und dem Recht der Kirche. Denn was auch immer menschliche Gesetze befehlen, trägt nur zur Einhaltung und zur Ordnung äusserlicher Dinge bei; aber was das göttliche Gesetz vorschreibt, bindet das Gewissen so, dass es, sobald es den göttlichen Willen verstanden hat, sich selbst durch sein eigenes Urteil verdammt, wenn es nicht zustimmt und gehorcht. Denn durch das Gesetz kommt Erkenntnis der Sünde [Röm 3,20]. Und je mehr das Gewissen merkt, dass es gegen den Heiligen Geist sündigt, umso weniger kann es sich beruhigen und die Beleidigung seines Schöpfers hinnehmen. Unter der Leitung des Heiligen Geistes haben wir gelernt, dass es ein einziges Opfer gibt und dass dieses vom einzigen Sohn Gottes erbracht wurde. Wenn wir dies einmal den Rangältesten der Kirchen vorgelegt haben, damit das, was irrig ist, berichtigt wird, diese jedoch mehr und mehr gegen die Wahrheit nicht nur kämpfen, sondern geradezu gegen sie wüten, dann darf die Macht des Papstes, die er durch Gewalt an sich gebracht hat, niemanden mehr daran hindern, die Wahrheit in Schutz zu nehmen und die Beleidigung des Gottessohns aus dem Weg zu räumen. Denn, zum Henker, was wäre das für eine Begründung, einen solchen Papst in der Kirche zu behalten, der das, wodurch die Kirche steht und besteht, nicht verehrt? Die Kirche aber besteht durch ihren Glauben an Gott, gemäss seinem Wort. Wenn jener also nicht an das Wort Gottes glaubt, wie kann er da die Kirche lenken?

Kann der Glaube ausserdem nicht nach dem Willen der Menschen wachsen oder stagnieren? Wenn der Herr doch gesagt hat: «Alles nun, was ihr wollt, dass es euch die Menschen tun, das sollt ihr auch ihnen tun» [Mt 7,12] – darf man da noch zögern, das als Gesetz anzunehmen? Darf man nicht warten, bis die Mächtigen meinen, es müsse jetzt angenommen werden? Dabei bezieht sich dieses Gesetz gewiss nur auf menschliche Angelegenheiten – während es eine Gottesbeleidigung ist, wenn man den Sohn Gottes opfern will. Als Letztes: Es ist das Recht der Kirche, nach der Eingebung des Heiligen Geistes zu glauben und zu leben, gemäss den Worten des Apostels Paulus: «Den Geist löschet nicht aus!» [1Thess 5,19]. Wer hat nicht unverzüglich den Blödsinn des Ablasses zum Teufel gejagt, sobald er eingesehen hat, dass er erstunken und erlogen ist? Der Glaube wartet nicht auf das Urteil eines anderen, sondern er besteht aus sich selbst heraus. Wenn er daher diese schweren Beleidigungen gegen den Gottessohn sieht, dann fühlt er, dass sie nicht zu ertragen sind, sondern dass sie abgeschafft oder vertrieben werden müssen, sobald man die erste Gelegenheit dazu ergreifen kann.

Indem man bei uns die päpstlerische Messe nicht mehr besucht hat, ist sie überflüssig geworden und abgeschafft worden. Denn da das Volk nach der

Erkenntnis des Irrtums davonlief, haben die Opferpriester zum Teil Angst davor gehabt, zum Teil aber sich vor dem Ansturm des Volks gefürchtet. So wurde die Messe zuerst nicht mehr besucht, sodass wir uns notwendigerweise nach einer einfachen und christlichen Ordnung umsehen mussten.

Als das so weit war, hat unser Stadtrat eine Disputation mit uns und den römischen Bischöfen angeordnet. Als deren Gelehrte gekommen waren, sagten sie, sie könnten über eine so schwierige Sache nicht ausserhalb eines Konzils beraten (danach haben sie dann aber mit höchster Bestechlichkeit drei Jahre später die Badener Disputation selbst ausgeschrieben). Nachdem also unser Rat angehört hatte, was auf beiden Seiten aus der Heiligen Schrift und den Kirchenvätern vorgebracht wurde, beschloss er, dass niemand gezwungen werden dürfe, die Messe zu lesen oder sie anzuhören. Als darauf die Römischen wieder mit Bestechung operierten, sah man sich genötigt, doch mit noch grösserer Härte vorzugehen; so wurde der hochgeschätzte Stadtrat zum Beschluss gezwungen, dass in alle Ewigkeit in unserer Stadt niemand mehr die Messe nach päpstlerischer Manier feiern solle, es sei denn, er weise aus der Heiligen Schrift nach, dass dies die richtige Weise sei, sie zu feiern.

Nun, so wurde die päpstlerische Messe abgeschafft und das Abendmahl eingeführt. Unserem Beispiel folgten in Deutschland viele Fürsten, Adelige, Völker, Städte und überall auf der ganzen Welt unzählige Priester, Mönche, Behörden und Privatpersonen. Also ist bei uns nichts gegen die Vernunft getan worden, nichts gegen die Autorität des Wortes Gottes, denn auf dieses gestützt stehen wir unerschrocken gegen alle Beleidigungen, gewiss, dass derjenige, der von uns ausgeht, tapferer ist, welcher Macht auch immer er gegenübersteht. Aber lassen wir damit die Messe Messe sein. Um Deine Majestät nicht zu langweilen, will ich nun zu einem anderen Thema übergehen.

Edition des Originaltexts (lateinisch): Z VI/V, Nr.181, 1–163, hier 94–108
Deutscher Text: S, 132–175, hier 150–154 (übersetzt von Ernst Saxer) und ZS IV, 281–361, hier 316–324 (übersetzt von Andreas Beriger), kritisch überarbeitet

Bearbeitet von Peter Opitz

TEXT
Die Gegenwart Christi im Abendmahl und was die Sakramente vermögen

Die Gegenwart des Leibes Christi im Abendmahl

Das andere, was ich mir hier darzulegen vorgenommen habe, ist dies: Im Abendmahl wird der natürliche und wesenhafte Leib Christi, mit dem er hier litt und jetzt in den Himmeln zur Rechten des Vaters sitzt, nicht der Natur oder dem Wesen nach gegessen, sondern allein geistlich. So ist es nicht nur sinnlos und dumm, sondern auch gottlos und beleidigend, was die Päpstler gelehrt haben: Der Leib Christi werde so von uns gegessen, wie er in seiner Begrenzung, Eigentümlichkeit und Beschaffenheit war, als er geboren wurde, gelitten hat und gestorben ist.

Als Erstes steht nämlich dies fest: Christus hat den wahren Menschen angenommen, bestehend aus Leib und Seele, genau wie wir, ausser der Neigung zur Sünde. Daraus ergibt sich: Alle Eigenschaften, mit denen er ausgestattet war und die zur Eigentümlichkeit eines Leibes gehören, sind in seinem Leib aufs wahrhafteste da. Denn was er wegen uns angenommen hat, stammt von uns, damit er ganz unser ist, wie wir vorhin gesagt haben. Daraus folgen unwiderlegbar zwei Dinge: einmal, dass die Eigenschaften unseres Leibes auch diejenigen des Leibes Christi sind; und weiter, dass alles, was im Leib Christi vorhanden ist und was zur Beschaffenheit eines Leibes gehört, auch in unseren Leibern vorhanden ist. Denn wenn etwas, das zur Beschaffenheit und Eigentümlichkeit des Leibes gehört, in seinem Leib da wäre und in unserem fehlte, könnte es scheinen, als ob er ihn nicht um unseretwillen angenommen hätte. Aber für wen dann, da doch kein anderes leibliches Wesen ausser dem Menschen für die ewige Seligkeit empfänglich ist? Daher kommt das, was wir früher gesagt haben, dass Paulus unsere Auferstehung aus derjenigen Christi und diejenige Christi aus der Unsrigen beweist.[306] Denn wie könnte sonst die Schlussfolgerung bestehen, wenn er sagt: «Wenn Tote nämlich nicht auferweckt werden, dann ist auch Christus nicht auferweckt worden» [1Kor 15,16]? Da Christus Gott und Mensch ist, würde jeder sofort Paulus antworten: Theologe, du irrst! Denn der Leib Christi kann und muss wohl auferstehen (er ist ja

---

306 Zwingli verweist auf den hier nicht abgedruckten Teil der «Erklärung des christlichen Glaubens», nämlich «Christus, der Herr» (Z VI.V, S. 71f; ZS IV, S. 299f). Ein ähnlicher Gedankengang befindet sich in der «Ersten Berner Predigt» (vgl. oben S. 216f.)

mit der Gottheit verbunden); unsere Körper aber, die nicht mit der göttlichen Natur verbunden sind, haben nicht dieselbe Fähigkeit. Die Begründung von Paulus hat aber ihre Kraft darin: Was Christi Leib an Beschaffenheiten und Eigentümlichkeiten besitzt, besitzt er als unser Urbild für uns und ist so der Unsrige, sodass folgt: Ist der Leib Christi auferstanden, so werden auch unsere Leiber auferstehen. Auferstehen wir, dann ist auch Christus auferstanden. Aus diesen Quellen hat Augustin, die Säule der Gottesgelehrtheit, geschöpft, als er sagte, der Leib Christi müsse an einem Ort im Himmel sein wegen der Beschaffenheit eines wahren Leibes, und wiederum: «Der Leib Christi, der von den Toten auferstanden ist, muss an einem [und nur einem] Ort sein.»[307] Christi Leib ist darum genauso wenig an verschiedenen Orten wie die Unsrigen. Das ist nicht unsere Lehre, sondern die des Apostels [Paulus], Augustins, ja überhaupt unserer Religion, die auch dann, wenn wir keine [weiteren] Zeugen hätten, uns lehrt, dass Christus in allem uns ähnlich geworden ist (unseretwegen hat er diese Hinfälligkeit angenommen) und der Gestalt nach, d. h. nach seinen Eigenschaften und Eigentümlichkeiten, wie ein Mensch geworden ist [vgl. Phil 2,7]. Damit, o Zierde der Könige, glaube ich, Dir kurz dargestellt zu haben, wie sehr man uns Unrecht tut, wenn man uns in Bezug auf das Sakrament des Abendmahls als Ketzer verleumdet, obschon wir nie auch nur ein Wort gelehrt haben, das wir nicht aus den heiligen Schriften oder Lehrern [der Kirche] genommen hätten.

Ich komme auf mein Vorhaben zurück. Da durch diese Begründung, die sich auf die Heilige Schrift stützt, feststeht, dass der Leib Christi naturgemäss, eigentlich und wahrhaft an einem Ort sein muss, ausser wir stellten dumm und gottlos die dreiste Behauptung auf, auch unsere Leiber seien an verschiedenen Orten, ist den Gegnern bereits abgerungen, dass der Leib Christi seinem Sein nach als er selbst naturgemäss und wahrhaft zur Rechten Gottes sitzt, sodass die, welche Gegenteiliges lehren,[308] Christus vom Himmel und vom angestammten Thron herabzerren. Denn alle Gelehrten haben den Lehrsatz, in dem einige zu behaupten gewagt hatten, Christi Leib sei wie die Gottheit überall gegenwärtig, als verwerflich und gottlos beurteilt. Was nicht von Natur unendlich ist, kann nicht überall sein; was unendlich ist, ist zugleich ewig. Die Menschheit Christi ist nicht ewig, also auch nicht unendlich. Wenn sie nicht

---

307 Zwingli zitiert hier Augustin nicht direkt, sondern aus dem römischen Kirchenrecht (*Corpus Iuris Canonici*, De consecratione, dist. 2, cap. 44), wo auf Augustins «Kommentar zum Johannesevangelium», Traktat 30 Bezug genommen wird.
308 Nämlich die römisch-katholischen Theologen und Luther.

unendlich ist, kann sie nicht zugleich nicht-endlich sein. Ist sie endlich, kann sie nicht allgegenwärtig sein. Doch lassen wir dies; wir haben es nur herangezogen, damit die philosophische Schlussfolgerung nicht fehlt, falls Du, o König, Dich jemals damit befassen solltest, und gehen nun zu den eindeutigen Zeugnissen der Heiligen Schrift über.

Wir haben schon vorher genügend klargemacht, dass alles, was in den Büchern der Heiligen Schrift über Christus steht, sich auf den ganzen und ungetrennten Christus bezieht, und doch so, dass leicht erkannt werden kann, auf welche Natur etwas zu beziehen ist, und dennoch Christus nicht in zwei Personen geteilt wird, obschon jeder Natur das Ihre zugelegt wird. Zwei Naturen zu haben, hebt die Einheit der Person nicht auf, wie das beim Menschen deutlich ist.[309] Und zugleich werden die Naturen nicht vermischt. Auch wenn [manchmal] der Menschheit [Christi] etwas zugesprochen wird, was zu seiner Gottheit gehört, und umgekehrt seiner Gottheit, was zu seiner Menschheit gehört. Weder verliert deshalb die Gottheit etwas von ihre Wesensart, noch wird dadurch die Menschheit in die Gottheit verwandelt. Das soll nun durch Schriftzeugnisse deutlicher gemacht werden.

«Und sie gebar ihren ersten Sohn und legte ihn in eine Krippe.» [Lk 2,7] Dass Christus, der Gott und Mensch ist, von der Jungfrau [Maria] geboren wurde, leugnet niemand aufgrund der Einheit der Person. Wir urteilen und heissen es deshalb gut, dass sie zu Recht Gottesgebärerin, *theotokos*, genannt wird.[310] Dennoch hat allein [Gott] der Vater seine göttliche Natur gezeugt; wie auch beim Menschen die Mutter den Leib hervorbringt, die Seele aber allein Gott, [und] man dennoch sagt, der Mensch werde von den Eltern gezeugt. Ferner ist in gleicher Weise der Satz, dass er in die Krippe gelegt worden ist, er, der doch Himmel und Unterwelt erfüllt und erhält, [allein] auf die Menschheit zu beziehen. Dennoch ist es nicht unangemessen, wenn dieses Geborenwerden

---

309 Der Mensch besteht aus Leib und Seele, was nach damaligem Verständnis zwei verschiedene Substanzen (Naturen) waren. Im Übrigen argumentiert Zwingli hier auf dem Boden der «orthodoxen» Zweinaturenlehre, wie sie am Konzil von Chalzedon 451 formuliert worden war: Man versuchte das Geheimnis auszudrücken, dass Christus sowohl (wahrer) Gott als auch (wahrer) Mensch war indem man die Begriffe «Natur» und «Person» verwendete: in ihm vereinigen sich «zwei Naturen», die göttliche und die menschliche; und doch ist er nur eine «Person». Der Streit, wie man sich die Gegenwart Christi im Abendmahl vorstellen soll, wurde von allen mit diesen Begriffen ausgetragen.

310 Als Titel Marias im Konzil von Ephesus 431 anerkannt.

und Hineingelegtwerden dem ganzen Christus zugesprochen wird, wegen der Verbindung und Vereinigung der zwei Naturen zu einer Person.

«Er wurde in den Himmel emporgehoben» [Lk 24,51] Dies ist ebenfalls im Grunde auf die Menschheit bezogen, auch wenn sie nicht ohne die Gottheit emporgehoben wurde; Letztere hob empor, Erstere wurde emporgehoben, denn [ein menschlicher Leib] bleibt ja, wie gesagt, immer begrenzt; denn sonst wäre er keine wahre Menschheit mehr; [Gottheit] aber ist immer unendlich und unbegrenzt, und deshalb wechselt sie nicht von einem Ort zum anderen, sondern bleibt immer und aus sich selbst heraus dieselbe.

«Ich bin bei euch alle Tage bis an der Welt Ende.» [Mt 28,20] Dies ist im Grunde auf die Gottheit bezogen; die Menschheit ist zum Himmel emporgehoben worden.

«Ich verlasse die Welt wieder und gehe zum Vater.» [Joh 16,28] Die Wahrheit selbst erzwingt es, dies im Grunde, ja naturgemäss in Bezug auf die Menschheit zu verstehen. Es ist Gott, der so spricht, daher muss wahr sein, was er sagt. Welche Natur in ihm verlässt also die Welt? Nicht die göttliche; sie bewegt sich nicht weg von einem Ort, weil sie von keinem Ort umschlossen wird. So muss die menschliche gemeint sein. Wenn diese die Welt verlassen hat, verstehe darunter, o König, dass sie es in Bezug auf ihre natur- und wesenhafte und örtliche Gegenwart getan hat. Sie ist also nicht hier. Daher wird von uns [im Abendmahl] der Leib Christi nicht der Natur oder dem Wesen nach [als Leib] gegessen und erst recht nicht räumlich messbar, sondern allein sakramental und geistlich.

«Ich bin nicht mehr in der Welt.» [Joh 17,11][311] Dieser Satz ist deutlich und vertreibt jede Unklarheit: Christus ist also nicht seiner menschlichen Natur nach oder mit wesenhafter und leiblicher Gegenwart in der Welt zu erwarten, sondern allein geistlich und sakramental.

«Ihr Leute aus Galiläa, was steht ihr da und schaut hinauf zum Himmel? Dieser Jesus, der von euch weg in den Himmel aufgenommen wurde, wird auf dieselbe Weise wiederkommen, wie ihr ihn in den Himmel habt auffahren sehen.» [Apg 1,11] An dieser Stelle sehen wir deutlich, dass er von den Jüngern weg in den Himmel aufgenommen wurde; er ist also weggegangen und ist nicht hier. Aber auf welche Weise ist er weggegangen? Leiblich, der Natur nach und so wie er dem Wesen der Menschheit nach wahrhaft ist. Wenn [der Engel] spricht: «Er wird so kommen», dann bedeutet das «leiblich, der Natur und dem Wesen nach». Aber wann wird er so kommen? Nicht wenn die Kirche das Mahl

311   Zwingli zitiert diesen Bibelvers zusätzlich griechisch.

feiert, sondern wenn über sie durch ihn am Ende der Welt Gericht gehalten werden wird. Eine Lehre, die behauptet, der Leib Christi werde im Mahl leiblich, der Natur und dem Wesen nach und sogar räumlich messbar gegessen, läuft also unserem Glauben zuwider, weil sie weit weg von der Wahrheit ist, und darum gottlos und glaubenswidrig.

Ich denke, angesichts Deiner Klugheit und Urteilsfähigkeit [o König] wird bereits dieses Wenige zu der Erkenntnis genügen, dass das Wort des Herrn uns zwingt zu überlegen, auf welche Art der Leib Christi im Mahl da sei. Eben diesen Gegenstand haben wir sonst schon in vielen, an viele verschiedene Empfänger gerichteten Büchern behandelt, ja Oekolampad[312] und ich haben deswegen langwierige Kämpfe geführt; und dies alles zu wiederholen wäre ermüdend. Aber die Wahrheit trägt den Sieg davon und setzt sich jeden Tag mehr und mehr durch! Sobald ich erläutert habe, was geistliches und was sakramentales Essen bedeutet, will ich dieses Thema verlassen.

Den Leib Christi «geistlich» essen bedeutet nichts anderes, als sich mit Geist und Gemüt auf die Barmherzigkeit und Güte Gottes durch Christus zu verlassen, d. h. mit unerschütterlichem Glauben dessen gewiss zu sein: Gott wird uns um seines Sohnes willen, der ganz unser geworden ist, sich für uns opferte und die göttliche Gerechtigkeit mit uns versöhnte, die Vergebung der Sünden und die Freude des ewigen Lebens schenken. Denn was könnte er uns vorenthalten, wenn er seinen eigenen Sohn dahingegeben hat? [vgl. Röm 8,32]

Den Leib Christi «sakramental» essen bedeutet, wenn wir diesen Ausdruck im eigentlichen Sinn gebrauchen, in Verbindung mit der Feier des Sakraments mit Geist und Gemüt den Leib Christi essen. Ich will Deiner Erhabenheit, o König, wirklich alles klar vor Augen stellen. Du isst den Leib Christi geistlich, wenn auch nicht sakramental, sooft sich deine Seele fürchtet: Wie kannst du gerettet werden? Du sündigst täglich, obschon Du doch täglich dem Tode entgegeneilst. Nach diesem Leben kommt ein anderes; denn wie könnte die Seele, mit der wir hier begabt sind, ausgelöscht werden, wo sie doch um das Zukünftige bekümmert ist? Wie könnte sich so viel Licht und Wissen in Finsternis und Vergessen wandeln? Da es nun für die Seele ein ewiges Leben gibt, welches wird dann meiner armen Seele beschieden sein? Ein glückliches oder ein elendes? Ich will mein Leben erkunden und befragen, welches von beiden es verdient hat, ein glückliches oder unglückliches! – Hier wirst Du von Schrecken ergriffen werden, wenn Du siehst, wie viel Du von dem vollbracht hast, was wir Menschen aus Gelüsten und Begierde zu tun pflegen, sodass Du, was

---

312 Zu Johannes Oekolampad, dem Freund und Mitstreiter Zwinglis vgl. S. 254, Anm. 297.

Deine Gerechtigkeit und Unschuld angeht, Dich aus eigenem Urteil der ewigen Glückseligkeit unwürdig erklärst und an ihr völlig verzweifelst.

Da wirst Du, wie ich sagte, dann Deine bange Seele so trösten: «Gott ist gut; wer gut ist, muss gerecht, aber auch barmherzig oder zumindest im Urteil angemessen sein. Denn Gerechtigkeit ohne Angemessenheit im Urteil[313] oder Barmherzigkeit ist das grösste Unrecht; Barmherzigkeit ohne Gerechtigkeit ist Gleichgültigkeit [und führt zu] Zügellosigkeit und Auflösung jeder Ordnung. Da Gott gerecht ist, muss seiner Gerechtigkeit für meine Vergehen Genugtuung geleistet werden. Da er barmherzig ist, muss dies so geschehen, dass ich nicht die Zuversicht auf die Vergebung verliere. Für beides habe ich als untrügliches Pfand seinen eingeborenen Sohn, unseren Herrn Jesus Christus, den er uns aus Barmherzigkeit gegeben hat, damit er unser sei. Er hat sich dem Vater für uns zum Opfer dargebracht und damit dessen ewige Gerechtigkeit zufriedengestellt, sodass wir der Barmherzigkeit und der Sühne für unsere Sünden gewiss sind, die durch niemand anderen als seinen eigenen Sohn, den er uns aus Liebe geschenkt hat, vollbracht ist.» Damit wirst Du deine Seele, die aus Furcht und Verzweiflung weder aus noch ein weiss, mit Zuversicht erfüllen: «Was betrübst du dich, meine Seele? Gott, der allein Seligkeit gibt, ist dein und du bist sein. Denn da du sein Werk und Geschöpf bist, durch [deine] Bosheit aber verloren gegangen, hat er seinen Sohn zu dir gesandt und ihn dir gleich gemacht – ausser in Bezug auf die Sünde. Nun darfst du es in vollem und berechtigtem Vertrauen auf einen solchen Bruder und Bundesgenossen wagen, auch die ewige Seligkeit zu verlangen, wie wenn es dein gutes Recht wäre. Welcher böse Geist soll mich noch erschrecken und mir Angst vor ihm einjagen, wenn mir dieser Helfer beisteht? Wer kann mir rauben, was Gott selbst geschenkt und wofür er als Pfand und Bürgen seinen Sohn gegeben hat?» Ich sage nun: Wenn Du Dich so mit Christus tröstest, dann isst Du auch geistlich seinen Leib, d. h. Du hältst im Vertrauen auf seine für Dich angenommene Menschheit allen Pfeilen der Verzweiflung stand.

Wenn Du nun aber zum Mahl des Herrn kommst mit diesem geistlichen Essen und dem Herrn Dank sagst für eine solche Wohltat, für die Befreiung Deiner Seele, durch die Du von der Verzweiflung erlöst bist, und für das Pfand, wodurch Du der ewigen Seligkeit gewiss bist, und nun zugleich zusammen mit den Brüdern an Brot und Wein, die symbolisch der Leib Christi sind, Anteil

---

313 Im Lateinischen steht *aequitas*: Zwingli spielt auf das römische Sprichwort an, *Summum ius, summa iniuria*: Das höchste [aber ohne Rücksicht auf die Betroffenen durchgesetzte] Recht ist das grösste Unrecht.

hast, dann isst Du im eigentlichen Sinne sakramental, wenn Du nämlich innerlich dasselbe tust, was Du äusserlich ausführst, wenn [also] das Gemüt durch denselben Glauben gespeist wird, den Du äusserlich bezeugst.

Dass sie im uneigentlichen Sinn sakramental essen, sagen wir von denjenigen, die das sichtbare Sakrament oder Symbol zwar öffentlich essen, in sich aber keinen Glauben haben. Mit ihrem Essen ziehen sie das Urteil, d. h. die Strafe Gottes, auf sich, und zwar deswegen, weil die den Leib Christi, d. h. das ganze Geheimnis der Fleischwerdung und des Leidens und Sterbens, und ebenso die Kirche Christi selbst nicht so hoch schätzen, wie es die Frommen zu Recht tun. [vgl. 1Kor 11,29] Der Mensch soll sich prüfen, bevor er am Mahl [vgl. 1Kor 11,28] teilnimmt, d. h. sich selbst erkunden und fragen, ob er Christus als Sohn Gottes und als seinen Befreier und Retter so kennt und angenommen hat, dass er sich auf ihn als den untrüglichen Urheber und Spender des Heils stützt. [Der Mensch muss sich auch besonders fragen], ob er sich freut, ein Glied jener Kirche zu sein, deren Haupt Christus ist. [vgl. Eph 1,22; 5,23] Wenn er sich dann aber unredlich, als ob er diesen Glauben besässe, mit der Kirche im Mahl verbindet: Ist er dann nicht schuldig an Leib und Blut des Herrn [vgl. 1Kor 11,27]? Nicht etwa, weil er [den Leib und das Blut Christi] natürlich oder leiblich gegessen hätte, sondern indem er der Kirche fälschlicherweise bezeugt hat, dass er geistlich esse, obwohl er nie geistlich gekostet hat? Von solchen Menschen muss gesagt werden, dass sie nur sakramental essen, nämlich von den Symbolen der Danksagung zwar Gebrauch machen, aber den Glauben nicht haben. Dadurch werden sie härter verdammt als die übrigen Ungläubigen, die das Mahl Christi nicht kennen; diese aber geben vor, es zu kennen. Wer heuchlerisch das Mahl feiert, sündigt doppelt, durch Unglauben und Frechheit, während die Ungläubigen im blossen Unglauben wie Unwissende zugrunde gehen.

Weiter ist unter uns schon eine längere Zeit heftig darüber gestritten worden, was die Sakramente oder die Symbole im Mahl bewirken oder vermögen. Einige beharren darauf, dass die Sakramente den Glauben schenken, den Leib Christi der Natur nach herbringen und bewirken, dass er gegenwärtig gegessen werde;[314] wir lehren hier [in Einklang] mit dem Stifter [der Sakramente] etwas anderes. Als erstes: Den Glauben, d. h. das Vertrauen auf Gott, schenkt allein der Heilige Geist, kein äusserliches Ding. Die Sakramente mögen zwar einen Glauben bewirken, aber nur einen Geschichtsglauben. Alle Jubiläumsfeiern, Siegestrophäen, ja auch Denkmäler und Statuen bewirken einen Geschichts-

---

314 So kann Luther im Streit mit Zwingli argumentieren.

glauben, d. h. sie erinnern daran, dass sich einmal ein Ereignis abgespielt hat, das nun neu vergegenwärtigt wird, so wie bei der Passafeier der Juden oder der Feier des Schuldenerlasses bei den Athenern;[315] oder sie erinnern an einen an dieser Stelle errungenen Sieg wie der Stein der Hilfe.[316] In einem solchen Sinn erzeugt das Abendmahl Glauben: Es weist deutlich darauf hin, dass Christus geboren worden ist und hat leiden müssen. Aber wen weist es darauf hin? Den Gläubigen und Ungläubigen gleicherweise. Was das Sakrament vermag, ist allen das Leiden Christi anzuzeigen, ob sie es nun annehmen oder nicht! Dass [Christus] aber *für uns* gelitten hat, das hingegen zeigt es nur den Gottesfürchtigen und Gläubigen an. Niemand weiss oder glaubt nämlich, dass Christus für uns gelitten hat, ausser der, den der Heilige Geist innerlich gelehrt hat, das Geheimnis der göttlichen Güte zu erkennen. Denn der allein nimmt Christus auf. Vertrauen auf Gott gibt nur der Heilige Geist. Denn niemand kommt zu Christus, es sei denn, es ziehe ihn der Vater [vgl. Joh 6,44]. So beseitigt auch Paulus diesen Streit mit einem Wort, indem er sagt: «Es prüfe sich jeder, und dann soll er vom Brot essen und aus dem Kelch trinken.» [1Kor 11,28] Da also ein Mensch seinen Glauben erkunden soll, bevor er herzutritt, kann es ja nicht sein, dass der Glaube im Mahl gegeben wird; er muss dasein, *bevor* Du hingehst.

Zweitens: Wir haben dem Irrtum der Gegner widerstanden, als sie behaupteten, mit diesen Symbolen, Brot und Wein, werde der Leib Christi seiner Natur nach herbeigebracht, da die Worte «Dies ist mein Leib» [1Kor 11,24] dies vermöchten und bewirkten. Denn dem steht nicht nur das entgegen, was wir vorhin über die Worte Christi ausgeführt haben, die verneinen, dass sein Leib weiterhin in der Welt sein werde [vgl. Joh 16,28], sondern auch, dass jene Worte, wenn sie das wirklich vermöchten, ja den zum Leiden bestimmten Leib Christi herbrächten. Denn als er diese Worte sprach, hatte er noch einen sterblichen Leib; und so hätten die Apostel auch den sterblichen gegessen. Denn er hatte nicht zwei Leiber, von denen einer unsterblich und unempfindlich, der andere sterblich gewesen wäre. Wenn also die Apostel den sterblichen gegessen hätten, welchen würden *wir* dann essen? Auch wir den sterblichen. Aber nun ist unsterblich und unvergänglich, was früher sterblich gewesen war. Wenn wir also jetzt den sterblichen ässen, hätte er wiederum einen Leib, der sterblich

---

315 Annullierung aller Hypothekarschulden und Befreiung von Schuldsklaverei durch den athenischen Staatsmann Solon bei seinem Amtsantritt 594 v. Chr.
316 Wohl Anspielung auf 1Sam 7,12, wo der «Eben-Ezer», d. h. Stein der Hilfe, als Zeichen des Siegs über die Philister aufgerichtet wurde.

und unsterblich zugleich ist. Da dies nicht möglich ist, weil er nämlich nicht zugleich sterblich und unsterblich sein kann, müsste folgen, dass er zwei Leiber hätte: einen sterblichen, den wir ebenso wie die Apostel ässen, und einen unsterblichen, der zur Rechten Gottes sitzt und nicht von dort weggeht. Es sei denn, wir wollten sagen, die Apostel hätten den sterblichen Leib gegessen, wir aber den unsterblichen; wie unsinnig das ist, sieht jeder ein.

Schliesslich haben wir den Gegnern widerstanden, als sie behaupteten, der der Natur und dem Wesen nach gegenwärtige Leib Christi werde gegessen, was der Glaube selbst verbietet. Als Petrus bei dem wunderbaren Fischfang die Gegenwart der göttlichen Kraft in Christus spürte, sagte er: «Geh weg von mir, Herr, denn ich bin ein sündiger Mensch. Denn er und alle mit ihm erschraken über den Fang, den sie getan hatten.» [Lk 5,8f] Und wir sollten das Verlangen haben, ihn selbst der Natur nach zu essen wie Menschenfresser? Wie wenn jemand seine Kinder so liebte, dass er sie verschlingen oder verzehren wollte! Werden nicht diejenigen als die fürchterlichsten unter allen Menschen beurteilt, die Menschenfleisch verzehren? – Der Hauptmann sagte: «Herr, es steht mir nicht zu, dich in mein Haus zu bitten ...» [Mt 8,8] Und von ihm hat Christus selbst bezeugt, er habe in ganz Israel keinen solchen Glauben gefunden [vgl. Mt 8,10]. Je grösser und heiliger also der Glaube ist, desto mehr hat er genug daran, Christus geistlich zu essen, und je besser dies ihn sättigt, desto mehr schreckt sein gläubiges Gemüt vor dem leiblichen Essen zurück. Die dienenden Frauen, die den Leib Christi pflegten, wuschen und salbten ihn, sie assen ihn nicht [vgl. Mk 14,3; Lk 7,38, Joh 11,2]. Der edle Ratsherr Joseph [von Arimathia] und der heimliche Jünger Nikodemus bewahrten ihn mit Gewürzen, leinenen Tüchern und dem Grab, aber sie haben ihn nicht der Natur nach gegessen.

Was die Sakramente vermögen[317]

All diese Schwierigkeiten lehren uns deutlich, o König, weder der Taufe noch dem Abendmahl unter dem Schein der Frömmigkeit etwas zuzuschreiben,

---

317 Zwingli verwendet hier den Ausdruck *virtus* (wörtlich: «Kraft»). Die *virtus* bzw. *virtutes sacramentorum* waren seit der Alten Kirche ein wichtiges Thema der Dogmatik. Da Zwingli den traditionellen Begriff zwar nicht ersetzt, den Sakramenten aber gerade keine gnadenvermittelnde «Kraft» zuschreibt, übersetzen wir hier *virtus* mit «Vermögen».

wodurch Glaube und Wahrheit gefährdet werden. Was nun? Vermögen etwa die Sakramente nichts? Im Gegenteil, sie vermögen Vieles.

Erstens: Es sind heilige und verehrungswürdige Dinge, da sie ja vom obersten Priester Christus selbst eingesetzt und empfangen worden sind. Er selbst hat die Taufe nicht nur eingesetzt [vgl. Mt 28,19], sondern auch selbst empfangen [vgl. Mt 3,13–17]. Er selbst hat das Abendmahl nicht nur zu feiern befohlen [vgl. 1Kor 11,24–25], sondern auch als erster gefeiert [vgl. Mt 26,26–29].

Zweitens: Sie geben Zeugnis von einem geschehenen Ereignis. Alle Gesetze, Sitten und Einrichtungen machen ihre Urheber und Anfänge bekannt. Wenn daher die Taufe Tod und Auferstehung Christi zeichenhaft bekanntmacht, müssen diese Ereignisse wahrhaft geschehen sein.

Drittens: Sie stehen anstelle jener Dinge, die sie anzeigen und woher sie auch ihre Namen erhalten. Das Vorbei- oder Vorübergehen Gottes, wodurch [Gott] die Kinder Israels verschonte, kann nicht sichtbar vorgeführt werden, aber das [Passa-]Lamm wird stattdessen als Symbol jenes Ereignisses hingestellt [vgl. Ex 12,3–14]. Da auch der Leib Christi und alles, was [Christus] in ihm getan hat, nicht vor Augen geführt werden kann, werden stattdessen Brot und Wein zum Essen hingestellt.

Viertens: Sie zeigen hochwichtige Dinge an. Entsprechend der Wertschätzung einer Sache steigt auch der Wert des Zeichens dieser Sache, sodass dann, wenn es sich um eine grosse, kostbare und herrliche Sache handelt, auch das Zeichen jener Sache umso mehr geschätzt wird. Der Ring Deiner Gattin Leonora Augusta[318], mit dem sich Deine Majestät mit ihr verlobte, wird von ihr nicht entsprechend dem Goldpreis eingeschätzt; er übersteigt jeden Preis, obwohl er seiner Substanz nach Gold ist. Als das Zeichen des königlichen Gemahls ist er für sie jetzt auch der König aller Ringe, sodass sie dann, wenn sie ihren Schmuck mit Namen nennt und beurteilt, zweifellos sagt: «Dies ist mein König», d. h. dies ist der Ring meines königlichen Gatten, wodurch er mich mit sich vermählt hat; er ist das Symbol einer unzertrennlichen Gemeinschaft und Treue. So sind Brot und Wein Symbole jener Freundschaft, wodurch Gott durch seinen Sohn mit dem menschlichen Geschlecht versöhnt worden ist. Wir schätzen sie deshalb nicht nach ihrem materiellen Wert, sondern nach der Herrlichkeit der damit bezeichneten Sache, sodass es jetzt allerdings kein gewöhnliches Brot mehr ist, sondern ein heiliges, und nicht nur Brot genannt wird, sondern auch Leib Christi, ja sogar der Leib Christi ist, aber der Benen-

---

318 Franz I. hatte 1530 Eleonore von Kastilien geheiratet.

nung und Bedeutung nach, was die neueren Theologen «sakramental» nennen.[319]

Fünftens: Bei allen Sakramenten ist eine Analogie zwischen Symbolen und bezeichneter Sache vorhanden. Im Abendmahl gibt es eine doppelte Analogie: Die eine bezieht sich auf Christus. Wie nämlich das Brot das menschliche Leben erhält und stärkt und der Wein den Menschen fröhlich macht, so erneuert, erhält und erfreut Christus die aller Hoffnung beraubte Seele. Denn wer könnte noch länger in Verzweiflung verharren, wenn er sieht, dass der Sohn Gottes der Seine geworden ist? Wenn er ihn wie einen Schatz, der ihm nicht entrissen werden und durch den er beim Vater alles erlangen kann, in der Seele festhält? – Die andere [Analogie] bezieht sich auf uns. Wie nämlich das Brot aus vielen Körnern gemacht wird und der Wein aus vielen Trauben zusammenfliesst, so wird der Leib der Kirche durch das eine Vertrauen in Christus, das aus dem einen Geist herkommt, aus unzähligen Gliedern zu einem Leib zusammengefügt und errichtet, damit er ein wahrer Tempel und Leib sei, in dem der Heilige Geist wohnt. [vgl. 1Kor 12,12–30; 3,16]

Sechstens: [Die Sakramente] bringen dem Glauben Unterstützung und Hilfe. Dies leistet vor allem das Abendmahl. Du weisst, o König, wie unser Glaube immer auf die Probe gestellt und angefochten wird; der Teufel schüttelt uns nämlich [zusammen] mit den Aposteln wie den Weizen im Sieb [vgl. Lk 22,31]. Mit welcher List tut er das? Durch Verrat in uns selbst; er bemüht sich, mit unserem Leib durch den Ansturm der Begierden auf unsere Sinne uns zu erobern, wie man eine Mauer an einer alten baufälligen Stelle mit Leitern erstürmt. Wenn aber die Sinne durch anderes angesprochen werden, anstatt ihm ihr Ohr zu leihen, gelingt sein Plan schon weniger gut. In den Sakramenten verweigern nun die Sinne nicht nur dem Teufel ihr Gehör, sondern werden auch vom Glauben ergriffen, sodass sie als dessen Mägde nichts anderes tun, als was der Glaube als [ihr] Herr tut und befiehlt; sie helfen also dem Glauben. Aber ich will offen sprechen. Im Abendmahl werden die vier stärksten, ja alle Sinne von den Begierden des Fleischs gleichsam befreit und erlöst und dazu gebracht, dem Glauben zu gehorchen. Das Gehör, indem es nicht das Konzert der Saiten und den Zusammenklang verschiedener Stim-

---

319 Zwingli nimmt damit den Ausdruck auf, der sowohl für das römische Sakramentsverständnis als auch für dasjenige Luthers zentral ist, erläutert ihn aber in seinem Sinn. Wie nur wenige reformatorische Zeitgenossen hatte Zwingli als Schrifttheologe stets darauf hingewiesen, dass eine kirchliche Lehre von den «Sakramenten» wenig Anhalt an den biblischen Texten hat.

men, sondern die himmlische Stimme hört: «Denn so hat Gott die Welt geliebt, dass er den einzigen Sohn gab.» [Joh 3,16] Darum sind wir hier als Brüder, um für diese Grosszügigkeit uns gegenüber zu danken. Wir tun dies zu Recht auf Befehl seines Sohnes selbst, da er ja ganz kurz vor seinem Tod diese Danksagung eingesetzt hat, um uns ein immerwährendes Gedenkzeichen und Pfand seiner Liebe zu hinterlassen. Er hat Brot genommen, Dank gesagt, es gebrochen und den Jüngern gegeben und dabei diese heiligen Worte mit seinem allerheiligsten Mund gesprochen: «Dies ist mein Leib.» Ebenso hat er auch den Kelch genommen, usw. [vgl. 1Kor 11,23–25]. Wenn das Gehör dies aufnimmt, wird es dann nicht ganz ausser Fassung sein und voll Bewunderung für jenes eine, das gepredigt wird, wenn es Gott hört, von seiner Liebe hört, dass [nämlich] der Sohn für uns dem Tode übergeben worden ist? Aber wenn es gespannt darauf hört, tut es dann nicht dasselbe wie der Glaube? Denn der Glaube verlässt sich durch Christus auf Gott. Wenn das Gehör sich auf dasselbe richtet, dann dient es dem Glauben und bereitet ihm mit seinen schwankenden Vorstellungen und Bestrebungen keine Schwierigkeiten mehr. Wenn das Sehvermögen das Brot und den Kelch sieht, die anstelle Christi stehen, um seine Güte und seinen Charakter anzuzeigen, gehorcht dann nicht auch dieses dem Glauben? Denn es schaut Christus, den die Seele, durch dessen Schönheit entzündet, herzlich liebt, wie wenn er vor Augen stünde. Der Tastsinn nimmt das Brot in die Hand, das ja der Bedeutung nach nicht Brot, sondern Christus ist. Der Geschmacks- und Geruchssinn werden ebenfalls angesprochen, um zu schmecken, wie gütig der Herr ist und wie selig der ist, der ihm vertraut. [vgl. Ps 34,9] So wie [also die Sinne] durch die Speise erfreut und angeregt werden, frohlockt und jauchzt die Seele, wenn sie diesen lieblichen Geschmack der himmlischen Hoffnung schmeckt. Die Sakramente helfen also der Betrachtung des Glaubens. Sie vereinigen sich mit den Bestrebungen des Gemüts, was ohne die Feier der Sakramente nicht in dem Masse und nicht in dieser Harmonie geschehen würde. In der Taufe werden Seh-, Gehör- und Tastsinn in den Dienst des Glaubens gestellt. Denn der Glaube, entweder der der Kirche oder der des Täuflings, erkennt Christus als den, der für seine Kirche den Tod auf sich genommen hat, auferstanden ist und triumphiert hat. Ebendies kann man in der Taufe hören, sehen und fühlen. Die Sakramente sind also gleichsam Zügel, mit denen die in ihre eigenen Wünschen abschweifenden Sinne zurückgerufen und zurückgehalten werden, damit sie dem Gemüt und dem Glauben zu Diensten sind.

Siebtens: Die Sakramente stehen anstelle eines Eids. Denn im Lateinischen wird auch das Wort «Sakrament» anstelle von «Eid» gebraucht. Die, welche ein und dieselben Sakramente brauchen, werden ein und dasselbe Volk und gleichsam eine heilige geschworene Gemeinschaft; sie kommen zusammen in einem Leib und einem Volk; und wer es verrät, ist eidbrüchig. Wenn also das Volk Christi durch das sakramentale Essen seines Leibes zu einem Leib vereinigt wird, und trotzdem ein Ungläubiger in diese Gemeinschaft einzudringen wagt, dann begeht er Verrat am Leibe Christi, an dessen Haupt und Gliedern, weil er nicht unterscheidet, d. h. dem Leib Christi nicht die gebührende Hochschätzung erweist, weder dem für uns dahingegebenen Leib noch dem, der durch seinen Tod befreit worden ist [vgl. 1Kor 11,27–28] Denn wir sind ein Leib mit ihm.

Ob wir wollen oder nicht, wir müssen also erkennen, dass diese Worte «Dies ist mein Leib, usw.» [1Kor 11,24] nicht der Natur nach oder im wörtlichen Sinn zu verstehen sind, sondern symbolisch, sakramental, abgeleitet oder metonymisch[320], sodass «Dies ist mein Leib» dann heisst «Dies ist das Sakrament meines Leibes» oder «Dies ist mein sakramentaler oder mystischer Leib», was bedeutet: «ein sakramentales oder stellvertretendes Symbol jenes [Leibes], den ich wahrhaft angenommen und dem Tode unterworfen habe.» Aber es ist nun Zeit, weiterzufahren, um nicht die Kürze zu vergessen und so Deine Majestät zu beleidigen. Was wir schon gesagt haben, steht aber so fest, o tapferster König, dass es bisher niemand auch nur ins Wanken bringen konnte, obwohl es schon viele zu widerlegen versucht haben. Deswegen mögest Du nicht schwankend werden, wenn Leute, die mit der Zunge schneller sind als mit der [Begründung durch die] Schrift, unsere Lehre als gottlos verschreien. Sie rühmen sich dessen zwar in anmassenden, aber leeren Worten; sobald man zur Sache selbst kommt, sind sie leerer als eine abgezogene Schlangenhaut.[321]

Edition des Originaltexts (lateinisch): Z VI/V, Nr.181, 1–163, hier 140–162
Deutscher Text: S, 132–175, hier 166–175 (übersetzt von Ernst Saxer) und ZS IV, 281–361, hier 345–361 (übersetzt von Andreas Beriger), kritisch überarbeitet

Bearbeitet von Peter Opitz

320 Eine rhetorische Stilfigur, bei der ein Ausdruck nicht in seiner wörtlichen Bedeutung verwendet wird, sondern in einem übertragenen Sinn; dabei muss allerdings zwischen der wörtlich und der im übertragenen Sinn bezeichneten Sache eine Beziehung bestehen. Zwingli nennt als Beispiel die Verwendung des Worts «Mose» für das Alte Testament.
321 Redewendung aus der Sprichwortsammlung des Erasmus (Adagia 1,1,26).

Briefe aus dem Kappeler Feldlager
(11. und 16. Juni 1529)

EINFÜHRUNG

Anzeichen für einen drohenden Bruderkrieg innerhalb der Eidgenossenschaft gab es schon früh. Im April 1524 schlossen sich die «altgläubigen» Orte Luzern, Zug, Uri, Schwyz und Unterwalden in Beckenried zu einem Sonderbund zusammen, der sich gegen Zürich richtete und dem sich Freiburg i. Ü. anschloss. Die Forderung nach einem Ausschluss Zürichs aus der Tagsatzung wurde laut. Im «Ittinger Handel» wenige Monate später (vgl. unten Anm. 331) stand Zürich alleine gegen die gesamte übrige Eidgenossenschaft da. Ende Juni 1524 lud der Habsburger Ferdinand von Österreich, Bruder und späterer Nachfolger von Kaiser Karl V., die «altgläubigen» geistlichen und weltlichen Fürsten des süddeutschen Raums nach Regensburg ein, mit dem Ziel der konsequenten Umsetzung des «Wormser Edikts», der Unterdrückung der Reformationsbewegung. Umgekehrt gehen Zwinglis erste militärischen Überlegungen wohl auf diesen Zeitraum zurück («Empfehlung zur Vorbereitung auf einen drohenden Krieg», vgl. Z III, 539–583). In einem zunehmend konfliktgeladenen politischen Klima in der Eidgenossenschaft gaben dann mehrere Ereignisse in den Jahren 1528 und 1529 den Ausschlag zum unblutigen Ersten Kappelerkrieg. Zuerst unterstützte Unterwalden aufständische «altgläubige» Bauern im Berner Oberland mit Truppen, was ein Verstoss gegen das Stanser Verkommnis von 1481 war. Zur gleichen Zeit sollte turnusgemäss ein Unterwaldner Landvogt sein Amt in der Gemeinen Herrschaft Baden antreten. Es wurde befürchtet, dass dieser die dortige Bevölkerung, die mehrheitlich zur Reformation übergegangen war, gewaltsam unterdrücken würde. Um die Installation des Innerschweizer Landvogts zu verhindern, zog Zürich als evangelische Schutzmacht Truppen zusammen. Es ging nicht darum, einen Konflikt zu provozieren, sondern man wollte die rechtliche Anerkennung der Reformation erlangen, bevor ein katholischer Vogt die Ausbreitung der neuen Lehre behindern konnte. Ähnliche Fragen stellten sich im St. Galler Handel. Der neugewählte Abt Kilian Germann der grosse Gebiete verwaltenden Fürstabtei St. Gallen, die unter der gemeinsamen Schirmherrschaft von Zürich, Luzern, Schwyz und Glarus stand, bat nach seiner Wahl sogleich die altgläubigen Schirmorte für die Durchsetzung seiner Fürstabtrechte um Hilfe, während ein grosser Teil seiner Untertanen, die sich unterdessen für die Reformation ausgesprochen hatten, Zürich als Schirmort anriefen. Aus theologischen Gründen verweigerte die Stadt dem Abt die Anerkennung. Ein Geistlicher sei gemäss der Bibel nicht zur Ausübung eines weltlichen Herrschaftsamts befugt und habe deshalb keine Obrigkeitsrechte. Zürich war gewillt, den Abt als Statthalter zu akzeptieren, unter der Bedingung, dass er den Mönchsstand verliess, was dieser wiederum ausschlug. In dieser hektischen, von zähem diplomatischen Ringen um eine friedliche Lösung geprägten Zeit nahm Schwyz den evangelischen Pfarrer Jakob Kaiser gefangen. Dessen Verurteilung und Verbrennung als Ketzer brachte das Fass zum Überlaufen. Zürich erklärte den Fünf Inneren Orten den Krieg und marschierte in Kappel auf.

Die beiden Briefe aus dem Feldlager geben Einblick, wie sich Zwinglis reformatorische Grundüberzeugung in seinem politischen Denken niederschlug. Er setzte sich nicht für die gewaltsame Ausbreitung der Reformation ein, sondern für die Freigabe der biblischen Predigt, wobei sich mit dieser der evangelische Glaube von selber durchsetzen würde, so Zwinglis Hoffnung. Die Mobilisierung der Truppen diente dabei als Machtdemonstration. Sie sollte der Forderung Nachdruck verleihen, dass die freie Glaubenswahl in den Gemeinen Herrschaften im gesamteidgenössischen Recht zu verankern sei. Der Krieg könnte verhindert werden, wenn die Fünf Orte die Bedingungen, die Zürich diktierte, annehmen würden. Diese waren, wie Zwingli selbst zugab, aus taktischen Gründen schroff formuliert, denn er wollte um jeden Preis das vorzeitige Nachgeben verhindern. Er drängte darauf, den Inneren Orten konkrete Zugeständnisse abzuringen, ansonsten würde man ihnen nur Zeit geben, sich für einen künftigen Militärschlag gegen die evangelischen Orte besser zu formieren. Aber das mit Zürich verbündete Bern reagierte zögerlich: Der Rat war zweigeteilt, die Friedenspartei unter der Führung von Niklaus Manuel hatte gegenüber der zürichfreundlichen Partei die Oberhand. Da sich auch sonst die Lust auf einen Bruderkrieg in Grenzen hielt, wurden nicht Zwinglis Vorschläge übernommen, sondern stark abgeschwächte Forderungen an die Fünf Orte formuliert. Der Ruf Zürichs nach freier Predigt in der ganzen Eidgenossenschaft wurde in eine Bitte umgewandelt und Zwinglis wesentlichstes Anliegen, nämlich die Abschaffung der Pensionen und Bestrafung der Anführer, auf die lange Bank geschoben. Auch die Zukunft der Fürstabtei St. Gallen blieb in der Schwebe. Die Fünf Orte nahmen am 25. Juni die abgeschwächten Bedingungen an und der Erste Kappeler Landfriede wurde geschlossen. Damit wurde das Bündnis der Inneren Orte mit Ferdinand von Österreich aufgelöst, in den Gemeinen Herrschaften durften die Kirchgemeinden über die Annahme der Reformation abstimmen und die Fünf Orte mussten eine Kriegsentschädigung bezahlen. Die Beilage, die Zwingli zum ersten Brief schrieb, wird hier nicht abgedruckt, da es sich dem Sinn nach um eine Wiederholung der vier Punkte handelt, die Zwingli schon im Brief beschreibt.

TEXT
Erster Brief

Zwingli an Bürgermeister, kleine und grosse Räte zu Zürich. Lager bei Kappel, 11. Juni 1529

Gnade und Friede von Gott.
Hochgeachtete, weise, gnädige, liebe Herren!
Ich bin in fortwährender Sorge um den gegenwärtigen Lauf der Dinge, die weder verantwortungslos behandelt noch vernachlässigt werden dürfen. Darum fand ich es stets notwendig, ernsthaft zu reden und zu handeln, damit diese beklagenswerte, sündhafte Zeit in etlichen Belangen verbessert werde und das rechtschaffene, gläubige Volk bei Gottes Wort bleibe. Vor einiger Zeit habe ich deshalb dem Geheimen Rat[322] dargelegt, dass er an meinem scharfen Predigen nicht Anstoss nehmen solle, denn ich war sicher, dass dies nicht zu

---

322 Der Geheime Rat, der sich aus Bürgermeistern, Mitgliedern der Räte und je nach Fall weiteren Verordneten und Beratern (oftmals Huldrych Zwingli) zusammensetzte, hatte ursprünglich die Aufgabe, die anderen Räte zu entlasten. Ihm oblagen in Kriegs- oder Krisenzeiten die dringenden Angelegenheiten der Finanz- und Aussenpolitik. Er war also keine ständige aussenpolitische Behörde, sondern trat nur in Bedarfsfällen zusammen.

Krieg oder Blutvergiessen, sondern dazu führen würde, dass Pensionen[323] und Unrecht beseitigt werden. Dennoch ist es nach Gottes Willen zu einem Auszug der Truppen in den Krieg gekommen, der [aber], wie ich hoffe, ohne Blutvergiessen zur Ehre Gottes und der ehrenhaften Stadt Zürich ausgetragen wird. Nun bin ich besorgt und fürchte, dass ihr euch wegen der guten Worte, der vorteiligen Erwägungen und Erläuterungen zu einem Frieden überreden lässt, der letztlich schlimmer ist als der Krieg. Darum bitte ich ernsthaft, dass ihr meinen Vorschlag in dieser Sache annehmen werdet.

Das Volk in den Fünf Orten[324] ist zum grössten Teil durch Bestechungsgelder verdorben worden, ist zum grössten Teil ohne Kenntnis der göttlichen Wahrheit und will diese auch nicht kennenlernen; nur ein kleiner Teil hängt der Wahrheit an. So ziehen nun die Pensionenherren die Unwissenden an sich, stacheln sie an und unterdrücken mit ihnen jene, die der Wahrheit anhangen. Deshalb war ich immer dafür, dass man ohne zu zögern und energisch gegen die «Pensiöner» durchgreife, damit die Unwissenden nicht verführt und die Gläubigen nicht unterdrückt würden. Denn durch freundliches Entgegenkommen werden diese etwa so nachgiebig wie der Wolf angesichts der Sanftmut des Lämmleins, er wird nur immer gefrässiger.[325] Ich ersann darauf immer die heftigsten Ratschläge, mit denen sie abgeschreckt werden könnten, aber zum Besten der Sache billige ich sehr wohl auch Milde, die mit Gott ist, wie Euer Ehren hoffentlich gesehen habt, als ich [noch] bei euch war. Ich habe damals meinen Ratschlag zu einer erfolgreichen Durchführung des Kriegs am Morgen unseres Auszugs zuerst Herrn Walder[326] gezeigt, danach Meister Leo Jud[327] und, damit nichts versäumt würde, Herrn Hauptmann Berger[328]; denn sobald

---

323 Dabei handelt es sich um Jahrgelder, die ausländische Herrscher an Einzelpersonen oder an Obrigkeiten bezahlten, um politischen Einfluss auszuüben und ausländischen Kriegsherren den Zugang zu den begehrten Schweizer Söldnern zu ermöglichen.

324 Die Fünf Orte (Luzern, Uri, Schwyz, Unterwalden und Zug) bildeten als politischer Block den Kern der antireformatorischen Kräfte in der Eidgenossenschaft.

325 Zwingli nimmt Bezug auf die *Fabel* I,1 des römischen Dichters Phaedrus. Darin bringt der Wolf, von Hunger angetrieben, falsche Anschuldigungen gegen das Lamm vor. Dieses weist die Vorwürfe freundlich zurück, aber wird trotzdem vom Wolf gefressen. Die Fabel entlarvt diejenigen, die Unschuldige aus erfundenen Gründen unterdrücken.

326 Heinrich Walder (gest. 1542), Bürgermeister in Zürich.

327 Zu Leo Jud vgl. im Brief an Thomas Wyttenbach oben S. 109, Anm. 75.

328 Jörg Berger (gest. 1533), war Mitglied im Kleinen Rat und hatte im Ersten Kappeler Krieg das Kommando der Hauptmacht. Berger war bekannt als tüchtiger Offizier

die «Pensiöner» von unseren Plänen erfahren hätten, hätten sie alle Flussübergänge versperrt, sodass niemand mehr hätte übersetzen können.[329] Meine Vorschläge umfassen die vier folgenden Punkte:

Der erste Punkt: [Es soll verlangt werden,] dass die Fünf Orte Gottes Wort nach Massgabe des Alten und Neuen Testaments frei predigen lassen sowie alle Bündnisse, die sie dagegen eingegangen sind, kündigen und die Bündnisbriefe zurückfordern. Es soll ihnen jedoch nicht befohlen werden, die Messe, die Heiligenbilder [mit ihrem Kult] sowie andere Zeremonien abzuschaffen, denn Gottes Wort wird den Staub mit Leichtigkeit wegblasen.

Begründung dieses Artikels: Wenn man sagt, das sei etwa so, wie wenn man einen Irren dazu zwingen wolle, bei klarem Verstand zu sein, stimmt das [natürlich] nicht. Denn so lange sie Gottes Wort weder hören noch bei sich haben wollen, werden wir keine Ruhe vor ihnen haben. Das ist auch ein Zeichen dafür, dass sie die Pensionen nicht abschaffen wollen; denn alle, die nicht «Pensiöner» sind, ertragen es gut, dass Gottes Wort verkündet wird.

Der zweite Punkt: [Es soll verlangt werden,] dass sie die Pensionen für immer verbieten und zwar im gleichen Mass und in gleicher Weise wie unsere Herren.[330]

Begründung: Die Pensionen sind die Ursache dieser und aller Zwietracht in der Eidgenossenschaft. Mit dem Pensionenwesen kann sich keine [geordnete] Herrschaftsgewalt erhalten.

Der dritte Punkt: [Es soll verlangt werden,] dass in den Fünf Orten die Haupturheber und die Austeiler der Pensionen an Leib und Gut gestraft werden.

Begründung: Wenn das nicht geschieht, würden Leute in alle Zukunft sehen, wie jene grosse Vermögen anhäufen und auch in einem Rechtsstreit nicht gestraft werden können, sodass sie die Köpfe recken und weitermachen. Deshalb muss im Blick auf die begangenen Missetaten und um künftige zu verhindern, ein Exempel statuiert werden.

Der vierte Punkt: [Es soll verlangt werden,] dass sie unseren Herren eine angemessene Kriegssteuer zahlen.

---

und selbstständiger Anhänger Zwinglis.
329 Die Berner lagerten links der Reuss bei Aarau. Die Truppen hatten die Anweisung, das eigene Gebiet nur zu verlassen, wenn die Zürcher angegriffen würden.
330 Bestrebungen, die Annahme von Pensionen zu verbieten, gab es in der Eidgenossenschaft seit Langem. Der Zürcher Rat suchte das Pensionenverbot seit 1522 konsequent durchzusetzen.

Lager der Truppen beider Seiten in der Gegend von Kappel im Juni 1529

Begründung: Denn unsere Herren haben ihnen im Ittinger Handel[331] 4000 Gulden ausgehändigt, obwohl die Schwyzer den Anlass zu jenem Aufruhr gegeben haben. Auch zum jetzigen Truppenauszug haben die [Fünf] Orte den Anlass gegeben.

Dies sind die Punkte, die ich vorschlage und mit denen ein Frieden gemacht werden könnte; [dazu gehörte] das eidliche Versprechen, solches nicht mehr zu tun etc., jedermann in Ruhe zu lassen etc., nicht Rache zu üben etc., wie das in Urfehden üblicherweise enthalten ist.

Als wir nun ins Feldlager kamen, hat mich der Herr Hauptmann [Jörg Berger] vor den Abgeordneten aufgefordert, meine Vorschläge darzulegen. Diese haben ihnen gefallen und sie haben einige Beratungen, bei denen ich auch dabei war, und Beschlüsse dementsprechend gestaltet.

Ihr, unsere Herren, habt uns auf den heutigen Tag eine Antwort zum Begehren der Schwyzer sowie die Kopie [eines Briefs] unserer christlichen Mitbürger von Bern zugeschickt. Aus letzterer Kopie entnehme ich, dass unsere Eidgenossen von Bern über unsere Vorhaben, die nur hier im Heerlager besprochen wurden, noch nicht informiert sind; sie befinden sich eben nicht so nahe an den Orten des Geschehens wie ihr und erfahren deshalb über viele Dinge nichts Genaues. Darum sollte euch ihr Schreiben nicht allzu sehr bekümmern. Zum einen denken sie, die Streitsache sei wegen der Vögte von Unterwalden entstanden. Dabei war nicht das der Grund, sondern der, dass kein Beschluss zur Einstellung der Feindseligkeiten, wie in Baden[332] gefasst, geholfen hat, und dass sie [die Fünf Orte] euch immer wieder angefeindet haben und euch mit der Tagsatzung zu Waldshut[333] weiter angehen wollten.

331 Der «altgläubige» Landvogt liess am 18. Juli 1524 in Stammheim im Auftrag der Tagsatzung den evangelisch gesinnten Pfarrer Ulrich Oechsli wegen dessen Bilderentfernungen gefangen nehmen. Die lokale Bevölkerung wollte ihn befreien, konnte die Knechte des Landvogts aber nicht mehr einholen. Der Zorn entlud sich am nahegelegenen Kloster Ittingen, wobei Klosterschätze geraubt und andere Dinge zerstört wurden. Trotz der Beschwörung Zwinglis lieferte der Rat von Zürich die für die Gegend verantwortlichen Untervögte Reutimann und Wirth und dessen Söhne nach Baden ans Hochgericht aus. Das Versprechen, die Gefangenen nur wegen ihrer allfälligen Mitverantwortung für die Klosterplünderung («Ittingersturm») zu belangen, wurde gebrochen und die Untervögte Reutimann und Wirth sowie der Pfarrer Hans Wirth wegen Aufruhr und Ketzerei hingerichtet.
332 Die betreffenden eidgenössischen Tagsatzungen zu Baden hatten in den Tagen nach dem 5. April und dem 7. Mai 1529 stattgefunden.
333 Auf den 8. Juni 1529 hatten die Fünf Orte ein Treffen in Waldshut angesetzt, bei dem auch Österreich als Verbündeter der Innerschweizer erwartet wurde.

Weiter wissen sie [die Berner] nicht, dass uns in dieser Streitsache bis zum 9. Juni niemand den Rechtsweg vorgeschlagen hat. Dafür ist es aber zu spät (das sagen auch die christlichen Rechte), da das Unrecht so gross war, dass es nun den guten Richter zu Vergeltung und Strafe genötigt hat. Rund um die Sache ist noch vieles zu bedenken. Aber gnädige, liebe Herren, seid nur tapfer und standhaft, [auf] dass es uns daran nicht mangle, dann werden wir alle Dinge mit Gottes Hilfe so aus dem Graben ziehen, dass sie Gottes und die Ehre beider Städten viele hundert Jahre verkünden werden. Das versteht folgendermassen:

Unsere Eidgenossen und christlichen Mitbürger von Bern halten aufrichtig am Artikel, der den Glauben betrifft und die Auflösung der Ferdinandischen Vereinigung verlangt, fest. So sollte Eure Weisheit nun zusehen, dass ihr unerschrocken auf der Abschaffung der Pensionen beharrt. Denn damit können wir zu Einigkeit im Glauben und im Regieren gelangen und haben besser Krieg geführt als je irgendwelche Leute. Lasst euch nicht dadurch beirren, dass man sagt, wenn man die Pensionen antastet, werden sich unsere Eidgenossen von Solothurn von der Sache zurückziehen.[334] Denn am Anfang wurde von unseren Eidgenossen von Bern Ähnliches gesagt, aber Gott fügte es anders. Das kann aber nicht erreicht werden ohne tapferes Beharren und Durchhalten. Das wollen wir ohne Zweifel auch getreulich tun. Ihr braucht euch um uns nicht sorgen, denn das Volk ist aufrichtig und anständig, freundlich mit anderen und treu. Ausgenommen einige schwarze Rösser[335], die sind schwarz wie in Zürich, aber sie müssen den Wagen an keine andere Stelle ziehen als es der löblichen Stadt Zürich Ehre bringt, wenn Gott will. Darum lasst uns streng und beherzt sein, seid ihr weise, unerschrocken und standhaft, wir werden jedenfalls nichts verderben. So bringen wir mit Gottes Hilfe Einigkeit und einen ehrlichen Frieden zustande.

Als wir uns einstimmig vornahmen, gegen den Feind zu ziehen, ohne zu brandschatzen oder zu töten, handelten wir allein nach den vorher genannten Artikeln, um Unrecht abzutun und die Eintracht zu mehren. Darum seid standhaft im Herrn und furchtlos. Ich hoffe, Gott wird die Eidgenossenschaft wieder aufrichten. Das geschieht aber nur, wenn ihr eindringlich auf der Abschaffung der Pensionen beharrt. Dann werdet ihr sehen, dass das Evangelium übermächtig ist; nur die «Pensiöner» stören alles. Seid dagegen eine eherne Mauer und fasst mein schlichtes Ermahnen im Guten auf. Ich denke,

---

334 Solothurn nahm in diesem militärischen Konflikt eine Vermittlungsstellung ein.
335 Zwingli dachte wahrscheinlich an Pensionennehmer, die er auch in Zürich noch vermutete.

es steht mir zu, wie meine Vorfahren zu reden: Bleibt standhaft in der Pensionenfrage. Der hochgeachtete und weise Ammann [Äbli] von Glarus hat mir berichtet, dass ihm, unterwegs auf dem Ritt zu den Fünf Orten, das Volk arg in den Ohren gelegen sei [mit dem Wunsch], man möge bei den Fünf Orten doch erreichen, von den Pensionen abzulassen.
Gott sei mit euch.
Gegeben am 11. Juni 1529.
Eurer Weisheit allezeit williger Diener Huldrych Zwingli.

[Auf der Rückseite:] Den redlichen, umsichtigen, ehrenwerten, weisen Bürgermeister, Kleinen und Grossen Räten der Stadt Zürich, seinen gnädigen, lieben Herren.

Edition des Originaltexts (frühneuhochdeutsch): Z X, Nr. 855, 152–157

Übersetzt und bearbeitet von Judith Engeler

TEXT
Zweiter Brief

Zwingli an Bürgermeister und Rat von Zürich. Lager bei Kappel, 16. Juni 1529

Gnade und Friede von Gott zuvor.

Gnädige, weise etc., liebe Herren. In diesem Augenblick kommen unsere Boten wieder und ich merke, was Sache ist: Schöne Worte geben, bitten und betteln. Aber lasst euch nicht beirren und vom Gejammer beeindrucken, sondern überlasst es uns, wie stets zuvor mit Ernst zu handeln, den Vorteil nicht preiszugeben und auf den fruchtbarsten Frieden zu drängen. Denn niemand kann freundlichere Worte sprechen als diese Leute, aber sobald wir aus dem Feld wären, kämen sie in einem Monat hinter uns her und bekriegten uns. Seid ihr unerschrocken, wir werden nichts verderben.

Darum lasst die 6000 Gulden nicht ausliefern, die ihr dem Abt untersagt habt, aber die die Stadt St. Gallen den Fünf Orten geben will.[336] Ihr seid im

336 Kilian Germann, von 1529 bis zu seinem Tod 1530 Abt des Klosters St. Gallen, war nach Meersburg geflüchtet. Die Stadt St. Gallen wollte unter Bürgschaft Zürichs die

Recht, denn der erwähnte Abt ist landesflüchtig geworden, er ist allgemein verhasst und vogelfrei. Tut um Gottes willen etwas Tapferes! Ich will euch bei meinem Leben nicht irreführen oder etwas verheimlichen, man kann nicht alles schriftlich mitteilen. Bleibt standhaft in Gott, gebt nichts auf das Gejammer, bis das Recht durchgesetzt ist.

Gott sei mit euch. In Eile, 16. Juni. Im Lager um 1 [Uhr]. 1529. Eurer hochgeachteten Weisheit allezeit williger Huldrych Zwingli.

[Adresse:] Den redlichen, umsichtigen, ehrenwerten, weisen Herren Bürgermeister und Räten und dem Grossen Rat der Stadt Zürich, seinen gnädigen, lieben Herren.

Edition des Originaltexts (frühneuhochdeutsch): Z X, Nr. 855 und 858, 152–157 und 164f.

Übersetzt[337] und bearbeitet von Judith Engeler

dem Abt zustehende Summe ausliefern, wogegen sich Zwingli aussprach.
337 Ich danke Herrn Dr. Hans Ulrich Bächtold für seine philologische Beratung. Für eine weitere Übersetzung des Briefs vgl. Gottfried W. Locher in: Günter Gloede (Hg.): Reformatorenbriefe: Luther, Zwingli, Calvin/unter Mitarbeit v. Hans-Ulrich Delius, Gottfried W. Locher, Neukirchen-Vluyn, 1973, Nr. 35, S. 276–280.

«Herr, nun selbst den Wagen halt!» – Liedtext (1525/1529)

EINFÜHRUNG

Der Friedensvertrag von Kappel, der die Freigabe der evangelischen Predigt in den Gemeinen Herrschaften und die Auflösung des Bündnisses der Inneren Orte mit Ferdinand von Österreich vorsah, blieb weit hinter dem zurück, was Zwingli für die Erneuerung von Volk und Kirche in der Eidgenossenschaft als notwendig ansah. Er bezweifelte, dass ein solcher Friede von Dauer sein konnte. Seine pessimistische Stimmung spiegelt sich im Volkslied «Herr, nun selbst den Wagen halt!», das er noch im Feldlager des Ersten Kappelerkriegs gedichtet hat. Der hochmusikalische Zwingli komponierte dazu einen vier- wie einen fünfstimmigen Satz. Im Gebet mit dem Akrostichon[338] «Herr Gott hilf» bat der Reformator um Gottes Beistand im Kampf gegen die Feinde des Evangeliums, hob die bedrängte Lage der Kirche hervor und betete für die Einheit der Christen.

Der Verlauf der Geschichte bestätigte Zwinglis Bedenken. Die Verurteilung der Protestanten auf dem Augsburger Reichstag 1530 deutete darauf hin, dass die Evangelischen im Deutschen Reich gewaltsam bekämpft würden. Anfang 1531 kamen in Zürich Gerüchte auf, dass die Fünf Orte wieder heimlich in Verbindung mit Österreich stünden. Die Innerschweizer ihrerseits sahen mit Bangen auf den Machtzuwachs von Zürich, da sich in den Gemeinen Herrschaften die Reformation zu grossen Teilen durchgesetzt hatte. Die Spannungen nahmen zu, als Gian Giacomo Medici, der Kastellan von Musso, im März 1531 ins Veltlin einfiel, das von den «Drei Bünden»

---

338 Akrostichon (griech. für «Versspitze») bezeichnet ein Gedicht, in dem die Anfangswörter bzw. -buchstaben der Strophen ein Wort oder einen Satz ergeben.

verwaltet wurde. Die Inneren Orte schickten trotz Bündnispflicht keine Truppen, für Zwingli sah dies nach dem Beginn eines Mehrfrontenkriegs aus. Einem solchen wollte man durch sofortigen Angriff zuvorkommen. Die Burgrechtsstädte lehnten den Krieg ab, beschlossen aber entgegen dem Ratschlag Zwinglis eine Lebensmittelsperre gegen die Fünf Orte. Diese erklärten den Krieg. Uneinigkeit und Missverständnisse mit dem verbündeten Bern führten dazu, dass am 11. Oktober 1531 in Kappel schlecht vorbereitete Zürcher auf eine grosse Überzahl Innerschweizer trafen. Die Evangelischen wurden vernichtend geschlagen, Zwingli selbst starb auf dem Schlachtfeld. Der anschliessende Zweite Landfriede legte fest, dass die Orte in ihrem Gebiet die Religionshoheit haben, während in den Gemeinen Herrschaften die reformierten Gemeinden bei ihrem Glauben bleiben oder zum «alten» Glauben zurückkehren durften. Diese Pattsituation führte zu einer Eidgenossenschaft mit zwei Konfessionen.

TEXT

Herr, nun selbst den Wagen halt!
Bald abseit geht sonst die Fahrt;
das brächt Freud dem Widerpart,
der dich veracht' so freventlich.

Gott, erhöh deins Namens Ehr;
wehr und straf der Bösen Grimm;
weck die Schaf mit deiner Stimm,
die dich lieb haben inniglich.

Hilf, dass alle Bitterkeit
Scheid, o Herr, und alte Treu
wiederkehr und werde neu,
dass wir ewig lobsingen dir.

Edition des Originaltexts (frühneuhochdeutsch): Z VI/V, Nr. 191, 395–398
Deutscher Text: Gesangbuch der Evangelisch-reformierten Kirchen der deutschsprachigen Schweiz, Zürich/Basel 1998, Nr. 792.

Bearbeitet von Judith Engeler

Abkürzungen

A   Ulrich Zwingli. Eine Auswahl aus seinen Schriften. Im Auftrag des Kirchenrates des Kt. Zürich übersetzt und herausgegeben von Georg Finsler, Walter Köhler und Arnold Rüegg, Zürich 1918.

F   Huldrych Zwinglis Briefe. Übersetzt von Oskar Farner, 2Bde.; Bd. 1: 1512–1523, Zürich 1918; Bd. 2: 1524–1526, Zürich 1920.

G   Briefe Ulrich Zwinglis. Ausgewählt, eingeleitet und übersetzt von Gottfried W. Locher, in: Reformatorenbriefe, herausgegeben von Günter Gloede, Berlin (DDR) 1973, 181–311.

S   Ernst Saxer, Huldrych Zwingli. Ausgewählte Schriften in neuhochdeutscher Wiedergabe, Neukirchen-Vluyn 1988.

WA   D. Martin Luthers Werke. Kritische Gesamtausgabe (Weimarer Ausgabe), Weimar 1883ff.

Z   Huldreich Zwinglis sämtliche Werke, Berlin 1905–2016/ Leipzig; 1908–1944 / Zürich 1959ff (Krit. Gesamtausgabe im Corpus Reformatorum)

ZS   Huldrych Zwingli Schriften, hg. von Thomas Brunnschweiler und Samuel Lutz, Bde. I–IV, Zürich 1995.

Bildnachweis

S. 11 Huldrych Zwingli wird 1519 an das Grossmünsterstift berufen und beginnt, die Evangelien zu predigen, Ms B 316, f. 15r

S. 18 In Zürich sterben 1519 viele Leute an der Pest, Ms B 316, f. 27v

S. 34 Nonnen verlassen das Dominikanerinnenkloster Oetenbach in Zürich 1523, Ms B 316, f. 86r

S. 88 Disputation auf dem Rathaus in Zürich im Januar 1523, Ms B 316, f. 75v

s. 113 Aufgebrachte Bauern bewerfen 1525 den Zürcher Boten Jörg Göldli bei Eglisau mit Steinen, Ms B 316, f. 201v

S. 159 Zwingli 1526 als Briefschreiber in seiner Bibliothek, Ms B 316, f. 231v

S. 169 Felix Manz wird am 5. Januar 1527 als Täufer in der Limmat ertränkt, Ms B 316, f. 284v

S. 245 Ende Januar 1528 mussten Teilnehmer der Berner Disputation auf der Heimreise in Bremgarten vor katholischen Gegnern geschützt werden, Ms B 316, f. 322r

S. 292 Lager der Truppen beider Seiten in der Gegend von Kappel im Juni 1529, Ms B 316, f. 410v

Sachregister

Abendmahl 13; 15f; 103–108; 163; 167;174; 181–184; 197; 218; 222; 224; 225; 229–232; 235; 236; 237; 239; 253; 255; 265f; 268–271; 273; 275–277; 281; 282–284
- Analogie 284f
- beiderlei Gestalt 238
- Danksagung 174; 231; 236; 239; 266–271; 280
- Gemeinschaft des Leibes Christi 237; 286
- geistliches Essen 214; 274; 278–282
- leibliches Essen 222–229; 239; 255; 274; 278–282
- Liturgie 13; 231; 235; 266–271
- Opfer 106; 239
- sakramentales Essen 278–280; 286
- und Glaube 15, 103, 104–107; 174; 181f; 224; 230; 280; 282; 284
- Wandlung 103; 105; 108; 227; 235

Abgötterei 36; 85, 98f; 125; 181; 201; 240

Ablass 10; 61; 103

Ablasshandel *siehe* **Ablass**

Alloiosis *210; 227*

Altes Testament *siehe* **Bibel, Altes Testament**

Amt 13; *86*; 105; 131; 134; 143; 246; 288

Besitz *61;* 80f; 93; 114; 126f; 137; 139f; 221; 234
- Pension *27; 149;* 151f; 155; 289–291; 294f

Bibel 9; 13; 32; 36; *51;* 66; 69; 73; 75f; 97f; 111; 157; 170; 177; 188; *222f; 233; 238; 283;* 288
- Kanon 73; *138; 203*
- Schrift 10; 12; 15; 31f; 36; 41f; 51; 56; 66–72; 76–79; 85–87; 89f; 97f; 100; 119; 131; 134; 139; 167; 170; 211; 218; 222; 227; 237; 243; 250; 273; 276; 286
- Altes Testament 41; 45f; 53; 56; *203;* 211; 214; 227; 236; *259; 286;* 291
- Neues Testament 9; 47; 53; 56; 187; 211; 227; 291

Bischof 12f; *27; 36; 51;* 59f; 66; 70; 75; 78; *85;* 89; 91; 93; 110; 114; 136; 154; 239f; 273

Bund 174; 232f; 270

Busse 15; *51;* 85; 93f; 123; 166; 242

Sachregister

Christus 10; 12; 19; 23–29; 32–36; 38f; 44f; 47; 50f; 53; 56–60; 62–67; 69; 71f; 76; 78–83; 85; 87; 91–93; 95–97; 103; *105*; 106–110; 112; 114f; 118f; 121; 123; 125; 128–131; 133–136; 139f; 142–144; 158; 160–162; 165–174; 177f; 181–184; 188; 192; 196f; 199; *202*; 207; 210–239; *240*; 241f; 246; 248; 251; 253; 255f; 260–262; 265–271; 273–285
- Allgegenwart 218–222; 225; 236
- Auferstehung 197; 199; 216–218; 228–230; 232; 240; 242f; 274f; 283
- Gerechtigkeit 62; 81; 112; 114; 118f; 121; 123; 128–131; 135; 139; 170; 188; 212f; 246; 278f
- Kreuz 10; 87; 103; 199; 215; 228; 233; 246; 265f
- Leib 56; 79f; 103; 105–108; 114; 174; 183f; 197; 217–219; 222–239; *240*; 242; 255f; 265–267; 269–271; 273–285
- Lehre 76; 82f; 93; 96; 115; 133; 142; 230
- Lehrer 57; 166; 171; 178; 188; 246
- Mittler 81; 93; 97
- Opfer 64; 81; 106; 168; 213; 228; 233; *239*; 272; 279f
- Vorbild 171; 173
- Zwei Naturen 198; *210*; 213f; 218f; 225; 227; 266; 276

Disputation
- Badener 195; *198*; 222; 227f; 232; *250*; 255; 273
- Berner *109*; 195; *198*; *215*; *218*; 223; 227; 229; 233; 241; 244f; 248; *250*; 263
- Leipziger *254*
- Erste Zürcher 12; 75–101; 111
- Zweite Zürcher 12; *178*; 195; 248

Dreieinigkeit 35; 37; *51*; 187f; 196f; *198*; 205; 210f; *214*; 235; 265

Ehe 45; 53; 82; 93; 119f; 122; 125f; 171
Eherecht 13; 44; *84*; 123f; 144f
- Kirche als Ehefrau Christi 80

Eid 13; 125; 285; 293
Eidgenossenschaft 9f; 15f; 75; 91f; 96; 109; 111; 147–151; 153–155; 195; *198*; 251; 287–291; 293f; 297f
Eigentum siehe **Besitz**
Erbarmen siehe **Gott, Barmherzigkeit**
Erbsünde 36f; 44; 213
Erwählung 48; 63; 66; 68; 72; 219–221; 235; 242f
Eucharistie siehe **Abendmahl**
Evangelium 10; 14; 16; 23–25; 31–33; 48f; 57f; 61f; 64; 73; 75; 77; 79–81; 89–96; 109; 112; 114f; 117f; 121; 131; 136; 144; 163; 173; 184; 261f; 267; 297

Fasten 12; 28; 31; 81; *189*
Fegefeuer 85, *86*, 94
Firmung 87
Freier Wille 49; 206

Gegensatz von Innen und Aussen 42–44; 48; 105f; 112; 121f; 130; 134; 146; 163; 172; 174; 188; 235; 236; 248; 272; 280–281

Geist 15; 20; 32; 35; 38–42; 51; 55–57; 59f; 63–73; 80; 84; 95; 101; 103–106; 118; 123; 140; 157–161; 165; 170–172; 174f; 178; 184; 187–189; 199; 205; 207; 210f; 215; *219*; 222; 223–226; 229f; 232; 239; 260; 262; 265; 267–272; 278; 280f; 284
- des Menschen 20; 42; 84; 101; 104f; 106; 123; 178; 278
- Gottes *siehe* Geist, Heiliger
- Heiliger 15; 35; 38–41; 51; 55–57; 59f; 63–73; 80; 95; 103; 105; 118; 140; 170f; 175; 184; 187–189; 199; 205; 210f; 215; *219*; 230; 232; 239; 262; 265; 267–272; 280f; 284
- Quelle des Glaubens 95; 104–106; 165; 187–189; 223; 265; 269; 271f; 280f; 284
- und Sakrament 15; 174; *223*; 225; 229; 230; 278–281; 284
- und Wort 32; 51; 55–57; 63f; 66–71; 73; 222
- vs. Fleisch 39–42; 56; 60; 95; 157–161; 165; 174; 215; 223–226; 229; 260; 284

Geld 70; *84*; 85; 87; 93f; 99; 127; 151f; 154f; 203; 290

Geldgeschäft *siehe* **Zins**

Gerechtigkeit 14; 17; 42; 51; 62; 81; 93; 112; 114; 116–131; 133–137; 139–144; 170; 188; 194; 212f; 246; 260; 278f
- aus Glauben 17; 42; 62; 81; 121; 128; 170; 278f
- menschliche 14; 42; 51; 93; 112; 114; 116–118; 121–131; 133; 135–137; 139–143

Gericht Gottes 70f; 86; 95; 105; 129; 226; 229; 242; 259; 278

Gesetz 25; 43f; 59; 70; 80; 83; 119; 121f; 124f; 128–130; 141; 144f; 149; 163–166; 174; 222; 271f; 283
- und Evangelium 43f; 59; 121f; 128; 130; 163–166
- der Natur 128; 141

Glaube 15; 23; 25–28; 31f; 39; 46–48; 51–58; 61f; 64–72; 80; 84; 95–97; 101; 103–109; 112; 114; 118; 121f; 128; 131; 135; 138; 152f; 164–174; 177f; 181f; 187–189; 196–204; 209; 216; 223–225; 226; 227; 229f; 234; *235*; 237f; 239–241; 242; 243f; 247; 253f; 256; 259f; 262; 265–269; 271f; 278–283; 284f; 288; 294; 298
- der Heiden 172

Gnade 15; 17; 20; 33; 36; 44; 52; 59f; 63; 67; 70–73; 78; 80; 86; 91; 95f; 101; 104; 118–121; 130; 139; 143–145; 149; 152; 154–156; 166; 174; 181; 204; 212; 223–225; 249; 261; 271

Gott 12–15; 17; 19f; 25; 31–33; 35–73; 77–87; 89; 91–101; 103; 106–109; 112; 114–147; 149–151; 153–161; 164–171; 174f; 181f; 184; 187f; 196f; 199–223; 225–229; 231; *235*; 236; 238; 239f; 242; 244; 246–251; 259–262; 265–269; 271–281; 283–285; 289–291; 294–298
- Allmacht 35f; 49; 78; 143; 149; 199; 202; 205–210; 215; 218; *235*; 261; 267–269
- Barmherzigkeit 33; 52; 86; 91; 100f; 117f; 122; 175; 212; 271; 278f

- dreieiniger *siehe* Dreieinigkeit
- Erkenntnis 37; 40; 42; 44; 48; 51; 53f; 57–62; 64; 67f; 97; 114f; 117; 141; 184; 188; 196; *205; 207; 209*; 251; 266; 281
- Gerechtigkeit 14; 40; 42; 62; 68; 87; 112; 116–127; 129–131; 134; 142; 144; 188; 212f; 278f
- Gottes Wille 37; 40; 43–45; 47–49; 51; 58; 63f; 68–71; 79–81; 83; *86*; 96; 98; 101; 111; 118–120; 127; 129f; 139; 145; 153; 156; 202f; 246; 250; 261f; 272; 290; 294
- Güte 212; 278; 281; 285
- Höchstes Gut 143; 200; *202*; 204; 207; 209
- Schöpfer 42f; 45; 196f; 199, *202*; 206; 209; 211; 221; 267f; 272
- Souveränität 197
- Vorsehung *200f; 202–204; 207*
- Weisheit 50; 58; 67f; 99; 188; 201f; 204; 209; 211; 213
- Wesen 36f; 59; 69; 205; 210f; 214; 216; 273
- Wort Gottes 10; 12–14; 31–36; 38f; 44–57; 60; 62–69; 71–73; 77; 86; 89; 91–96; 98; 101; 112; 115–118; 120; 129–131; 133; 135f; 139; 141–147; 156–161; 164; 170; 196; 217; 222; 226–228; 235; 238; 246–248; 261; 268; 272f; 289; 291
siehe auch Bibel

Heil 15; 40; 47; 51; 53; 61; 63; 71; 73; 79f; 94f; 104; 107; 112; 118; 128; 144; 153; 156; 174; 181f; 187; 188; 206; 211; 216f; 223; 226; 235; 259; 261; 265; 280

Heilige 171; 241; 250
- Verehrung 13; 31; 163; 247–249; 291
- Gemeinschaft der 80; 171

Heilige Schrift *siehe* **Bibel, Schrift**

Heiliger Geist *siehe* **Geist, Heiliger**

Heiligung 42; 62

Herrschaftsamt *siehe* **Amt**

Himmelreich *siehe* **Reich Gottes**

Humanismus 9f; 15; 17; 23f; *28; 67*; *115*; 157; 196; *250; 259; 261*

Jungfrau Maria 37; 47; 61; 63; 72; 118; 199; 215; 276

Kindertaufe *siehe* **Taufe, Kindertaufe**

Kirche 10; 12; 14f; 17; 26; 33; 56; 75f; 79f; 82; 84; *86*; 93; 107; *110*; 111; 115f; 177f; 197; 199; *213*; 215; 220; 221; 222; 227; 236; 238–241; 242; 244; 247; 249; 254; 261; 266; 271f; 275; 277; 279f; *282f; 284f*; 289; 297
- Alte 198; *213*; 222; 227; 239; 242
- Autorität 111
- Bann 17; 27; 82; 84; 85; 93f; 254
- Römische 14f; 84; *86; 105; 108*; *110*; 138; 178; 197; 218; 220; 240; 241; 273; 275; 284

Kirchenbusse *siehe* **Busse**

Kirchenväter 9; *51; 73*; 97; 217; 218; 239; 240; 254; 273

Konzil 54; *55*; 57; 65; *73*; 75; *86*; 140; 216; 227; 240; 242; 273; 276

Kreuz *siehe* **Christus, Kreuz**

Sachregister

Kreaturvergötterung *siehe* **Abgötterei**
Krieg 16; 24; 25; 83; 132; 147; *148*; 152; 156; 158; 160; 162; 203; 246; 287–291; 294; 297f

Liebe 25f; 45; 67; 100f; 115; 120f; 123; 128; 137; 141; 143; 148; 161; 166f; 174; 201; 211f; 221; 223; 271; 279; 285

Mensch 10; 14f; 20; 25–27; 31–73; 80–82; 84–86; 93–95; 98–101; 103f; 114; 116–118; 120–123; 125f; 128–132; 134; 136–146; 149–152; 154–157; 161; 164; 166–168; 172; 174f; 178; 187; 192; 194; 197; 199; 201; *202*; 205–207; 210–214; 216; 218–222; *223*; 225f; 229; 236; 242; 244; 246; 259; 261f; 265–267; 275–282
– als Leib und Seele 20; 27; 35; 38; 41; 43; 45; 107; 174; 214; 226; 242; 261; 274; 276; 278
– Ebenbild Gottes 38–40; 42–45; 205
– gerechtfertigt 71; 121; 128; 144; 152
– Menschheit 37; 218–222; 225; 236; 275–277; 279
– Prophetisches Amt 10; 13; 73; 240; *248*; *251*
– sündig 42; 70; 95; 118f; 121; 126; 136f; 211f; 261; 265; 267; 271; 282
Messe 15; 29; 81; *86*; 93f; *105*; 156; *183*; *197*; *198*; 225; 232; 238f; 247; *248*; 265; 271–273; 291
Musik 58; 297

Obrigkeit *siehe* **Regierung**
Offenbarung 25; 36f; 50–52; 56; 58f; 70; 100; 116; 129f; 143f; 167f; 178; *220*; 261

Papst 10; 12; 16f; 27; 61; *65*; 86; 93f; 103; 109f; 134–136; 138; 146; 154; 170; 227; *238*; 261; 272
Papsttum *siehe* **Papst**
Pfarrer 9; 66; 77; 82; 96; 109; 153; 177; 187f; 192; 254; 256; 266–271; 288; *293*
Philosophie 7; 67; 69; *104*; 196f; 204; 207–209; 259f; 275
Platonismus 157; 200
Politik 9f; 12–16; 77; 150; 195; 287f; *289*f
Prädestination *siehe* **Gott, Vorsehung**
Predigt 10; 12f; 31–33; 47; 64; 68; 71–73; 75–80; 89–92; 111–114; 116; 129f; 147; 153; 156; 163–168; 173; *192*; 195f; 198; *204*; 215; *218*; 243f; 248; 262; 266; 285; 288f; 291; 297
Predigtamt *siehe* **Amt**
Priester 9f; 17; *29*; 33; 56; 65f; 72; 77; 81f; *84*; *85*f; 89f; *91*; 93f; *96*; 103; *115*; 136; 140; 156; 164; 167; *185*; 273; 283
Prophet *siehe* **Mensch, prophetisches Amt**
Prophezei 13

Radikale 111; *127*; 163; *178*
Rat in Zürich 12–14; 31–33; 75–78; 89–91; 111; *130*; 164; *178*; 193; 195; 249; 273; 288f; *290*; 293; 295f

Rechtfertigung 152; *siehe auch* **Mensch, gerechtfertigt**
Regierung 13f; 75f; 83; 93; 94; 112; 115; 124f; 127–146; 163–166; 250; 288; *290*
Reich Gottes 26; 47; 53; 117; 129; 135; 139; 144; 170f; 231
Reichstag in Augsburg 157; *255*; 259; 297
Reichtum *siehe* **Besitz**
Religion 15; 182; *201*; 226; 253; 256; 259f; 275; 298

Sakramente 14f; 153; 168; 174; *183*; *223f*; *225*; *227*; *237f*; *239*; 249; 270; 274; 275; 280–285
– als Bundeszeichen 174; 279
– als Eid 285f
– Frömmigkeit 14f; *183*; 225; 239; 249
– und Glaube 15; 153; 168; 174; 223; *224f*; 278–282; 284–286
– und Kirche 275; 279f; 284f
Scholastik 44; 67; 86; 196; *202*; *204*; 208; *209*; *210*
Schöpfung 35; 41; 45; 151; 197; *206*; *210*
Schrift *siehe* **Bibel, Heilige Schrift**
Schulden *siehe* **Geld**
Seelsorge 9; 31; *61*; 77; 89f; *248*
Solddienst 10; 147; *149*; 151f; *154*
Spiritualismus 181
Staat 76; *77f*; 112; 122; 124; 126f; 131f; 134f; 142; 146; 148; 154; 193; 195; 266; 271
Sünde 17; 21; 36; 37; 40; 42–44; 48; 51; 59; 70; 81f; 84f; 93–95; 101; 103; 105f; 112; 118f; 123; 127; 131–133; 136f; 141f; 144f; 154; 165–168; 174; 188; 199; 213; 215; 219; 224; 233; *241*; 242; 261; 268f; 271f; 274; 278f
Sünder *siehe* **Mensch, sündig**

Taufe 13; 60; 87; 105–107; 114; 163f; 167–175; 178; *179*; *198*; 238f; *241*; 282f; 285
– Beschneidung 170; 172; 174
– Johannestaufe 60; 167f; 172
– Kindertaufe 87; 167; 170–174; 238
– Wiedertaufe 177–179; 191–194; *241*
Tradition 9; 14–16; *36*; 73; 75; 111; 196; *210*; *212*; 282
Transsubstantiation *siehe* **Abendmahl, Wandlung**
Trinität *siehe* **Dreieinigkeit**

Verdienst 118f; *206*
Vertrauen 15; 35; 40; 47; 55; 60; 63–65; 67f; 71f; 81; 92; 95; 98f; 101; 146; 197; 199–204; 212f; 216; 223; 236; 238; 239f; 243; 251; 262; 268f; 279–281; 284f

Wahrheit 23; 42; 50; 55–57; 60; 62; 65–67; 70–72; 78; 80; 84; 87; 92; 96; 98; 116; 130; 133; 154; 158; 165f; 182; 184; 188; 192; 223; 230; 232; 237; 244; 250; 256; 262; 269; 271f; 277f; 283; 290
Werke 10; 12; 25; 42; 64; 81; 84f; *86*; 119f; 132f; 178; *207*; *212*; 219; *240*; 249; 279

– des Menschen 10; 81; 84f; *86*; 119f; 133; 178; 219; *240*
Wiedertaufe *siehe* **Taufe, Wiedertaufe**
Wirtschaft 14; 111f; 151

Zehnten 87; 111; 137–140; 192
Zeremonien 93; 129; 145; 237; 291
Zins 14; 87; 111; 126f; 137; 139–142
Zweinaturenlehre *siehe* **Christus, zwei Naturen**

Einführende Literatur in Zwinglis Wirken und Denken

Fritz Büsser: Huldrych Zwingli. Reformation als prophetischer Auftrag. Göttingen 1973.

Ulrich Gäbler, Martin Sallmann: Huldrych Zwingli. Eine Einführung in sein Leben und sein Werk. München 1983.

Bruce Gordon: The Swiss Reformaton. Manchester / New York 2002.

Berndt Hamm: Zwinglis Reformation der Freiheit. Neukirchen-Vluyn 1988.

Johannes Voigtländer: Ein Fest der Befreiung. Huldrych Zwinglis Abendmahlslehre. Neukirchen-Vluyn 2013.

Walther Köhler: Huldrych Zwingli. Durchgesehen und neu herausgegeben von Ernst Koch. Erste Auflage der Neuausgabe. Leipzig 1983 (1. Aufl. 1943).

Gottfried W. Locher: Die Zwinglische Reformation im Rahmen der europäischen Kirchengeschichte. Göttingen 1979.

Gottfried W. Locher: Huldrych Zwingli in neuer Sicht. Zehn Beiträge zur Theologie der Zürcher Reformation. Zürich 1969.

Peter Opitz: Ulrich Zwingli. Prophet, Ketzer, Pionier des Protestantismus. Zürich 2015.

Arthur Rich: Die Anfänge der Theologie Huldrych Zwinglis. Zürich 1949.

William Peter Stephens: The Theology of Huldrych Zwingli. Oxford 1986.

William Peter Stephens: Zwingli. Einführung in sein Denken. Zürich 1997.